血色高原

XUE SE GAO YUAN

高鸿 / 著

文汇出版社

图书在版编目(CIP)数据

血色高原/高鸿著.—上海：文汇出版社，2010.1
ISBN 978-7-80741-767-5

Ⅰ.血… Ⅱ.高… Ⅲ.长篇小说-中国-当代
Ⅳ.I247.5

中国版本图书馆 CIP 数据核字(2009)第 227920 号

血色高原

作　　者／高　鸿
责任编辑／张　衍
封面装帧／张　晋
插　　图／高　鸿

出　版　人／桂国强
出版发行／文汇出版社
　　　　　上海市威海路 755 号
　　　　　（邮政编码 200041）
经　　销／全国新华书店
照　　排／南京展望文化发展有限公司
印刷装订／上海港东印刷厂
版　　次／2010 年 1 月第 1 版
印　　次／2010 年 1 月第 1 次印刷
开　　本／720×960　1/16
字　　数／300 千
印　　张／21

ISBN 978-7-80741-767-5
定　　价／40.00 元

第一章

1

　　早晨天刚麻麻亮,外公便离开了党庄,开始往徐州赶。听说日本鬼子已经占领了枣庄,离党庄不过两天路程。天空集结着一群黑色云霾,舒展筋骨,气势汹汹像要扑下来。远处的村庄已渐渐模糊,几缕细细的炊烟扶摇直上,像点燃的导火索,随时都有可能引爆那黑色的阴霾。路边的池塘里浮着一层薄雾,隐隐约约,透着一股春意。谁家的两头猪正在地里打架,发出"嗷嗷"的叫声,公猪兴奋地舔着母猪的脊背,一副非常满意的样子——骚货。外公不知怎么便骂了一句,心里却哑然失笑。想起女人晚上疯狂的样子,外公有一种被强奸了的感觉——这骚婆娘!外公又骂了一句,隐隐地觉得下面不舒服,好像有点痛,胀胀的,肿得难受。站住了想撒尿,却又尿不出来。女人25岁,比外公小10岁,人长得顺溜,手脚也麻利,把外公伺候得很舒坦。女人是外公娶回来的第二个婆娘,外婆在生母亲的时候难产,死于大出血。母亲于是一生下来便没了娘,靠一只大山羊把她喂活。外公现在有两个孩子,儿子已快10岁了,比母亲大5岁。那时,外公的家底是比较殷实的,家里除了北边的大瓦房,东西两边还盖了厢房,南面的厢房里喂着几口剽悍的牲口,有两头骡子,一头牛。骡子已被外公卖掉,兵荒马乱的,留着都是祸害,因此外公决定将这头犍牛也拉到徐州,趁现在日本人还没来,先处理掉。外公是见识卓远的那种人,不像庄里其他的几户,把牲畜看得比命还金贵——唉,眼看人都活不下去了,留牲畜有啥用?

外公在心里长长地叹息了一声。

外公是在妻子死后的第二年娶了现在的女人。女人叫张艳艳,那时已20多岁,像一棵熟透了的柿蛋,等待着采摘。她的母亲眼头有些高,挑花了眼,使她错过了美妙年华。外公那时虽已30多岁,并且还拖了两个孩子,但光景不错,人长得又壮实,又魁梧,很有男子汉的味道。女人对外公一见钟情,并认定这就是自己可以托付终身的男人,因此在见过第一面后,便将自己奉献了出来。外公还记得那是一个春日的正午,他们在集上相遇了。阳光稀薄地映在女人的脸上,她的表情丰富而张扬,一半是扭捏,一半是期待,欲说还休的样子,令人生出无限遐想。外公把女人弄到铺子里吃了点东西,问女人是否愿意跟他回去?女人拿眼睨斜着看他,见外公热辣辣的目光正在自己的胸部巡视,就倏地红了脸,低了头,白白嫩嫩的脸上像扑了一层花粉,弥漫着一股欲望的气息。外公说话的时候太阳在云端跳跃了一下,发出"沙沙"的爆响。外公站起来,抓住女人的手。女人没有挣扎,随着外公一阵风尘仆仆,来到了郊外的小山上。小山上树林茂密,人迹罕至,一缕春日的阳光透过树隙洒了下来,懒洋洋地透着一丝暧昧。外公不费什么事便剥光了女人,轻车熟路地进入了一番领域。一年多没近女人了,外公觉得特别兴奋,因此他气喘吁吁,热汗淋漓。树影斑驳地涂抹在女人的身上,女人白花花的身子一耸一耸地抖擞,发出不知是痛苦还是兴奋的叫声,双手紧紧地抓了外公的脊背,抓得很紧很紧。完事后外公才觉得脊背上疼痛,用手一摸,竟全是血……

女人到家后干活很踏实,饭做得也不错,但在对待孩子的问题上让外公很恼火。她常常在外公不在的时候让母亲兄妹饿肚子,有时宁愿把多余饭菜倒掉喂狗,也不让他们吃。她满以为只要伺候好外公,自己便在家里有了位置,没想到招来外公的拳脚,女人因此从心里对两个孩子充满了仇恨。于是,她便开始期盼着自己的孩子。可是过门一年多了,工作没少做,肚子却昧着良心,没一点反应,这让她有些失望。她因此花费了更多心思在外公身上,几乎每晚都拼着身子让他快乐。渐渐地,她感觉外公已经没有原来的激情了,有时下地回来,吃完饭倒头就睡。劳作了一天,外公一挨枕头就开始打呼噜。女人辗转反侧,一双手便在男人的身上探索,外公迷迷糊糊地给了她一肘,女人悻悻地把手缩了回去,眼泪就下来了。

那天晚上时辰还早,外公早早便上了床。女人收拾完家什后洗了个澡,悄悄地钻到外公被窝里,浑身弥漫着一股浓浓的胰子味(农村人用猪的胰腺做的肥皂)。外公狠狠地打了个喷嚏,便觉得有一只手伸了过来,在他的胸部游走。外公佯装已经睡着,轻轻地打起了鼾声,那只柔软的手便向他的腹窝伸去,并做出了一些手段。外公很反感,他觉得这女人太骚!记得外婆在的时候夫妻俩晚上也做事,但永远都是外公主动,外婆非常被动地应付着。她从来不在外公面前主动裸露身体,让外公总有一些神秘的感觉。男人意犹未尽,便会牵挂着女人,相反则厌,感觉稀松平常了。这时女人的手已经得寸进尺,外公的心情一团糟,他转身一伸腿将女人蹬到了床下。月光下,女人抖得缩成了一团。黑暗中,一阵压抑的哭声浮了上来,丝丝缕缕地在房间弥漫。外公吼了一声:你娘又没死,哭丧啥?女人便忍气吞声,悄悄地爬到床边睡了下来,身子一耸一耸地抖擞……

2

　　结婚3年后,女人的肚子还是不见动静,她有些着急了。眼见得外公对她一天天地瞧不起,两个孩子的眼里也根本没她,她唯一的希望便是早日生个儿子,这样不用说话,自己在家里便会赢得一席之地。可无论她采取什么办法,甚至要求外公按她打听来的方法做事,肚子却还是没有反应。后来,外公对她产生了反感情绪。她一遍遍地哀求外公给她一个孩子,但外公觉得自己好像已无能为力——这让他多少有些沮丧。

　　女人对外公的能力也发生了怀疑,她于是暗地和一个相好在外面进行过几次活动,眼见得春种夏收,女人的身子却月月见红,如约不爽,肚子还是没有起色。

　　外公对女人的厌恶除了觉得她有些骚外,他觉得这个女人也很歹毒。外公是个善良的人,相貌上虽然凶一些,却一辈子连只鸡也没杀过。女人不同,女人除了会杀鸡,还敢杀猪,杀狗!她看着猪在痛苦地嚎叫的时候,脸上往往会浮现出一丝惬意的微笑,让外公心里一颤。女人在一次被外公暴打后几天不吃不喝,寻死觅活,甚至瞪着血红的眼睛要杀母亲和他的哥哥——如果外公还那样待她的话,这让外公从心底倒吸了一口冷气,有些不寒而栗。那天他用绳子把女人吊在了房梁上,打得她在床上躺了半个多月才能下地。有一件事情让外公至今耿耿于怀:家里喂的几只鸡刨吃了园子里的菜,女人把鸡捉住后用刀把爪子全剁了,看着鸡们在院子中间站立不稳的样子,她哈哈大笑……

女人为了想要孩子,想尽了她能够想的办法。后来外公请郎中给她看病,郎中说女人血凉,还有一些妇科方面的毛病需要调理。女人调理了一段时间,脸上有了起色,变得滋润了许多,身子也比原来更加丰盈,走起路来胸部和臀部都在颤动,晃晃悠悠。外公觉得自己很累。

那段时间,女人把心思几乎全用在生孩子的事上。是啊,来家一晃都快5年了,要生也早该生下一堆了。她于是到处打听偏方,甚至去了寺庙里求菩萨保佑,回来的时候同相好又做了一回,但肚子还是没啥动静。她甚至有些气馁,想在用尽最后几招"密方"后,听天由命吧。

外公在这方面不能说是袖手旁观,他曾一度密切配合,却发现成效不大,便劝妻子收了这门心思,好好地待自己的两个孩子。女人嘴上应允了,心里很不是滋味,她咬了咬嘴唇把眼睛眯起来,在心底狠狠地诅咒着他们,特别是我的舅舅,眼看着就成了10岁的翩翩少年了,聪明又白净,每天在她的眼前晃悠,晃得她心颤,让她从心里嫉妒得发狂,恨不能即刻吃了他。

3

对舅舅的记忆,母亲很模糊,因为那一年她才5岁,不可能记住太多的事儿。但有一点她是知道的——舅舅是外公的命根子!舅舅眉清目秀,皮肤白皙,胖乎乎的脸蛋上永远有两朵褪不去的红云。他爱笑,一笑两个酒窝,眼睛眯成了一条缝。母亲也很喜欢哥哥,因为他从不倚大欺负她。舅舅很听话,从小没娘的孩子过早便明白了许多事情,他对女人虽然不满,但从不跟她顶嘴拌牙,处处让着她,让外公心里好生感动。那时舅舅已经上了一所私塾小学,会写很多字,把《百家姓》和《三字经》、《千字文》能一字不落地背下来。母亲经常缠着哥哥讲故事,舅舅讲着讲着母亲就睡着了,睡梦中她似乎看见自己的母亲在冲着她笑——尽管她一生下来就没了娘。梦中的外婆慈眉善目,笑靥如花,不是现在女人的样子。女人整日恶狠狠的,很少看到笑容。

舅舅在学校上课,外公整日在外面忙活,屋里就剩了母亲和那个女人。女人经常支使母亲干活,母亲太小干不了,女人便又打又骂,还恶狠狠地警告她不能告诉外公。外公有几次看到母亲脸上有伤,问母亲怎么回事?母亲支支吾吾，说自己不小心碰的。

然而这个女人并没有因此放过母亲。母亲经常吃不饱，趁女人不在的时候从馍篮子里拿馒头，女人发现后很生气，悄悄给几个馍里夹了打碎的瓷片，然后放在篮子里。上午女人不在，母亲饿了，于是伸手从篮子里抓了一个馍就咬，结果两颗门牙被瓷片崩掉了，鲜血直流，疼得不能吃饭。外公很诧异，询问母亲怎么回事？母亲看见女人恶狠狠地盯着自己，"哇"地一声哭了起来。外公似乎明白了什么，操起一根木棍向女人撂了下去。女人尖叫一声，抱头鼠窜。那以后，她对母亲更是变本加厉，视她为眼中钉，肉中刺。听说有户人家想要女孩，女人于是背着外公悄悄地把母亲卖了。

母亲被卖的那天吃到了几年来最好的一顿饭。那天女人给母亲做了很多好吃的东西，并说要带她去母亲的姥姥家。母亲很高兴。自从这个女人到家后，母亲就很少吃过像样的饭食。母亲曾经跟外公去过几次姥姥家，姥姥见到母亲很兴奋，尽量做一些好吃的东西，并留她住一些日子。

女人把母亲带到一个很远的地方，然后交给一个老女人，让她喊那个女人叫娘。母亲说你就是俺的娘啊，为什么还要喊她？女人说叫你喊你就喊，要不我就不带你去姥姥家了。母亲很害怕，于是就怯生生地喊了那个老女人一声娘。老女人很激动，一把将母亲搂在怀里，拿出一件崭新的衣裳，让母亲穿上。母亲穿上了新衣裳，大家都说好看，母亲的脸上也露出了久违的笑颜。女人说，英子，你先在这里跟你娘待着，我去办点事儿，然后再来接你去姥姥家。母亲见她口气严厉，没有商量的余地，于是就点了点头。

太阳渐渐地落山了，母亲盼望着女人早点来接自己，可左盼右盼就是不见女人的身影，于是就问那个老女人。母亲说，妈，俺娘怎么还不来接俺？老女人说乖孩子，你娘今天大概有事，没有忙完，人家不让她走，明天她一定会来接你的。

母亲将信将疑，眼泪却悄悄地流了下来。尽管那个女人待母亲一直不好，但她毕竟是母亲的娘啊！没有她引路，母亲就不可能找到姥姥的家。那天晚上母亲一直睡不着，凉凉的月光透过窗棂走了进来，照在她的身上。一只黑猫懒洋洋地伸了个长腰，眼睛眯成了一条缝，翘着尾巴从她的身旁踱过。它弓弓身子，慵懒地趴在笤帚上睡着了。母亲睡不着。她一直坚信女人会来接自己，大概真的路上有了什么事儿，一时走不脱。母亲看着黑猫，一直在耐心地等着，等到月亮西移，屋里黑得什么也看不见，她才迷迷糊糊地睡着了。

第二天，母亲又问老女人：妈，俺娘为什么还不来接俺呢？老女人又用同样的话骗母亲。接下来的几天都是这样，母亲很失望，于是就再也不相信老女人的话了，哭着闹着要回去。老女人起初还温柔地哄母亲，可母亲越闹越凶，老女人被闹烦了，就直言相告：——你娘不要你了，把你卖给我们了。以后，你别再问我要你娘了！母亲怎么也不信老女人的话，冲出门闹着要回家去。老女人扯着母亲的胳膊往回拉，母亲力气太小，怎么能拉得过她？情急之下母亲张嘴狠狠地咬了老女人一口，老女人被咬得"嗷嗷"直叫，她气急败坏，扯着母亲黄黄的小辫儿劈头盖脸打下去，打得母亲满脸是血，直到她不敢再闹了。

母亲被打得鼻青脸肿，晕头转向，那只黑猫看见她"喵呜"一声，远远地逃开了。

经过老女人几个月的调教，母亲不再闹着回家找姥姥了。母亲恨透了把她卖掉的那个女人，她想外公总会有一天来找她的，于是就默默地等待。这期间，黑猫成了她最好的朋友，有啥事情她都会向它倾诉，黑猫也会很专注地听着，有时还会同情地舔舔母亲的手，并望着她的脸"喵喵"地叫几声。

老女人渐渐露出了狰狞面目。她整天让母亲干活，母亲太小，干不了她就打。她还不准母亲再用过去的名字，为母亲起了个新名字。过去那个活泼可爱的女孩英子不见了，一个被老女人叫做香香的女孩，天天被老女人呼来唤去。然而，表面听话的母亲，总找借口站在门口偷偷向街道张望，母亲嘴上不敢说，心里却盼望外公身影的出现，母亲希望有一天外公来接自己回家。睡梦中母亲经常喊着：爹，快来接俺。爹，快点来接俺啊。醒来后，除了满脸的泪痕，陪伴她的只有黑猫。

就这样，一晃两年过去，母亲每天都有做不完的活。天还不亮，母亲就要起床倒尿盆、挑水、劈柴、烧水、扫院子。中午母亲还要给有午睡习惯的老女人打扇，下午，母亲要打扫家里的卫生。晚饭后，老女人要出去，这时的母亲要洗一家人换下的衣服，直到很晚才能休息。

一天之中，要数中午是母亲最难熬的时间。夏日炎炎，中午更加酷热难耐，老女人午睡时，要母亲站在她的床前打扇。这时，母亲也困得两只眼睛打仗，可是只要她的扇子不摇，老女人的拳头巴掌就会打过来。午休之后，老女人喜欢吃些零食，如花生、核桃、瓜子之类，母亲就要为她扒壳。看着老女人吃着香喷喷的零食，母亲在嘴里不停地咽唾沫，却只能强忍着自己,不露一点痕迹。当零食掉到地上时,老女人就会用脚点着零食说:香香,捡起来吃了!母亲心想:俺是个人,不是狗。馋死也不吃老女人掉在地上的东西。但是母亲不捡就要挨打,无奈的母亲只好将零食捡起放在桌角边上,说:俺过一会儿吃。等到老女人吃够了,打扫果壳时,母亲背着老女人将捡到的零食用脚跺了一遍又一遍,她边跺边说:俺不吃,不吃,就是不吃!

母亲挨打是家常便饭。挑水时,由于母亲个子矮力气小,挑不起成人用的长长的颤悠悠的扁担,每次挑水时,水桶总是前后碰地。回到家老女人看到水桶里的水被洒得剩下一半,便边打边骂:香香,你这个懒虫,一分钱一担水你怎么只挑半担,老娘白养你了!母亲不敢顶嘴,只好忍着让老女人打个够,因为解释会被老女人认为是反嘴,反嘴的结果是被打得更狠。后来,老女人找人专门为母亲做了一副又硬又短的小扁担,让母亲挑水。然而母亲还是挑不动,水还是向外撒,于是她便只有继续挨打。

最让母亲痛苦的是她的左手,至今手背上有一处骨肉不分的连骨肉。由于母亲每天都要洗衣服,寒冬腊月,母亲的手被刺骨的凉水冰出了许多冻疮,冻疮疙瘩一个连一个,一块冰碴刺破了左手的冻疮,泡有火碱的污水使伤口严重感染,手疼得不敢动。母亲向老女人哀求:妈,俺的手让冰刺破了,很疼。老女人不屑一顾地说:懒就是懒,别给自己找不干活的理由。母亲不敢再说,再说又要挨打,每天还是忍着疼痛继续洗衣服。然而,伤口在泡有火碱的污水里一天天加重,母亲的整个左手已变成黑色,肿得像面包,并且,再下污水时已没有了疼痛感。

天可怜见,母亲的遭遇终于被人发现。一天,来镇子给人做法事的女法师发现了母亲严重感染的左手。她气愤地说:这孩子的手已经腐烂,如不及时治疗就会残废,而且不仅是手,连左臂也难保。女法师说你太不像话了,对孩子太歹毒了。老女人嫌她多管闲事,没好气地说:你好心你去给她治疗,俺可没钱。于是法师便带着母亲去诊所看手。医生看到母亲的左手,诧异地问法师:她的手怎么会烂成这样?法师无奈地摇摇头,说这孩子很可怜,给她好好治治吧,需要多少钱,俺来出。医生用剪刀剪母亲左手的腐肉时没打麻药,大家都觉得不忍心。法师一遍遍地问母亲:孩子,你疼吗?疼就说话。母亲始终没说一句疼,可是望着自己左手的手背手心腐肉被剪掉,露着白花花的骨头,母亲吓哭了。母亲边哭边焦急地问医生:大夫,俺的手还能干活吗?

医生将一盘纱布塞进母亲左手的肉皮下后,告诉法师:你保证天天带她来换药,不然,她的手真会残废的。女法师于是每天带领母亲去诊所换药。老女人见母亲成了残废,不能干活,也不要她了。母亲的左手用了半年之久才算痊愈,可手背上有一块铜钱般大的肉却始终没有长出,肉皮相连,这块肉皮紧紧地贴在了骨头上,不能动。后来,母亲的这只手很敏感,每当天气寒冷就会感觉疼痛。

　　母亲的手痊愈后,女法师便带着她回家去。母亲太想念自己的亲人了。外公,还有舅舅,他们还认识她吗?她被那个女人卖掉后,他们肯定很着急。这下好了,母亲终于可以见到日思夜想的亲人了。那种归心似箭的心情是如此地强烈,以至于都有些迫不及待了。

　　母亲娘家村子的名字叫党庄,虽时隔几年,母亲并没有忘记。这个村子女法师做法事的时候曾去过,因此比较熟悉。

　　第二天,母亲便回到了那个令她梦魂萦绕的地方。

　　然而母亲怎么也没想到,等待她的是一声霹雳!——村里的人告诉她,舅舅和外公已经在一年前就去世了!

第二章

1

　　母亲的突然离去令外公很诧异。晚上吃饭的时候母亲还没回来，外公于是问女人怎么回事？女人说她把母亲送到她姥姥家去了。母亲因为在家里受女人欺负，经常会去姥姥家待，外公没有怀疑。可是过了很长时间母亲还没有回来，外公便去了那里。母亲的姥姥说这闺女一直都没来啊！外公这才意识到问题的严重性，回去后再问，女人坚持说自己把母亲送去了姥姥家，可能她路上走丢了。再问，还是这话。外公于是一路打问，可惜直到出事的那天仍没有找到母亲。

　　那天早晨，外公离开了党庄，赶着牛往徐州走。中午时分，天晴了，阳光燥哄哄地洒了一地，一根火柴都能点燃。外公与人谈好了价格，准备把犍牛出手。看着养了3年的犍牛，皮光毛顺，膘悍雄壮，油汪汪地泛着红光，浑身充满了力气，外公真有些舍不得卖掉它。这时，犍牛突然显得狂躁不安，只见它用力挣脱缰绳，扭头就跑。外公紧紧地跟在牛后，看它朝着来时的方向奔去，且越跑越快，外公都有些跟不上了。犍牛一路狂奔，进村后便直接往宅子奔去。宅子的大门紧闭着，里面好像顶上了什么东西，红犍牛顶了一下，没有顶开，于是奋力一顶，厚厚的木门插被顶坏了，里面向外压着的一块石磨轰然倒地，掀起一层尘雾。外公正诧异不已，只见红犍牛竟直奔北面的上厢房而去。上厢房的门好像也从里面插上了，被红犍牛一头就撞了开来，一扇门"哐"的一声倒了下来，砸在屋里的砖地上。阳光乘虚而入，白晃晃地耀眼。

看着养得皮光毛顺的犍牛，斗公真有些舍不得卖掉它。这时，犍牛突然显得狂燥不安，昂首用力挣脱缰绳，扭头就跑。斗公紧张地跟在牛后，虑定它来时的方向奔去。犍牛一路狂奔，进宅子的大门往后便直接。宅子的大门坚闭着，里面好像顶上了什么东西，犍牛顶了几下，没有顶开，然后用足力气奋力一顶，厚二的门木被顶坏了，里面向外压着的一块石磨轰然一倒地，掀起一层尘雾。斗公正诧异不已，只见红犍牛竟直奔北面的上雁房而去。

岁次己巳年夏廿　子涛图

屋里的一幕情景让外公目瞪口呆：只见儿子被剥得精光，捆在一把椅子上，口里塞着一块烂布，双目紧闭，头向右耷拉着，双腿之间一片血肉模糊。血顺着分开的大腿流了下来，椅子下面一滩血水已经凝固……外公叫了一声：建儿！便扑了上去，一时却怎么也解不开他身上的绳索。女人看见外公进来，大吃一惊，手里的碗"哐当"一声掉在地上，碗里一堆血糊糊的东西，像一团烂肉。外公一边呼唤着舅舅的乳名，一边拼命地摇晃着他的身子。儿子的脸上已经没有血色，嘴里的血水顺着烂布流了出来。外公说建儿，你醒醒呀！我是你爹！我是你爹呀，儿子！回转身，见女人还愣在那里，便一脚踢翻了，抽了捆舅舅的绳子绑在她的手上，一用劲便甩上了房檐，女人霎时间便晃在了半空。外公说狗日的你为啥杀我儿子？女人像一只被逼到墙角的猫，毛发倒竖，哆嗦得说不成话。原来她听一个老道士说女人吃了男孩的睾丸便可以生育，为了生孩子，她就对舅舅下了黑手，不想在割舅舅阴囊的时候他拼命挣扎，就连根砍了下来，结果流了好多血……

　　外公抱起浑身是血的儿子跨出屋门。门外，那头红犍牛累倒在地上，眼睛瞪得溜圆，口里吐着白沫。外公对着惨白的太阳吼了一声：老天爷啊！我造了什么孽！？喊完后便哈哈大笑起来。他边笑边抱着儿子走了出去。舅舅的身体软得像面条，轻轻地挂在外公的胳膊上，晃来晃去。外公走到村子的中央时，已经围了好多村民，大家惊恐万分地看着浑身是血的舅舅，紧张得说不出话来。外公对着太阳又大叫了一声，双膝訇然着地。声音凄厉无比，刺破中午的宁静，搅得人心颤不已。外公喊第二声的时候嘴里喷出了粘稠的东西，血水像火红的玫瑰一样在石板上恣意绽放，绚烂夺目。

　　外公眼前一黑，身子往前一倾，迎面倒在了儿子的身上……

2

　　女人升天的那天享受了一些特殊待遇：她被族人用白布裹着，然后缠上厚厚的一层白绫。村子的中央架起一大堆柴火，女人身上被浸上了油，架在高高的柴堆上面。那天来了好多人看"点天灯"的仪式。族长宣读了女人的万恶罪状，村里的人们齐声怒吼：烧死她！烧死她！！声音震耳欲声,排山倒海般地滚过。女人眼里流露出求生的欲望,她惊恐万状,但嘴巴紧闭,什么也没说。白绫在点燃的一瞬间女人便成了团火球,顷刻间人们就听到了凄厉的喊叫。女人像杀猪般地嚎叫着,恐怖森然。年龄大一点的人纷纷闭上了眼睛,不忍再看。叫声歇斯底里地吼了一会,声音渐渐微弱,到后来只有"噼噼啪啪"的声响,整个广场被一股焦臭的浓烟所笼罩。火光冲天,烧了足足一个时辰!

儿子死后,外公整天把自己关在屋里喝酒,喝醉了就跑到村里大喊大叫,一会儿哭一会儿笑,大冷天把自己剥得一丝不挂,终于在一个寒冷的冬夜一头跌进了村边的水池里,等到人们发现的时候身体已经硬得像冰棍一样,浑身弓成一条大虾。村里的自家人(家族中的近亲)把外公同儿子安葬在一起,并竖了一块石碑。大家在感叹生命无常的同时,尤其感叹这一家人的命运凄苦。外公一生活得坦荡,最终却被一个女人弄得家破人亡,落得如此下场。不知阳世间未了的孽债,在阴间会不会得到偿还?

女法师的家在河南,孤身一人,无牵无挂。她带领母亲来到党庄,却发现母亲的家里已经没有人了,于是深叹这孩子命苦。村里的人都劝她收养母亲。母亲也觉得女法师心好,不愿再离开她了。

这个女法师便成了我的外婆。

外婆说她在遇见母亲之前的那段时间老是梦见玉兔,一只洁白的小兔子,楚楚怜怜地向她作揖,眼里含着泪花。外婆遇到母亲后,这个梦就不再出现了。原来母亲的属相是兔,外婆说这一切都是天意的安排啊,她们娘俩的缘分,是前世就定了的。

自从收养了母亲,外婆领母亲便回到了故乡,只在附近的地方做法事。外婆一直未嫁,她父母早亡,是靠了伯伯的抚养才长大成人的。孤儿的凄苦她最清楚,因此外婆在第一眼看见母亲的时候便落了泪,她觉得自己有责任把这个孤儿抚养成人,也给自己的后半生一个归宿。外婆这些年在外面做法事,已经有一些积蓄,她给母亲从头换到脚,里里外外都是绸缎,让她成为村里最耀眼的姑娘。那时虽然政府已倡导妇女放脚,但是农村很多人还是讲究缠脚的。母亲见过村里很多人缠脚,只有少数穷苦人家的闺女才会长一双大脚,这样的姑娘无论相貌多么美丽,长大后都不可能找到像样的人家,甚至只能做人家的填房。有些女子相貌平平,但因为有一双三寸金莲,就可以找到心仪的人家,因此大多数人家的闺女从五六岁就开始裹脚了。外婆小时候曾经缠过一段时间。裹的时候，裹脚布缠得很紧，整个力量又特别着力在小趾跟的部位，往往因为血液循环不畅，造成小趾跟部也就是外把骨的位置压疮溃烂。缠的时候要把小趾骨用劲向下推，四个脚趾也顺着向脚掌内缘再推进去，然后再使劲把裹脚布缠紧。缠好以后两只脚可能痛得半天不能走路，要勉强挣扎着，才能用脚后跟垫着走，走一步痛一下。坐下时更是一阵阵抽痛，睡觉时也会又胀又痛，抽得整个下半身都扭曲了。如果脚上溃烂化脓了，那胀得更难受，得把脚用枕头被子垫高，有时得把脚跟搁在床栏上压得神经发麻才好受一点。天气热时足内发烧痛得更厉害。痛得轻时睡了觉，两脚还在抽筋，或一夜频频痛醒，饮食无味。女孩受了这种残酷的折磨，往往会昼夜啼哭，痛不欲生，但还是得裹，不然长大了就会没有人要，就嫁不出去了。解开裹布，往往溃烂的部位和裹布紧紧粘着，勉强撕下来，便是一片血肉模糊，差不多得用6个月的时间，强忍痛苦挨到脚趾头都抄到脚内侧边，由脚内缘能摸到脚趾头。有的人为了让脚更小，缠的时候还给女孩的脚底塞瓷片，然后用裹脚布缠紧，逼着她走路，瓷片深深地刺进了脚里，鲜血直流，撕心裂肺地疼。然而大人要的就是这种结果，伤口缠在里面发炎化脓，最后让里面的肉烂掉，脚便变得很小了。溃烂的伤口处理不当往往愈来愈严重，到最后甚至会导致小趾腐烂脱落形成慢性骨髓炎，多年不愈。由此可知，要缠得一双小脚，真是得历尽千辛万苦，无怪乎缠足妇女对其小脚的呵护，胜于一切。

　　母亲那时已经错过了裹脚的最佳时机，但还不算太迟。有的姑娘10多岁才开始缠脚，自然会更痛苦。外婆小的时候家里穷，需要她干活，所以缠了一段时间就放弃了，外婆没有遭受太大的罪。但是大脚女人的社会地位很低，因此虽然外婆很宠爱母亲，还是要让她缠脚。母亲的脚白天被裹上，晚上她就偷偷地放开了。外婆发现后又给她缠上，双脚火辣辣地胀痛，火烧火燎，痛彻心骨。母亲实在受不了那样的刑法，央求外婆不要让她缠脚。外婆也觉得太残酷，于是在白天的时候给她缠上，晚上就给她松了开来，母亲的脚至今像常人一样，同其他同龄的老太婆颇有些不同。解放后，缠脚的陋习被政府明文禁止，所有的女人都非常羡慕母亲的那双大脚，母亲说她一辈子都感激外婆的英明。

3

　　日本鬼子说来就来了。听说县城里来了许多骑洋马的,每天到处巡逻,并且在县城的周围设置了一些岗楼。城里边有钱的人家早就跑掉了,跑不掉的是他们的房子,于是便全成了日本鬼子的住所。东洋鬼子一路烧杀掠抢,无恶不作,老百姓闻风丧胆,纷纷离开了村子,向西边方向逃去。黑夜里,外婆拉着母亲的手,背了一个包裹跟着村人匆匆地上路,母亲不知道外婆要带她到哪里去。一些年纪大的人没有走,他们死也不愿意离开故土。

　　两天后他们来到了祝村。祝村离县城较远,鬼子还没有来。他们边寻找人家住下,边惊魂未定地打听东边传来的消息。听说有几个村子都让鬼子放火烧掉了,但外婆他们的村子尚没动静。母亲暗暗地长舒了一口气,见房东家的少爷拿了一个球状的东西邀她去玩,于是就准备去,结果遭到外婆的反对。房东家是村子里少有的富裕人家,对人却很和善,一大早就端来了热气腾腾的米饭,要母亲她们趁热吃掉。母亲已经一天没有吃东西了,很饿。她看了看外婆,见外婆的眼里是不同意的神色,于是便不敢吃。东家说兵荒马乱的,他婶你不要客气。外婆说给你家添的麻烦够多了,我们自己带有干粮呢,只求东家给一碗水就行了。东家的眼神里闪过一丝敬佩的目光,回去后烧了一壶水让儿子提过来。母亲跟外婆被安排在一间厢房里,厢房收拾得很干净,被子也很暖和。外婆坚持要用自己的铺盖。那天晚上她怎么也睡不着,睁着眼到天亮,拿了一把扫帚,把里里外外拾掇得干干净净。

　　太阳出来了,这一天和平常没什么区别,当人们还在惶惶不安地议论着什么,鬼子就进村了。鬼子进村后并没有像人们想象的那样开始放火。仔细看,也不过四五个人,扛着枪,嘴里叽哩哇啦地说着什么,抓了几只鸡就走了。人们龟缩在屋里,大气不敢出,生怕鬼子搞门,没想到他们就那样哼着曲子,刺刀上挑着鸡,大摇大摆地走了。外婆在心里长吁了一口气,嘴里念着"阿弥陀佛",把母亲从怀里放了出来。一直想象中的事情突然成为现实,与现实又有些不符,村里的人在如释重负的同时,又有一些不真实的感觉。难道那些传言都是假的吗?这几个日本人为啥只对鸡感兴趣?

外婆没准备再走，因为现在外面全是鬼子，走到哪里都一样。她们甚至想回到原来的村子里去。夜幕降临的时候，从村子外传来的消息让外婆打消了再回去的念头。消息说杨村的人想往西边跑，被晚上巡岗的日本人撞见了，不问青红皂白便一阵机枪扫射，死了几十号人！隔天，又一条消息把他们震得不敢相信：一个鬼子跑到北庄找姑娘，结果撞上了一个媳妇儿，拖到屋里便强奸。完事后又逼着丈夫当着儿子的面跟妻子交媾，丈夫一怒之下便杀了这个畜生，拖到村外掩埋了。第二天，鬼子找上门来，在荒地找到日本人的尸体，他们兽性大发，把一村的人全杀了！一时整个村子阴风嗖嗖，鬼气森森，令人毛骨悚然！

4

日本人烧了北庄后的第三天早上，有两个鬼子又悄悄地进村了，像幽灵一样，鬼鬼祟祟。因为那段时期村子加紧了戒备，有专门的人在村外放哨，只要发现有什么动静便会回来报告。有闺女的人家赶快把闺女藏起来，免遭祸害。可这两个鬼子不知从啥地方冒了出来，没有给放哨的人一点时间。鬼子进村后便径直来到外婆住的院子，他们进来时母亲正在跟东家少爷玩。一个鬼子叫了起来：花姑娘的么希！外婆一把拉了母亲，揽在怀里，说她还是个孩子，不懂事，求皇军放过她。高个的鬼子一脸坏笑地在母亲的脸上拧了一下，母亲疼得哭了起来。东家的三太太不知发生了什么事儿，掀起门帘往院里瞅了一眼。这一瞅不要紧，日本人放开了母亲，直奔三太太去。矮个的日本人看了外婆一眼，发现她长得很丑，便狠狠地在外婆的脸上抽了一个巴掌，气哼哼地也进屋去了。接着便听见三太太的喊叫声，初时很用力，渐渐地便没了声响，只听见男人粗重的喘息声。房东的儿子想要进去，被外婆拉了回来，老爷和太太在上厢房还没起来，等他们前来时，两个日本兵已经心满意足地走了，留下了衣衫不整，披头散发要死要活的三太太坐在那里有气没力地哭泣。

那时母亲虽然已经懂事，但对男女之事一知半解，朦朦胧胧，只知道那不是什么好事儿，女孩子要是被人坏了身子，这辈子就嫁不出去了。看见三太太狼狈的样子，母亲很庆幸自己逃过这一劫，从此外婆便在她的脸上涂上了锅底煤黑，剪去了她的一头长发，从东家借了两件男孩的衣服给她穿上,直到她们离开这个村子,许多人还不知道母亲是女儿身呢。

高个的日本兵几天后又来了。这次他带来了许多糖果,见小孩就发,大家躲得远远的,不敢靠近。日本兵一来就直奔厢房而去。三太太显然没想到他还会来,于是又叫了起来,就听见"啪啪"两声脆响,像死灰复燃的鞭炮。叫声停止了,屋里静悄悄的,只听见几声闷响,好像是谁的气憋住了,呼吸很不畅。过了一会儿,日本兵出来了,他笑嘻嘻地在母亲的头上摸了一把,显然并没认出她,然后拿出一把糖,塞到母亲手里,嘴里依然哼着上次来的那首歌,大摇大摆地走了出去。外婆见鬼子走远,一把夺了母亲手里的糖撒向猪圈,然后把母亲关在屋里,到厢房看三太太去了。

有了北庄的惨痛教训,房东老爷敢怒不敢言,他怕连累了整个村子。好在遭殃的是小老婆,平日里老跟大太太争风吃醋,这下让太太更从心里瞧不起她了。老爷明白目前的处境,他没什么好的法子,只好睁只眼闭只眼。唯一的办法是让三太太自己了断,他又觉得不忍。毕竟这女人跟自己多年,要说没感情是假的。三太太向他哭诉,他不理,骂她是贱货,败了祝家的门风。三太太的悲哀深厚而绵长,幽幽不绝。她匍匐着来到井沿前,回望一家人漠然的神态,把身子慢慢地探了下去。井底黑乎乎的,像一条巨蟒张开了大嘴,喷出一股森森的阴气。外婆惊呼一声奔了过去,女人扭扯着身子往井里钻,哭得辽阔雄壮悲戚无比。老爷说你放开她,让她跳!外婆松了手,三太太却不往前扑了。她擦了一把眼泪,忽地站了起来,说我不死,我死了便宜你们了。我就是不死,我让你们一家人都不好受!

后来,祝老爷便出去了,说是去了县城。高个的日本兵还来,来了便径直地到老爷家,直奔东厢房。母亲被外婆藏了起来,一般情况下不允许她出去,生怕惹事。村里人渐渐地便不再害怕这个鬼子,他们知道日本人只是喜欢上了三太太,与其他人无关。于是一切仿佛又回到了从前,好像什么事情也没发生过。外婆也渐渐地放松了警惕,允许母亲跟房东的儿子一起玩。一身小子打扮的母亲似乎也忘记了自己的性别,同房东的儿子玩得有些过火,这让外婆有些不爽。但她从心里感激这一家人,也很喜欢这个胖乎乎的男孩子。

外婆做法师的时候攒了一些钱,在祝家住得太久,干粮早吃完了,她于是便拿出几块银元来给房东。房东说你见外了,我不缺你那几块银元,兵荒马乱的,家里有的是地方,你们娘俩能吃多少?你别多心啊。外婆讪讪地把手缩了回来,说俺心里可真过意不去啊。祝老爷笑着说:你要是真过意不去就让你闺女给我儿做媳妇吧,这样咱就是一家人了——还见外吗?外婆没想到他会说这样的话,心里暖烘烘的,说俺那闺女咋能配上少爷呢?——门不当户不对的,实在不敢当。因为两个孩子都还小,外婆以为老爷只是说说而已,并没有放在心上。

祝老爷一去便是许多天,只是在一日深夜回来过。他敲开了外婆的门,说我这段时间不在,家里太太身体不好,孩子又不懂事,下人多靠不住,有劳你多担待些啊。外婆很感动,觉得他真的没把自己当外人看,当时便含着泪点了点头,说你放心去吧,孩子和太太不会有事的。外婆犹记得那晚的月光很亮,祝老爷的脸上挂着一层薄霜,白得凄惨。

祝老爷的儿子祝俊比母亲大两岁,那时刚10岁。他后来成了母亲的第一任丈夫。

第三章

1

　　村里一同逃出来的人,陆陆续续都回去了,只有外婆和母亲没走。到处鬼子都是,死人的事儿每天都在发生,大家已不觉得奇怪。那个高个头的鬼子叫川口佑二,来得次数多了,大家都不再怕他。有时三太太还会冲他发脾气,他似乎也能够忍受,默不做声地站在院子里,一站就是一个时辰。如果三太太依了他,他便会眉飞色舞地在院子里手舞足蹈,嘴里哼着不知名的曲子。川口佑二跟母亲和祝俊已经很熟,外婆也不介意他后来带来的东西,睁只眼闭只眼地看他们在院子里胡闹。川口佑二顶多20出头的样子,白白净净,一脸的稚气写在脸上,看见外婆便深深地鞠一躬,嘴里"嗨!"地一声,头低得很下。后来,川口佑二已经能说简单的中国话。川口佑二说他在日本已经有女朋友了,女朋友跟三太太一样漂亮,俩人特别像。川口佑二有时还会带来一些白米和罐头之类的食品。那时天正大旱,家家没啥吃的,祝俊家的储粮也已不多,于是便收下了这些东西。

　　太太平时很少说话,但所有的下人都很怕她。她现在唯一能谈得来的便是外婆了。女人在一起无话不说,因此经常也会提到关于三太太的事情,眼神是那样的不屑。外婆虽然一直未婚,但对男女间的事情却看得很重。太太说人都被鬼子作贱成这样了,还活个啥?要是她,一头就碰死了,也省去给乡亲们惹麻烦。附近的日本兵也来过几次,但多是干些捉鸡摸狗的事儿,没怎么跟村里人起冲突,倒是宋村那边不断传来消息,说日本人烧杀奸淫,干了许多坏事儿。等川口佑二再来时,外婆便用陌生的眼光看他,却怎么也看不出他有什么地方像日本人。

老爷回来了。老爷是在一个大雪的晚上悄悄地摸回到村子的,还带回了一个人。天亮的时候,外婆发现祝老爷回来了,跟他一起回来的那个人像是受了伤,被老爷藏在后院的窝棚里。老爷告诉外婆,让她不要对外人说起,包括孩子在内。第二天晚上,老爷便又悄悄地离开了村子。外婆一直觉得老爷很神秘,好像在外面干一件很重要的事情,但却绝对不是做生意。

那人伤得不轻,显然是老爷背他回来的。外婆的心"嗵嗵"直跳,因为她知道外面的情况,鬼子三步一岗,五步一哨,老爷是怎样把伤员弄回来的?家里的药也不多,外婆在外面做法师时,还学了几招止血疗伤的方子,于是便配了一些药给伤员。伤员恢复得很快,第三天的时候人已经完全清醒,他以为外婆是祝老爷的妻子,便要翻身下床,给外婆磕头,被外婆扶住了。

受伤的游击队员姓吴,30来岁的样子,跟外婆年纪相仿,他让外婆叫他老吴。老吴长得很魁梧,方正的脸上一双锐利的眼睛仿佛能把人洞穿。外婆在看见他的第一眼不知怎么心里"咚"地一下,晃悠悠地直颤,这在以前是没有过的事儿。老吴的伤在头部和腹部的右下侧,一条腿也伤得不轻。但好在都是硬伤,肚里没啥毛病,吃东西不妨事儿,于是外婆精心地护理。开始时,老吴还不好意思,毕竟是一个陌生的女人,伤的部位让男人的隐私一览无余。外婆也有些紧张,不敢去看,但伤口必须要用盐水消毒,捣碎的药也要敷在上面才管用。看老吴笨拙地弄了半天,只会把自己搞得更疼,外婆于是就顾不了那么多,开始给他清理伤口了。

这是外婆第一次面对一个成年男性的身体。一开始她脸羞得通红,尽量不让自己去乱想,一心一意地给他敷药。老吴的伤势一天天地好了起来,人也精神了很多,已经能下地走路。外婆那几天像是着了什么魔,整天脑子里都是老吴的影子,心扑扑直跳,像是有一排细细的牙齿在轻轻地撕咬。地窖里好像有块磁铁石吸引着她,人被牵动得晃晃悠悠,晃晃悠悠。外婆看老吴的眼神是热辣辣的,老吴是过来人,怎么会不明白?于是在一个午后,在外婆把药换完后准备离开的时候,老吴抓住了她的手。外婆浑身一颤,拿在手里的碗也摔在地上,碎成两半。她忙蹲下来,心"嗵嗵"直跳,捡了碗便匆匆地离去了。

回到下厢房的时候,外婆一下午都感觉晃晃惚惚,不由地抚摸手被摸过的部位,一遍遍地回想刚才的情景。30多年了,外婆从没对任何男人动过心思,她选择了做法师,当年对师傅也非常崇拜,但绝对没有动过男女方面的心思。外婆把自己的情感深深地锁进了灵魂的铁箱子。如今,这些情感在黑暗和苦闷中开始发芽,它们渗出那些铜墙铁壁的牢狱,在她的血管里蠢蠢欲动,横冲直闯……也许是三太太和日本兵的事情让外婆有些触动,她一方面非常痛恨那种下贱的行为,却又愿意听三太太讲她与老爷之间的夫妻情事。三太太说老爷一开始非常疼她,只是太太在中间作梗,妒嫉她年轻漂亮,使老爷冷落了她。而有意无意间,外婆也不止一次地听见过三太太与川口佑二之间的那些事,好像很痛苦,又好像很诱人,有几次她甚至不由自主地停住了脚步。厢房里传出粗重的喘息和娇嗔的呻吟,女人身体的深处有一种原始的欲望在渐渐地被唤醒。外婆很惊诧。

　　三太太说,一个女人如果一辈子没嫁过男人,那她就在这人世上白走了一遭。她不明白外婆为什么一辈子不嫁,那不是白白浪费了上天赐予的一次做女人的机会么?川口佑二给她带来了一些雪花膏之类的东西,她让外婆试试,外婆闻了一下,皱着眉头走开了。

　　有些事情是命中注定的。那天,从外面传回了游击队胜利的消息,说打死了几十个鬼子,上次通风报信的汉奸也被打死了。老吴非常激动,不知为什么一把将外婆揽在了怀里。外婆想挣扎,却没有动,闭上眼任老吴把她箍得很紧。外婆突然觉得有些害怕,她觉得这是不合适的行为,起码现在不合适。草棚在后院的角落里,草棚的后面有一个门,很隐蔽,通往地下的菜窖。老吴就住在菜窖里。外婆突然觉得身子有些冷,一双男人的大手在她的身上开始移动,痒酥酥的,让她从心底开始颤栗。她没有动,闭上眼睛任由老吴的手在她的身上游走。男人的呼吸声越来越急促,外婆觉得自己快要虚脱,虚弱得像一张薄纸在轻轻地漂浮。外婆的身体空空的,感觉很难受,她渴望着什么东西来填满它……

　　当老吴进入外婆身体的时候她痛苦地呻吟了一声。外婆咬紧牙关,才不致身子剧烈地颤抖,身体却冰凉得像一具死尸。老吴慢慢地便进入了状态,并不住地做出一些手段,身子像热铁一样熨烫着,下面的身体便有了反应,渐渐地开始膨胀,并逐渐地温热起来,做出一些积极的配合。30多岁的外婆第一次尝到了做女人的滋味,有一刻她真后悔自己白白浪费了几十年的青春!一辈子给一个莫明其妙的理由坚守贞操,太不值得!外婆在老吴最疯狂的时候紧紧地揽住了他的腰,像是生怕他会从自己的身上溜走,并把两排牙印深深地留在了老吴的肩膀上……

云雨后外婆的浑身都被汗水浸湿,她问了自己最关心的问题。那时村里人都盛传祝老爷在城里做汉奸,外婆一直不信,老吴便向她叙说了一切。

2

原来祝老爷参加了一个抗日游击队组织,在北面的山里与鬼子周旋,已经消灭了几十个日本人。那天鬼子突然进山搜查,在汉奸的带领下,偷偷地包围了他们。结果一场围歼,几百号人死伤过半,老吴被鬼子的枪射中,祝老爷背着他钻在一个草堆里才躲过一死,他们在那里又躲了一夜,第二天晚上冒着大雪偷偷地跑了回来。他准备再过两天就出去联系其他兄弟,决心要与小日本拼了!

其实祝老爷也知道那个日本人还一直来他家,把伤员放在家里可谓最危险的举动了。但往往最危险的地方也最安全,日本人怎么也不会想到在他的家里会有游击队员。

可意想不到的事情最后还是发生了,发生得非常突兀,谁也没想到。

那天外婆去村里的一户人家做法事,母亲同祝俊出去玩,来到村外的开阔地上。开阔地中间有一道铁丝网,几个鬼子在那里放哨。母亲一看见鬼子扭头就跑,不想被追来的鬼子逮住了。鬼子把他俩拦在铁丝网前,问是否认识川口佑二?母亲摇了摇头,装着听不懂。一个长相极凶的鬼子便上来抓了母亲的头发往铁丝网上缠。铁丝网上满是钉刺,母亲的脸一下子就被划烂了,她哇哇地哭了起来。母亲的哭声暴露了自己的身份,鬼子发现她是个女孩子,惊诧地瞪大了双眼,把祝俊撂在一边,就去剥母亲的衣服。那时母亲才刚刚8岁,还没开始发育,扁平的胸脯像男孩一样平坦。祝俊挺身走了过来,被一个鬼子一掌打得跌出好远,磕掉了两颗门牙。鬼子狞笑着用刺刀往母亲的裤腰处一挑,宽松的裤子便掉在了地上,母亲忙蹲下来,吓得抱头痛哭。鬼子得意极了,狞笑着围了母亲,就要开始施暴。正在这时,村头上一阵尘土飞扬,几辆摩托车飞驰而来,车子上坐满了鬼子。一个鬼子向这里大声地喊着,叽哩哇啦的,几个日本兵一愣,急忙整理衣服,顾不得瘫在地上的母亲和躺在那里满嘴是血的祝俊,一溜小跑地向村子奔去。

开阔地中间有一道铁丝网，两个鬼子在那里放哨。母亲一看见鬼子抱头就跑，不想被追来的鬼子逮住了。鬼子把她往拦在铁丝网前，问是否认识川口二佑？母亲摇摇头，装做听不懂。一个长相极凶的鬼子便七手抓了母亲的辫子往铁丝网上缠，铁丝网上满是钉刺，母亲的脸一下子就被刺烂了。子鸿画

鬼子包围了祝老爷的宅子,要屋里的人全部出来。那时川口佑二正在屋子里与三太太亲热,惊慌失措,不知发生了什么事,提了裤子就跑出来,被一个军官模样的人狠狠地打了一个巴掌。川口佑二"嗨!"了一声,站直了,一个手仍提着裤子。家里面只有太太和三姨太在,下人们都去地里干活了,外婆也没回来。鬼子命令他们交出支那兵,否则死了死了的,统统地枪毙!太太一直在痛恨这群日本兵,扬了头望着别处,被那个凶狠的军官一枪托就砸得趴在地上,半天不能动。三姨太当然不知道有游击队员藏在这里,一个劲地说没"支那兵"——不信你们可以问问他!她扭头看着川口佑二,希望他能够作证。川口佑二"叽哩哇啦"地向日本军官说着什么,从他的表情上可以看出,他是说这里确实没有什么游击队员,但话没说完便被军官又狠狠地掌了一掴,站在那里不敢再说。凶狠的军官用刀指着太太的脖子,要她站起来说话,太太挣扎着爬了起来,一脸的血污。鬼子又冲着她大喊大叫,太太紧紧地闭上了眼睛。她拒绝开口。凶狠的军官用刺刀一挑,就听见太太惨叫一声,倒在地上。凶狠军官狞笑着走近三太太,三太太只觉得腿间有一股湿热的东西流了出来,她浑身哆嗦,尿了一裤子,瘫在那里了。凶狠军官命令士兵上去剥她的衣服,三太太大声地哀嚎着,望着川口佑二,希望他能够保护自己。川口佑二往前移了一步,想要制止他们,被凶狠的军官狠狠地抽了耳光,便站在那里不动,眼睁睁地看着三太太被拖进了厢房,里面传来阵阵惨叫声……

　　三太太被折磨了足有两个时辰,凶狠军官带领其他士兵把院子翻了个底朝天,在地窖里找到了老吴。老吴被押出门外的时候腿还有些不灵便,走路一瘸一瘸的。鬼子把全村的人都赶到村外的开阔地上,把受了伤的游击队员扒光了衣服,绑在树上。

　　风硬硬地扫了过来,扬起满天黄尘,老吴瘦骨嶙嶙的身子在黄风里显得非常单薄。日本人挥舞着战刀歇斯底里地喊叫着,要老吴说出其他人的下落。老吴高声地叫骂着,一副无所畏惧的样子。日本人用刀子在他的肚子上一划,血喷了他一脸,白花花的肠子冒了出来,像条蛇似的来回扭动。大家闭上眼睛,不敢再看。外婆睁开眼睛,与老吴的目光相遇,那目光热热地,坚定而刚毅,没一丝恐惧的神色。外婆的心猛地紧缩了起来,像要从胸膛里跳出来,绷得生疼。老吴依然在高声地叫骂,声音却渐渐地微弱,不一会头便耷在肩上,没有了气息,唯有腿间的阳物却傲然高耸,一副不屈不挠的样子。

那时太太已经气绝,饱受日本兵蹂躏的三姨太被拖了过来,浑身白得像张纸,腿中间流着血。鬼子狞笑着从人群里拉出一个男人,要他同地上的女人交媾,男人不从,便被一刀刺死。鬼子又拉了一个,还不是从,又被杀了。接着又连着杀了几个人,鬼子大开杀戒,一时腥风血雨,鬼哭狼嚎,平静的小村霎时成了人间炼狱……

3

母亲醒来的时候已是晚上,月亮把空旷的草地照得如同白昼,空气中弥漫着一股浓浓的血腥味。母亲睁开眼睛,不知道自己是否还活着。她用力动了动身子,发现有什么东西压在身上,一点也动不了。这时母亲听到外婆轻微的呼唤声。外婆操着微微发颤的声音,声音极小极小,像蚊子在哼哼,但母亲却听得异常清晰。母亲叫了一声:——娘!母亲说娘啊,我在这里。就听见另外的一些呻吟,极压抑的那种,像鬼的哀嚎一样,令人毛骨悚然!

原来鬼子在大屠杀后,把尸体拖进了一个坑里,准备浇上汽油点燃。一些尸体被填进了井里,井水都溢出来了。母亲能够活下来的原因是凶恶军官突然接到命令,要部队急速离开,他们还没来得及检查尸体便匆匆地撤走了,因此那天有十几个人活了下来,这其中便有外婆和母亲。祝俊的腰上被戳了一刀,但没伤及要害,保住了一条性命。

多少年后,母亲回忆起那恐怖的一幕,仍仿佛如昨,历历在目!

外婆在经历了这场生死大劫后,整天晃晃惚惚,嘴里不停地念叨着什么。她整夜整夜地做恶梦,白天一闭眼,仿佛还是那杀人的场面。老吴的影子在她的脑海里再也挥之不去,特别是那最后的一瞥,让她惊心动魄——那可是她生命中的第一个男人呀!

村子是不能再回去了,鬼子一把火就烧成了灰烬。外婆于是决定带着两个孩子回到原来的地方去,那里离这儿有两天的路程,一路上要经过许多鬼子的岗楼,这一点外婆知道,但现在她别无选择。

外婆选择了在白天走路,因为夜里会更加危险。与他们同行的还有另外一个妇女,同样带着一个孩子。女人的丈夫已经死了,公公婆婆也不见踪影,她央求外婆带她逃命。

祝俊的伤让外婆很头疼。伤口已经感染,腰肿得像桶一样粗。外婆看着双目紧闭的他,脸上没一点血丝,头烫得像火炉一样,让人担心他还能否再醒来。老爷临走前把家交给了她,现在家已经没了,这孩子便是祝家的命脉,他也是母亲未来的丈夫呀!外婆自祝老爷那天说过让母亲给自己儿子当媳妇的话,便在心里把祝俊当成了自己的孩子。祝俊长得很端正,人也机灵,能说会道,有段时间他甚至教母亲识字,母亲说她现在认识有限的那几个字都是那时候学会的。母亲叫贾张英,是随了外婆的姓。她原来的父亲姓张,但现在已经不在了。母亲没有权利决定自己的姓氏。

漫长的作战战线使日本鬼子陷入了天罗地网,疲于奔命。惨烈的大扫荡并不能浇灭熊熊的抗日烈火。鬼子除了与国军正面的大会战外,八路军的后方游击战术也使他们一筹莫展,靠汉奸组成的维护治安纵队从根本上解决不了问题,而汉奸也经常会莫明其妙地被人杀死,死得样子很惨,让做汉奸的人惶惶不可终日。

外婆在中途的一个村子住了下来,想办法弄了一些草药给祝俊疗伤。外婆的疗伤手段是跟师傅学的,在方圆几十里都很有名气。谁家跌打损伤了,她除了做法驱鬼,更多的是用自制的草药给他们疗养,因此效果很明显,外婆的法便很灵验。很灵验的法师外婆整天坐在两个孩子跟前念念有词,祷告他们平安。她虽然跟师傅搞法术,但却是个虔诚的佛教徒,喜欢念经祷告。师父说,心中有佛,佛就在,不必严守那些清规戒律,那些戒律是出家人自己设置的。外婆似懂非懂,她因此并没有彻底醒悟,也没有看破红尘。

祝俊的伤在外婆的精心调养下恢复得很快,他的脸上已经渐渐出现了红红的颜色,自己也能拄拐走路了。一同逃难的女人让孩子管母亲叫哥哥,她不知道那污秽的衣服里面其实是一个女儿身。祝俊看见母亲的样子便想笑,只有他清楚母亲是如何的美,那美甚至有一种震撼的力量。少年的心里蠢蠢欲动,他不明白自己为什么会喜欢母亲,只是觉得同她在一起心里就舒坦。

祝俊的伤势一天天地好了起来,人也恢复得差不多了。外婆觉得还是回老家的好,毕竟在那个村子她生活了30多年,有太多的东西值得她留恋。听说村子还没有遭到日本人的侵害,逃出去的人回去后都感到很庆幸。母亲随着外婆一路往回走,在离村子还有几里地的时候,他们遇到了麻烦。

像前几次遇到的麻烦一样,这一次他们同样是遇到了日本人的拦截检查。前几次检查都没有出现什么问题,可这一次麻烦就来了。

两个鬼子挡住了他们。其中的一个大喜过望,嘴里喊着"花姑娘的吆西!"冲着一块逃难的那个女人就扑了上去。女人一闪,鬼子一个趔趄趴在地上。他恼羞成怒,用枪托一下把女人砸昏过去,然后拖进对面的岗楼里去了。女人的儿子被吓坏了,他大喊大叫,疯了似地向岗楼跑去,快到岗楼下的时候,被站在门口的鬼子用枪瞄准。外婆喊着:不要!声音未落,小孩已经倒下,岗楼里传来女人撕心裂肺的哭声,随之便被一阵"劈劈啪啪"的声音所代替,哭声变成了有气无力的哽咽。

留在外面的那个鬼子向外婆走了过来,他笑眯眯地给了母亲一块糖,便动手去拉外婆。外婆站在那里只是不动,日本兵便用枪托子砸她,一下又一下,不是很用劲,外婆就是站在那里不动。鬼子火了,一阵"唏哩哗啦"的声音,他端起了枪,向外婆瞄准,母亲一下子扑了上去,紧紧地搂住外婆,外婆猛地一用力,将她推出好远,说你们赶快走!快走!外婆知道今天的劫数是怎么也逃不过的,与其让日本兵糟蹋,还不如死了的好!只是可怜了两个孩子,也对不起祝老爷。想到这里外婆闭上了双眼,等待着枪响的那一霎那。闭上眼睛之前,外婆仔细地看了看她面前的日本兵,发现他顶多就十几岁,还是个娃娃。外婆等了一会不见动静,这时另一个日本兵已经干完坏事,从岗楼里出来,显然他在嘲笑同伴的无能,叽哩哇啦地说着什么,笑得肆无忌惮。他走到外婆跟前仔细地打量了一番,外婆那天穿一身男人的衣服,头也没梳,加之人本来就不漂亮,日本兵鼻子里哼了一声,显出一副轻蔑的表情,对小鬼子叽哩哇啦地又说了些什么,冲着岗楼里挥了挥手,小日本兵便撇了外婆到岗楼里去了。鬼子狠狠地踹了外婆一脚,骂道:八格牙鲁!又上上下下地看了一番,不无厌恶地说:你的,开路的干活!外婆一开始还没反应过来,鬼子又吼了一声,她才如梦初醒,快步地去追赶那两个孩子去了。

走出很远外婆又听见岗楼里传来女人凄厉的叫声,她不由地回过了头,却发现岗楼上的鬼子正在拿枪向这边瞄准,她腿一软,人便倒了下来,枪声擦着耳边呼啸而过,外婆连滚带爬地滚下了丘坡,消失在鬼子的视线里……

4

外婆回到家里的时候已经黄昏,炊烟在村子的上空轻轻地绽放,证明这里仍是人间烟火。外婆觉得自己已经死掉了,懵懵懂懂,感觉天昏地暗。耳边不时有枪声掠过,她惊慌失措地把两个孩子搂在怀里,仔细听,却好像又什么声音也没有。屋里已经没啥东西,因为人们都确信外婆已经死了,不会再回来了。平子在村外看见她的时候还以为撞见了鬼,一路狂奔着跑回了家。母亲诧异地看着家家紧闭的大门,村里已没有一丝生气,仿佛一股腐烂的气息正在升腾,呛得人想打喷嚏。是啊,人早晚都要升天的,这是迟早的事儿,祝村和那些村子里的人不过是先走了一步。外婆一辈子都虔诚地认为,人是有来生的,并且会遭到报应。她认为自己能够大难不死,都是因为前世积的德。鬼子来生都要变猪变驴的,他们干尽了坏事,不会有好报应!外婆不止一次地诅咒着,她相信恶人总会有恶报,现在只是在等待着时间来判决。

屋里四壁徒清,什么也没有。秋日晚上风冷嗖嗖的,透骨地凉。外婆出去敲了几家的门,都没有敲开。正徘徊,身后传来了男人的声音:

——你究竟是人还是鬼?!

原来平子回家后,按捺不住内心的慌张,又跑出来悄悄地跟了外婆一段路程,看见她跟两个孩子说话,看见她敲门,看见她无助地在巷子里徘徊,平子终于相信外婆还活着。他走上前来,说你没死就好,东西都是你的几个本家拿去了,现在要也许还不迟。于是他们来到了几个本家里,大家抱头痛哭,唏嘘不已。

那年月,要活下去需要很大的勇气。

外婆于是又重操旧业,开始给人看病。

有那么一段时间,老吴的影子一直在外婆的眼前晃动,睁眼闭眼都是。她于是偷偷地跑到村外,给老吴做了一回法事,以超度他的亡灵。夜晚感觉一天比一天长,外婆常常睁着眼睛睡不着觉,于是便回想她与老吴相处的种种细节,仿佛那便是人生最大的幸福。其中的一些细节让她至今仍心跳脸红,不敢去想。唉,看来再强的女人,一生还是需要男人滋润,才可以算得上完整的女人。平子是跟她从小耍大的,他从小多病,身子又瘦又小。

由于家贫,一直没有成家。外婆知道他喜欢自己,但那时的她除了做法事,是不食"人间烟火",没有"七情六欲"的。师傅一辈子就没要女人,这让她对师傅一直很钦佩。师傅临死的时候嘱咐她要找到传人,不要把手艺丢了,那意思是暗示她找一个男人,生儿育女。她没有那样做。到遇见母亲的时候,她觉得自己的手艺已经不愁失传了。但渐渐地她又改变了看法,不想让母亲再去做法师。不知为了什么,她对自己这项营生也产生了一股难以言述的情绪。

在冬日即将来临的时候,外婆惊诧地发现自己怀孕了!初期的反应并不是十分明显,她也从没往那方面想,但随着生理的变化,做法师的外婆便知道自己是怀孕了。

突如其来的情况让外婆有些猝不及防,做母亲的喜悦和私生子的耻辱同样让她为难,她必经做出一个选择。

外婆最终选择了将孩子生下来。她觉得这是她做女人的权利,也算是对死去的老吴有交待。相信九泉之下,老吴会欣慰的。于是老吴临死的情景又出现在她面前,特别是那昂首天外的生殖器,让她心惊肉跳,不敢正视。

5

外婆的怀孕在平静的村子掀起了很大的波澜,人们尽管生活得很艰难,但对这类事情永远抱有很大的兴趣。大家认为,外婆肚子里的孩子是日本人的野种,纷纷要求她把野种处理掉,甚至以赶她出村子相威胁。外婆说这孩子是无辜的,他不是日本人的种。但究竟是谁的种,外婆也没法给他们说清楚。女人们远远看见外婆就开始吐唾沫,一边打鸡骂狗,说些让人脸红的脏话;男人们的脸上呈现出鄙夷——像看见汉奸一样充满厌恶。那些熟悉而亲切的面孔一夜之间突然变得陌生起来,像一层寒冰冷冷地将外婆包裹了起来,孤立了起来。整个村庄在一夜之间似乎也将他们遗弃,变得面目狰狞,阴森可怕。有人甚至开始怀疑母亲和祝俊的来源,他们是否也是外婆的私生子?悄悄地竟然隐瞒了这么长时间。于是在外婆他们出去的时候,就会有孩子们向他们扔石头。

村里唯一还跟他们来往的人就是平子。这个从小跟外婆一起耍大的人对外婆一如既往地关怀。那时家里已经没有吃的了,母亲每天和祝俊出去讨饭,身子变得臃肿的外婆行动很不便,一个人连水也弄不回来。平子在夜幕降临的时候会把水缸灌满,然后拿了蒸熟的红薯给外婆补身子。外婆一开始拒绝吃平子拿来的东西,因为她知道他也不容易,兵荒马乱的年月,所有的人都不容易啊!外婆说平子你不要再来了,这样影响不好。平子说你还怕啥影响?我都不怕!外婆突然抬起头,目光与平子相遇。这个平日里温顺善良的男人眸子里充满了刚毅,这使外婆有些感动。外婆觉得自己有必要重新审视这个跟自己一起长大的男人了。小时候平子因为身体虚弱,经常被村里的孩子欺负,每次都是外婆挺身而出,村里的人于是都开玩笑说外婆是平子的媳妇,外婆不愿意,于是就骂,谁说骂谁,大人们都说这女子是个二百五,不识耍。后来到了谈婚论嫁的年龄,平子拒绝了几个媒人,外婆跟着师傅学法术,也拒绝提亲。这样他们就一直耽搁到现在,成了村里剩余的孤男寡女。

村里的流言蜚语并没有动摇外婆要把这个孩子生下来的决心。在沸沸扬扬的一片议论声中,这个游击队员的儿子降生了!

1943年孩子生下来的时候身子很弱,外婆自己用剪刀在火盆上烧了烧,剪断了脐带。外婆给儿子取名"抗战",姓吴,叫吴抗战。母亲高兴得合不拢嘴,因为从此以后她有了自己的弟弟。

抗战两岁的时候日本鬼子投降了。那时候他刚学会走路,被姐姐拉着手去看外面的锣鼓。一部分没有来得及撤走的鬼子从岗楼里被赶了出来,集中在村头的空地上,接受人们愤怒的石块和震天的叫骂声。旁边的中国军队在维持着秩序,以免场面失控。这时外婆突然看见了鬼子中的川口佑二,川口佑二同时也认出了她,惊讶的神色难于形容。后来鬼子被押往郑州,村子恢复了往日的平静,人们长长地叹了口气,终于可以扬眉吐气地说话,也可以大胆地到各乡里串门了,才发现好多村子都已成为废墟,村毁人亡。许多熟悉的景已不复存在,让人心生无限悲凉。

抗战从生下来的那一天起便被人骂作"小日本",人们将所有的仇恨和愤怒都转嫁到他身上,因此只要带他出去,便会遭到孩子们的围攻和大人的唾骂。外婆因此很少让他出门,每天都关在屋子里,与院里的大黄狗为伴。母亲和祝俊开始到地里去干活了,他们在这方面都不是好手,外婆于是就手把手地教他们做。

抗战胜利后,外婆带着祝俊又回到祝村,希望能找到祝老爷的下落。

祝村被日本人扫荡后活下来的人很少,他们已流落他乡,不知去向。外婆来到几年前的那个院落,昔日的大宅已被烧成一堆瓦砾,残墙断壁,阴风凄凄,一片衰败的景象。外婆来到了后院,那间茅草棚已无踪影,地窖也被杂物掩埋。外婆伫立在那里很长时间,她突然觉得老吴也许还活着,他就在地窖里……老吴用衣服遮掩着伤口不让她看,自己咬着牙换药,疼得满头是汗,嘴角都出了血。外婆再也不顾了那么多,猛地扑上去,拿开衣服,看见已经感染的伤口像小孩的嘴巴一样咧着,周围全是脓血。外婆小心翼翼地清洗了伤口,用自己研好的草药敷了上去,然后包扎。那一次,她看到的只有伤口,并没有注意男人的隐私。但是第二次换药的时候外婆突然觉得很难为情,老吴的脸也憋得通红。后来,他们就开始默契,老吴积极配合,伤口一天天愈合,外婆也不觉得那么尴尬了,却发生了那样的事儿……那是外婆一生中最重要的时刻,她刻骨铭心,终生难忘。

往事像屋檐上的雨滴纷沓而至,外婆的心里湿漉漉的,身子一阵颤抖。这时她发觉起风了,天上的云块像突然接到命令似地匆匆靠拢,像一组快镜头的画面,波涛汹涌。日子被撕得支离破碎,仅剩的一丝光亮也被遮住了,外婆的眼前一片漆黑。

一股旋风突然在外婆的跟前转了起来,弥得她张不开眼睛。风卷着尘埃碎叶窜得很高,然后扩大规模,掀起更大的风浪。外婆愣了一下,恍惚间觉得老吴在笑眯眯地看着她,满是络腮胡的脸红突突的,非常可爱。这是一张跟自己有过肌肤之亲的男人的脸,外婆只觉得心里痒酥酥的,于是紧闭了双眼,等待那张脸贴过来。这时,风突然静了下来,四周死一般宁静,老吴也不见了。外婆打了一个寒战,身子一震,然后在旋风刮过的地方拼命地刨了起来。不一会,菜窖就露出了洞口,外婆的手上全是血,她不敢怠慢,仿佛地窖里的老吴正在等待她的救援,早一刻钟就会多一份希望。外婆用力搬起了填在洞里的石块和杂物,爬进了黑漆漆的菜窖里。

一股阴冷的霉味扑面而来,夹杂着腐败的气息,刺得人心颤。外婆钻进菜窖里,眼前黑乎乎的,什么也看不见。她屏住呼吸过了一会,这才看清里面的东西:老吴睡过的地方还在那里,墙壁上的马灯依然,干草上的铺盖还铺着,看来几年了,没有人来过这里。这时,外婆发现在洞口的位置,一株土豆冒出了黄黄的枝蔓。枝蔓扭着身子,挣扎着往外探。沉重的石块并没有扼杀它的生命,它要努力地伸展出去,争取属于自己的阳光。

外婆轻轻地抚摸着那床铺盖,铺盖潮乎乎的,渗骨冰凉。外婆把脸贴在枕头上,枕头上有一股酸酸的味道,外婆知道,那是老吴的汗迹。外婆抱了枕头,紧紧地搂在怀里,就像抱着自己的孩子,呆呆地坐在那里很长时间,直到上面传来祝俊的声音,她才恋恋不舍地爬了出去。

洞外的阳光很炫目,刺得人睁不开眼。外婆把那只枕头带了出来,然后掩埋了菜窖,并在上面竖了一块很大的石板。外婆说老吴你安息吧,我会带好咱们的孩子,等他懂事的时候,俺再带他来看你!

那以后,外婆又一个人去过几次祝村,但始终没有祝老爷的消息。也许他回来过,看到一片残墙断壁又走了。他知道他们还活着吗?他去了哪里?

外婆有些茫然。

第四章

1

外婆从祝村回来的路上遭遇了暴雨,被淋得精透,回来后就病了。外婆生了抗战后身体一直不好,营养不良,整日操劳,又没有时间休息。但最关键的还是心累。小抗战被人欺侮已经是很平常的事了,外婆不可能每时每刻守护在孩子的身旁。抗战经常被大一些的孩子打得伤痕累累,大家都叫他"小杂种!"孩子幼小的心灵受到了很大的伤害。外婆很无奈,感觉自己真有些力不从心了。

母亲那时候已经开始懂事了。经历了人生的诸多磨难,年少的母亲过早地成熟了。母亲除了挑水,还要洗衣做饭,照看抗战。外婆倒下后,家庭的重担落在了母亲稚嫩的肩膀上,她整日守候在外婆的身旁,很少离开。从小做惯少爷的祝俊衣来伸手饭来张口,不懂得世道的艰难。遭遇了几场灾难也没能改变他的禀性,他开始怨天尤人,抱怨外婆没能力养活一家人。母亲照看外婆后,祝俊一个人出去讨吃的,讨回来的食物连自己的肚子也填不饱,更别说全家人了,母亲和外婆因此经常饿肚子。祝俊坚信自己的父亲在外面做了大官,要外婆带他去找自己的爹。外婆去了几趟祝村,回来后就病了。

平子那段时间经常来给外婆送吃的,帮母亲挑水。外婆让平子按照自己的法子给自己治病,平子试了几次都没有效果。眼见得外婆日渐憔悴,人都没了形,母亲吓得放声大哭。她跪在平子跟前,央求他一定要救救外婆。平子说好闺女快起来,我会尽全力的。平子拿出了自己的全部积蓄给外婆请来了郎中,郎中看着昏迷不醒的外婆直摇头,转身欲走。母亲见状扑通一声跪了下来,对着郎中不停地磕头。母亲说大爷你就发发善心,救救俺娘吧!你救活了俺的娘,要俺做牛做马俺也愿意!母亲泪流满面,头碰在地上"咚咚"地响。平子见状也跪了下去,对着郎中磕头。郎中长叹一声,说你们赶快起来,我尽力吧。

外婆其实只是受了风寒,劳累过度倒下了。她用了郎中开的药,几天之后人就转变过来了。有了一点精神后外婆就开始拒绝用药,她说我也知道这些药拿病呢,但这药太贵了,自己的命贱,服不住的。外婆让平子把没熬的药退回去,平子生气了。平子说云儿,你太任性了!从小就任性,现在还是这个样子!你倒下不要紧,这一家人怎么办?抗战怎么办?这些药人家是按照疗程配置的,不多不少,现在病情刚有了好转,怎么可以半途而废呢?

外婆没有再坚持。

一场大病后,外婆看淡了一切,变得异常坚强起来。她不在乎村里的流言蜚语了,别人怎么看也无所谓,包括她跟平子的爱情。抗战不是日本人的种,不是。自己跟小鬼子也很清白,没什么龌龊的事情。祝老爷是个好人,他的孩子就是自己的孩子,因此外婆发誓一定要将他带好。平子对自己的感情外婆也知道,但是他们两个不合适,外婆掐算过,他们一个是火命,一个是水命,水火不相容啊!再说自己现在拖儿带女一家几口,她不想再拖累他了。

战后的家园百废待兴,到处都有荒地,外婆准备带领母亲和祝俊开挖荒地,讨吃毕竟不光彩,也不是长久之计。不管别人如何看待,她要将三个没成年的孩子抚养成人。

外婆的付出很快就得到了回报。秋天的时候她收获了很多粮食,一年都吃不完。当然,这一切与平子的帮助是分不开的,从种到收,这个男人都全力以赴地参与了,比自己的活还当心。外婆也在灯下替平子缝补衣裳,家里有好吃的就让孩子送过去。外婆说平子啊,你不能老这样下去,该找个合适的女人了啊,一个人太苦。平子说没遇到合适的,不急。外婆说平子啊,你都快40岁了,还不着急?再过10年,半截身子就入土了,想找也来不及了。平子说来不及就不找了,这样也好啊。外婆轻轻地摇摇头,目光与平子相遇,感觉有些灼热,炙人。

日本人投降以后,村子里经常来来往往的是区大队和国民党的部队。那时候大家都知道,只要是晚上来的,就是区大队,白天来的就是国民党。其实到了后来也搞不清是谁了,有时候区大队刚走了,国民党就来了。不论是谁,来了就借地方做饭,要水喝,喂马。当时也搞不清楚他们在干什么,你打我,我打你,互相追着打。外婆每天都在留意着,看有没有祝老爷的消息。问了很多人,都说不认识。外婆最看不得伤兵,看见他们就想起了老吴。该死的日本人啊!外婆想不明白的是鬼子已经投降了,为什么还要打仗?有一次看到一个兵一条腿没有了,外婆就问他,你这是图个啥呢?弄成这个样子,又不是打日本人!现在腿没了,咋回家过日子啊。那兵就哭了。

那时候外婆他们最害怕的不是兵,他们不论是谁,来了不过是借地方吃住,几天就走了,不祸害人。最害怕的是土匪,当地人叫"老汤"。那些老汤都在一些比较大的村子里和集镇上,规模的有几百人,有刀有枪,区大队和国民党的部队都不轻易去惹。哪一个村子得罪了他们,不定哪天就把村子洗了。村里为防土匪挖了护村沟,修了很高的围子墙,一到傍晚就关村门派人打更。但还是防不胜防,常有人被老汤绑了去。他们绑了人就喊出价来,限几日内送钱赎人。只要被绑过一次,一个家也就破败了。凡是稍稍富裕一点的人家,都在提心吊胆地过日子,更不敢单独出行。因为老汤在各个村子里都有自己的内线,看到有隙可乘,就会下手。

这样的日子过了两年,人们都在心惊胆战中过日子。两年来,祝俊在外婆的调教下学会了干活,母亲也成了家里的主要劳力。

那天外婆回去做饭去了,地里就留了祝俊和母亲两个人。玉米已经漫过了人头,绿茵茵的很茁壮,看来今年又是好收成了。稠稠的叶子把四周堵得很死,整个玉米地像一座大蒸笼,热得人无法忍受。汗水不停地浸了出来,在被玉米刷过的脸上,胳膊和脖颈上流淌,蜇得人生疼。才15岁,母亲已出落成一个漂亮的大姑娘了,像一只刚蜕去绒毛的小天鹅,水灵灵的,光艳照人。衣服紧紧地贴在她的身上,很不舒服。祝俊也出落成了一个翩翩少年,个头比母亲高,但皮肤没母亲红润。不知为什么,母亲一直不喜欢他,尽管在一块几年了,她也听说他就是自己将来的男人,可就是对他产生不了感情。祝俊则不同,他把一门心思全用在了母亲的身上,并不失时机地向母亲献殷勤,母亲很反感。见外婆回去了,祝俊便扔了锄头,一屁股坐在地上,长长地伸了个懒腰。祝俊说英子你也歇歇吧,快累死人了。母亲没有理会，甩开胳膊锄着草，已经开始发育的身子一晃一晃的，胸前像装着一对鸽子，左冲右突。祝俊忍不住站了起来，从后面搂住了母亲的腰，母亲用劲地晃动着身体，却怎么也挣不脱。

放开！母亲说。

嘿嘿，你是我媳妇儿，怕啥啊！祝俊嘻嘻地笑着。

放开手，要不我就喊人了。母亲生气了。

喊吧，这会地里又没人，你娘也听不见。祝俊涎着脸，一双手箍得更紧了。

母亲突然一挫身坐在地上，呜呜地哭了起来。母亲一哭，祝俊便慌了手脚，一时不知所措，他用力地将一颗玉米踩翻在地，然后用锄把根也刨了出来。

母亲回来后并没有把这件事情告诉外婆，家里好像啥事也没发生一样，外婆依然把他们当成未成年的孩子。连着几天，祝俊都在地里动手动脚，母亲只好把抗战带在身边。抗战很可爱，跑进跑出的，全然不顾人们对他的蔑视。没事的时候，母亲总是把他带在身边。祝俊很讨厌他，从一开始就讨厌，莫名其妙。尽管他也不相信这孩子是日本人的种。抗战胜利了，他的父亲却一直没有音信，他感觉生活百无聊赖，除了跟母亲在一起。其实地里的活外婆是不指望他能干多少的，祝俊想去就去，不想去也没人强求。村里的人除了平子外，已经没有人跟他们来往了。平子把自己的地锄完后，又去把外婆家的玉米地弄干净。他每次来都在找活干，或带来一些吃的东西给抗战，抗战也跟他最亲近，老少爷俩能玩上半天。平子说这孩子一看就不是孬种。外婆说谁敢说他是孬种？他是抗日游击队员老吴的儿子！村里没有人相信，平子相信。平子知道外婆不会骗他。

2

月光如水的晚上，村子静极了，偶尔滚过几声狗叫。田寡妇的房里灯黑了又亮，亮了又黑，这引起了祝俊极大的兴趣。田寡妇就住在村边的坡上头，俯视着整个村子，风水好得很，可惜丈夫早早就死了，留下了两个年幼的孩子。孩子好像生下来就是饿鬼，整天哭着要吃的。坡上的玉米还没熟，田寡妇就已经给他们打成了饼子。祝俊偷偷地从家里拿了馍送去，田寡妇很感激,扑通跪下来就给他磕头。听说女人年轻时很漂亮,褴褛的衣衫遮不住依稀的风韵。村里有力气的男人,很少没去过她家。只要谁给吃的,她就跟谁睡。草坡下,经常有婆娘站在那里骂她破鞋。屋里静悄悄的,没有任何声音。等到外面的声音停止了,才看见田寡妇带着孩子下山。刚开始的时候祝俊是出于怜悯,渐渐地便不由自主。去得多了,也就成习惯了。

祝俊终于在一个没有月亮的晚上把自己留在了田寡妇的床上。那晚他怎么也睡不着,不由自主地一个人走上了山坡。四周黑漆漆的,屋里传来女人的啜泣声,淅淅沥沥,缠缠绵绵,听得人心颤。祝俊站在那里愣了半晌,这时门开了,一股暖暖的气流侵袭着他,让他呼吸不畅。女人软软地贴了上来,身子轻飘飘的宛若无骨。祝俊感觉自己站在高高的云端,暖风呼呼地从耳边掠过,身体的某些部位在极度膨胀。晕晕乎乎之中,他的手被带到了一个他从来没有感受过的地方。那个地方他曾经无限向往,几次对母亲动手,被母亲骂了几次,就不敢再造次。迷迷糊糊中祝俊以为是做梦,这时一只温柔的小手顺着他的身子摸了下来……那一夜,祝俊成了真正的男人。

从此,祝俊乐此不疲,经常偷了家里的东西去田寡妇家鬼混。好事不出门,坏事扬千里。没过多长时间,外婆便知道了。外婆很生气,狠狠地教训了田寡妇一顿,然后让平子帮忙,把祝俊吊在房梁上,打断了三根荆条!外婆说你爹把你交给了我,你就是我的孩子。我不能让他失望。原准备再过两年就给你们完婚,你却这样不争气!那样的烂女人也能看上,太让人失望了!你手把胸口想一想:这样做,你对得起谁?祝俊哭了。祝俊说只要母亲跟他结婚,他会一辈子对她好,从此再也不理别的女人了。外婆把他放了下来,看着浑身的紫印,又伤心得泪流满面。

三天后,母亲跟祝俊结婚了,外婆不管她有一万个不愿意。她要完成对祝老爷的诺言。

按照当地的婚俗,结婚有六礼,即纳彩、问名、纳吉、纳征、请期、亲迎。此六礼包括了从提媒到完婚的全过程。纳彩就是男方若看中了某位适龄女子,便托媒人向女方提婚,若女方觉得门当户对,同意议婚,男方则携礼向女方求婚;问名俗称"过八字"和"换庚帖"、"换龙凤帖",双方正式交换生辰八字,看有无不合、相克之处。在庚帖上,要注明双方三代姓名、官衔、居住地。此帖由男女双方互换后,等于草签了婚约;纳吉就是男方求卜于神庙祖先,由神力决定这门亲事是否妥当。男方求得吉兆后,备礼通知女家,决定缔结婚姻。至此,双方订婚完毕,一般情况下不能改悔;纳征亦称纳币,当地民间俗称"丢定物"。男女双方缔结了婚约之后,择吉日设宴,互换定聘礼。男方要送一定数量的财物给女方,女方以一定数量的财物作答,俗称"聘礼"。聘礼多寡轻重取决于当事者家庭的经济状况,多则数十上百种,少则数种;请期在当地民间俗称"送好",即男方择定婚期后,由媒人携男方期书去女家协商迎娶日期。该日期系由算命先生依据男女双方的生辰八字而选定的黄道吉日。在当时,民间多把结婚日期定在春秋冬三季,尤以秋冬为最多,这里一是因为秋冬农忙结束,庄稼有了收成,手头比较宽余,资金活泛方便;二是因为当地秋季凉爽,冬季寒冷,婚宴所用的食物不易腐败,容易存放;三是因为按照阴阳五行原理秋冬二季好日子多,特别是农历腊月间,每天基本上都是好日子。腊月初八这日和腊月二十三日以后的几日,是任何人都可选择的好日子,没有任何禁忌的。择定婚期后,男方要备办厚礼送给女方,女方回礼致谢,并积极置备妆奁陪送。富家多陪送全副、半副或箱、桌、柜、椅四大件嫁妆,家庭经济条件差者,则从简操办婚事;亲迎即按男女双方协商好的日期迎娶。这是当地婚礼的最后一道程序。由新郎在当天黄昏,亲自带领仪仗队和花轿去女家把新娘接回来,以示郑重其事。

　　母亲和祝俊的婚姻因为是大人的口头约定,现在当事人一方祝老爷不在,所以也不存在提婚纳彩这个环节;母亲和祝俊的生辰八字外婆早就算过了,没有不合、相克之处,这一点让她放心了;纳吉这一程序外婆带着祝俊去了神庙,抽得签上上大吉——"美满姻缘一线牵",外婆很高兴。回来的时候外婆给了祝俊一些钱,让他给母亲买了两件衣服,算是小聘。外婆也给祝俊买了一双鞋子和帽子,尽量做得跟别人一样。这些程序外婆回来后就开始陆续进行了,她要让人们知道母亲和祝俊是明媒正娶,何况祝俊的父亲还是个老爷,母亲和他结婚算是高攀了人家呢。至于纳征这个环节,外婆省略了一些细节,只是让平子作为介绍人来家里吃了顿饭,一家人把事情明确了,大家都没有意见;请期这个环节外婆很在乎,她先是自己测算了日期,不放心又请别的阴阳先生算了,然后把日期定在腊月的初八日。这样的日子是大喜大贵的日子,结婚的人很多,外婆怎能错过?外婆把自己多年积攒的钱从地窖里挖了出来,给母亲做了嫁妆,绫罗绸缎样样都有,看得村里的娘们直流口水。除了给母亲做上好的嫁妆,外婆还找人给祝俊定做了一身衣裳。祝俊是少爷公子,外婆不能让他太寒碜,于是还给他定做了一件结婚时穿的长袍。外婆在这个时候既是母亲,也是婆婆;祝俊是她的女婿,也是她的儿子,外婆不会偏心谁的。外婆自己身上的那件衣裳已经很旧了,上面钉了很多补丁,外婆一年四季穿在身上,除了给人做法事的时候才换上那件专门的衣服。专门的衣服早就褪掉了颜色,母亲几次劝她给自己做一件,外婆不肯。

前面的六道礼节外婆都走了,剩下的就是亲迎了。这是婚礼的最后一道程序,外婆不能马虎的。

腊月初八的那天艳阳高照,天高云淡,空气中浮动着火药的味道。一些迎亲的队伍早早就出发了,一时炮竹声声,鼓乐齐鸣。人们似乎已经暂时忘记了眼前的苦难,竭尽全力履行延续生命的程序。母亲在三天前就被送到了平子家,那里是她暂时的"娘家",她要在那里等待女婿的迎娶。母亲不同意这门婚事,但她的抗争没得到外婆的支持。外婆在什么事情上都可以顺母亲的意,唯独这件事儿说啥也不行。母亲知道,是外婆给了她第二次生命。如果没有外婆,她说不定早就死在老女人手上了。母亲的伤疤遇到天阴下雨就会疼,让她永远铭记那段苦难的岁月。有很多次她都是在睡梦中哭醒的。母亲尽管知道这些,但还是默默地反抗着。外婆把饭热了又凉,凉了再热,母亲感觉自己没一点胃口。她的眼睛都哭肿了,身子也好像浮在半空,虚无缥缈的感觉。平子受外婆之托给母亲做思想工作,母亲不点头,也不摇头,平静得像一潭死水。于是他又让隔壁的大娘大婶来做工作,最终都没有结果。母亲的态度使外婆有些生气,她觉得这闺女有些太任性,不理解自己的一片苦心。好在祝俊每天都沉浸在无限的憧憬中,高兴得唱出唱里,这让外婆的心里多少有些安慰。外婆知道,女人只要结婚后生了孩子,就会死心塌地爱自己的丈夫。祝俊这孩子是有毛病,但是他喜欢母亲,这就够了。外婆有足够的理由相信,母亲以后会生活得幸福。

按照当地的风俗,婚期为三天。事前用请帖请媒人、亲友前往贺喜,张灯结彩,贴婚联,奏鼓乐。这些程序外婆就免了,只是在大门口挂了一盏灯笼,贴上了婚联。婚联是请文化人写的,上联是:"六礼周全迎凤侣",下联是:"喜烧花烛映重门。"横批是:"美满姻缘。"外婆识字不多,也弄不明白对联的具体含义,但看到那火红的颜色和油亮的墨迹,她还是打心眼里高兴,把脸上的沟壑都展开了,亮堂堂的。迎娶的时辰是外婆掐算好的,绝对吉时;家境好些的人会在这个时候起轿,内坐压轿童。轿前有人夹毛毡,燃爆竹,轿后有两灯笼、两火把、两支三眼铳以及鸣道锣、彩旗、唢呐等,至女家,众人出迎。外婆没有钱雇轿,于是就让祝俊牵了一头小毛驴去平子家迎娶母亲。母亲在那天被套上了外婆给她做的嫁衣,头是收拾过的,脸上擦了粉,眼圈的地方特意多抹了一些,不留意看不见黑青。母亲头上遮着红盖头,盘座在平子的土炕上,由祝俊抱着搁在驴背上。按说新郎在这一天是不该来的,新娘子由亲戚迎娶。外婆家没有亲戚,就只好让他自己去了。人说大姑娘上轿心发慌,母亲在上轿的时候却很平静,并没有觉得跟平时有什么两样。也许是周边的人太熟悉,也许是要回到自己的家,没有一般新娘的那种生疏感,总之母亲觉得这场婚事好像与自己无关,她虽参与了整个活动,却是一个旁观者,外婆他们才是婚礼的主角。

　　上午还是明媚的阳光,暖烘烘的,人们都走到外面看热闹,顺便舒展舒展筋骨。下午老天突然开始变脸,拉得阴沉沉,并不时飘起了雪花。一些性急的人已经在准备年货了,忙忙碌碌,有一些年的气息了。村子在这一天结婚的还有两户人家,办得比母亲都气派,鼓乐花轿,亲朋好友。人们都围到那边看热闹去了,因为母亲他们都见过,不稀罕。母亲被搁到驴背上的时候突然响起了鞭炮声,她猝不及防,差点从毛驴上跌下来。祝俊在一旁紧紧地扶住了她,透过头巾的边缘,母亲发现祝俊今天收拾得很整齐,长长的袍子虽不合身,但样子很挺拔,人也有些风度。一袭大红的帐子挂在袍子上面,人模狗样的,这让她突然忍俊不禁,想掀了盖头。按照风俗,新娘在到达男方家门之前,一路上不论遇上什么情况,不得自行揭去盖头。只有到了洞房,待婚礼仪式结束后,才能由新郎动手揭去,俗称"揭盖头"。毛驴驮着母亲慢慢地走着,可是还是很快就到了,比村里其他两家媳妇都到得早,这一点外婆很在意。因为早到的媳妇勤快,母亲是她的女儿,也是她的媳妇,外婆因此在母亲的身上更是寄予了很多的期望。小毛驴走到门口的时候外婆点燃了炮竹,毛驴受惊了,头仰得很高,翘着屁股使劲往回退,差点把母亲摞下来。祝俊骂道狗日的,这么点响动你就怕得要死,也太胆小了。说完用巴掌狠狠地拍了一下驴屁股,然后抱着母亲走到院子。院子里铺着红布,红布前放着桌子,这里便是拜堂的地方。拜堂是婚礼中最隆重的礼仪,通常为三拜,一拜天地,二拜高堂,三是夫妻对拜,然后新郎新娘二人同入洞房,饮交杯酒,婚礼的整个程序便完成了。

　　母亲由于几天来不吃不喝,身子很虚弱,因此在祝俊把她放在地上的时候就一下子瘫在那里。祝俊急忙想搀她起来，母亲的身体像面条一样软，似乎紧紧地粘在了地上。外婆准备上前扶起母亲，平子说就让他们这样跪着吧。

一拜天地！平子叫了第一声，祝俊站起来作了个揖，然后对着设有香台的桌子磕了下去。母亲感觉自己的头很沉，沉得脖子都挺不住，像一个葫芦耷拉在肩膀上，左右摇晃。

二拜高堂！平子叫了第二声，外婆便坐在了桌子的后面，祝俊站起来又作了个揖，跪下来磕头。母亲挣扎着也趴在地上，对着外婆连磕了三下，头碰在地上，发出咚咚的闷响。外婆惊叫了一声，从椅子上跳了起来，扶母亲坐起，然后拿起袄襟擦她脸上的汗迹。母亲像抽了筋的大虾，软成一滩水了。祝俊慌了手脚，一时不知所措。还是平子比较稳健，他大声喊了第三声：夫妻对拜，进入洞房！祝俊朝母亲磕了个头，然后把她揽在怀里，母亲闭着眼睛，孱弱得像个婴孩。眼前的景象热闹繁华，像一场梦，虚无缥缈。母亲真希望它不是真的。祝俊殷勤地把母亲托了起来，她知道这个人就是自己的丈夫了，今生今世，自己将跟随他走过漫长的岁月。但是这个人不是自己的爱人，他仅仅只是个男人罢了。

3

母亲结婚的那天村里没有来人，他们的宾客除了平子就是外婆，观众也只有他们和抗战，因此一些不必要的繁琐都免去了。母亲被抱进了新房，放在了外婆给他们新置的褥子上。外婆走到母亲的身旁，一只手轻轻地抚摸着母亲的头发，笑着说：死妮子，今天是你们大喜的日子，你要高兴才对啊。眼泪却簌簌地下来了，滴在母亲的额头上，热热的，黏黏的。母亲说娘你跟祝俊先出去吧，让我好好休息一下，我好困。外婆说英子你休息，我给你们做饭去。说完朝祝俊使了个眼色，他们就一起出来了。

母亲迷迷糊糊就进入了梦乡。睡梦中她梦见了自己的娘——那个为她付出了生命的女人。母亲的娘很年轻，留着刘海，皮肤白得像雪，没一点颜色。她头发很长，长得拖在了地上，走路的时候需要一个人专门扶着，地上是红色的一片。母亲很小的时候就经常问外公自己的娘是什么样子，外公说你娘的皮肤很白，头发很长，平日里盘在头上，解开后黑得像漆，能拖到地上。母亲问自己的娘是怎样死的？外公说你娘流了很多血，很多很多的血。母亲于是就经常幻想自己娘的样子，可惜每次梦见的都不一样，但有一点是相似的，那就是梦中的娘都是笑嘻嘻的样子，脚下是红色一片。娘的样子很慈祥，母亲知道，天下做娘的都很慈祥，可是外公娶的那个女人却很凶恶，心肠歹毒，母亲很怕她。后来，这个女人把母亲卖给了心肠更黑的老女人，母亲在那里度过了两年多地狱般的生活，要不是外婆及时搭救，可能连命都没了。想到外婆的时候母亲就感激，外婆待她比亲生闺女还好，村里女孩子有的她都有，别人没有的她也有。外婆为了自己付出了那么多，自己为什么还要同她作对呢？

母亲休息完，平子拿了一瓶酒，要跟祝俊一起喝。祝俊知道母亲不愿意这门婚事，他有些看不起自己，于是心里也憋着一股气，跟平子就喝开了。

平子说祝俊啊，英子是个好女子，你一定要好好待她。

祝俊说叔，我知道。

平子说祝俊啊，结了婚的男人就是顶天立地的男子汉了，要承担家庭责任，以前的那些毛病你要改了。

祝俊说平子叔，这个我也知道。

平子说抗战娘一辈子没结婚，为你们操碎了心，她不容易啊！你们以后一定要孝敬她。

祝俊看着平子，用力地点了点头，拿起酒杯斟满了，跟平子碰了一下，然后一饮而尽，呛得满脸是泪。平子说狗日的，像个男子汉了，这样你叔就放心了，你叔今天高兴，咱叔侄俩就喝！喝！喝它个狗日的底朝天！祝俊说喝就喝，咱今日不醉不休啊！外婆见他们高兴，也没有上前拦阻。

那天晚上平子喝了很多酒，醉醺醺的。外婆很少看见他喝成这样，嘱咐祝俊把平子送回去。平子出了院门便不让祝俊送了。

平子说：今晚是你们的洞房花烛夜，我不耽搁你的事情，回去吧。

祝俊说：平子叔你没事吧？

平子说：没事没事，这么点路，闭着眼睛也能回去。

祝俊于是就回来了。

然而那天晚上还是出事了。平子在回家的路上不幸跌到了小河里，跌得不轻，被人救上来后已不能动，昏了几天才醒来。外婆每天在那里伺候，蒸好鸡蛋让他吃，平子说什么也不肯，让留着给抗战，然后默默地看着外婆流泪。外婆说你疼得厉害吗？平子摇摇头。外婆说那你一个大男人,不疼哭什么!？平子止住了眼泪,热辣辣的,定定地看着外婆,看得外婆有些不好意思。外婆说没什么事就好好躺着,我会经常来看你。平子说你不要走,听我说一句话行吗？外婆已经走到门口,就那样站着。

  平子说抗战娘,我可能不行了。我一辈子没有女人,也没爱过谁,只有你让我心动,可惜我没本事……但我是真心喜欢你,你知道吗？这两年来,我觉得自己是最幸福的人,每天能看到你……抗战娘,英子是个好闺女,祝俊这孩子有毛病,你要多替闺女留心眼！我现在想求你一件事,你能答应我吗？平子说话已是有气无力,时断时续的样子。他从高高的桥上跌了下来,又受了风寒,身体本来就弱,没什么抵抗力,能撑这几天已经不容易了。外婆有些感动,她知道平子对她的感情,那是真的,如果不是因为做了法师,说不准她会跟平子过一辈子的。现在这样了,他还有什么请求不能答应呢？

  外婆说平子,别说丧气的话,俺给你请郎中,你会好起来的。菩萨保佑善良的人。有啥事,你尽管说吧。

  平子说我没有儿子,死后你能让抗战给我顶纸灰盆吗？——眸子里满是期待,令人不忍回绝。外婆愣了一下,没想到他会提出这样的要求。按风俗,只有老子死了儿子才会顶纸灰盆,别人是不能顶替的。平子没儿子,没人顶纸灰盆,到了阴间就会受人欺负。

  外婆默默地点了点头,平子抬起脸,眼里溢出泪水,眼巴巴的看着外婆,生怕她会突然离去。外婆于是又来到床前,拿起勺子,把鸡蛋喂到他的嘴里。平子吃了一口就开始摇头。他慢慢地伸出手,按在了外婆的手上,然后把它放在自已的脸上,攥得很紧很紧,温热的泪水弄湿了外婆的手……

  就这样,他们不知坐了多长时间,平子的手慢慢地凉了下来,变得越来越冷。直到母亲和祝俊来了,外婆才如梦初醒,说快,快请郎中,你平子叔恐怕不行了！这时,平子早已停止了呼吸,脸上带着微笑,很满足的样子。

第五章

1

　　冬日的平原被寒风掳净了衣裳,瑟瑟地抖动着,发出呜呜嘤嘤的哀鸣。小河瘦成了一条白线,细若游丝,挣扎着往村外爬去。树梢上的喜鹊不见了,一群乌鸦黑压压地落在树上,像黑色的果实挂在树上。狐狸沿着河一路偷袭,家家的鸡舍都遭殃,人们很气愤,于是在鸡舍旁放了夹子,半夜时分听得一阵哀鸣,掌灯时,却是一只野狗。野狗就野狗吧,寒冬腊月的,剥了皮炖一锅,暖暖身子也不错嘛。

　　天上灰蒙蒙的,板着一副冷面孔,人的心情跟着也冷了起来。天寒地冻,太阳都开始罢工了,看样子要下场雪了。

　　雪飘了几次,试探着地面的温度,先是几片,接着又是几片,终于成群地落了下来。最先占领的地盘是河畔,接着是屋顶、巷道、树梢,接着一切便失去了本来的面目,变成了一种单一的颜色。天依然阴着,但光线明显比前几天要好。孩子们耐不住,早就跑了出来,团个雪球到处乱扔。村子里像炸了窝的麻雀,闹哄哄的。女人站在门口想把孩子喊回来,看看孩子们红突突的脸,嘴里的话撅了半截,咽回去了。男人们走出院门,踢踢腿展展腰,拿起扫帚刷刷地扫了起来。身后的空地上很快又撒上白色的粉面,留下一串黑色的脚印。

　　一场婚礼后,母亲像大病了一场,浑身软得像断了几节。虽然是大喜的日子,屋里却飘荡着一丝悲哀的气氛。平子的意外离去让人黯然神伤,怎么也想不通。是啊,好端端一个人,说走就走了,太意外,太匆忙,太令人心酸了啊!外婆躺在床上看雪花,雪花乱糟糟的,外婆的心情也乱糟糟的,凉得发颤。这个平子,不迟不早,为什么要在这个时候去呢?菩萨啊,平子一辈子善良,没做过伤天害理的事,你就让他上天堂去吧。在人间没有的好日子,到了那你都补给他吧!

祝俊这段时间的表现应该说还算不错,母亲昏昏沉沉,外婆精神恍惚,家里的事儿像冰冷的空气包裹着,硬邦邦的,躲也躲不掉。他开始学着做饭了。做饭的第一道程序是生火,这个活祝俊干过,但总是弄不好。院里的玉米秆上覆盖着厚厚的积雪,风掠过,把树梢上的雪粒弄了下来,洒在脖颈里,凉得钻心。祝俊笨拙地生着火,弄了几次才点燃,眼泪都下来了。风箱呼呼地响着,火苗舔着锅底欢快地跳跃,屋里霎时有了一些温度。外婆挣扎着爬了起来,祝俊说你不要下来,给我说咋弄就行了。外婆于是就坐在炕上指挥,看着他在地上笨手笨脚,忍不住还是下床了。祝俊把饭做好后端给母亲,母亲侧过身子不理他,祝俊有些尴尬,就坐在那里耐心地等着,饭冷了再热,热了又冷。外婆说英子,别扳扯了,再扳扯就过头了。母亲听出了这话的力量。是啊,还扳扯啥呢?兴许这就是命,上天早就安排好了呢!

母亲在炕上躺了几天,终于起来了。她虽然不动声色,但祝俊这几天的表现还是让她刮目相看。看来他真是想改变自己了。

一连几天,祝俊每天都起得很早,把饭弄得差不多了才让母亲起来。母亲起来的时候屋里的寒气已经被驱散了,祝俊把母亲的棉袄撑开来在火盆上烤了烤,棉袄便暖烘烘的了。母亲是个容易激动的人,一激动,脸上的颜色就好看了,埋在心底的积雪也开始融化,变得暖洋洋起来。

半年后,母亲怀孕了。

母亲怀孕后祝俊非常高兴,人变得更勤快了。家里家外的活他都抢着干,外婆喜滋滋的,每天在母亲面前夸他,夸得祝俊晕晕乎乎,云里雾里似的。母亲逐渐将心放了下来。外婆说浪子回头金不换,男人嘛,你宽容他一次,他会感激你一辈子的。母亲嘴上不说,心里毕竟也起了波澜。是啊,男人嘛,是要给一点面子的。

怀孕的女人柔得像水,母亲的身子日渐笨拙,干活都不方便了。祝俊于是就让母亲在屋里呆着,把里里外外的活全包了。外婆看在眼里,喜在心头——这孩子究竟没有让人失望,祝老爷如果还活着,也应该高兴呀!

后来,母亲就搬到外婆这边来住,让抗战跟祝俊睡一个屋。祝俊似乎有些不高兴,却也无可奈何,每天只闷着头干活,回来话也不多。外婆以为他太累的缘故,也没多想。

田寡妇的地离外婆家的不远,每天干活都能看见。祝俊结婚后,有意疏远了她,两个人相见的时候就有些尴尬。寡妇远远地看着他,样子有些凄楚。祝俊虽说不理她了,但相处时的情景却怎么也抹不去,于是一个人的时候就拿出来和母亲相比较。这一比较祝俊就不由得开始分心了,他发现田寡妇也在关注他,眼光有一搭没一搭地撂过来,欲说还休的样子。有天中午很热,祝俊觉得口里冒烟,寡妇望了望就过来了,把一碗米汤递给他。祝俊瓷愣了一下,田寡妇说米汤没毒,喝了死不了! 祝俊就喝了。第二天,寡妇又拿来了一块葱花饼,香喷喷的让人流口水。祝俊说你吃吧,我不饿。女人恼了。女人说你们这些男人都是些负心狼,一转身就把人给忘了。祝俊想说我没忘你,话到嘴边又咽了下去。女人见他优柔寡断的样子,"吭哧"一声笑了,笑得咯儿咯儿的,浑身乱颤。祝俊的心里一阵发毛,不由得往后退了一步。女人说俺不是老虎,吃不了你的! 喏,饼子拿着,擦把汗,歇歇再干吧。

一来二去,两个人又走近了。要说田寡妇的火候掌握得正是时候,男人在女人怀孕的时候正闹饥荒,母亲怀孕后,祝俊已经很长时间没亲近女人了。因此,田寡妇没费多少工夫,便又把祝俊俘虏了。

田寡妇献了一段时间殷勤后突然消失了,几天都没上地,弄得祝俊心里惶惶的,把几棵庄稼苗都锄掉了。一打听,原来她病了,且病得不轻。祝俊觉得自己应该尽一点责任了,不管咋说,他跟这个女人曾经有过千丝万缕的联系,说不清,道不明。现在虽然结婚了,母亲待他不薄,但男人对自己的第一个女人总是难以忘怀的。

干柴烈火,旧情复燃,两个人又回到了原来的轨道上。祝俊干完自己这边的活帮田寡妇把地也锄了,他回来得越来越晚。母亲怀孕后变得很臃肿,脸上起了很多斑块,整天扶着个肚子干呕,没完没了,脾气比原来也坏了很多,动辄就大吵大闹。祝俊一开始还在忍,后来就有些厌烦了,时不时会和母亲发生口角。外婆说你怎么跟孩子似的,英子现在是非常时期,女人这个时候都这样,情绪不稳定,你要担待一些。祝俊说我担待什么? 你们现在都靠我一个人养活(外婆那段时间身体不好,一直不能下地),整天还婆婆妈妈,没完没了,我受够了! 外婆说受够了也得受,一个大男人家连这么点委屈都受不了,以后还能指望你干啥?祝俊我告诉你:英子是你媳妇,你现在待她不好,以后有后悔的日子!祝俊嘴上不说,心里很不服气。想起寡妇这段时间的温柔,他索性就不回来了。

大哥出生时身体非常虚弱,外婆说能保住性命已是奇迹了,因为母亲经常哭,不吃不喝。孩子的降生并没有挽回丈夫的心,祝俊回来了几次,看见孩子哭哭啼啼他就烦。后来,这个男人干脆住在了田寡妇的家里,并扬言要跟母亲离婚。村里的人都不明白:母亲年轻貌美,怎么连30多岁的寡妇都不如?这个女人究竟有什么魔法使祝俊那样痴迷?外婆说:贪为败处故,害人亦害己。贪欲生忧啊,祝俊这娃迟早要后悔的。几次争吵后,祝俊不再回来了,把家里仅有的一点粮食也转了过去。

2

突如其来的一场洪水把一家人冲散了。傍晚的时候还好好的,人们按部就班地准备吃饭。外婆把饭端到母亲的房间,母亲不想吃。外婆说你不吃哪来的奶?孩子也要吃啊!抗战正长身体,这孩子好像没有饥饱,不停地要吃东西。见母亲没有胃口,他就嚷着要吃,被外婆骂了回去。母亲喝了一碗汤,把馒头塞进嘴里,却怎么也咽不下去。看来自己真是瞎了眼,这个祝俊变狗忘不了吃屎,这辈子怕没指望了。好在已经有了孩子,还有外婆、抗战,离开了这个男人,一家人照样可以生活。想到这里母亲突然觉得气顺了一些,给孩子喂罢奶,喊抗战过来把那块馒头吃了。外婆指着儿子说你真是个饿死鬼,啥时候才有个够啊!抗战看了外婆一眼,一脸无辜。母亲说娃还是没吃饱,吃饱了他就不会再要了。这时,突然一股风把油灯吹灭了,外面一片嘈杂声,就听到村里到处人声鼎沸,鸡鸣狗叫。接着就是一阵铜锣声,呼喊大家赶快上房顶。因为黄河经常泛滥,这里经常发洪,家家都有一些思想准备。为了防洪水,外婆早年买了一只船,平日里就倒扣在后院里。几天来,外婆心里一直忐忑不安,心悬在嗓子眼,总觉得要出大事儿。听到喊声,外婆马上叫母亲一起把船调整好,把大哥和抗战放在上面。母亲慌乱中抓了几件衣服,那些衣服都是外婆做法师的时候给她添置的,平日里舍不得穿,这些衣服也是家里最值钱的物件了。因为田寡妇住在高坡上,那里比较安全,所以祝俊那边应该暂时没有问题。外婆一家刚上船，水就过来了。船被推得趔趄了一下，差点颠倒。外婆在这方面有一些经验，她让母亲和抗战紧紧地把住船帮，自己一只手抱着大哥，一只手把着船的另一边，以保持平衡。这时风越来越大，天漆黑一片，只听见人们在水里挣扎的声音。各家的屋顶上都站满了人，树上也是人。一些有船的人把自己人转移到安全的地方，又回过头来救人。外婆掌着船来到山坡下，看见水已经快漫到田寡妇的屋下，于是就站在船上大声地呼喊祝俊，要他出来。风裹着黑夜把外婆的声音吸了进去，扔进水里。水一寸一寸地往前逼，房屋和树木一寸一寸地往后退。外婆把大哥塞给母亲，挣扎着上了岸，发现屋子里没人，看来那个寡妇和祝俊已经离开了。这时天突然下起了雨，雨点铜钱般砸了下来，船里本来就进了水，雨瓢泼而下，水越来越多了。母亲顾不了大哥，把孩子塞给抗战，要他抱着，然后与外婆一起用手往外撩水。她们撩得没有进得快，船一会就积满了水，随时都有翻的危险，一家人的心都悬在嗓子眼上。外婆紧紧地闭上眼睛，合起双手，嘴里念念有词——她在祈祷菩萨保佑。

　　黑夜把一切都吞了进去，天地间只剩下一片黑压压、湿淋淋的广阔水域。刚才还比较安静的水面突然变得桀骜不驯，洪水像磁石一样吸着小船向下冲，小船像一只受惊的小鹿左冲右突，四处乱窜。它时而屏声静气、左顾右盼，时而暴躁不安、上下跳跃。浪尖上漂浮着粼粼闪烁的肮脏泡沫，小船被一团乌七八糟的东西簇拥着疾速前进。这里原来是一片开阔的谷地，现在被洪水一浸，变得和四周无异，原来的地貌似乎从来就没存在过。洪水像一只巨兽把一切都吞了进去，黑暗中发出呜呜的怪吼。外婆让大家抓紧船帮蹲下，这时一根树枝突然伸了过来，外婆只觉得脸上一声闷响，震得她头晕目眩，差点跌进水里。母亲叫了一声娘！外婆说没事，伸手在脸上抹了一下，黏糊糊的，好像是血。母亲看不到，但是能感觉到外婆受伤了。外婆说抓紧船帮，注意树枝！突然一块石头挡住了小船的去路，小船忽地飞了起来，像蝙蝠一样在夜空中盘旋。两个大人一只手抱着孩子，一只手紧紧地抓着船帮，一家人的心都提到了嗓子眼上，感觉随时都可能跳出来。母亲只觉一阵阵眩晕，呼吸都跟不上了。抗战吓得哇哇大哭，外婆双目紧闭，嘴里拼命地念着佛经，祈求菩萨保佑全家人的性命。这时一阵更大的风浪扑了过来，小船被打得翻了个个儿，母亲还没来得及呼喊就掉进了水里。黑暗中外婆叫了一声，一个浪花携着泥沙扑面而过，外婆的声音被淹没了。泥沙灌了外婆一嘴，呛得她喘不过气来。外婆顺手抓住了一根漂浮的木头,这时她听见抗战在哭叫,抗战被一堆漂浮的柴禾卷了进去。外婆循声游了过去,发现小船也横在那里,母亲和大哥却不见了。

外婆凄厉地喊了一声:英子!声音被黑暗很快就裹了进去。外婆拼尽全力把小船翻了过来,然后把抗战扶了上去,边喊边寻找母亲。这时一根木头被树干逼得竖了起来,小船靠近的时候它突然倒了下来,重重地砸在外婆的身上。外婆嘴里的声音吐出一半,另一半被卡在了喉咙里,身子像一袋粮食似地倒在船上……

风吼了一夜,把天吼亮了。外婆醒来的时候船还在漂着,抗战紧紧地搂着她,已经哭不出来了。水势渐缓,船里的水也少了很多。这时天已经麻麻亮了,能看清远处的树木和村落。外婆说你姐呢?抗战说不知道啊!外婆于是大声哭了起来,捶胸捣肺,边哭边喊着母亲的名字。外婆说英子啊你不能撇下我们走了,你走了我可咋活哩?抗战说我们先上岸吧,说不定英子姐他们已经漂上岸了,我们到那里去找吧,后面说不准还有更大的水呢。

外婆找了一处比较高的滩地,滩地上都是石头,她把抗战抱下船,然后拉着他对着河边磕了个头。外婆说佛祖有灵啊,保佑俺们一家人的性命,保佑英子娘俩平安没事,俺在这里谢谢各路神仙,谢谢水伯水母,谢谢大慈大悲的观音菩萨了!您保佑英子娘俩平安无事,俺回去后一定给你们献祭!

水势越来越平缓了,河边到处是上游冲下来的柴禾,还有牲畜的尸体。外婆跪在河边一遍遍地念着佛经,她相信菩萨一定会把母亲娘俩送回来的,外婆有一种预感。抗战说咱们走吧,到别的地方再看看,说不准他们就在那里呢。外婆说哪里都不要去,就在这里候着,他们一定会找到咱们的。

外婆在河滩上跪了三天三夜,终于等来了母亲。

母亲在船倾的一瞬间沉到了水底,懵懵懂懂之间,一个巨浪把她掀了起来,母亲眼前一片黑暗。慌乱中她一只手紧紧地搂着孩子,一只手搜寻可以抓住的东西。水流急湍,母亲的身体重重地撞在什么东西上,她伸手一搂,感觉是棵树,母亲于是借着水的浮力探出头来,深深地呼了一大口气。母亲摸索着爬上树梢,四周一片黑暗,外婆他们早已不见了身影。母亲喊了一声:娘!母亲又喊了一声。声音颤呼呼地在水上飘荡,很快就被波浪吞没了。母亲一只手紧紧地抱着大哥,一只手攀着树枝。大哥被水一呛,半天哭不出声来。母亲又冷又怕,头沉得抬不起来,几乎昏了过去。孩子在她的怀里瑟瑟抖动，发出痛苦的呜咽声。母亲说孩儿，坚持住，我们会没事的。嘴上这样说着，身子却软得往下拽，一阵阵眩晕袭来，眼皮重得睁不开来。母亲告诉自己必须坚强，坚持下去才会有救。

　　这是一颗粗壮的柿子树，树身已经开始倾斜，树枝离水面很近，随时都有可能连根拔起。母亲在思考着树倒下该怎么办？那样她们娘俩就会没命。想到这里母亲的眼泪就下来了，母亲看看怀里的孩子，孩子在发烧，火炭似的，头上冒着热气。母亲说可怜的孩儿，你咋这么苦命啊！老天爷啊，救这孩儿一命吧，俺娃还没活人呢！不知过了多少时间，天色开始淡了起来，隐隐能看清周围的东西了。接着四周越来越清晰起来，母亲知道，天亮了。

　　四周一片浩淼的水域，浊浪滚滚，一派狼藉的景象。水面上漂浮着各种东西，有床板，也有家具。柿子树的下面聚集了很多树枝，鸟巢似的。离他们很远的一棵树上好像也有人，那人似乎发现了他们，不断地向这边招手。母亲的一双手被占用，无法回应，只好大声地喊了一声，那边的人似乎听不见，仍在不断地挥手。这给了母亲很大的鼓励，母亲心里松了一下。不知外婆和抗战他们是否已经脱险？

　　白天毕竟比晚上好过，黑夜本来就有些恐怖，这样的境况就更加令人害怕了。母亲在树上候了一天一夜，有些坚持不住了。她觉得浑身力气已经用完，身子软得像一根挂在树上的面条。大哥在怀里昏昏沉沉地睡觉，头伤发烫。第二天黑夜来临的时候母亲感觉瞌睡得很厉害，眼睛怎么努力都睁不开。母亲看了看怀里的孩子，然后用力将自己的舌头咬破，一阵剧痛使母亲打了个激灵，一下子清醒了很多。夜幕渐渐地压了下来，四周感觉都是深渊，水流的声音虽然比前天要小很多，但仍浪涛滚滚，汹涌澎湃。这个夜晚是如此漫长，母亲感觉像过了一个世纪。眩晕一阵比一阵更厉害，母亲不得不考虑以后的事情了。她把自己的外衣脱了下来，然后把孩子裹住，绑在树上。母亲想万一自己坚持不住，孩子肯定还会有救的。这时树身开始进一步倾斜，大半个树冠都贴在水面上。母亲心想完了，这棵树一旦倒下，一切就都结束了。母亲把孩子解了下来，绑在自己的身上。母亲觉得这棵树已经够仁义了，它已经坚持了很长时间，完成它的光荣使命了。母亲这样想着的时候便试探着跳进水里，前面是一个刚露出头的沙丘，那上面肯定比树上安全。水没有想象的那么深，但母亲由于身子虚弱，一下子便倒在水里。母亲觉得自己的体力已经到了极限，挣扎着往起爬，试了几次都失败了,一股腥臭的泥沙味令她喘不过气来。不行!自己死就死了,这孩儿不能死。这时候不知从什么地方发出了某种超人的力量,母亲猛地一用力,终于站了起来。

水不深,仅至腰间。母亲连滚带爬来到沙丘上,赶紧把孩子解了下来。大哥呛了不少水,肚子鼓胀,软溜溜的像条泥鳅。母亲边哭喊边把孩子倒了过来,使着劲一阵乱摇,一股泥沙从大哥的嘴里喷了出来,母亲听到一声亮瓦瓦的哭声,身子一软便倒在地上。

母亲在沙丘上坐了很长时间,沙丘四周的水渐渐退去。母亲用手揩去大哥脸上的泥,大哥的脸依然很烫,嘴里发出呜呜嘤嘤的声音。母亲觉得这里也非久留之地,必须赶快离开。她抱着大哥来到岸边,不知外婆他们去了什么地方,只好跌跌撞撞,沿着河道盲目地往前走。还没说怎么遇到的。

一家人抱头痛哭,落汤鸡似的,样子很狼狈。这次水灾给母亲留下了很深的印象,母亲从此对水充满了恐惧,一生惧怕下大雨、过河流。

这是一个陌生的地方,外婆都没有来过,离老家估计有上百里。洪水过后,外婆看见河滩上有很多银色的小鱼,小鱼是被浑浊的泥水呛死的。外婆合起双手,默默地祷告了一番。母亲捡了一些,准备吃。外婆说把它们放回水里去吧,它们是有生命的。母亲说它们已经死了啊。外婆说菩萨保佑,你看它们在动呢!母亲再看时,发现几条小鱼真的在摆动尾巴,一跃一跃地在泥洼里翕动……

3

外婆带着母亲在附近住了几天,白天她出去要饭,母亲和大哥、抗战在旧庙里等着。晚上外婆回来的时候除了带了干粮,她还用捡的破瓷盆带回了汤。外婆讨饭跟别人不一样,她会给人看病,也会给人做法事,送鬼神,到了谁家看见他们风水不好就给做法调理。外婆是这方面的能手,她说得头头是道,令人不得不信。灾荒年月虽然家家都不富裕,但是谁也不愿家里有更大的隐患,所谓破财消灾。外婆不要他们的钱,她只要吃的东西,并说自己有女儿和两个孩子,好心人于是就给她做了汤,让她带回去。几天后,河里的水逐渐消退,这说明险情已过,外婆于是一路打探着往回走。因为家里还有一个令她牵挂的人——那个不争气的女婿——母亲的丈夫祝俊。母亲虽然对他失望之极,但还是担心他的死活,不知那个挨千刀的回来了没有?但愿这场洪水把那个寡妇淹死,祝俊就会死心塌地了。

几天后,他们回到了村子。一场洪水过后,房子都倒塌了,许多大树被连根拔起,路也冲断了,村子面目全非,一片狼藉。母亲的心里凉凉的,像被什么东西揪着,扯得生疼。外婆爬上了山坡上的那间屋子,屋子已被水浸过,发出一股很难闻的味道。几只老鼠在角落探头探脑,眼睛贼溜溜的,散着冷冷的光。这年月,连这小畜生都不怕人了,胆大包天啊!外婆骂了一声,屋里屋外又转了一圈,没发现人回来过的迹象,于是一声唱叹,带着母亲朝家里走。

外婆家的房子也被水冲塌了,屋里的一切已不复存在,好像它们根本没有存在过一样。母亲抱着大哥呆呆地站在那里,不知所措。

抗战说娘啊,我们今晚上睡啥地方?

外婆说我们睡山上。

这是一个丘陵状的小山包,山包不高,严格意义上说是算不上山的,只是一个高地罢了。外婆把田寡妇的屋子收拾了一下,赶走了可恨的老鼠,然后让母亲和大哥睡在炕上。母亲拒绝进屋,说里面有一股骚味,闻见恶心,要跟大哥睡外面。外婆知道母亲心里有忌讳,也不强求,于是从树上弄了一些枝条,给母亲在外面搭了个窝棚。

村里没淹死的人陆陆续续都回来了,回来后看见这个样子又离开了,因为这地方已不能生活。山坡上没淹的地方有很多草,外婆挑了一些能吃的煮在锅里,一顿饭便做好了。好在田寡妇的家里有盐,还有一点没来得及带走的大米,于是这些东西就成了母亲和外婆一家人的救命稻草。母亲说我们别守在这里,大家都逃荒去了,守在这里只有等死。外婆说再等等看,说不定祝俊会回来呢。母亲等了几天,毫无动静,于是又催,外婆还是不同意。空气中弥漫着一股腐尸的味道,浓浓的臭味令人窒息,每天出门都得捂着鼻子。他们就这样坚持了一个多月,盐吃完了,米一粒也没有了,母亲的奶水也没了,大哥瘦得皮包骨头,外婆还是不愿离去。直到村子回来一个人,说看见田寡妇带着孩子跟人走了,但是那个人并不是祝俊,外婆开始着急了,四处打听祝俊的下落。

一天天过去了,祝俊杳无音信。外婆每天拖着疲惫的身子回来,第二天一早又精神抖擞地出去了。这么一个大活人,他能跑到什么地方呢?外婆对祝俊虽然也有怨气,但她认为祝俊毕竟是孩子,等他懂事的时候就会明白的。如果说外婆对祝俊的关爱原来只是为了祝老爷的一句承诺,那么现在就不仅仅是祝老爷的因素,他还是母亲的丈夫、大哥的爹、外婆的干儿子啊！一起生活的这些年,外婆已经从心里把他当作自己的孩子看待了,跟母亲一样。因此她无论如何也要找到祝俊的。

4

一天傍晚,外婆回来得很晚,进门就哭,母亲问她也不说。悲伤像池塘里的水草一样紧紧地缠绕着她,使她几乎窒息了。母亲预感到与祝俊有关,于是就没问。果然不出意料,第二天一早外婆就让母亲收拾东西一起上路,说不用等祝俊了。母亲的心"咯噔"一下,像是被什么东西拽了一下,沉沉地往下掉。虽然这个男人不成器,背叛了自己,但是他毕竟是母亲的男人,是大哥的爹呀！孩子这么小就没了爹,这是多么不幸啊。回想曾经的岁月,他们一度情同手足,像兄妹一样,这个人怎么能说走就走呢？

祝俊不在了？母亲痴痴地问,有点不敢相信自己的感觉。

近道者升天,不近者堕狱。阿弥陀佛！外婆长叹一声,没看母亲。

怎么没的？母亲问。

外婆说,俺昨晚梦见一只白狐狸,那只白狐狸我认识,我们是老朋友了。白狐说你别找了,那孩子被一条蛇引诱,不会再回来了。我很诧异,于是今天一大早就出去找,结果碰见了一个人,说他看见祝俊的尸首了,是饿死的。唉,人生无常啊！外婆稳定了一下情绪,语气变得缓和了许多。

俺要找回他的尸首,送回祝村去。外婆看着母亲,坚定地说。

佛祖不度无缘之人,这孩子也是个苦命的人,福身浅啊。外婆说。

到哪里去找他？

听说离这里不远。

接下来的日子,外婆一边乞讨一边寻找祝俊的尸体。那个遇见尸体的人只是说了大概的方位,第二天就不见了。那年月死一个人跟死一只牲畜一样普通,没有人会大惊小怪的。外婆去了很多村落,结果一无所获。

后来,他们实在没办法再维持下去了,在母亲的一再要求下,外婆恋恋不舍地离开了村子。

外婆离开村子的时候到平子的坟上去了一趟。坟上长满了荒草,外婆把荒草拔了,然后在坟前点起一堆火。火光映红了外婆的脸庞,曾经饱满红润的脸跟平子的坟一样,爬满了纵横交错的沟壑。才40多岁的外婆看起来像个老太婆,身子佝偻,形容枯槁,感觉一股风都能吹倒。外婆把坟上被水冲出来的部分重新填上了土,然后拿出纸钱放在火里,一边喃喃自语:平子啊,你在那边咋样了?你看见祝俊了没有?祝俊肯定是找他爹去了,你看见了给他说一声,就说我们离开这里了,要去别的地方。你告诉祝俊让他好好照看自己,莫贪莫好诤,亦莫嗜欲乐。这孩子从小没受过罪,平子你是他叔,有时间就照顾照顾他,不要让那些荒魂野鬼欺负他。好行福者,从此到彼。大慈大悲的观世音菩萨,普度他们的灵魂吧,阿弥陀佛!平子,你在那边受苦了吗?你是一个善人,阎王爷不会让你受酷刑的,这个我知道。平子啊,你也不小了,在那边就不要挑剔了,找一个女人吧。听说阴间的寡妇也不少,她们应该没阳间的人挑剔……平子你不要等我啊,我还不能死,我死了抗战就没娘了,英子娘俩也没人照看……

外婆自言自语,对着坟头说了很多话,直到天已经完全暗了下来,夜幕把一切都掩埋了,这才撩起袄襟在脸上抹了一把,然后念着经语,珊珊离去。

外婆带着母亲娘俩和抗战来到祝老爷的村子,祝村也受灾了,很多人流离失所。外婆来到祝老爷的家里,祝老爷家的院子较高,墙是砖砌的,所以没有倒掉,一切还是上次来的样子,看来老爷也没有回来。外婆拉着抗战来到后院,对着菜窖的方向让孩子跪下,然后拿出准备好的黄裱纸和香,对着上次竖起的石板说:老吴,你还好吗?俺又来看你了,抗战也来看你了。抗战是咱们的儿子,今年都6岁多了,会说很多话儿。你在那边就好好安息,省着心,俺会把孩子抚养成人的。老吴,也不知你是否已经脱生(转世),落草到啥地方了,现在做啥事儿?亲厚普安,归来欢喜。你是个好人,菩萨给俺托梦说你到了好地方,以后啥事都顺,平平安安!老吴啊,抗战长得像你,虎头虎脑,瓷不楞登,是个好小子儿,将来会有出息的……外婆跪在一片瓦砾中对着菜窖滔滔不绝,似乎那里有人在听她的演讲,外婆讲得津津有味。抗战跪了一会儿,觉得膝盖硌得难受,于是摇摇晃晃地准备站起来,被外婆一把拉倒在地。

老吴啊,俺让抗战给你磕头了。抗战,快给你爹多磕头!外婆说完便对着菜窖磕了下去,抗战也跟着磕了下去。

外婆磕完头又来到了前院,东瞅瞅西看看,仿佛回到自己的家里。物是人非啊,曾经热闹的庭院如今一片死寂,杂草丛生,荒芜凄凉。外婆对着正屋又跪了下去。正午的阳光照在头顶上,汗水浸湿了她的头发,细细的溪流顺着额头蜿蜒而下,像蜈蚣的舞蹈。外婆双目紧闭,双手合十,嘴里念念有词。过了一会,母亲终于能听清外婆的话了。外婆说祝老爷,俺对不住你,没有把祝俊照看好……俺是个罪人啊!说完后突然把头重重地朝地磕去。母亲吃了一惊,撇下大哥上前搀扶,只听见"咚咚"几声,外婆的额头还是重重地磕在砖地上,血合着汗水越过鼻梁,像一朵盛开的花,在外婆的脸上恣意绽放。外婆突然放声哭了起来,捶胸捣肺,边哭边责怪自己。母亲很少见外婆流泪。这个坚强的女人总是把自己严严实实地包裹起来,不愿露出柔弱的一面。今天她不愿忍了,索性痛痛快快地哭一场吧。

　　两个未成年的孩子吓得大哭起来,母亲泪流满面。哭声持续了好长时间才渐渐平息。

第六章

1

　　一夜之间突然没有了家,也没了亲人的牵挂,外婆和母亲一时都很茫然。方圆几十里荒无人烟,特别是到了夜里,死一般的宁静令人心怵。外婆带着母亲和孩子一路向西逃荒。听说受灾的人们都去了那边,那边好像没有遭灾,人人都不缺吃的。自古中原多磨难。洪水、干旱、蝗虫,还有战乱,民不聊生啊!

　　一路上都是逃荒的人们,因此很难讨到食物。人人的脸上都是青灰色,皮包骨头,棱角很分明。洪水没有冲过的地方又遭蝗虫侵袭,所过之处光秃秃的,寸草不生,很多牲畜都饿死了。这些尸体很快就会被狼吃掉。狼吃红了眼,互相撕咬起来,发出骇人的嘶嚎声。后来牲畜都死光了,狼没有吃的,就开始袭击人类。人虽然面黄肌瘦,但仗着棍棒的威力,这些畜生还不敢轻易靠近,只是保持一定的距离咆哮着。这些狼也饿得骨瘦如柴,眼睛瞪得血红,呲着獠牙像狗一样转来转去,估计也没有力气进攻人类了。外婆说狼这畜生其实是不轻易进攻人的,除非它饿昏了头。上天给了它生命,它也得想办法延续下去啊——阿弥陀佛。然而这些畜生的确是饿昏头了。到了晚上,天上的星星像鬼灯闪烁,地上的绿光像鬼魂在附近徘徊。逃难的人们紧紧地靠在一起,女人孩子围在里面,男人坐在外面,然后派人轮流守夜。人们生起了篝火,狼群因此不敢轻易靠近。

　　这样的饥荒年月,大人还好说,孩子可不藏情。抗战整天喊饿,逮住什么东西都往嘴里塞。有一次不知吃啥东西中毒，差点要了小命。母亲由于没有奶水，大哥吃不饱，身体瘦得像一只小猫，连哭声也很孱弱。有一户人家有好几个孩子，眼看大人都饿得奄奄一息，孩子还整天哭叫着要吃的，特别是那个小儿子哭得最凶。那家人知道再走下去也是死路一条，因为所到之处并没有传说中的那些不愁吃的人家，好像越往西越穷，很多地方都看不见人烟了。终于有一天，老人在太阳正常升起的时候没有再醒来，过了两天又一个老人去世了。求生的本能使他们还一直往前走，但是最小的那个孩子成了一家人的负担，因为他一直要人抱。大人没有力气，于是就把他搁下，自顾自走了。孩子在后面发出撕心裂肺的叫声，奄奄一息的他不知从哪儿来的勇气，连滚带爬地追了上来。一家人抱在一起，哭了一会，孩子的父亲咬了咬牙，给孩子的口袋里揣了些石头。石头很沉，大人离开后，虽然那小子还在哭叫，却怎么也追不上大人了。那个母亲一边走一边抹眼泪，父亲回头对孩子说：俺的儿呀，我们养活不了你，跟着也是死路一条，老天爷可怜见，说不定你会遇到好心人收留。娃呀，爹娘对不住你啊！说完已泣不成声。就这样，他们强忍着悲痛，抛下幼小的孩子跌跌撞撞地走了，身后传来孩子渐渐微弱的哭叫声。

  外婆在路上遇到了这个孩子。外婆要收留他。母亲不同意。母亲说我们的孩子尚且不知能否活下去呢，你收留了他，是给他整害呢！我们救不了他的性命，他迟早还是会被饿死。娘，长痛不如短痛——闭上眼睛，朝前走吧。

  外婆紧紧地闭上了眼睛，眼前一片浑浊，隐隐有一些金色的东西在跳跃，火花四溅。睁开眼，却什么也没有。大哥一天有多半时间都在母亲的身上睡觉，他已经没有力气哭了。母亲也觉得双腿像灌了铅似的沉重，每提起一次都非常困难，浑身软绵绵的，于是她就靠在一块石头上坐了下来。

  母亲和抗战坐在石头上，看见外婆端着一杯水向孩子走去。孩子惊恐地睁大了双眼，脸上已成了几种颜色，黑的和黄的。被泪水一抹，分不清是泥是肉，没一块干净的地方。外婆把水杯放在孩子的手里，孩子看了外婆一眼，发现她并不是恶人，于是端起来一口就喝了。喝完后他冲着外婆说出了一句话，声音细得像蚊子一样，但是外婆还是听见了。

  孩子说：……奶……奶……俺饥！

  外婆的鼻翼有些抽动，眼泪哗哗地就下来了。自从那天在祝老爷家流泪，外婆再也没有哭泣，没料想面对一个素不相识的小孩，她还是哭了。

外婆感觉到了自己的无奈。曾几何时,外婆是那样的刚强,从来没有向谁屈服过啊!再苦的日子都熬过来了,难道这一次真的就是最后的槛,不可逾越的槛吗?

外婆不敢相信。

饥。孩子嗫嚅着说,样子是那样的无助。外婆把孩子口袋里的石块掏了出来,然后一把将孩子搂在怀里。外婆说娃娃儿乖,你跟奶奶走吧,奶奶能活下去你就能活下去——走吧,孩儿。

男孩有六七岁,跟抗战差不多,但比抗战还要瘦小。外婆问男孩叫啥名字,男孩说他叫铁蛋,外婆于是让抗战叫他哥哥,抗战不叫,把头扭到一边去了。

多年以后,当抗战被铁蛋手下的红卫兵干将打成残废的时候,总会想起这个遥远的地方。

一家人本来就没吃的,突然又增加了一个活口,情况就更糟糕了。母亲于是不得不加入到寻找食物的行列中,跟外婆一起为全家人谋命。

几天后,他们来到一处有人居住的地方,四周的色彩似乎也变得柔和起来,有一些发绿,不再是清一色的土黄色。母亲甚至在地畔上挖到一些野菜。这些野菜成了几个孩子的美味佳肴,大家津津有味地咀嚼着,菜汁的营养很快被饥渴的身体吸收。

黄昏的时候外婆回来了,她似乎很兴奋,脚下急匆匆的,好像有什么重大的喜讯告诉母亲。母亲也期待着外婆能有好的消息,这样一家人就有救了啊。

可是就在外婆快要走近的时候,脚下一个趔趄却倒下了。母亲叫了一声娘,跟跟跄跄往前扑,想要拉起外婆。外婆双目紧闭,身子软得像一堆泥,任母亲怎么叫喊都不应。母亲慌了手脚,身子本来就虚,一紧张,冷汗直流,顷刻便浸湿了衣裳。母亲抱着外婆使劲地摇着,嘴里大声地呼喊着。抗战也跑过来抱着外婆不停地喊娘,然而外婆没一点反应。也许外婆确实太累了,需要休息休息。她的样子很安详,脸上没有痛苦的表情,一只手捂着前襟,那里鼓鼓囊囊的。母亲轻轻地拿掉了外婆的手,发现里面有很多碎馍块!

原来外婆今天收获很多,她讨得很多馍块,自己却不舍得吃,结果被饿昏了过去。

那些馍块救了一家人的性命。外婆那天晚上昏迷了很长时间,第二天很晚才醒来。

母亲的脸上露出了久违的笑容,一丝红润浮在脸颊,给苍白的面颊增添了不少光彩。

半年后,他们来到了陕北。

2

陕北是一块神奇的土地。这里是黄土高原的腹地,土地肥沃,但是由于多年的开垦,水土流失很严重,因此很多地方都成了光秃秃的山峁,沟壑纵横,梁峁密布,山大坡陡,河谷深切,地广人稀。晚清光绪皇帝的特使、朝内翰林院大学士王培芬在陕北高原视察后,给朝廷的"奏折"里写到:

万里遨游,百日山河无尽头,山秃穷而陡,水恶虎狼吼,四月柳絮稠,山花无锦绣,狂风骤起哪辨昏与昼,因此上把万紫千红一笔勾。

窑洞茅屋,省上砖木措上土,夏日晒难透,阴雨更肯漏,土块砌墙头,灯油壁上流,掩藏臭气马粪与牛溲,因此上把雕梁画栋一笔勾。

……

是啊,我想许多逃荒者在开始规划自己的逃荒路线的时候,是没有考虑这一片贫瘠的土地的。许多人只是一路漂流,最后万不得已才流落到这里,从此在这里生根发芽,生生不息。陕北大地以她雄厚的胸膛收留了来自祖国四面八方的游子,让他们在这一片神奇的土地上休养生息,重建家园。从地理上说,这里是穷山恶水的荒凉之地,但这里地处温带大陆性气候,气候宜人,四季分明,很少有大的自然灾害。虽土地贫瘠,广种薄收,但民风醇厚,喜好客朋,因此有很多村落都是从山东、安徽、河南逃荒而来的人组成的。这些来自四面八方的人们朝夕相处,互通婚姻,最后都成了地道的高原汉子和姑娘,有着西北人的豪爽和热情。在光秃秃的山峁上播种他们的希望,在火辣辣的信天游里收获他们的爱情。若干年后,当我们这些后人知道自己的祖籍来自富饶的胶东半岛或辽阔的中原大地的时候,都百思不解——先人们为什么放弃那么好的风水,背井离乡,千里迢迢来到这样的穷乡僻壤?我们当然也不知道,外婆他们当初的选择是如此的艰难,他们真的是无可奈何啊!

外婆和母亲一行风尘仆仆地来到陕北,到一个叫天瑶的地方时,大哥病了,四肢抽搐翻白眼,高烧不退。外婆不停地给他做法驱鬼,结果毫无作用,大哥一直处在昏迷状态。母亲哭得嗓子都哑了,一路上大哥也病过几次,但都没有这一次严重。大哥的身体本来就很虚弱,哪里还能经得住这样折腾?两个孩子也吓得哇哇直哭,不敢靠前去看。

我的父亲那天准备去县城,一出村子就听见女人的哭声。循声而去,在村边的土窑里,见两个女人正围着小孩哭。父亲见孩子抽得厉害,摸了摸孩子的额头,滚烫,说这样下去可不行。母亲像看见救命恩人一样,扑通一声跪了下来,声泪俱下地说:他叔救俺孩子一命吧!父亲二话没说,抱起孩子就走,来到了大伯家。大伯懂一些医术,特别是一手银针绝活,远近闻名。大伯给孩子扎了几针,又服了些药丸,孩子一会就不抽了,烧也退了。母亲这时浑身已被汗水浸透,她跪下就给大伯磕头,拉也拉不起来。大伯说孩子身体虚弱,还会有危险,你们不行就先在这住几天吧。外婆感激不尽,于是一家几口就住了下来。

那时,父亲还是一条光棍。他跟第一个老婆离婚了,家里的光景算不上太好,顶多也就是有吃有喝的。天瑶村的人都住在一个寨子里,寨子的外面有一道很高的城墙(寨墙,用土夯就,很结实,我们都叫它城墙),与外面的世界相隔开来。城墙的外面有一道深深的战壕,据说是当年为了防御犯人逃跑而修挖的,又说是为了防御土匪的侵袭,具体年代已不可考。听老人讲,这个"天瑶"原来叫"天牢",村子的名字就叫"天牢堡"。问了一些老人为啥叫这个名字?他们说寨子的下面原来有一间巨大的地下室,是用很大的砖砌成的。之所以叫天牢,是因为这里囚禁着天子亲自下令关起来的犯人,外面有很多把守的官兵,戒备森严。据说进入天牢的人很少能活着出来。这里离古长安城300多公里,如果真的是囚禁朝廷要犯的天牢,那么很可能是汉唐时期的事儿,查了一下史料,没有记载,所以也无从考证。另有一种说法是天牢指群山环绕、形势险峻、易入难出之地。这里地处黄土高原腹地,四周沟壑纵横,但没有群山,也谈不上险峻,因此这个说法很难成立。还有人说过去是按照天地玄黄来排序的,所谓天牢就是天字号牢房,牢房顶是没遮掩的,只是用铁丝网络着,四壁徒墙,牢内没有遮阴,牢顶很高,而与之平行的就是地面。综合各种说法,这里在古代是一座牢狱,后来官府撤掉了它,村里的人嫌这个名字不吉利,于是就改名为"天瑶",一字之差,体现了人们追求美好生活的心愿。若干年后,当我得知这一奇怪的村名,追溯它的历史渊源,百思不解的时候,于是便在古寨子上做文章。

在我很小的时候那城墙还在,高耸入云的样子成了我童年的一座高山。犹记得那时候大姐给我讲故事,说到什么东西很高的时候,我便问她:有城墙高吗?大姐便会停下来想半天,然后摇摇头或点点头。城墙上长着粗细不一的树,爬上树梢,可以俯瞰整个寨子的全貌:寨子的中间是凹下去的,但是并不像传说中的天牢那么深,而是盖满了高矮不同的瓦房。房子的瓦片上织满了厚厚的苔藓,绿汪汪的很张扬。到了冬天这些植物就会成为枯黄色的一片,像是堆积了太多的颜料,死沉沉的,透着一股衰败没落的气息。院子的中间多为枣树,这种耐寒性极强的植物在我的家乡很受欢迎。到了秋天,那些脆生生的大红枣一树地摇,看得人流口水。枣最好吃的时候是青红相间的时候,不但颜色漂亮,而且味道又甜又脆,嚼在嘴里"咔嚓咔嚓"的,听得人直流口水。到了十分熟的时候反而没有那种味道了,剩下的只是一味的甜。小时候不等枣红我们这些孩子便爬上去侵害,被奶奶骂过很多次,有的孩子措手不及从树上跌了下来,吓得外婆失声惊叫,急忙抱了孩子念咒,被奶奶一顿数落,回家去了。

城墙的里面有几颗核桃树,树冠很大,几乎遮住了整个门前,夏天成了人们纳凉的好去处,也成了我们这些孩子的乐园。当然最好玩的还是城墙的上面,站在上面不但可以看得很远,而且可以知道村子里都发生了什么事情,小到谁家孩子的游戏,几个妇人在院里拉家常,一只小黑狗转着圈儿咬自己的尾巴,几只芦花鸡为了一块西瓜皮拼命……大到年轻人在枣树下搂抱,女孩子不愿意,绕着树跑,男孩一路狂追,最后把一颗大红枣塞进女孩的嘴里,然后把自己的嘴也凑了上去……每每遇到这些的时候,孩子们便会大声呼喊,臊得女孩掩面而跑,男孩拿着棍棒追着我们打,我们跑得飞快,边跑边唱:

> 你要拉我的手,
> 我要亲你的口,
> 拉手手(那个)亲口口,
> 咱们两个疙崂崂走!

当然,我们有时也会因此遭殃,被大人捉住了狠打一顿,以致一段时间不敢再上城墙。但是好了伤疤就忘了疼,过不了几天,孩子们还是会悄悄地登上那里的。

城墙的外面三面环沟，一面是深深的城壕。城壕与城洞之间有一条小桥相连，听说过去是一个吊桥。吊桥由专门的人把守，人进来或者出去，吊桥都会被收起。城墙上站满了士兵，严密地监视着寨子的每一个角落。那另外的几个边缘是深不见底的沟壑，人贴近的时候会感到头晕目眩，心惊胆战，特别是到了晚上，沟里阴森森地透着一股凉气。一些家长经常吓唬孩子，说不听话就把你扔到沟里，悬崖下面有一群饿狼，它们瞪着血红的眼睛，张着血盆大口正在等着呢！被吓的孩子于是惊愕地张大了嘴巴，半天合不拢。当然，也有胆大的孩子惹怒了家长，被一根井索绑着吊下悬崖深处。井索像一条灰色的蟒蛇蜿蜒而下，崖畔上的土也跟着簌簌而下，下面的人被一遍遍问及：——害怕了吧？还敢不敢？如果听到哭声，就把绳索拉上来；如果底下没有声音，就再放，直到井索放完了，不能再放了，才把一头栓在树上，朝沟里喊一声：一会狼就来吃你！然后回去了。过一会又来问，如求饶，就拉上来；如果还是嘴硬，就会被吊一个晚上的。

3

天瑶村住着两大姓：林姓和陈姓。父亲姓林，姊妹四人，兄弟三个，三爸和姑姑还没成亲。姑姑秀秀已经20多岁了，还没有找到婆家，成了一家人的一块心病。大伯一家和奶奶、秀秀住上房，父亲住在西边的厦子里，三爸住在厦子的隔壁。院子的南边还有几间低矮的瓦房，瓦房的窗户烂了，四面透风，里面放着一些杂物。院子的东边是一个牛圈，牛圈的隔壁是猪圈，看来这一家还是过光景的人，只是院子里比较旧，什么东西搁得都没地方，乱七八糟。母亲被安排在父亲的屋里，父亲则搬到三爸的屋里，外婆和抗战、铁蛋被临时安排在南边的破房里。母亲想让一家人住在一起，奶奶不同意。奶奶说逃难的人，还挑剔啥呢？将息将息，上路去吧。奶奶的样子很严厉，整日盘腿高坐在上房的炕上，拿着一只长长的烟锅，慢条斯理地把旱烟压进去，然后用火镰石点燃。透过朦胧的烟雾，奶奶把眼睛眯成了一条缝，定定地盯着你看，似乎要把人洞穿。从我记事的时候奶奶就是这个样子，很少看见她脸上有笑容，顶多在每年的大年初一，奶奶在受了我们这些儿孙的磕头后，会从大襟袄的最底层摸出一块手帕儿。奶奶颤抖着双手绽开层层叠叠的手帕,从里面拿出一毛两毛钱来,然后努力地在脸腮挤出一朵笑容,吆喝着把钱递给我们。遇到好的年景,她还会从箱子里拿出水果糖给我们吃。我们接了糖果转身便跑,就听见奶奶在屋里的叫骂声:小兔崽子,吃了就顺门走了,喂不熟的狗啊!当然,这骂声中多少含着宠爱,奶奶是不会真骂的。奶奶认真的时候很可怕,任你跑到哪里她也要让父亲捉回来,然后脱掉裤子打屁股。奶奶爱干净,一头银发整齐地盘在后面,用一个灰色的网兜罩着,显得很精神;一身黑色的衣服穿在身上,一年四季都那么平整。奶奶的脚很小,走路的时候依靠一支拐杖,要不就会站立不稳。奶奶走路的时候昂着头,拐杖敲在地上叮咚作响,很有声势。当然这是外婆几十年后的模样。

  母亲的争辩遭到外婆的坚决反对。外婆说南房好着哩,比那些荒郊野外可强多了啊!我们就住在这里,等娃儿好些了就走。

  一家人就这样住了下来。母亲和外婆要出去讨饭,被大伯制止了。大伯说家里虽也不富裕,但也不缺你们娘几个几天的口粮,安心住下来,把孩子的病养好。奶奶在这件事上没有发表意见,算是默许了。也许她已经有了自己的打算,要不凭她的脾性,是不可能让这么多人在家里吃喝的。

  抗战、铁蛋很快就同大伯家的两个孩子混熟了。大妈人很黑,个头也高,说话高喉咙大嗓门,不像个女人的样子。但是大妈待母亲很好,每天都要到西厦屋问长问短,还把蒸好的鸡蛋糕端给大哥吃。外婆很感动,不知道该怎么才好,于是天不亮就起来扫院,夜里帮父亲喂牲口。母亲把大哥安置好就去帮大妈干活。母亲知道,大妈家里也不富裕,自己的孩子有时都吃不饱,却还要养活逃难的几口人。

  母亲是个美人胚子,岁月的沧桑并没有在她的脸上留下痕迹。惊慌过后,她简单收拾了一下自己,然后穿上了从家里带来的衣服,引来不少媳妇的"啧啧"声。母亲把自己的一件衬袄送给了大妈,大妈非常喜欢,说自己一辈子也没穿过这么漂亮的衣服。做法师的外婆给母亲买了许多好看的衣服,都是绫罗绸缎的料,陕北人哪里见过?可惜只带了几件,其他都被洪水冲走了。外婆原来准备在这里喘口气就走,母亲却不想走了。看得出来,父亲是个老实人,从见他的第一眼起母亲就这样认为。更让母亲动心的是大伯一家待他们很好,父亲又没有孩子,年龄也不算太大,天瑶地肥水美,物产丰盈,困头年月的,还往哪里走?

城墙上长着粗细不一的树，爬上树梢可以俯瞰整个寨子的全貌。寨子中间是凹下去的，但是并不像传说中的天牢那么样，而是盖满了高矮不同的瓦房，房子的瓦片上长满了厚厚的苔藓，绿汪汪的。当然最好玩的还是城墙，站在上面不但可以看很远，而且可以知道很多事情。

图之阳画

大妈一开始就看出了父亲的心思。父亲离婚也有些年头了，这些年相了不少次媒，他横挑竖捡，都没有合适的。母亲来后，父亲突然变得勤快起来，早晨早早就去挑水，把大伯家的缸也挑满了，然后争着和外婆扫院子。赶集的时候，他甚至买回了半斤水果糖送给大哥。于是，大妈作媒，奶奶作主，母亲就不走了。

那一年我的母亲还不到20岁，而父亲已经快30岁的人了，但一点也不显老，看上去跟20多岁的小伙儿差不多。父亲生得白净，可能是遗传了奶奶的皮肤。爷爷去世得早，听说得的是什么猛病，早晨起来还好好的，中午从地里回来就不行了。那时父亲还小，姑姑还在吃奶，一家人突然之间失去了主心骨，奶奶哭得昏天黑地，很长时间没缓过气来。奶奶是个要强的人，丈夫死后她拒绝了很多说媒的人，没有改嫁，而是拖着四个孩子自谋营生，带着他们把光景过下去。奶奶的付出得到了很好的回报：大伯娶到了媳妇，父亲也娶到了媳妇，光景和有钱人比差，比村子里大多数的人却强很多，奶奶满足了。

母亲结婚的那天很隆重。按说都是二婚，一般人草草办一下就行了，没有人愿意再大张旗鼓，可奶奶不同意。奶奶说林家是村里一大户，我们属明媒正娶，不能偷偷摸摸地把事办了，应该铺张一些，让大家都知道。

母亲的媒婆便是大妈。这个后来成为母亲妯娌、在日后给予母亲多方关照的女人也是个苦命人，她也是改嫁到这里来的。说媒这个过程很重要，外婆和奶奶都十分计较。奶奶一开始对这门亲事是有所顾忌的，因为她嫌母亲带着孩子。还有那个外婆，整天神神叨叨的，装神弄鬼，说经念佛。最要紧的是她还有两个孩子，都是长身体的年龄，一家子突然多了几张嘴，粮食会非常紧张的。奶奶眼光高，她一直认为凭父亲的模样，是可以再找一个黄花闺女的。可惜父亲离婚已经四五年了，没有一个黄花闺女愿意上门，这极大地打击了奶奶的自信心，使得她不得不重新审视这件事情。当她看见父亲像一只公鸡整天围在母亲身旁骚情的时候，奶奶到底没有足够的勇气再坚持自己的意见。大妈在征求奶奶意见的时候，奶奶闭上眼睛说了一句话：菊花你告诉国政(父亲的名字叫林国政)，外路来的女人不实靠，以后有啥事儿，他不要后悔。大妈把这话告诉了父亲，父亲当即果断地表态：这辈子就是跟英子做一天夫妻，她要走，我也不后悔！大妈理解父亲的苦衷，光棍的日子不好过啊，尽管她待父亲一直亲如兄弟，但光棍的一些实际问题是谁也解决不了的。

大妈征得奶奶的同意后来到母亲住的厦屋，跟外婆正式提亲。外婆一开始没考虑过这个问题，看见父亲天天来献殷勤，她还提醒母亲要注意，嘱咐大哥病好了就继续上路。后来外婆发现母亲并不怎么反对父亲，就多留了一个心眼儿，没事的时候跟父亲一起干活，顺便观察父亲的一言一行，结论是父亲还算个老实人，起码比祝俊会疼人，也比祝俊勤快一些。想起祝俊外婆的眼睛就开始湿润，不管咋说，他是她看着长大的，就跟自己的儿子一样，因此即使他最后钻到寡妇的屋里不出来，外婆依然没有恨过他。可怜他的福分太浅了，竟然没躲过一场洪水的劫难！外婆在离开的时候曾在平子的坟前给祝俊堆了一座坟，里面埋着他的一顶帽子，让这两个孤苦伶仃的男人好歹有个伴儿。外婆在两座坟前插了几根柳条，几年后这些柳条将会长大，枝繁叶茂，因此即使一场更大的洪水冲走了坟茔，柳树还是会留下来的。

　　大妈提亲的时候带来了两身衣服，一身给母亲，一身给外婆。另外还给大哥买了一个项圈，给抗战和铁蛋买了一把糖。外婆热情地招呼大妈坐下，烧开水让她喝。大妈喜气洋洋地把事情挑明了，母亲虽然早有心理准备，脸蛋还是红得像熟透的柿蛋，浑身像充满了氢气，轻飘飘地往上浮。两个孩子拿到糖后高兴地出去了，大哥看见项圈也非常高兴，张罗着要母亲给他戴上。母亲一边给大哥戴项圈儿一边听大妈和外婆拉话，她们拉的都是些鸡毛蒜皮的事情，东一句西一句的，没有章法。末了，大妈提出了最重要的问题，那就是父亲希望尽快把婚事办了。

　　外婆朝母亲瞥了一眼，发现母亲的脸上浮着两朵红云，正在笑眯眯地把大哥的头发理顺。大哥的头发又黑又旺，都能扎起小毛辫儿了。

　　外婆说：他婶，你们看着张罗吧。

第七章

1

父母的婚礼花了家里的一担粮食,这在村人看来是不可思议的。尽管大家都行了不同程度的礼,过事的当天全家出动,都来了,但回到家后却闲言碎语,说父亲为了这样一个二婚女人,不值。

父亲可不这样认为。父亲觉得这是他人生的重要时刻,甚至比第一次结婚的时候还要重要。第一次结婚的时候父亲也是请了全村的人吃饭,吃掉了一担多粮食,以致媳妇到家后第二年就没啥吃了。父亲的那个媳妇跟奶奶犯克,从她到家的那天起奶奶就觉得气怯胸闷,常常吃不下饭。后来争吵便成了家常便饭的事情,女人受了委屈就跟父亲找事儿,整天哭哭啼啼,没完没了。奶奶让阴阳先生算了一下,阴阳先生说父亲和媳妇大相不搁,在一起主凶,可怕的事情还在后头哩。奶奶听后大吃一惊——当初就有人提出这个问题,自己没在意儿,没想到真的来报应了。看来这个女人是不能要了,算命先生说再继续下去,父亲会有生命之虞,奶奶于是不管父亲愿不愿意,毅然决然地撕断了这门婚姻,把女人赶回娘家去了。奶奶说乘着你们还没有娃儿,要不就会麻烦大了。父亲虽然谈不上对那个媳妇有多深的感情,但是在一起的日子毕竟也有过一些欢乐的事儿,父亲不忍心就那样把人家给休了,为此郁闷了很长时间,有一年多的时间他很少讲话。

我的父母结婚的时候正是解放初期,到处一片艳阳天。那段时间父亲的心里也跟天气一样晴空万里,没有一丝儿云彩。母亲到家后由于生活上得到了改善,身体也得到恢复,所以出落得更加漂亮,一些人还以为母亲是个闺女,第一次结婚呢。父亲和母亲就住在父亲原来的厦屋里。厦屋不大,有一丈八深。厦屋的北边盘着十块基子(土坯,约一平方米左右)的土炕,占用了一间房子,另外一间便是厨房了。厨房的一间和隔壁三爸的那间相通,有一个门洞。这个门洞在我记事的时候几次次被堵上,又拆了开来。母亲结婚的时候门洞被堵上了,三爸的那间另外开了个门。跟母亲住在一起的还有大哥,那几天被临时安排在外婆的身边,厦屋的大炕留给了父亲和母亲足够的空间。大哥拼命地反抗了一阵,最终还是灰溜溜地妥协了。

　　母亲丰盈的身体带给父亲的是全新的感受。同样是女人,母亲和以前那个干瘪的女人是完全不一样的,母亲白皙的身子像熟透的山葡萄一样甜蜜动人,阳光一浪一浪地掠过,山谷里的葡萄汁汇织成了温暖的小溪,流光溢彩,香气袭人。父亲深深地陶醉了。

　　母亲婚后要求父亲把南房收拾一下,父亲同意了。外婆住的南房实在太破了,天阴下雨里面就跟外面一样,没一点遮拦。父亲从沟里背回了许多柴禾铺在上面,然后给柴禾上堆了泥,泥上搁了瓦,这样房子就不漏了。父亲的殷勤遭到奶奶的极大不满,她数落父亲刚一结婚就围着婆姨转,没脓水。外婆住的南房没有锅灶,以前都是母亲把饭做好后端下去,奶奶虽然给脸色看,但并没有制止。母亲结婚后,奶奶突然变得严厉起来,她整天对母亲指手画脚,嫌母亲起来得晚,饭做得咸,馍蒸得不酥,炕烧得不热,等等。后来母亲给南房送饭也不许了,奶奶要外婆她们自己起灶。外婆不会盘锅灶,弄得锅台一做饭就冒烟,熏得眼泪都下来了。奶奶看见了就开始骂:熏贼哩?不会做饭就不要吃了,把房都熏黑了,以后还咋住人哩?外婆抹了一把眼泪,默默地不做声。后来她做饭的时候就在外面垒了个锅台。外婆每天晚上睡觉之前都要念一会经,奶奶听见了就烦,说家里又没死人,天天念得什么咒?外婆于是要求住到寨子下面的土窑里,母亲不同意,外婆坚持要去,于是大伯大妈便帮着外婆弄了几块泥基板,给土窑里盘了炕,父亲在里面砌了锅台,外婆、抗战和铁蛋就有一个新家了。

　　外婆搬到土窑后拒绝再要母亲送来的食物。母亲说我那婆婆也太恶了,她怎么能这样待你啊!外婆说你婆婆没有错,错的是我,打乱了她的生活。英子啊，抱怨别人的时候先要检讨自己才对。外婆每天天不亮就去沟底砍柴，然后在镇上逢集的时候卖掉，买回一些粮食和必须品。有一次大伯的女儿福荣病了，扎针不管用，吃了医院的药也不管用，外婆于是就用土方子给她治病，结果两天后孩子的病就好了，大伯一家很感动。过了两天，村子里有一户人家的老人病了，请外婆前去看病，结果外婆也看好了。渐渐地，外婆会看病的消息传了出去，前来找外婆看病的人络绎不绝，外婆不用再出去砍柴了。

　　外婆看病的时候跟一般医生不同。医生看病是开药方，外婆不是。她首先要求病人家属准备香火，设香案，然后点燃蜡烛，开始做法。外婆做法的时候嘴里念念有词，说着我们谁也听不懂的咒语，过一会大声地唱一句，把人吓一跳，接着她会猛地一口气吹灭蜡烛，用手里的刀具狠命地往地上砍去。外婆每次做法都很认真，一场法事下来，她的脸上都是汗，头发也湿成一绺一绺，腾腾地冒着热气。停止念经的外婆已经恢复了常人的状态，她蹲下来从香灰里粘一些出来，跟她提前准备好的药混在一起，然后嘱咐病人回去喝掉。如果病情比较严重，外婆还会把自己的手指弄破，给药里滴一两滴血，说这样效果会更好。外婆刚开始做法的时候我们都有些害怕，渐渐地就习惯了。但我一直很纳闷：这样装神弄鬼的法术真的能治病吗？我于是就问母亲，母亲沉吟了一会，说其实单靠法术是治不了病的，它给人不过是心理的安慰，要治病还得靠偏方。你外婆掌握着很多民间偏方，她知道用什么药治什么病，治好了很多人的病呢。

　　我们于是觉得外婆的法术不再神秘了。

2

　　父亲和母亲婚后的日子是甜蜜的，跟千千万万人一样，幸福美满。母亲的到来让父亲结束了光棍生活，没有女人的日子太枯焦，父亲算是体验了；父亲的知遇之恩令母亲十分感动，这桩婚事从一开始她就十分憧憬，不像当初和祝俊，心里的疙瘩始终未解。后来，那个男人公然背叛了母亲，母亲一度曾万念俱灰，对生活失去了信心，要不是外婆和大哥的牵挂，她也许会走上另一条道的。父亲热情大方，憨厚老实，那宽厚的臂膀让母亲感觉到了温暖和依靠。然而这桩婚事在村里人看来并非好事，大家保持观望的态度,都说父亲娶回了一个花瓶,中看不中用的。农村人嘛,光景日月要靠一锨一锄、一锨一犁地干,锅碗瓢盆,油盐酱醋,这些才是实实在在的日子,花容月貌不能当饭吃,浪漫的爱情需要严冬的考验,谁没有三天的热度?热一辈子才算热呢。父亲不信这个邪,他觉得母亲就是用来浪漫的女人,母亲细皮嫩肉,人面桃花,这样的女人搁在大风大浪里太可惜了。母亲和其他女人不一样,走在村里别人多看两眼父亲都不愿意。

母亲婚后很勤劳,家里家外一把手。但父亲很有主见,他只让母亲干家里的活,外面的活他和三叔包揽了。父亲觉得母亲是天上的大雁,这只天鹅(我们那里的人都认为大雁和天鹅是一种鸟类)只不过是飞累了,她歇歇脚还会再飞走的。母亲争究了一阵,妥协了。

母亲深居简出,整天围着锅台转,这引起了天瑶村人的极大兴趣。他们白天见不到母亲,于是晚上便成群结队来串门。串门的都是男人,女人没时间,也没那份雅兴。男人来了就东拉西扯,家长里短前朝古代天南海北云里雾里,口若悬河,滔滔不绝,眼睛却始终罩着母亲不放,间或开一些不咸不淡半荤半素的玩笑,引得母亲嫣然一笑便算得上成功,这一晚睡梦里都是笑颜,"咯咯咯"的,口水都流出来了。媳妇莫名其妙,于是就用胳膊捅一下,再捅一下,说梦见吃喜妈奶啦?看把你美的!男人朦胧中翻了个身,倒向另一边去了,不一会又是"咯咯咯"的一阵笑声。女人于是就掌灯观察,观察了好久也没弄清楚是咋回事儿。

这样的情形,父亲显然不乐意了。母亲也不堪其烦,讨厌起那些人了。但顾及到方方面面的因素,却又不好给人家使脸色。奶奶生气了。奶奶说母亲是个招苍蝇的货,这伙人没事干,晚上得熬多少油啊!父亲觉得也是,于是便给串门的人使脸色。男人们装着没看见,一如既往地按时报到,一如既往地前拉后扯,嘻嘻哈哈,间或跟母亲开一些过分的玩笑。父亲吹胡子瞪眼,把茶杯狠狠地摔在地上。这种情况下,场面就相当地尴尬了,来人坐也不是,走也不是,后来,母亲对这些人也毫不客气,男人被拒之门外,渐渐便少了起来。

一天,母亲去邻居家借农具,去的时间长了点,父亲便撵了过去,发现母亲正在跟邻家男人在院子里拉话。这个男人对母亲早就垂涎三尺,经常找机会和母亲套近乎。父亲气不打一处来,把门狠狠地掼上走了。母亲赶紧跟了回来,一进门就被父亲掀倒在地。母亲的哭声引来了大妈,大妈拿着一把扫帚便往父亲身上抽。父亲丢了母亲,把大妈手上的扫帚夺了过来，扔在地上。大妈说绝死鬼啊，挨枪子的！你好凭无辜打人哩？父亲僵着脖子，板筋冒得很高，眼睛气鼓鼓地盯着母亲说，你让她说！母亲哭喊着扑了上来，说俺做下啥不要脸的事了？你让我说啥？父亲说你跟那谁鬼弄不清！母亲说你有啥凭据啊？邻里邻居的，借个铁锨都不行了吗？林国政你今天把话说清楚，不说清楚我跟你没完！大妈说国政啊，你咋是这熊样子？英子走得端行得正，一条村的人都看得明白，人家借个家具就咋了？那你把你媳妇整天拴在裤带上，啥也别让干？实话告诉你：娶上英子是你娃烧了高香，你不要烧糟了，烧糟了你后悔都来不及了！父亲把头仰向一边，脖子上的板筋已经没刚才那样突出了。母亲见大妈替自己说话，委屈得一屁股坐在地上，呜呜地哭了起来。大妈一边拉她起来，一边继续数落父亲的不是。大妈说挨刀子的，还有比这更好的媳妇吗？你烧糟吧，如果连英子也守不住，我怕这辈子再也没有女人敢上你的网了！父亲说我就是吓唬她两下，又没把她咋地！大妈说你还想咋样？英子跟着你受这样的气，这比刀子杀人还残火呢！人家几千里奔咱而来，你还这样冤枉她，让她怎么活啊？父亲其实也是一时冲动，抬起头，发现门口几个孩子正在往里张望，他气冲冲地走了前去，把娃轰走了。

　　这样的磕磕绊绊本来也没什么，母亲生完气后很少计较。因为不管咋说，这个男人的心肠很好，她是大哥的救命恩人啊！锅碗瓢盆尚且相撞，一家人过日子，咋会没有个磕碰呢？再说父亲除了脾气不好，心眼儿有些小，走到女人跟前钢板硬铮，不像祝俊，见了女人就腿软，没脓水的东西！

　　母亲婚后才知道，这家里的活主要靠大妈来干，大伯基本不下地，父亲也不喜欢干活。大妈每天安顿好一家人的饭后就下地干活去了，晚上回来晚了还要挨奶奶的骂，嫌她不做饭。后来母亲来了，家里的饭就承包了。大伯每天出去给人扎针，里里外外都靠女人做，大妈似乎已习以为常，安于现状。母亲觉得这很不正常，她希望能有一天把局面扭转过来。

　　大妈从一开始穿针引线，把父亲和母亲撮合到了一起，大妈给母亲各方面的帮助，她的忍辱负重让母亲很感动。后来父母经常吵架，大妈每次都挺身而出，站在母亲的一边替她说话，全身心地保护着她。多年来，她一直待母亲亲如姐妹，给了身处异乡的母亲最大的安慰。可以说如果没有大妈，就没有我们这一个完整的家庭。

3

我的大妈王菊花是一个苦命的女人,她出生在陕北一户贫苦的农家,父亲早逝,丢下年轻的妻子和一个女儿,在那艰难而凄苦的岁月里挣扎,大妈的母亲含辛茹苦地将这个苦命的独女抚养长大。大妈在18岁时出嫁,男方家里也很穷,但那个男人待她很好,大妈很高兴。大妈结婚后勤俭持家,发誓要把光景过好。

大妈的第一个男人离大妈家不远,大约有10里路,但彼此并不认识。男人姓李,红色革命时期跟随刘志丹闹革命,参加红军,20岁时跟大妈结婚,在家里只住了几天后就返回部队。

一年后,大妈的男人在一次敌人的围剿中牺牲了,年仅22岁。男人的骤然离去像晴空霹雳,惊碎了这个贫穷而悲惨的家。支撑大妈精神的支柱轰然倒地,大妈一时觉得天都塌下来了,眼前一片黑暗。曾经在梦中渴望的幸福团聚变成了永远的分离,这对一个年仅19岁风华正茂的女人来说,是一种灭顶般的打击。突如其来的灾难把她推到了人生的十字路口,她一度迷茫彷徨,几乎失去了活下去的勇气。但她最终没有倒下,凭着自己的倔强,强忍着悲痛送别了丈夫,默默地带领着自己的儿子,坚强不屈地活了下去。

后来,大妈的公公婆婆死了,大妈只好带着孩子改嫁,怀着对新生活的一线憧憬来到了她的新家。这是一个曾经风光无限,正在走向没落的家庭,家庭上空总是笼罩着令人窒息的乌云。由于男人的眼睛很不好,是个"准瞎子",看什么都模糊不清,仅能看见大的目标。他的儿子是个白痴,除了消费粮食,什么也不懂,家里的一切是由老婆掌管的。家里有一间商铺,主要雇员都是老婆的亲信,老婆掌管着经济大权,雇员又瞒天过海,私自经营,致使商铺连连亏本,直至破产倒闭。

在这个破产、没落的家中,"瞎眼老板"自身不保,对大妈母子更无好感,且日益苛刻,常常要他们滚蛋。他娶大妈的目的是让大妈给他生一个健全的儿子,可是大妈到屋两年后并没有怀孕,瞎眼老板觉得自己上当受骗,白花了冤枉钱,于是对待大妈动辄拳脚相加,打得她遍体鳞伤。老板的女人是个泼辣要强的女人,她本来就反对男人娶小,大妈到家后又没有作为,于是也成了她欺凌的对象。大妈受到双重的歧视和虐待,苦不堪言。在这个家里她不仅毫无财权,还要挨骂受气,甚至于家里的下人都来欺负她。有一次白痴儿子和大妈找事,大妈骂了白痴几句,被白痴的母亲打得昏死了过去。瞎子回来后鼓励老婆狠狠地打,若不是邻居相救,大妈那次险些被打死了。

大妈在瞎子老板家里干的都是下人的活,每天天不亮就得起来,伺候老板起床,然后再服侍大老婆和那个白痴儿子,稍有不如意就会挨打受气。后来商店被迫关门,家里的下人被辞退了,于是所有的脏活累活都成了大妈一个人的工作,她每天要做饭、洗衣服、扫地,还得干地里的活。最凄惨的是她的儿子生病了,一夜高烧不退,大妈哭着求老板给孩子看病,老板娘说死不了,将息几天就好了,结果这个孩子在高烧三天后就再也没有醒来。

失去了儿子后大妈失去了一切,她跳到水塘里寻死,被人救了出来,一度变得疯疯癫癫,干活丢三落四,心不在焉。那个老板看见大妈成了废人,于是就将她扫地出门了。

大妈被赶出来后沿路乞讨,一路南下,最后来到这个村子。大妈来到村里的时候形容枯槁,一头长发像草笼一样蓬松着,样子很可怕。人们一开始还以为她是个疯子,都不敢靠近。大妈饿了很长时间,最后昏倒在村子的巷道上。大伯是个心善的人,见这个女人实在可怜,于是就把她弄到家里,给她吃的喝的。大伯的举动遭到奶奶的坚决反对,奶奶认为把这样的女人带回家里是不吉利的,她会霉了家里人的运气,大伯于是在她清醒过来后把她领到村头的破窑里。大妈遇到了好心人,一时感激不尽,不知怎样才能报答大伯的恩情,她于是要求留在大伯家给家里干活,只要给一口饭,不要一分钱报酬。那时父亲兄弟三人都是光棍,家里缺少一个做饭的人,地里也缺少干活的劳力,大伯于是与奶奶商量了一下,奶奶未置可否。大妈在土窑里恢复了一段时间,身体不那么单薄了,她本来就是个身材高大的女人,是灾难和饥饿让她变得如此憔悴。奶奶听了大妈的悲惨遭遇,见她干活很利索,于是决定留下来试一段时间。大妈非常珍惜这次来之不易的机会,她每天拼命地干活,一个人几乎把里里外外的活全包了。当然她最感激的还是大伯,是大伯让家里收留了她,于是在日常的生活中,她对大伯格外关照。大伯也觉得这个苦命的女人是个重感情的人,又很能干。一年后,大妈和大伯就结婚了。大伯的善良和大妈的吃苦耐劳相互感染了对方,他们在每天的接触中日久生情,最终成就了一段美满的姻缘。

大妈到家后表现得很积极,曾经的苦难使她逆来顺受,一家人因此和她相处得都很好。几年后,大妈先后生了三个孩子,这使她在家中的地位发生了很大的变化。大妈每天除了料理家务,把丈夫也伺候得很好。回想以前的婚姻,和第一个男人在一起的日子加起来也没几天,留给大妈的除了苦难还是苦难;跟第二个男人是跳进了一个火坑,大妈在那里受尽了人间的劫难,几乎是死里逃生。如今的大伯虽然也不是那种很会疼人的男人,但是他从来不对她动手动脚,顶多就嘟囔几句。奶奶的严厉在她看来是那样的微不足道,因为大伯始终站在她的这边,令她十分感动。大伯经常在外面给人看病,父亲和三爸经常不在家,家里主要是她和奶奶,姑姑秀秀吃饭的时候才回来,平日里也很少奔家。大妈吃苦耐劳,贤惠能干,乐于与人相处,因此即使尖酸刻薄的奶奶对她也挑不出什么大的刺来。特别是有了孩子之后,奶奶对大妈就另眼相待了。

　　在我的记忆里,大妈甚至待我比母亲还好,有了什么好吃的都给我留着,甚至瞒着自己的孩子。我在学校犯了事不敢回家,晚上就钻在大妈的怀里,母亲来找的时候气势汹汹,大妈把我紧紧地搂在怀里,说我娃别怕,有大妈在,谁也别想动你一根汗毛,气得母亲直跺脚。父亲和第一个女人离婚后一直闷闷不乐,大妈经常去做他的工作,四处留意给父亲张罗媳妇。人说老嫂顶母,大妈对待丈夫的两个弟弟亲如兄弟,这一点上她把自己的位置一直摆得很正。长期以来,父亲的婚事一直是她心头的一块病,如今这块病可以除去了。

第八章

1

　　母亲和奶奶的矛盾从一开始就十分尖锐。奶奶打心眼里瞧不起二婚的女人，更何况母亲是逃难而来。奶奶的娘家是西原上一户有名的望族，她的兄弟在村里都是亮堂堂的人物，说得起放得下，光景当然也不逊于别人。奶奶嫁给爷爷的时候爷爷的光景在天瑶尚可，几十亩黑乌乌的田地和油光光的骡马让奶奶看到了生活的希望。奶奶回绝了县城里媒婆的聘礼，嫁给了相貌堂堂一表人才的爷爷。奶奶的一双小脚赢得了村人的尊重，因为很少有人能把脚缠到奶奶的地步，奶奶的脚真的是三寸金莲，跟一个烟盒差不多。我一直都很好奇那脚是如何缠成那么小的，于是在奶奶洗脚的时候便要看，被奶奶赶了出来，把门从里面插上了。奶奶待她的脚比身体上的任何器官都要珍惜，也许是十多年的磨难和呵护，奶奶一生不能忘记。后来有一次我偷偷地藏在面柜里，昏黄的灯光下，奶奶把脚一点点地放开了，我大吃一惊！奶奶的脚像一节竹笋一样，尖尖的前面仅剩了大拇指部分，其余的几个脚趾头都被弯到脚心里了。这样的脚如何能够走路？我终于明白奶奶每天拄着拐杖的原因了。也许是我的大惊小怪惊动了奶奶，奶奶也吃了一惊，她的脸憋得通红，像做了什么见不得人的事，迅速用脚布把脚盖上，然后操起跟前的拐杖就打了过来。我夺门而逃，身后传来奶奶夹杂着哭音的叫骂声。

　　那一次，我被父亲狠狠地揍了一顿，揍得皮青脸肿。记忆中我的父亲很少揍我,这是少数中的一次。我一直不明白奶奶为什么不让人看她的脚?脚有什么好隐瞒的?也许是她的脚跟别人的不一样,她不好意思让人看?我百思不解。后来听外婆说,小脚是女人的隐私,不允许别人随便看的。可是我还是弄不明白——我是她的亲孙女,不是别人啊!

在奶奶的观念里,二婚的女人都是不贞的,无论她受了多么大的委屈。爷爷去世的时候奶奶还不到30岁,正是如狼似虎的年龄,也是女人最难熬的岁月。奶奶拒绝了许多好心人的提婚,含辛茹苦,带领四个孩子硬是熬了过来,因此奶奶在这一点上是说得起话的。

母亲和奶奶的矛盾缘于外婆。外婆在南房住了一段时间后,因为不愿意受奶奶的奚落,搬到城墙外面的土窑里去了。外婆带着两个孩子生活,不要父亲一分钱的接济,母亲觉得心里很不是滋味,于是便同父亲闹了起来。母亲说俺娘跟着我千里迢迢来到这里,原指望靠你养老送终哩,没想到才刚几天就被挤兑出去了。我现在也搬过去到那里住,免得给你添麻烦!

母亲是个性子很犟的人,她说到做到,当天晚上便同大哥一起搬到外婆那里住去了。

父亲撵了过来,求母亲搬回去,母亲不同意。外婆于是也帮父亲一起劝母亲。外婆说我住在这里自由、随便,挺好的,为啥一定要跟你们住在一起?母亲说这里跟猪窝似的,没门没窗,天天晚上睡觉要用玉米杆遮挡,这跟逃难的时候有啥两样?父亲看了看窑里面寒碜的境况,脸上一时也觉得不好看,于是要求外婆和孩子一起搬回去。外婆不同意,父亲就开始动手,把外婆的铺盖弄回去了。

大概是因为母亲要搬走的缘故,外婆这次回来后,奶奶有一段时间没有骂人。但是过了大概一个月的时间,因为一件很小的事情,家里便闹得人仰马翻。

那天,母亲、姑姑和大妈都出去干活去了(母亲和父亲吵架后,再也不愿在家窝着。她毅然拿起镢头,和大妈一起下地了),父亲和三爸也不在,家里就剩了奶奶、外婆和三个孩子。外婆给孩子安顿好饭后就出去了,院子里三个孩子在玩耍。铁蛋和抗战都到了上学的年龄,却一直还没有上,外婆为此很着急,去了几次村委会,村长说桌椅板凳不够,教室里人太多,等过一段时间再说。过了一段时间外婆再去,却还是那些话。外婆于是让父亲去问,父亲去了两次,没见到人,就把这事给忘了。外婆着急,于是又给母亲说,母亲就去了村长的家。

　　村长一个人在家,见母亲来了,高兴得眉飞色舞。他满脸堆笑,一叠声说稀客啊稀客,啥风把你给吹来了?说完就开始让座倒茶。这个村长姓陈,叫陈得志,家里有个兄弟在外面工作,算是有点权势。听说村里几个女人跟他都有一腿,女人的丈夫跑来找事,被村长一顿好打。男人不服气,告到了上面,村长的兄弟就托人给抹平了。此后,村里特别是林姓的人都有些惧他,轻易不敢得罪。村长春风得意,革命的小酒天天醉,喝醉了在村里手臂一挥,就会有人积极响应,他想做的事情就没有做不成的。村长的老婆是个老实巴交的女人,人长得一般,又不懂风情,这使村长很窝火,一腔热情无处发泄,只好把目标转移到别处。陈得志常常后悔自己没有妻命,娶了一个木头一样的女人,晚上像一桩糜子似的,头一挨枕头就开始打鼾了,让人失望得要死。要不好容易弄醒来,女人像被奸尸一样把头偏向一边,咬紧嘴唇不声不哈,弄得他常常半途而废,一脚把女人踹下炕沿,女人这才有了感觉,呜呜咽咽地哭了起来。村长说你哭球个啥?球也不会弄,还有脸哭丧!老子再这样下去就球势咧,你等着守活寡吧!女人破涕为笑,说球势了好,球势了你就不再欺负人了。气得村长叹一声,摔上门出去了。

　　村长垂涎母亲的美貌已经不是一天两天了,苦于没有机会。我父母结婚的那天他去了,看见如花似玉的新娘子,村长的眼睛都直了。他妈的,一只肉包子掉进了狗嘴里,老子咋就不是这只狗呢?啥世道啊!酒席还没结束,村长就气呼呼地走了,回到家里看见猪踹一脚,看见鸡骂一声。老婆说你这么快就回来了?被他一个耳光抡了上去。老婆被打得莫名其妙,捂着脸呜呜地嚎,村长扑上去又是一脚,老婆便像一头老母猪似的,四平八稳地躺在地上哼哼开了。

　　母亲结婚后村长一直在寻找机会接近她,村子里见了笑嘻嘻地打招呼,干活的时候在跟前献殷勤,集市上见了好吃的买来送给她,母亲都拒绝了。村长知道这个女人不是随随便便的人,是需要采取一些手段的,但一直苦于没有机会。现在人送上门了,他高兴得眉开眼笑,身子都跟着开始摇摆了。

　　母亲说明了来意,村长说他嫂啊,屁大个事还要你亲自来啊?你让娃娃来说一声就行了!母亲在心里"呸"了一声——这件事外婆已经来过几次,你都不给办,现在我来了,你却说这样的话,这不是明摆着卖人情吗?

母亲说那娃们啥时候能去学校?

村长说明天就去。说完后眼睛色迷迷地看着母亲,脸颊像被烧烤的板鸭,油腻腻地快要流下来了。

母亲被瞧得浑身不舒服,低下头说,那我得谢谢你了,村长。娃娃在家里胡闹,俺得赶紧回去。

村长说别着急嘛,把这杯茶喝了再走啊。说完身子已凑了过来,一股浓浓的汗腥味熏得人喘不过气。

母亲说时候不早了,俺得回去了。

村长突然伸手把母亲搂在怀里,嘴里语无伦次:他嫂,想死我了!母亲像被蜂蜇了一下,猛地弹了起来,用力地甩了村长一个耳光。耳光声音宏亮,脆生生的,很有分量,母亲的手掌麻溜溜的。趁村长痴愣的一霎那儿,她拉开门跑了。

回到家里母亲的心还在突突狂跳,脸上火烧火燎,像是被泼了一盆开水。身后似乎有无数双眼睛贴在脊背上看,把她都看透了。母亲委屈的泪水"哗哗"地便下来了,她把头蒙在被子里,哭得像个孩子。

外婆知道后,前来安慰母亲。外婆说英子别哭了,你就权当遇见了一条疯狗,你自己想不开,是苦了你自己。那以后,母亲和外婆都没有再去找村长。巷子里遇见了,村长还是那副德性,笑嘻嘻的,远远地看见母亲就打招呼,似乎根本没发生过那样的事儿。

2

外婆离开后,三个孩子在院里玩。大哥因为太小,跟抗战和铁蛋都玩不到一起。两个男孩子耍起来很疯,他们玩扔石头的游戏,结果铁蛋太用力,一块石头扔进了上房,透过窗户砸碎了爷爷的像框。

爷爷去世得早,但是留下了一张画像。那张画像很逼真,眼睛像活人似的跟着人转,你走到哪,他跟到哪,看得人浑身发毛。不知奶奶每天是如何面对的。我一直在想,画像晚上的时候会不会走下来跟奶奶说话?要不奶奶怎么白天的时候对着画像一个人喃喃自语。画像装在一个玻璃框里,奶奶每天都要擦拭几遍。每年大年月尽的那天,大伯和父亲兄弟几个都要去上坟,回来后对着爷爷的像框烧香磕头。大年初一的时候也是,弟兄三个对着像框三磕九拜，仪式很隆重。同样，村子里的林姓家族前来拜年，拜了奶奶还要拜这幅画像，因此这个像框在家里的地位是神圣的，不容侵犯的。

石块砸碎了像框的玻璃，把奶奶吓了一跳。奶奶在一瞬间还没明白是咋回事，像框就"当啷"一声掉在地上，碎成一堆玻璃。奶奶镇静后再次确认，发觉是真的，于是长啸一声从炕上滚了下来，一屁股坐在地上，哭得惊天动地。

奶奶的哭声很有弹性，抑扬顿挫，别有韵味。全寨子的人们都开始洗耳恭听。好久没有听到这么酣畅淋漓的声音了，寨子里的人们有足够的理由享受这样一次美妙的乐曲，直到父亲兄弟回到家里，奶奶的哭声变成了激越的三弦琴，音质开始变粗，并夹杂着一些二胡的伴奏。

等到母亲和外婆回来的时候，奶奶的演奏已经结束了，她气得昏死了过去。而这场闹剧的导演铁蛋和抗战却跑得无影无踪。

母亲和外婆被吓坏了。外婆用食指掐着奶奶的人中，奶奶像一只杀不死的鸡婆浑身颤动着，嘴角的涎水像蚯蚓一样蜿蜒而下，滑滑地钻进了脖颈里。外婆的一只手把奶奶托起来，另一只手用力在奶奶的后背上拍打着，奶奶抖了抖精神，眼皮用力眨了眨，没有睁开，嘴唇像肉馅的包子向内用力着，牙齿咬得"嘎嘣嘎嘣"响。外婆又拍了一下，突然一声壮烈的哭喊从那里冲了出来，气冲霄汉，响遏行云，连见多识广的外婆也被吓得一屁股跌在地上。奶奶终于吐出了胸中的一腔闷气，周围的人都松了一口气，大家屏声静气听奶奶把歌唱完。奶奶的哭声昂扬激越，委婉动人（多少年后我仍然不能明白这个问题，那就是我们那里的一些老人在哭泣的时候会拖着长长的音调，音调很有韵律，并且节奏感很强。她们可以一边哭唱一边跟人拉话，拉话的时候是正常人的腔调，一瞬间却又转变为哭丧的旋律，间或有一两句说教，跟戏里的哭唱很相像。我想现在的流行音乐里的R&B，大概就是根据这个演变而来的吧？）

奶奶唱：——绝死鬼娃娃哎，你造孽哩呀——把我的心戳烂了——我可咋活哩嘛——哎呀呀，我的男人呀——你死了也不得安宁啊……呜呜呜……

母亲小心翼翼地捡起了地上的画像，用手拂去上面的玻璃碎屑，发现画像完好无损，她松了一口气，于是嘱咐父亲赶快去镇上配一个像框，要求跟这个一模一样。父亲知道画像的重要性，因此不敢怠慢，给大伯交代了一下就急匆匆地去了。

奶奶足足哭了有三个时辰,黄昏的时候大概累了,这才歇息了一会儿。母亲把做好的汤端了过去,奶奶犹豫了一下,大概是渴极了,接过来"咕噜咕噜"就喝了,喝完后她把碗用力一摔,瓷器与地面接触的时候,发出悦耳的脆响。母亲知道她正在气头上,急忙蹲下来捡地上的瓷片,这时父亲已经把像框配好了,拿过来让奶奶看。奶奶接过像框,像是得到一件失而复得的宝物,紧紧地搂在怀里,然后仰着脖子又开始了新一轮的表演。

那天晚上,两个闯祸的孩子躲在寨子外面不敢回来。外婆和大妈、大伯分头去找,找到后半夜才在一个旧砖窑里找着,可怜的孩子蜷缩成一团,早已进入梦乡。外婆拧着抗战的耳朵回到家里,厉声拷问谁扔的石头?铁蛋吓得呜呜地哭。抗战见铁蛋不肯承认,便将责任揽在自己身上。外婆拿起笤帚便打,抗战搂着头趴在炕栏上,眼泪"唰唰"地往下流,但他没有出声。大妈见外婆下手狠,夺过笤帚把孩子拦了过去。外婆还要再打,被大伯制止了。

第二天,两个孩子被绑着押送到上房。奶奶躺在炕上没有起来,昨天的哭唱消耗了她太多的能量。奶奶很长时间没有这么哭过了,这一次索性痛痛快快地发泄了,心里反倒平静了许多。两个孩子跪在炕前,不知道大人要如何处置,铁蛋吓得浑身发抖。大伯说妈,这两个娃娃不懂事儿,惹你生气了。娃自己也知道闯祸了,躲在外面不敢回来。昨晚上他妈已经教训过了,娃也知道错了,来向你赔不是了。奶奶睁开眼睛看了看,又闭上了,没有言语。这样场面就十分尴尬了。外婆拿了一根扁担准备再打,被大伯夺了下来。大伯说不能再打了。这时奶奶突然坐了起来,冲着外婆怒目圆睁:都是你生的孽种!没有家法,无法无天,这个家要毁在你们的手里呀!

外婆见奶奶如此绝情,扔了手里的扁担,上前解了两个孩子身上的绳索,一只手一个,大声地说:抗战,铁蛋,咱走!天底下饿不死人。母亲见了扑上去拦挡,被外婆一把推了开来。

奶奶见母亲阻拦,于是又冲着母亲开火了:要走就走,家里庙小,容不下他们!这个家不需要瘟神!

母亲生气了,质问奶奶:妈,你说谁是瘟神?!他们怎么就成瘟神了?这个家不需要我们,我们都走!说完抹了一把眼泪,冲进西厦屋收拾自己的衣物。

事情演变到这般程度,是大伯和父亲所没有想到的。奶奶的脾气不好,但是她也是懂道理的人,很少跟人胡搅蛮缠啊!今天真的就这么绝情?大伯说妈,你这是咋啦?我大(父亲)的像框打碎了是娃们不小心,这跟大人有啥关系?现在娃们已认错了,像框也弄好了,你真要逼着让英子娘们走吗?国政的光棍汉生活还没过够吗?这时,大妈把西厦屋的门从外面锁上了,任母亲和外婆在里面叫唤。

大妈也来到上房,劝说奶奶。大妈说妈呀,你老人家身体不好,不要生这么大的气。英子他们几千里路上来到这里,也不容易。至于那两个不听话的娃娃,已经教训了,这件事就不要再追究了吧?

奶奶见大妈也敢插嘴,拿起炕上的纺线锤就扔了下去。嘴里骂道:这里没你插的嘴,你也不是个啥好东西!纺线锤是用很沉的木头做的,"咣当"一声砸在大妈的头上,大妈的额头上顿时就开了花,血流得满脸都是。

大伯愣了一下,拿起毛巾想给大妈擦脸,被大妈挡了回去。经历了无数劫难的大妈把这点伤根本没当回事儿,在这个家里,她把自己看得最轻。父亲发现形势不好,扑通一声给奶奶跪下了。

奶奶不屑地看了他一眼,哼了一句:没出息的货!闭上眼佯装睡去。

大妈觉得事情再不能这样下去了,否则局势就很难挽回了。大妈拿出了最后的杀手锏。大妈说妈,英子已经有啥(怀孕)了。奶奶以为自己听错了,问了一句:你说啥?大妈说国政媳子有啥了。奶奶把头转向父亲,问真的么?父亲使劲地点了点头,脸憋得通红。奶奶冲着他"呸"了一口,骂了句没脓水的男人,连你嫂都不如呀!说完挥了挥手,让他们离开,这件事就算这样了结了。

其实奶奶一直有个心病,那就是父亲这一门没有孩子。第一个女人到家几年了,没有留后;母亲到家转眼也快一年了,肚子好像也没啥动静,这使她的心情格外不宁。要知道不孝有三,无后为大。如果母亲不能为林家生儿育女,那么她在这个家里就没理由再呆下去了。奶奶其实早就想发作了,铁蛋和抗战给了她一个机会。

第二年的春上,大姐出世了。

第九章

1

铁蛋是个很要强的孩子,平日里和抗战玩耍,处处都要压着他才行。当然这一点与外婆对他们的态度有关系。外婆对铁蛋百般呵护,凡事都忍让着他,没爹没娘的孩子,凄惶。抗战虽然也没有爹,但是他有娘啊,因此平日里两个娃玩耍淘气,官司只要打到外婆这里,外婆都是偏向铁蛋说话的。抗战委屈得眼泪汪汪,抹着鼻涕哭不上来。铁蛋被纵容惯了,在外面也开始欺负其他孩子,外婆为此不知给人回了多少话。家里平日有啥好吃的,两个孩子是平分的,外婆经常教育抗战不要吞独食,并说铁蛋就是他的亲哥哥,做弟弟的一定要担待些。然而铁蛋似乎并不领他们的情,动辄就闹着不回家,说一家人偏心眼,合伙欺负他。

城墙根的草每到夏天就长得很高,里面有许多蛇。铁蛋喜欢玩蛇,有几次都把蛇捉回来了,被外婆训了一顿。外婆说阿弥陀佛,蛇是有灵性的动物,招惹不得的。她闭上双眼默念了一会经,然后烧了一柱香,毕恭毕敬地把蛇送走了。

外婆说她曾经救过一条蛇。那是一个初冬的午后,日头有些慵懒,漫不经心地挥洒着。外婆随师父去做法事,看见路边有一条白色的东西。外婆以为是绳子,于是就捡了起来。师父说别捡,那是条蛇!外婆的手颤抖了一下,发现蛇已经奄奄一息,软绵绵的身子像死人的臂膀一样冰凉。师傅说这条蛇肯定是贪食,误了冬眠的时辰,它前生一定有啥罪孽,所以上天才会给它这样的惩罚。外婆说它也许还没死呢,我把它放进洞里去吧。师父说阿弥陀佛,善哉善哉!外婆于是捧着蛇找到一处洞穴,将蛇放了进去。第二年的春天,这条蛇给外婆托梦了,蛇感谢外婆的救命之恩,它因为得罪了一条黑蛇,被陷害,所以延误了冬眠的时辰。白蛇问外婆要啥回报?外婆说俺不需要回报,你能活着就是俺的造化了!蛇说你救了我一命,我也会还你一命的。

这个梦过去了好长时间,外婆几乎已经将这件事儿忘掉了。直到日本人在祝村大开杀戒的那天,鬼子的机关枪"哒哒哒"地扫了过来,外婆想着自己的一生就要结束了,眼前突然出现一条白色的光影,光影笼罩着她和母亲,鬼子的刀枪不能进入。后来外婆回想这件事的时候,知道是那条白蛇还愿来了。

铁蛋喜欢玩蛇,喜欢在地上挖个洞,然后把蛇头装进去,外面用土夯实。蛇无法呼吸,尾巴于是便像一根铁棍似地竖了起来,不一会,"啪"地一声就爆了。外婆知道后说罪过罪过,蛇会报复的,咬上一口可不得了,铁蛋不听。后来,他玩的花样越来越多了,把蛇头钉在地上,用刀子把身体剖开,或者把蛇头和身子砍成几段,看看它们能否自己连结在一起。有一次,铁蛋把蛇头刚砍下来,蛇头突然从地上奋力一跃,咬在他的胳膊上,胳膊很快就成了紫青色。抗战吓坏了,连忙去叫外婆,外婆大惊失色,顾不得多想就趴在铁蛋的胳膊上用嘴往外吸。铁蛋胳膊里的毒吸出来了,外婆却中毒了,昏迷了好几天。幸亏大伯让父亲去镇子上买了药,要不真会有生命危险的。

两个孩子不上学,就会在外面惹是生非,外婆很心焦。去村长家碰了几次壁,她有些沮丧,但看到孩子渴望上学的眼神,她觉得无论如何还是要把这件事情办成。

"像框事件"之后,外婆和孩子们又回到城墙下的土窑里了,白天她出去给人看病,两个孩子便在附近玩耍。男孩子到了那个年龄,鸡嫌狗怕,免不了会在外面胡闹,外婆因此有断不完的官司,回不完的话。如果把他们送到学校,问题就迎刃而解了。

外婆觉得这件事不能再拖了。

打定主意后,外婆便开始行动了。因为每个学生都需要村长的首肯,外婆只好硬着头皮又去找他。

憨面

秀才的孙子名叫憨面,这个外号是村里人给起的,因为他见人就傻笑一脸的憨相。自从他的腿被人打折后,就没有说过话,村里的人都说这孩子哑哇了。憨面的真实名叫陈浩田,可惜外来没有人提起。

岁次己巳年夏月子鸿画图

村长陈得志出身贫农，解放前曾给人当过长工，因此土改时候分到村子里最好的田地，两年工夫光景就起来了。解放前，陈得志由于经常吃不饱，身体很单薄，高高的身躯像根麻杆，于是他就有了"麻杆"的绰号。解放后他分得了田地，也娶上了媳妇，身体在半年内迅速膨胀，皮肤油腻，印堂发亮，变得人高马大，整个像换了一个人似的。陈得志原来也不叫得志，而是叫四狗，兄弟四人他排行老四，因此得名。陈四狗对这个名字很不认可，爹娘对他们兄弟四人也太不尊重了，大狗二狗三狗四狗，特别是这个四狗，被人叫的时候一不留神就成了"死狗"——多难听啊！他因此发誓，在自己翻身以后一定要改个响亮的名字。后来，陈四狗在土改后当上了村长，身份发生了很大的变化，这个名字肯定不合适了，于是就改成了现在的这个。令陈得志头疼的是现在的这个名字很少有人叫，比他年长的还是叫他四狗；能开玩笑的依然叫他麻杆，但是昔日的麻杆已经茁壮成长，成了一桩结结实实的麻袋，于是灵光的人把这两个名字相结合，给他起了一个新的绰号——麻狗。这个名字很有艺术感，结合了两个不同的时代，叫起来又朗朗上口，因此很快就被大家认同了。但也仅限于跟他关系较为密切的人，一般人是不敢当面叫的（叫麻狗还有另外的一层意思，就是这个四狗当了村长后架子变大了，他整天昂首挺胸，目中无人，当地人把这种情形叫"麻"——看把你麻的，耍大了啊！麻得不行，不认识人了？凡此种种）。陈得志喜欢别人叫他村长，或者队长，要不叫得志也行。麻狗的绰号他是知道的，有人叫他也不恼。这也是身份的一种象征嘛！不信你也麻一下，看看是否有人认可？

　　麻狗村长陈得志的家住在寨子的东头。寨子的东头地形比较高，是村里的风水宝地。它几乎与城墙持平，站在那里可以俯瞰整个寨子。这个宅院原来是一个老秀才的家，土改的时候被革了命，举家被赶出寨子，陈得志便从下窑湾搬了进去。老秀才和儿子解放前就去了台湾，留下多病的老婆和儿媳，还有一个被人打坏了腿的孙儿。一家老小被赶出了寨子，住在沟畔的土窑里。

　　秀才的孙子名叫憨面，这个外号是村里人给起的，因为他见人就傻笑，一脸的憨相。自从他的腿被人打断后，就没有说过话，村里人都说这孩子吓哑了。憨面的真实名字叫陈浩明，可惜从来没有人提起，大家早就忘记了。憨面因为不能走路，所以他母亲给他用汽车的内胎做了一个皮垫子，行走的时候绑在身下，靠两只手支撑全身的重量往前移动。憨面的皮肤很白,五官也很端正,还认识很多字。要不是身体残废,是个很不错的小伙子。憨面20多岁了,喜欢往女孩子跟前凑,常常遭到大家的唾骂,他从不在乎。憨面最喜欢的女孩是我的姑姑秀秀,他经常偷偷地跟在秀秀的身后往前挪,村里的人就在后面看热闹。秀秀很生气,走过去抬脚就踢。憨面嘿嘿地笑着,从不生气。有时秀秀会踢得很重,把他的脸都弄破了,满嘴是血,憨面还是不恼。秀秀说你再跟着我我就打死你!憨面只是笑,弄得秀秀实在没法儿。有时,憨面会拿一些好吃的东西给秀秀,秀秀拿起来就扔到沟里了。大家看见,憨面的眼睛红红的,鼻子一耸一耸地抽动,等秀秀走远了,他的眼泪才下来了。村里的人说憨面啊,你真是癞蛤蟆想吃天鹅肉——太自不量力了!憨面笑笑,未置可否。父亲说这孩子性子烈着哩,有一次他妈嫌他老追着秀秀,拖回去狠狠打了一顿,打得他几天不能下炕,他于是就开始绝食,直到第七天的时候奄奄一息,他妈吓坏了,跪在地上嚎啕大哭,他才爬起来吃东西。从此以后,他妈再不敢那样打他了。可怜的孩子,要是腿不被打断,找个好姑娘肯定没有问题。

陈得志刚住进秀才家大宅的时候很不习惯,因为这里的院墙太高,阻挡了他的视线;房子的结构太复杂,常常弄得他晕头转向。这个秀才其实也是陈姓人家,祖上几代都是读书人,因此家里堆了很多很多的书,几乎堆满了一间房子。得志住进之后的第一件事情就是把这些书拿掉,他动员了村里的所有村民前来搬运,统统拿回去烧火。陈得志没上过学,对读书的人深恶而痛绝之。他每天都要检查各家烧火的情况,认为这是最好的资源利用,省去了大量的柴禾啊!奈何这些书烧起来并不怎么好着,浓烟滚滚,呛得人睁不开眼睛,大家因此都说这些书真不是好玩意儿。村长边烧书边对他们说:这些书烧了好,地主就是把书读多了才害人呢,我们要烧掉这些害人的东西。据说那些书都是一些非常珍贵的藏本,有些都保留几个朝代了,可惜一把火全部化为灰烬。

麻狗队长每天吃完饭后喜欢站在外面,谁家院里正在弄啥,他看得一清二楚。若是遇到人家吃好东西,比如弄到了野鸡野兔,他便会前去串门,顺便把肚子犒劳犒劳。若是遇到谁家夫妻吵架,他便会前去和解,结果推波助澜把火焰升得更高。因为麻狗是个喜欢热闹、闲不住的人,他喜欢寨子里吵吵闹闹,红火。后来两口子吵架都不敢在院里大叫了,实在无法克制就躲在被窝里咬牙切齿,咬完之后该干啥还干啥,麻狗不知道,也无从煽惑。

2

外婆来到村长家的时候是黄昏,因为白天他很少在家。村长看见外婆来了,让女人热情接待。女人给外婆倒了一碗水放在炕栏上,还没等外婆开口,村长就说话了。村长说婶子啊,还是两个娃上学的事吗?现在还没有桌椅,娃们去了没处坐,我比你还着急呢!这件事我已经记在心里了,你就不要再操心了!说完笑嘻嘻地把旱烟递给外婆。

外婆说俺不会抽烟。

村长说你年龄大了,就不要再来了,以后要来就让国政媳子来吧,她年轻啊。

外婆知道他没安好心,于是执意问孩子什么时候上学?村长哼哼唧唧,未置可否。最后他不耐烦了,对外婆挥了挥手,说过几天吧,过几天我通知你。你先回去吧。外婆将信将疑地点了点头,回到家里跟母亲说了,母亲说这个麻狗是个瞎怂,花花肠子多着呢!你信他的鬼话?外婆接下来又去了几次,结果都一样。后来村长的老婆见外婆可怜,悄悄告诉她麻狗喜欢喝酒,让她去镇上买两瓶好酒,这件事一准通过。女人说完又摇了摇头,说你看我出的啥主意,这不是逼你送礼吗?这件事你还是自己看着弄吧。我那绝死鬼好喝两口,村里人都知道。我也是看你一次次地跑冤枉腿——唉!权当我没说吧。

村长的女人是个好人,没有官太太的架子。男人经常在村里作威作福,欺负可怜人,大家敢怒而不敢言,女人为此经常给别人回话,骂自己的男人不是东西,队长知道后就狠狠地揍她。女人说三十年河东三十年河西,你多少积点德吧!村长说你他妈的头发长见识短,这是穷人当家作主的社会,一百年也轮不上他们,我要德做啥?!

女人说你迟早有后悔的一天,老天会报应的!村长打了女人一拳,把她的一只眼睛弄成了熊猫,看了看不太对称,接着又打了一拳,这一拳把女人彻底放翻了。

村长朝地上的女人唾了一口,说你他妈的放心吧,这一天永远不会到来的!

外婆回到家里想了很久,觉得也只有这条路了。唉,谁叫咱有求于人呀。外婆把自己给人看病积攒的钱买了两盒烟和两瓶酒送去了,村长很尴尬,推着不要。村长说婶子你咋这么见外呢?这么点小事,拿这些东西干啥呀?这得花多少钱哇?呵呵。

外婆把东西放下就走了。

第二天,铁蛋和抗战便上学了。

两个孩子终于走进了学校,外婆很高兴。母亲心中的一块石头也终于落了地。她不明白那个麻狗队长为什么突然良心发现,也许是他怕把事情弄得更糟吧。

外婆给两个孩子做了套干净的衣服。她去镇子上买了几尺白洋布,给他们缝制了上衣,又用母亲原来的旧老布衣裳给他们改作了裤子,然后再用麦草给孩子编了两个书包。铁蛋和抗战以崭新的面目出现在学校,令小学的师生们大开眼界。

抗战和铁蛋的外地口音一直都被村里的孩子们取笑。平日里他们尽量避开大伙,可是到了学校后,每天都得待在一起了。结果他们不管说什么都会有孩子跟着学舌(学说话),弄得他俩很尴尬。特别是课堂上老师的提问,他们一开口同学们就哄堂大笑,到后来他们都不敢开口说话了。老师制止过几次,没大有用,因此只有希望等时间长了大家就习惯了,不再学舌了。抗战经常噙着眼泪回到家里,外婆问谁欺负了,他不说。铁蛋则因为孩子们学舌,经常跟人家打架,被老师罚站,不让回来。晚上孩子的家长找到外婆,要收拾那个野孩子,外婆给人家一再赔不是,然后又买了水果糖去看人家的小孩,这才把事情平息下去。

那时候的学校条件很简陋,教室里夏天漏雨,里面泥泞一片;冬天四面透风,跟外面的温度差不多,很多孩子的手和脚都冻烂了。一些孩子的家长给孩子做一个小火炉,用一根铁丝提着。外婆找不到合适的铁丝,于是就给他们俩弄了两个小火盆,里面放着木炭。木炭火盆放在脚底下,浑身都暖烘烘的。到了夏天,大雨倾盆,孩子的布鞋一下就湿透了,许多孩子就光着脚丫。秋天的时候下起了连阴雨,地上的渍水渗骨冰凉,布鞋穿不成,又没有雨鞋,于是大家只好给孩子的每个脚丫上绑一个小板凳,这样脚就不用直接挨在地上了。走路的时候板凳砸在泥水里啪啪响,泥水溅出很远,弄得前面的同学一身一脸,大家回顾一笑,继续前进。小板凳虽然起了一定的保护作用,但是等孩子回来的时候,板凳里已经灌满了泥浆,一个个都成了泥腿子。

铁蛋的病情开始严重,他的脸涨得绛紫,开始大口咯血,气卡在喉咙里丝丝地嘶鸣,几乎要把肺里的东西全咯出来。看来偏方是不能再用了,县城的医院也不能再去了,但孩子的病还要治啊。

有一次铁蛋回来得很晚,回到家里没吃饭就睡着了。外婆摸了一下孩子的额头,发现有点儿发烧,以为是感冒了,就熬了一些姜汤让他喝。铁蛋迷迷糊糊地被叫醒了,很不情愿地喝了姜汤,接着又开始睡觉。当天晚上,铁蛋一直在咳嗽,并且几次被咳嗽弄醒。外婆说你咋了?是不是在外面涨了风?铁蛋闭着眼睛直摇头。

第二天,铁蛋咳嗽得更厉害了,并且虚汗淋漓,胸闷头疼,也不想吃饭。外婆说这孩子着邪了,得好好营治营治。她给自己的脸上涂抹了油彩,然后又给铁蛋的手上、脚上涂抹了黑色的颜料,外婆的左手拿着一把布条,右手端着一碗水,然后围着铁蛋不停地转,口中念念有词:

> 天灵灵,地灵灵,
> 众位神仙请听令:
> 铁蛋娃娃年龄小,
> 六岁没了父母亲;
> 跟着我们逃饥荒,
> 百般苦难都受尽。
> 如今他已进学堂,
> 刻苦学习重做人;
> 神仙格外开慧眼,
> 保佑俺孩不生病!

外婆在念这些"咒语"的时候是唱着说出来的,她唱得很快,加之又是外地口音,因此很少有人能够听懂。外婆一遍遍地唱着,样子很虔诚。后来她就跪在了地上,头不停地摇着,累得满头大汗,浑身像中了风似地乱颤。这样持续了大概有一个时辰,外婆已累得筋疲力尽,最后她闭上眼睛休息了一会才站起来。

外婆治病的那天外面下着大雨。雷声"咔嚓"一声传了过来,一道闪电劈了下来,寨子外面的一棵老槐树被拦腰斩断,树身在大雨中冒着青烟。外婆长吁了一口气,说神仙已经帮我们除掉恶魔了,刚才那老槐树里的青烟就是妖精的化身,现在好了,铁蛋没事了。

外婆治病的时候不但靠自己的"法术",主要还有相对应的偏方。那天晚上外婆让母亲找了一只梨,在锅里蒸熟,然后给里面放了许多白糖,让铁蛋趁热吃掉。

铁蛋吃了外婆的梨后病情没有减轻,情况反倒加重了。神仙并没有替外婆赶走妖魔,她显得很无助,于是用刀把自己的手臂划破,蘸着胳膊上的血在铁蛋的额头上画了个字符,又在他的胸口画了几道符,然后跪在香炉前默默地念经。那天晚上铁蛋嘴不合拢,一直咳了一夜,外婆也跪了一夜。天亮的时候外婆赫然发现,铁蛋的痰里竟有许多血丝。外婆慌了,急忙喊了母亲,母亲见状也觉得问题很严重,于是让大伯前来观察。大伯看了看孩子的症状,说这孩子得的可能是肺结核,赶快去医院看看,要不后果会很严重的。

外婆和母亲拉着铁蛋来到了镇上的卫生所,卫生所的医生说可能就是肺结核。那时镇里的卫生所没有治疗结核病的专门设备,要治疗必须到县城医院,那里有专门的结核病专科,实行隔离治疗,以减少对家人及其他人的传染机会。县城医院检查后确认是肺结核,并要求住院治疗。在50年代,这种病由于传染性极强,被称为白色瘟疫,可以与癌症相提并论。外婆尽管已经有了充分的心理准备,但还是不愿接受这个现实。她一遍遍地问大夫,看看他们是不是搞错了?这孩子身体一直很好,哪会得这种病呢?医生不耐烦地呵斥她:不相信就自己拉回去,准备后事算了!你们这些家长真是不可理喻!说完用力地把门一甩,出去了。

外婆攒的那点钱根本不够住院,大伯于是把自己平日里积攒的一点钱也拿了出来。

住院是要花很多钱的,对于一个贫穷的家庭来说,这无异于一块天大的石头,紧紧地压在每个人的心头。孩子住院后,一家人都在积极想办法,除了奶奶不知道,所有的人都很默契,通过自己力所能及的渠道给医院筹钱。那时候,一些治疗肺结核的先进药品在地方医院还未使用,普通的消炎药品对这种病的治疗效果很差,因此铁蛋的病在医院里并没有得到好转。孩子每天都很烦躁,胸闷气急,神色紧张,一直挣扎着要走。外婆每天守在他的身边,无微不至地关照着。得了这种病的人要注意卫生,外婆每天除了给他擦澡,还要将换洗下来的衣服拿出去暴晒,将他用过的餐具、痰盂进行消毒。

住院一段时间后,钱花了不少,铁蛋的病情却越来越重。随着咳嗽的加剧,他感觉呼吸困难,胸壁刺痛,并开始咯血。铁蛋咳嗽的时候感觉整个身子都跟着抖动,咳声很空洞,像是一个被风干了的木质容器,发出"咚咚"

的声音。晚上的时候是孩子最难熬的时刻,剧烈的咳嗽使得他情绪失控,把外婆的头发都揪了下来,身上更是抓得到处是伤。每当这个时候,外婆就开始默默地流泪。

月明星稀的晚上,外婆一个人跑到医院的外面,跪在河边默默地祈祷。可怜的孩子啊,你已经遭受了那么多的不幸,老天爷为什么不睁开眼,还要让你遭受这么多的磨难?大慈大悲的观世音菩萨,如果你真的要惩罚,那就惩罚俺吧!俺是孩子的娘,你就把铁蛋的病转移到俺的身上吧!俺已经活人了,够本了!这孩子还没有活人,你就行行好,放他一条生路吧!

外婆这样说着的时候泪水就下来了。她似乎听到天上回应的声音,那声音来自遥远的天际,虚无飘渺,却又触手可及,和着树叶的婆娑声,传得满世界都是。

对面的山越长越高,最后把月亮吞了进去,天地间突然一片黑暗,只有河水在"哗哗"地流着。妖冶的雾气把人们的心都打湿了,皱巴巴的,起了一层霉味。树叶上滴着星光和露水,外婆突然感到一股浓浓的凉意,身子打了一个寒颤,牙关瑟瑟地抖动了起来,这才发现自己已经在这里跪了很长时间。她拍着已经发麻的双腿站了起来,感觉一阵眩晕,天旋地转,于是用手按在额头上揉了揉,摇摇晃晃地往回走。

医院的一切还是那个样子。快走到病房跟前的时候就听见铁蛋"咔咔"的咳嗽声,像是被勒住了脖子的鸭子在拼命地嘶叫,声音沙哑无力,像锥子一样一下下地戳在外婆的心上,鲜血淋漓。

在县城医院住院20多天,铁蛋的病情并没有好转,医生于是建议病人转院,到大医院治疗。去大医院得花多少钱?外婆虽不是很清楚,但知道那肯定是个很大的数目。于是她把铁蛋拉了回去,决定用一些偏方给他治疗,如果还没有效果的话,那就舍身亡命想别的办法吧。

外婆以前给人看病的时候曾经治好过这类病人。因为铁蛋的病情很严重,所以她没有自己治疗,而是相信医院比自己强。外婆虽然是一个法师,但她还是信医的,并不像一些巫师那样排斥医院,一意孤行,最后酿成悲剧。外婆不是,她的法术只是一方面,主要的是那些偏方的作用。如果是大病,她就会劝人家到医院去治疗。因此经她手"营造"的病人,很少被耽搁的。都说外婆的法师有些四不像:既不是巫,又不习道;相信佛祖,却又崇拜医术。铁蛋现在西药用了不少,可是效果却不明显,于是她就去中药铺买了一些百部、黄芩、白芨、川贝、白芍等药,按一定的比例配置,熬制后按量给铁蛋服用。

家里条件差,窑洞里不透气,外婆于是在白天的时候尽量把铁蛋背出来,让他多晒晒太阳。因为害怕传染给抗战和大哥,外婆严禁母亲和父亲过来探视,她说要遭殃就尽自己一个人倒霉,其他人就不要跟着受罪了。家里没有酒精,外婆就用石灰水来消毒。窑洞里用艾草点燃后熏一遍,或者在锅里熬一些米醋,这样不但能起到消毒的作用,空气也不会太干燥。

可能是医院的西药已经起了作用,加上外婆的偏方,铁蛋回来后病情反倒有了好转,这使外婆非常激动。大伯说他也有一个偏方,把蚕蛹焙干后研成细末,然后用水冲着喝,一天两次,很有效。大伯说这个方子曾经治好过这种病,很灵验的。外婆将信将疑,好在那时家家都养蚕,这东西并不值钱。外婆按照大伯说的办法给铁蛋喝了几天,铁蛋感觉好了一些,咳嗽得比原来轻了,只是还不想吃饭,身子也很虚弱,虚汗淋漓,晚上睡觉的时候被子都是湿的。可是过了两天,铁蛋突然出现心悸,口唇及面部麻胀,并且出现麻疹、腹痛的现象,开始腹泻,几乎是吃什么拉什么,一天好多次,人都快要虚脱了。外婆怕坏了。医院里治不好,偏方出现了严重的副作用,她一时不知该怎么办。

铁蛋的病情开始严重,他的脸憋得紫胀,开始大口咯血,气卡在喉咙里丝丝地低鸣,几乎要把肺里的东西全咯出来。

看来偏方是不能再用了,县城的医院也不能再去了,但是孩子的病一定要治啊。

听说省城有一家大医院治疗这种病很有经验,外婆决定去省城给铁蛋治疗。但是去省城看病需要很多钱。面对四壁徒清的破窑洞,本来就一贫如洗,外婆一筹莫展。母亲那里也没有钱,大伯积攒的一点钱已经全部用在县城的医院了,这一切都隐瞒着奶奶,要不她会受不了的。听说奶奶积攒了几个银元,村里人都说银元很值钱,但是奶奶是不可能把它拿出来的。奶奶给大伯说等她百年之后,要把这些银元含在嘴里,这样下一世不管在啥地方都会有福气的。

怎么办?孩子的病不能耽搁,又没有钱。铁蛋的咳声已经不是咳声,而是一只铁锤捣在木桶上,发出"通通"的声音。那段时间外婆真的不想回家,她不忍心再听到那痛苦的声音啊!

每天早晨的时候是铁蛋最轻松的时刻,折腾了一个晚上的他终于筋疲力尽,在太阳出来之前昏昏睡去。小窑里死一般地寂静,似乎从来就没有发生过那些痛苦的事情。外婆小心翼翼地走了出来,早晨的雾水很大,几乎看不清十几米以外的东西。外婆把布衫往平拽了拽,吐了一口唾沫在手上,然后把头发往后撸了撸,告诉自己要出去借钱了。

雾水很快就打湿了外婆的衣襟。外婆徘徊在寨子里,考虑着平日里都跟哪些人打过招呼,哪些人见了自己曾经微笑,哪些人跟自己一直没有搭过话。外婆来到寨子东头的林斌家,林斌媳妇跟母亲关系较好,平时多有来往。

外婆于是想去试试。

3

薄雾笼罩着城墙的身影,影影绰绰地透着一股新意,显得有些陌生。空气湿漉漉的能拧出水来。似曾相识的感觉,外婆想不起来了,突然就觉得给老吴送饭的某个清晨,也是这番景致,那天早晨也有雾,她的头发湿淋淋的,衣服有些粘。老吴说外面下雨了?外婆说没有。老吴说地窖里也很潮,你摸摸这里。外婆摸了摸被褥,果然是黏糊糊的,就说等太阳出来了拿出去晒。老吴说还是不要了,那样会让人生疑的。外婆于是就把自己的被褥抱了下来,把湿的换给自己。

那天晚上,外婆的身下一直是湿湿的感觉,竟一夜未眠。

外婆来到了林斌家的门前。门虚掩着,似乎已经有人出去了。这个时候正是耕地的时候,男人一般都起来得很早,女人在屋里做饭,做好后把饭送到地里。外婆把手放在大门板上敲了几下,里面传来孩子的哭声,接着女人的声音便传了出来:谁呀?大清早的。很不友好。外婆见状折身就走。好在早晨雾大,等女人出来的时候已经看不见人了。

外婆走到了西寨子,来到一个寡妇的门前。这个寡妇姓黄,20出头,很年轻。外婆曾给她看过病,很快就好了,黄寡妇很感激,一直想感谢外婆。外婆来到她家门前,看见大门紧闭着,正要敲,门从里面开来了,一股凉风携着个男人的身影冲了出来,与外婆撞了个满怀。外婆吃了一惊,那人也吃了一惊,压低嗓子骂了一句:狗日的干啥哩!外婆看时,原来是麻狗村长。

村长也认出了她,就问:这么早,你跑来弄啥?

外婆讷讷地说不出话来，情急之下就问了一句：你跑人家里弄啥？

村长恼羞成怒，冲着外婆恶狠狠地说：我到哪里你管得着吗？！

外婆暗自嗟叹今天运气真霉，阿弥陀佛！扭身准备离开，村长又说了一句：你如果还想在寨子里待，就给我把嘴巴闭紧！说完"喀"的一声，一口浓痰从嗓子眼喷了出来，划出一道长长的抛物线，落在外婆的跟前。

太阳慢慢地越过云海，努力地跳了出来。雾气开始四处逃逸，村里的一切开始变得清晰起来。鸡鸣狗吠，新的一天又开始了。

外婆掉转身子往寨子外面走，回到小窑跟前，听见铁蛋还在睡着，她不想打搅他，于是就蹑手蹑脚地离开了。

外婆出了寨子后漫无目的地往前走。不一会就来到了镇上。镇上的人们刚起来，勤快的人已开始做饭，怠慢一些的女人正端着黄刺刺的尿盆往外走，走到涧畔上后对着坡下"哗啦"一声，把那积攒了一夜的秽物泼了出去。外婆越过沟渠来到涧畔上，涧畔上有一个很大的平台，每到逢集的时候这里的人熙熙攘攘，大家进行着各自的交易，卖东西的同时又买回自己需要的东西。一些村里的妇女们在路边支起了锅灶，卖一些简单的吃食，生意很好，甚至把对面的国营食堂比了下去。母亲一直也有这个打算，奈何外婆坚决不同意，她要母亲一心一意地把大哥和大姐养好，把父亲照看好就行了，钱没个多少，自己走街串巷给人看病，挣得钱够一家人花了。没想到这些钱跟冥币似的，铁蛋一病就没有了，真糟啊。唉，要是一开始让母亲卖饭，说不定铁蛋看病的钱就有了呢！天底下的事儿真难料——谁知道呢，谁知道呢？

外婆就那样漫无目的地在镇子上漫游着，想象着自己能够借到钱。可是转了半晌还是找不到突破口，因为镇子上她一个人也不认识啊！外婆突然觉得很失望，早晨出门时的好心情消失殆尽，一时间脚底板像是灌了铅，沉重得抬不起来。

外婆突然想起家里还有一个病人没有人管。说不定铁蛋早就醒来了，正在发疯般地找她。这孩子生病后脾气特别坏，动辄就发脾气，除了外婆谁也不让靠近，对陌生人更是充满着敌意。铁蛋对外婆有深深地依赖感，一旦发现她不在跟前就大哭大闹，弄得外婆不敢出门。

外婆三步并着两步地往回赶，快到城墙的时候远远就听见那恐怖的"咔咔"声，像是一只钩子，一下一下地揪扯着外婆的心。抗战这段时间在学校不好好学习，身体也瘦了不少，但是她没时间管他，她把抗战交给了母亲。母亲除了照顾几个孩子外还要下地干活,因此不可能腾出太多的时间来。

雨来了,又湿又脏,外面一派凄寂。城墙在雨幕中瑟瑟地抖,雨打着窗棂,像一张化了妆的面颊上的泪,淅淅沥沥,零零落落。外婆凝视着窗外,企图凿穿孤独的外壳。

万般无奈之下,外婆只有在村子里借。为了给铁蛋看病,外婆的头发都白了。她已经顾不了许多,准备挨家挨户给人磕头,十元不多,一分不少。村里人都没有多少钱,但是看到外婆憔悴的样子,为了给孩子看病把自己逼成这样,大家都动了恻隐之心。外婆曾经救治过不少人,有的家里没钱,外婆就不要了。如今她有难了,大家觉得应该帮帮她。

众人拾柴火焰高,几乎是倾全村人之力,外婆凑齐了去省城看病的钱。带着这些救命钱,外婆和铁蛋来到了省城。

省城的医生说铁蛋如果再晚来几天,就会没命了。

一个月后,铁蛋的病情稳定了。

第十章

1

　　为了给铁蛋看病,外婆花光了家里仅有的一点积蓄,借遍了村里能借的钱。好在这孩子的病总算好了,外婆长吁了一口气。外婆常说,留得青山在,不愁没柴烧,只要人在,一切就都会有的。话是这么说,可是面对1 000多元的债务,外婆的心里也是沉甸甸的。这些钱若是靠农业社,10年也还不清。姑姑秀秀还没出嫁,三爸还没结婚,靠她给人看病也挣不了这么多,顶多一年弄个百十块已经很不错了。家里举步维艰,需要有一个来钱的活路,母亲于是就想起了到集上卖饭的事情。

　　那时候,为了繁荣农村经济,交口镇五天一小集,十天一大集。每到遇集的时候,南塬北塬的人都来了,几千人聚集在一起,熙熙攘攘,蔚为壮观。街上除了供销社的门市、食堂,还有很多摆摊卖饭的,生意很好。因为供销社是国营企业,营业员架子大,态度也不好,还有那里的货也没有摊子上的全。供销社的食堂更是店大欺客,菜品单一不说,看见穿着土气的农民叫几声都不理,服务员一个个高高在上,门缝里看人,饭吃到肚子里也不舒服。

　　母亲的建议得到了外婆的支持,却遭到父亲的坚决反对。父亲本来就对母亲不太放心,因为她的容貌是那样地出众,走到哪里都会让人多看几眼。村里不三不四的人曾经垂涎过,特别是那个麻狗村长,看见母亲眼睛就粘上了,脚都走不动。如果让母亲再到集市上卖饭,那不是要招惹更多的苍蝇吗?

父亲的顾虑不是没有道理,母亲最初没有去卖饭,也是出于这方面的考虑。可是现在的情况不容她有那么多的顾虑,1 000多元的欠账靠农业社是一辈子都还不了的,那些钱都是乡亲们的血汗钱,以后在村里还怎么做人啊?

父亲其实也清楚这个问题,但是他就是不能容忍那些男人贪婪的目光。记得刚结婚的那段时间,家里天天晚上都有人来串门,来了一坐半夜,废话连篇,弄得父亲很恼火,将茶杯摔碎,那些人才有所收敛了。

父亲说我们再想想别的办法,看看能不能赚钱。

父亲以前曾经挖过药材,他说挖药材也可以赚钱,于是带领母亲就上山了。

挖药材很辛苦,因为药材都生在陡峭的地方,这样才不会被牛羊糟蹋。母亲在平原上长大,不会爬山,父亲于是就爬上去挖,让母亲在沟底下等。两个人挖了几天,晾干后拿到药材公司才卖了几块钱,父亲有些泄气了。风吹日晒雨淋,几天下来还不如人家卖饭一天的收入呢。

那天晚上父亲辗转反侧,1 000元的债务像一座大山压在头上,让人喘不过气来。父亲思考再三,最后答应母亲可以试试,不行了立马就撤。

那时候二姐还小,每天还要吃奶。母亲按道理是走不开的,奶奶就不同意。奶奶不知道家里已经欠了那么多的债,她要母亲好好把孩子照顾好,地里的活能干就干,不能干就别去了。一家人于是都瞒着奶奶,没有告诉她卖饭的事儿。

母亲先是利用两个集市考察行情,发现街上卖烩菜和油糕的很多,卖饺子的只有两家,跟前围满了人。母亲尝了一碗,觉得味道很一般,饺子包得也很小,一碗10个,卖两角钱。由于生意好,摊主的态度很不好,一些食客骂骂咧咧,却又不得不站在那里等。母亲回去算了一下,1斤面粉1角钱,大约包40个～60个饺子;一斤肉5角钱,饺子馅里85%是菜,15%是肉。这样1斤肉分摊进去能包40个～50个饺子。萝卜每斤1分钱,家里种的吃不完,所以这个费用几乎可以忽略不计;大葱家里也有。这样算来,每个饺子所用的面钱是一厘五,肉钱是2厘～3厘,柴火是从家里拿的,其余油盐酱醋等每个饺子分摊一厘五,一碗饺子是10个,费用成本是六分钱;每碗饺子卖两角,利润是1角4分;每个集市大约可以卖200百多碗,约30元,1个月6集就是180元,去过税收等费用,每年最少可以赚1 500元!

这样的话,债一年就还清了!

不算不知道,一算吓一跳!母亲和外婆又保守地算了一遍,每年的纯收入最少也在1 000元以上。怪不得邻村卖饭的人家都盖起了新房。

那一夜母亲娘俩高兴得睡不着觉,母亲把这个消息告诉父亲,父亲说你们不要高兴得太早,说不定北方人吃不惯你们的口味呢,没人买你们的饺子。母亲说放你的心吧,只要你能够吃得惯,他们就能吃得惯。

接下来的日子,母亲和外婆开始准备卖饭所需的用品。一个中型的锅是必备的,并且要薄,易于烧透,这样饺子才不会泡锅;一张四方的炕桌,几个小方凳要准备好,如果生意好,还得再准备几个;易于燃烧的柴要准备好,吃饭的人都没有耐心等待,一时半会水不开,可就误事了;还有干净的碗筷、油盐酱醋等都要准备好。饺子在前天晚上就要包好,用笼布盖着,放在盘子上,当天的时候边煮边卖,根本没时间包,再说街上也没那个条件。

卖饭是个很辛苦的差使,不是一个人的营生。一个人招呼锅灶,一个人招呼顾客。但是一家人不能都去上工,因此卖饭只能由母亲和外婆两个人去了。

包饺子头天晚上要熬夜,把萝卜切碎,在开水锅里罩一下,然后按比例跟肉一起剁碎,再放进一些葱、姜末和调料,馅就好了。饺子面要提前和好,在盆里卧一段时间,等饺子馅都弄好了,一家人坐在油灯下开始包饺子。父亲一开始不会包,母亲就手把手地教他,后来他居然包得比谁都快,饺子有棱有角,整整齐齐地码在盘子上,像一只只待飞的白鸽。饺子皮要均匀,不能太厚或者太薄,太厚费面,不好吃;太薄煮的时候容易烂。好的饺子皮是中间略厚,四周较薄;饺子不能太小,馅一定要包进去,这样才会有回头客。但是也不能太大,那样买卖就赔了。

大妈安顿好晚饭后也过来跟着帮忙,几个孩子站在外面探头探脑,一副馋相儿。那时候农村人吃一次饺子不容易。饺子包好后,母亲先煮了一些,第一碗给奶奶端过去,姑姑跟着也沾点光,其余的孩子每人一碗。母亲让外婆也吃一些,外婆坚决不吃,她知道那一碗饺子能卖多少钱。母亲和父亲也舍不得吃,第二天卖饭的时候他们都带着干粮。

第二天一大早,母亲和外婆拉着架子车便来到了集上。因为是农闲时间,所以赶集的人特别多。其实许多人到集上什么也不买,就是走走转转。农村人没有休息天,除了天阴下雨,赶集的日子便是他们的节日。每天都在黄土地里刨,出来透透气,看看街上的风景,一身的疲劳便随之而散。老熟人见了面,免不了相互打招呼,谁家有啥喜事儿,在街上便奔走相告;如果有啥不幸的事,找个人倾诉倾诉,心里就会舒坦许多。集市上有买有卖,家里的家禽牲畜都可以在这里交易。

秀秀在供销社看上了几尺花布,面露喜色,可是摸摸自己的口袋便长叹一声,在那里徘徊不前,不忍离开。有些人到集上就是改善生活来了,他们从这个摊点挤到那个摊点,再从那个摊点挤回来,然后握着已经出汗的毛票,放开嗓子要一碗饭吃。吃饭的多为妇女儿童,男人不多。大概女人生来就馋嘴儿吧?要不就是男人舍不得。板凳上坐满了人,于是就蹲在地上,吃得呼噜呼噜,满头大汗。有些人吃完了把碗也舔得干干净净,引来一片笑声,她嫣然一笑,撩起衩襟擦一下额头,然后用手在嘴巴上一抹,不好意思地走了;有的人吃了还要喝面汤,一碗不过瘾要两碗,最后自己也不好意思了,这才赸赸离去。

母亲来到集市上后才发现,原来好一点的位置都已经被人占了。靠近主街道的地方几乎都摆有支锅的石块,母亲和外婆只有在较为偏僻的地方支起了锅灶。因为早晨吃饭的人少,加之她们是第一次卖饭,所以两个时辰过去了,一碗还没有卖出去。母亲有些着急了,看着前面大街上不断有人走向摊位吃饭,心里很不是滋味。

外婆说我们不要着急,凡事开头难,等弄顺溜就好了。

临近中午时分,吃饭的人越来越多,可就是没有人朝这面走。别人的摊位上这时已经挤满了人,忙得不亦乐乎,母亲的摊位上却冷冷清清。这时有三个年轻人朝这边走了过来,母亲眼前一亮,忙招呼他们坐下来吃饭。几个年轻人一听母亲是外地口音,脸上露出怪异的表情。他们相视一笑,然后大模大样就坐下了。外婆见来了客人,忙问他们要几碗?那几个人一听外婆也是外地口音,觉得有些不可思议,于是就问:你们是从哪里来的?不是本地人吧?

母亲说俺们是天瑶的。

年轻人说天瑶没见过有外地人啊!

外婆说俺们到这里几年了,老家在山底下,河南的。

年轻人咧开嘴一笑,说难怪呢,原来是河南蛋!

母亲听了这几个字感觉很刺耳,脸憋得通红:河南人怎么啦?河南人招谁惹谁了?哪一点不比你们北山人强?!

年轻人说吆呵,看脸蛋俊俊的,说话却这么残火!河南好你们跑这里干啥?

外婆瞪了母亲一眼,脸上赔笑,说河南人有啥不好?到北山来的河南人多着呢。北山人也有到俺们山底下去的呢。

外婆给锅里下了饺子,用勺子在锅里搅了一会,然后给碗里搁了调料,酱油醋、蒜泥香菜,把饺子捞在里面,舀了一勺面汤浇在上面,撒上葱花,一股清香扑鼻而来,看得人口水都下来了。

吃吧,瞧这饺子多大!里面包了很多肉,香着哩!我们娘俩是第一次卖饭,不会掺假的。你们是第一拨客人,所以每人多捞了两个——你数数,12个呢。外婆把饺子放在年轻人的面前,笑着说。

母亲低着头往锅底下烧火,心里很不是滋味。要是搁平常,谁这样侮辱河南人,她准跟他没完,但是今天不能,今天是开业的第一天,很重要的。

几个年轻人狼吞虎咽地吃着,碗里的饺子很快就完了,一个人喊着让再下几碗。外婆很高兴,边下饺子边说:口味咋样?不错吧?年轻人说还没品出味来呢,等再吃一碗再说。

第二碗风卷残云般地很快就吃完了。一个年轻人问:多少钱?

外婆说一碗两毛钱,6碗1块2。开张生意,你们就给1块钱吧。

年轻人打了个饱嗝,说给我们记账,现在没有钱,等有了再给。说完站起来就走。

你们怎么能这样呢?没有钱跑来吃饭?太不像话了!今天不给钱就别走!母亲呼地站了起来,一把抓住年轻人的衣襟,不让他离开。

吆呵,碎婆姨还挺厉害的!看来你们还不知道我们的来头。几个小青年说完便走到架子车旁,把车子上的饺子一下子掀在地上,然后拿起一块砖头扔进锅里,哈哈大笑着扬长而去。

母亲和外婆被这一幕惊呆了。卖饭之前什么情况都想到了,唯独没考虑过这样的事情。

一分钱没卖,摊子就让人给砸了。

不要走!你们这些流氓,俺跟你拼了!母亲尖叫了一声,像一头愤怒的狮子一样冲了过去。几个年轻人四散而逃,转眼间就不见了人影。

——哎呀呀,造孽啊,青天白日的遇到了强盗,老天爷啊,你睁开眼吧……呜呜呜……外婆一屁股坐在地上,大声地哭了起来。

街上的人听到哭声,纷纷向这边走来。看到一地的饺子,他们已经明白怎么回事了。一个好心的妇女上前拉外婆起来,外婆越哭越伤心。母亲很少看见外婆在人前这么放肆地哭嚎,外婆一向很坚强的,可怜的老人快要被打垮了。

老人家起来吧,不要哭了。你看这白花花的饺子倒在地上,真是造孽啊! 围观的人帮外婆把饺子拾起来,把外婆拉了起来。

母亲追了半天,没有追上,流着泪回来了。

这几个娃都是街上的二混混,专门欺负外地人,你们咋就不知道? 一个年龄大的人说。

难道就没有王法了吗? 这还是不是共产党的天下啊? 母亲边流泪边收拾,义愤填膺。

你赶快去税务所办个手续,就没有人敢欺负你了。谁欺负就去告他。一个中年人说。

饺子拿回去用笤帚扫一扫,自己吃吧,倒掉太可惜了。有人在给她们出主意。

今天不要卖了,下次来要有外显人(男人)跟着,这样他们就不敢欺负了。有人说。

母亲和外婆憧憬了很长时间的第一次买卖就这样结束了,这样的结果是她们万万没有想到的。娘俩在那里坐了很长时间,直到街上的人已经越来越少了,外婆长叹一声,说英子,咱们回去吧! 这一次就算买教训呢。

2

夕阳把西半个天空涂成了橘黄色,金碧辉煌,非常耀眼。路上的人们三三两两,边走边谈,样子很兴奋。两个可怜的女人耷拉着头,拉着架子车往回走,母亲感觉自己的腿沉得拉不动。买肉的钱是七凑八凑起来的,原指望能有个好利润,这下可好,下次买肉的钱都没有了。

几公里的路程她们走了很长时间,天黑的时候才回到家里。父亲在大路口已经等了很久,问村里赶集的人,都说在后头哩,但就是不见人影。父亲隐隐约约地感觉有些意外,难道母亲被人欺负了? 看到村里人欲言又止的样子,他开始坚定自己的判断了。

父亲已经等不及了,他望着大路的尽头,准备去找,这时母亲和外婆的身影出现了。

母亲与外婆在街上卖饭,一开始很不顺利。几天后,她的饺子卖出去了。这因为个头大皮薄肉多,而爱人青睐。子鸿重

母亲出师不利,情绪低落了好几天。外婆很快就调整过来了,并且让父亲去乡政府办了税务登记,托人在正街上占了一个位置。外婆对母亲说其实她掐算过了,卖饭的生意第一遭都不顺,第二遭就会好起来,她都预料到了。母亲将信将疑地望着外婆,知道她在安慰自己,但却宁愿相信这是真的。

第二次准备的时候他们没有像第一次做那么多,只带了两盘饺子,如果卖得好,下次可以多弄一些。

第二次赶集的时候大妈跟着也去了。大妈人高马大,高喉咙大嗓门,往那里一坐就开始喊叫了,引得路人纷纷驻足,但就是没有前来吃饭的。眼看又到了中午时分,别的摊位上人潮涌动,她们这里却依然冷清,令人百思不解。母亲急得直跺脚,大妈吼得嗓子都哑了,却一直没有效果。外婆见情况如此,招呼母亲把饺子下进锅里。母亲说没有人吃,下进去都泡汤水了,谁还吃?外婆说谁说没人吃?咱们不是人吗?下,没有人咱自个吃!说完拿起盘子扑通通把饺子倒进了锅里。

饺子煮好后外婆先给大妈捞了一碗,大妈坚决不吃,外婆生气了,说叫你吃你就吃,拿捏啥呀!说完把筷子用力塞进她的手里。外婆说完又给母亲和自己各捞了一碗,坐下来率先吃了起来,吃得津津有味,把母亲和大妈都看呆了。母亲悄声地对大妈说:嫂,咱们也吃吧,要不一会就泡得不行了。大妈这才颤颤巍巍地端起碗,浇上酱油和醋。饺子很滑,筷子夹了几次都没有夹住。

疙瘩子(饺子)咋卖?

母亲夹起一个饺子正准备往嘴里送,身后传来一个女人的声音。

一碗两毛钱,都一样的价!外婆见有人来,放下碗热情接待。母亲和大妈也站了起来,给来人让开了座位。

下两碗,多煮一会。女人带着孩子坐了下来。

给,刚煮的,香着哩!外婆把饺子端了过来。

你们是刚开始卖的吧?以前好像没见过?女人边吃边问。

是呀是呀,第一次卖饭,不会卖,胡卖哩!大妈大声地笑着,把孩子吓了一跳。

味道咋相?女人的身后旋即站了一排人,探头探脑。

好吃着哩。女人没有抬头。

嗯,看见也不错,个头好像也挺大的——给我来一碗!一个男人挤进来,挨着女人坐了下来。

——好哎!你坐好。外婆赶紧让大妈把火烧旺,母亲把饺子下了进去。

两盘饺子很快就完了。这生意可真怪,要不没人吃,要不就是一哄而上。外婆让母亲把钱收好,趁着天色还早,她们在集上转了转,买了些生活用品,高高兴兴回去了。

俺说的没错吧?回到家里,外婆笑嘻嘻地对母亲说。

今天有点邪。母亲还是一时转不过向来。

生意就是这样,没人吃,大家就都不来。一旦有人坐在那里,别人就会来了。外婆说。

母亲想了想,觉得也是。怪不得外婆让自己人先吃呢。

这以后,母亲的生意就开始顺了,每集都能卖200多碗。母亲的摊位吸引了很多人,一些人是慕名而来,并不吃饭,而是来看看母亲。有些人还喜欢跟母亲开玩笑,母亲一开始不苟言笑,后来发现这些人并没有恶意,于是也习惯了同他们一起说笑,变得开朗活泼了。没有多久,母亲在交口镇就已经家喻户晓,成了集市上的一道风景。

——来来来,锅煎得冒浪哩,疙瘩子(饺子)寻象(对象)哩!大妈的声音带着颤音,传得很远。

天瑶村的人也喜欢在母亲的摊位上吃饭,一来是本村的,落个顺水人情,最主要的还是母亲的饺子皮薄肉多,调料也舍得放,吃到嘴里还没来得及品味就"哧溜"一下滑进了喉咙,感觉爽极了,吃了一次就会忘不了,惦记着下一次赶集的日子。一些老顾客甚至说吃母亲的饺子上瘾,回到家里再吃别的东西都没胃口了,只等着赶下一集呢。有的人于是前来取经,询问外婆是否在里面放置了药材?要不怎么会那么香?外婆说啥也没有,就是萝卜猪肉和葱姜调料,再搁上油盐辣子酱油醋,可是大家就是不信。有一个在粮站工作的人甚至怀疑外婆在饺子馅里放了洋烟壳子,因此才会这么香——这可不得了,是犯法的事儿,外婆当然矢口否认。

粮站工作的人叫王三,外号"三蛮",因为他说话蛮,喝酒蛮,做事蛮。王三与人说话像镢头掘地,声音刺耳,满嘴脏话;喝酒一粘就放不下,不醉不休;做事主要指的是他和女人那事儿,女人晚上发出杀猪般的叫声,把粮站的人都弄醒了。三蛮有一个亲戚在街上卖饭,离母亲不远,并且也是卖饺子的。这个亲戚原来生意一直很好,自从母亲的饺子上市以后,她的生意受到了严重的影响,于是就迁怒于母亲和外婆。三蛮知道后经过几次调查得出结论——母亲在利用色相勾引顾客!瞧母亲那身穿戴,街上都没有卖的,分明是下了功夫的;母亲那腰身,不像个结过婚生了小孩的女人,红彤彤的脸蛋像夕阳中的一抹彩云,光艳照人。一双明亮的眼睛像一汪透彻的山泉,看得人心旌荡漾……怪不得男人们都往摊子跟前凑!后来他听说了洋烟壳子的事情,觉得这事非同小可,于是就暗中观察,虽没有捕捉到什么证据,但是心里坚信外婆一定在饺子里放置了什么东西。确认了这些内容后,三蛮就跑到乡政府,说母亲非法经营。

乡政府的人对三蛮多少有些了解,这个人咋咋呼呼,经常喝酒闹事。要不是县上有人,早就在粮站混不下去了。母亲的摊位他们经常去,那个摊点照章纳税,也很卫生,饺子味道好,所以才招人嫉妒,至于在饺子里加洋烟壳子,他们相信农村人没那个胆,也没有那个货源,中药铺子都不让经营罂粟了。

后来,很多有头有脸的人都到母亲的摊位上吃饭,包括粮站的站长和乡文书,一些人于是就议论纷纷,说母亲跟政府的人有关系。母亲因祸得福,街上的一些地痞也不敢轻易得罪她了。

第十一章

1

麻狗村长每次赶集都要来母亲的摊位上吃两碗饺子。村长来的时候一般都是中午,他说自己忙,弄完杂七杂八的事就中午了,顺便赶个集,来这里转转。村长说话的时候笑眯眯的,那种笑先是从嘴角开始漫延,眼角随即做出反应,脸上的肌肉开始颤动,浑身都跟着抖了起来,完全不是他在寨子里的那副蛮横做派,很平易近人,贴近群众了。外婆招呼他坐下,村长对外婆说,咱们都是自己人嘛,就不要客气了。说完大大方方地往板凳上一坐,挽起袖子和裤腿,准备和饺子大干一番。

村长每次吃饭都是赊账,这令母亲很反感。外婆要她忍着些,小不忍则乱大谋啊!村长让母亲给他盛饺子,母亲故意不理睬,忙着给其他客人弄,村长虽然很饿,但看得出来他很有涵养,眼睛笑眯眯地一直盯着母亲,寸步不离。这个时候,外婆便只好上前给他打饭,这样的人早吃早走,要不一直留着会影响生意,也影响母亲的情绪。村长吃饺子的时候一口一个,饺子太烫,烧得他龇牙咧嘴,却还要一个劲地叫好:好吃!他妈的这疙瘩子就是好吃啊!老子咋就吃不够呢?说完抬起油腻腻的脸冲着母亲嘿嘿一笑,蜂窝状的酒糟鼻头像烧红的猪蹄。

不要挤啊,排队啦,排队啦!村长吃饱后打了个饱嗝,摇摇晃晃地站起来,指手画脚地维持秩序,好像这个摊位是他们家的一样。

母亲见他吃饱了还不走,没好气地说:吃饱了没?吃饱了赶紧腾位,别人还要吃呢!

村长见母亲烦他,也不恼,嘿嘿一笑,说我还有事,在这里碍手碍脚,先走了!说完向母亲挤眉弄眼,跟外婆挥手告别。

村长一走,母亲又恢复了热情洋溢的样子。大家都喜欢看她高兴的样子。母亲高兴的时候很好看,像一朵绽放的花。

今天生意咋样?一个20多岁的男人走了过来,跟母亲打招呼。这个人是乡政府的文秘书,经常来这里吃饭。

还行还行,差不多。母亲跟文秘书打招呼。

呵呵,老远就闻见香味了,馋死人了,赶紧下一碗吧。文秘书笑嘻嘻地说。

先喝碗汤,歇一歇,马上就好。母亲给他盛了一碗面汤,热腾腾地冒着白气。

一集能卖二三十元吧?顶我一个月的工资哩。文秘书笑着说。

还行吧!家里看病跌下了饥荒,不弄这个咋行?也是逼出来的啊。母亲说。

供销社需要买啥给我说,我有票,便宜。文秘书说。

不麻烦你了,你的票也不多,留着吧。母亲说。

用不完。我又不做饭,在食堂吃。粮本上的面也有,你们拿去用吧。文秘书说完掏出了粮本,还有几张副食供应票。

不用了。你拿着吧。母亲不想随便落人家的人情。再说粮本上也没多少粮。

……那,有啥需要帮忙的地方就说,可不要客气啊。文秘书讪讪地拿起了粮本,开始埋头吃饭。

这是一个很文静的小伙,人长得也不错,外婆很喜欢。

有对象了吧?外婆问。

没。文秘书的脸涨得通红。

就没打算结婚?外婆又问。

没。小伙子把头埋在桌子上,样子很腼腆,一点也不像干部的样子。

娘,你不要问这些好不好?人家都不好意思了。母亲说。

哈哈哈,小伙子嘛,咋跟个大姑娘似的,一说就脸红。外婆大声地笑了起来。

把他介绍给咱秀秀吧?文秘书走后,外婆对母亲说。

秀秀是农村人，怕人家看不上哩。母亲说。

秀秀长得那么漂亮，俺保证他一定能看上。外婆说。

姑姑秀秀的婚事一直是家里人的一大愁，眼看村里跟她同岁的女子都出嫁了，秀秀挑挑拣拣，却一直就这样吊在半空中，像一面已经开始褪色的旗，在风中飘来荡去。姑娘从小就很自负，自矜得像一根削得尖尖的铅笔芯，越来越尖锐，也越来越脆弱了。奶奶不止一次说道——咱秀秀啊心比天高，命比纸薄，迟早要跌跤的！大妈曾经给她介绍过几个对象，都没成；母亲也曾给她物色过一个，她也没看上。

这个文秘书白白净净，又是公家人，就是不知道人家能否看上秀秀呢。

母亲回去后就把文秘书的事情给秀秀说了，秀秀红了脸说：人家才看不上咱哩。

母亲说：那是因为他没有见你，见了保准就喜欢上了。

母亲说得没错。秀秀姑姑长着一对很大的花眼，眉毛弯弯的像画上去似的，越看越漂亮；高挑的个头穿啥衣服都好看，配上一双绣花布鞋，越看越洋气。可惜这姑娘眼头太高，挑花了眼，结果就成了大龄姑娘，上门的媒婆越来越少，到后来几乎都没有人再来提亲了。

下次赶集跟我们一起去吧，文秘书每次都会来吃饭的，你躲在一旁看看咋样。母亲说。

秀秀没有吱声，但看得出来她是非常愿意的。

赶集的日子到了，秀秀提前把衣服洗干净，穿上平日里很少穿的绣花鞋，一双长长的辫子在腿弯摆动，看得小伙子眼睛都直了。

秀才的孙子憨面一如既往地爱着秀秀，不管秀秀对他是多么绝情，也不管这件事情有没有成功的可能性。憨面认为，爱一个人就够了，他有爱的权利，秀秀也有爱的权利。秀秀不爱他，他不怪秀秀，只要她知道他的爱就行了。

秀秀出村的时候憨面一直跟在身后，村里的人都习惯了，觉得这件事非常有趣，因此都喜欢开开玩笑。

憨面，人家秀秀要去交口镇相亲，你跟着干啥？跟村长关系暧昧的那个小寡妇问。

嘿嘿嘿。憨面仰起头冲着她一笑，一脸的憨相。

你跟着她到镇上去吧，让她给你买好吃的东西。

嘿嘿嘿。憨面还是刚才的表情。

就知道憨笑！这样子哪个女娃喜欢你呢？问话的人不耐烦了。

嘿嘿嘿……憨面依然在笑，一脸的阳光灿烂。

玩笑没有达到预期的目的，人们多少有些垂头丧气，最终对他失去了兴趣。

2

秀秀跟着母亲来到了街上，蹲在地上给锅底烧火。她一边烧一边东张西望，一副心不在焉的样子，让母亲忍俊不禁。

临近中午的时分人特别多，两个人根本忙不过来。平日里大妈有时会前来帮忙，有时是父亲赶来助阵。今天来了秀秀，外婆也就指靠她了，没想到秀秀慌里慌张，把几个碗都打碎了，使吃饭的人在那里等了很长时间。

咋搞的？卖饭的不带碗！人家吃了还有事呢。旁边的人不耐烦了。

外婆一看形势紧张，于是给秀秀塞了1元钱，要她到供销社再买几个碗。

秀秀不好意思地拿了钱，踮起脚跟向四周望了望，这才去了。

秀秀今天心里有事，所以才慌慌张张。平日里她不是这样的。母亲说。

就是的。那个文秘书也该来了啊。外婆说。

不一会，秀秀就回来了，买回了几个新碗。她一回来就东张西望，外婆说安稳地坐着，来了我会告诉你的。秀秀就红了脸，把头埋在锅下，认真地往里添柴。

这一天的时间很快，不觉已经到下午了，文秘书还没有来。母亲和外婆也开始焦急起来。秀秀虽没有说话，但看得出来，她心里很乱，坐立不宁。

饺子已经卖完了，时间也不早了，这时街上的行人也渐渐稀少，想要等的人还是没有出现。

他平时每集都要来吃饺子的，今天这是怎么啦？

说不定文秘书今天有事，所以没来。母亲说。

大概吧。谁没个着急的事儿。外婆说。

只有秀秀低垂着头，一言不发。

一连几天,秀秀都没有出门。女伴们几次来叫,她都没有出去。

奶奶说死女子谁惹你了?整天哭丧着脸,给谁看?

秀秀说这事跟你没关系。

奶奶于是就问母亲,母亲觉得事情还没个着落,不好给奶奶讲,于是就说:秀秀这几天身体不舒服。

奶奶一听就急了,赶紧叫三爸带着姑姑去看病。奶奶最心疼的就是这个小女儿了,三个儿子她都不稀罕,奶奶对小姑最宠爱了。

三爸说秀秀你咋了?

秀秀没好气地说:我好着哩,死不了!

一家人被弄得莫名其妙,母亲和外婆在一旁偷偷地笑。

5天很快就过去了,赶集的日子又到了,母亲和外婆一直忙到深夜。

那天晚上秀秀也赶过来帮忙,一直弄到很晚才去睡觉。

第二天,三个人早早就来到了集上。认识的人都开始打招呼,说来得这么早。外婆和母亲也和他们说着话,不知不觉间行人已经多了起来,陆陆续续开始有人吃饭了。

秀秀的眼睛一直在东张西望,突然,他看见憨面向这边爬了过来。秀秀很生气,扭过身不理他。母亲和外婆知道他来找秀秀,可怜的孩子,也太自不量力了啊。

见秀秀不理他,憨面也不着急,远远地坐在那里向这边张望。外婆捞了一碗饺子,招呼他过来吃,憨面摇摇头表示自己不饿。母亲说这孩子还很刚强,于是亲自端了过去,奈何憨面坚决不吃。母亲摇摇头,叹息了一声,让秀秀把饺子吃掉,秀秀也不吃。这时,文秘书来了。

母亲说文秘书啊,上一集咋没来吃饭呢?

文秘书说上一集我去县城开会去了。

母亲盛好了饺子,然后让秀秀给文秘书端过去,一边介绍说:这是我妹子秀秀,这是文秘书。

秀秀的脸刷地就红了,双手一抖,饺子汤洒了一桌子,把文秘书的白衬衫也弄脏了。

哎哟,你看,我不是故意的啊……秀秀手忙脚乱,十分尴尬。

文秘书看着被弄脏的衣服,有些愠怒。正待发作,抬头看见秀秀的面庞,突然愣住了。

这是一张白皙可爱,活泼生动的脸,一双大大的眼睛痴痴地盯着他,仿佛要把他看穿。文秘书的眼睛于是就驻留在秀秀的身上,似乎忘记了饺子的事情。

你是哪个村的?以前咋没见过呢?文秘书问。

天瑶的——不好意思,把你的衣服弄脏了。秀秀很为难情,连忙拿起抹布把桌子擦干净。

没事没事,回去洗一洗就好了。文秘书满脸堆笑。

文秘书赶快吃吧,饭凉了。母亲在一旁说道。

这碗汤洒了,我给你另换一碗吧?秀秀殷勤地说。

没事没事,吃饺子就行,我不喜欢喝汤。文秘书笑呵呵地说。

一会把你的衣服脱下来,我拿回去给你洗。秀秀说。

不用了不用了。文秘书很客气。

两个人一来一往,站在一旁的外婆和母亲相视一笑,感觉有戏。

脱下来吧,不着急的话,下集我给你拿来。秀秀说。

那,好吧。不好意思。文秘书吃完后把上衣脱了下来,里面仅剩一个背心。好在天气热,也不怕着凉。

这以后,两个人就正式接上了头,你来我往。第二年的春上,他们便结婚了。

秀秀结婚的那天很热闹,寨子里云集了很多人。文秘书迎娶的时候奶奶拄着拐杖东瞧瞧西看看,欢喜得不得了。奶奶很长时间没这么高兴过了。两匹枣红马拴在门口,昂首挺胸,样子很威武。马的脖子上挂着铃铛,身上披着红绸,尾巴悠闲地扫来扫去,不时发出一声长长的嘶鸣,吓得女孩子四散而去。村里的人都说秀秀有福气,找了个公家的人。出嫁了的女子于是就自叹命薄,怪自己守不住,早早就过了门。大伯、大妈、父亲也非常高兴。家里的老姑娘出嫁了,他们身上的担子也减轻了。

鞭炮的纸屑飞得满地都是,一些孩子在地上寻找没有炸响的爆竹,每个人的脸上都洋溢着幸福。这个时候人们发现,憨面躲在门口的大树下默默地流泪。

3

母亲的生意一直很好,一年后,她们就还清了给铁蛋看病所借的钱。

第二年的年底,母亲和父亲商量,准备要一院底子,好好盖几间房子。这么一大家子住在一起,很不方便,何况三爸国柱还要结婚,也没有地方。

母亲计划好后,趁麻狗村长来吃饺子的时候向他要院底子,村长二话没说就答应了。

底子批在寨子的西头,那里紧邻沟畔,后面还有一些空地儿。

母亲让父亲请了最好的匠人,买了上好的木材和砖瓦,按照公家人的式样在村里盖起了5间大瓦房,这成了交口镇的一大新闻。

上梁的那天来了很多人,文秘书和秀秀也来了,并且带来了乡长。乡长称赞母亲和外婆能吃苦,带头致富,农民翻身做主人了。麻狗村长大献殷勤,说寨子村几年后将会有很多这样的房子,人人都有好房子住。

母亲托人在大门口放了两尊石狮子,大门一下子透着一股富贵的气息。村长陈得志说这房子比他家老秀才的宅子还高。村里的人当然很羡慕,于是很多人家也模仿母亲和外婆到集上卖饭,但是生意并不怎么样,几个集下来,能保住成本就算不错。饺子只要母亲这边的没完,其他摊位的就卖不动。

外婆说英子,树大招风,咱们见好就收,现在债也还了,房子也盖起来了,该歇歇了。

母亲不同意。母亲说娘你就休息吧,俺跟大嫂卖,卖了两家利润分成,大嫂家也没钱。再说国柱的媳妇还没有着落,等他媳妇娶过了,我们就可以考虑歇歇了。

三爸国柱的媳妇在房子盖起来后不久就解决了。母亲和父亲搬进新房后,让奶奶和三爸也住了过去,老院给大伯一家留下了。有了房就有了资本,前来说媒的人络绎不绝,三爸不明白自己为什么一夜之间突然有了如此巨大的魅力,因此把眼头也调高了很多,最后挑中了一个能说会道、八面玲珑的姑娘。

姑娘名叫杨春梅,东窑科的,人长得不错,不高不低,不矮不胖,正是三爸喜欢的类型。大嫂太黑,人高马大,不像个女人;母亲太白,体态风韵,有些太扎眼——只有春梅不黑也不白,非常合适。

5间瓦房父母住两间,一间做厨房,一间做卧室。奶奶住一间,外婆和铁蛋、抗战住一间,剩下的一间正好给三爸做新房。

三爸结婚的那天也很热闹,不比姑姑的人少。奶奶高兴得转出转里,拐杖当当的敲击声传得很远,没有门牙的嘴巴咧得像一只簸箕。

新娘子下轿的时候引来一片啧啧的称赞声。大家都在开三爸的玩笑，把他的脸弄得五颜六色，像一个唱戏的小丑。新娘子拜人的时候被几个毛头小子按倒在地上，脸上被抹了很多红色的油彩，春梅叫得很夸张，一对小虎牙向外刺着。她不顾新娘子的礼仪，与几个毛头小子缠在一起，惹得围观的人一片大笑声。婚礼进行到最后的时候出现了一点小插曲：新媳妇拜完堂后不进洞房，要大伯和父亲说明——这间新房是他们的。
　　父亲和母亲商量了一下，同意了。
　　新媳妇没过门的时候曾经来住过几天，那几天她很像回事儿：每天早晨起来先把奶奶的尿盆倒了，然后进厨房生火。这些活本来是母亲做的，母亲说春梅呀，年轻人瞌睡多，你多睡一会儿，饭做好了俺叫你。春梅说那怎么行呢？做媳妇就要有做媳妇的样子啊！一家人都很感动，觉得这个媳妇很懂事。春梅爱说爱笑，跟谁都能说得来，一回生二回熟，没几天就把寨子里人家都串遍了。大家都说国柱问了个好媳妇，三爸乐得屁颠屁颠，嘿嘿直笑。
　　好景不长，新媳妇结婚后，整个像换了个人似的，一连几个月都睡懒觉。母亲把饭做好后她才懒洋洋地过来吃。奶奶很不高兴，于是就骂三爸没出息，连个婆娘也不会调教，没教养的东西。三爸回屋后说了春梅几句，没想到她大发雷霆：凭啥要我早起呀？当初娶我的时候也没说要给你们家做牛做马，伺候这么多的人！我在娘家也不做饭，凭啥要受你们家的王法！说完大哭，令三爸手足无措。母亲见新媳妇生气，连忙跑过去相劝：国柱弄啥哩？咋惹春梅生这么大的气？这么好的媳妇儿你都不会心疼，咋弄的啊！三爸知道母亲的用心，没有争辩。没想到春梅越劝越上劲，叫得声音更响，哭得声音更亮：哎呀呀，我瞎了眼啊，找了这么个白眼狼！这以后的日子还咋过呀，呜呜呜……
　　奶奶在屋里听到了哭声，质问是怎么回事？母亲和三爸面面相觑，不知说什么才好。
　　春梅本来就生奶奶的气，她到家后通过仔细观察，发现奶奶在家里最有权威，于是想给她一个下马威，这样自己以后在家里就不会受任何人的气了。奶奶既然接了话，她的声音就更大了：装聋卖哑给谁看啊？整天吊着个脸儿，像是谁上辈子欠了你多少！我到你们家是来做媳妇儿，不是做奴隶的，你听好了！
　　奶奶从来没受过这样的话，气得浑身发抖：——国柱，给我把这婆娘弄出去！不要让她撒野，林家没有这样的媳妇！

春梅冷笑一声，来到院子的中央，两手叉着腰指着奶奶的屋里大骂：老不死的东西，我就知道你没安好心儿，把我赶走你给你儿做媳妇呀！

母亲再也听不下去了，喊了一声：国柱，你是死人啊！三爸也被激怒了，拿起一根棍棒就打了下去。女人长啸一声扑倒在地，紧接着又爬了起来，披头散发向三爸冲来。

——哎呀呀，挨炮子挨枪子儿的，你敢打我啊，我不活了哇——呜呜呜……老娘现在就死给你看，死给你看啊！春梅边说边用头往三爸的身上撞，三爸正在气头上，抓了她的头发一把摔在地上。女人见男人来真的，不敢再往他身上缠了，冲进屋里拿了一把菜刀要自杀，吓得外婆赶紧拦腰抱住。

母亲说放开，让她砍！没见过你这样的女人，到家里几个月了，啥也不干，一家人都忍让着你，你还不知足，今天竟然对老人没大没小——娘，你放开，让她砍！

村里的人都跑来看热闹。母亲来这里几年了，还从来没有发过这么大的火。大家都知道是三媳妇的不是，站在那里指手画脚，窃窃私语。

春梅把矛头转移到了母亲的身上。春梅拿着刀子冲到母亲跟前，让母亲杀了她，杀了她就能给兄弟两个做媳妇了。母亲顺手给了她一巴掌，说你说的是人话吗？春梅撒了刀子，一屁股坐在地上，哭得惊天动地。

外婆一开始是真心相劝的，到后来看见春梅蛮不讲理，她也生气了。因此三爸打女人的时候外婆也没有上前，而是冷冷地站在一边。这样的女人太过分了，应该让男人教训教训才行。奶奶被气得昏了过去，一家人手忙脚乱，把老人接到老院去了。

春梅寻死觅活直闹了一天，哭得嗓子发干，浑身发软，眼前发黑，头皮发麻。最后身子一软倒在炕上，昏昏沉沉地睡着了。

一觉醒来已是后半夜，春梅越想越伤心，于是就收拾东西，一个人气呼呼地回娘家去了。

第十二章

1

　　入冬以后,一直没有雪。过年的时候飘了一点,还没遮住地面就不飘了。地上的雪粒被风一吹,都堆在地塄下面去了,剩下的太阳出来一耀就没了。

　　一般开过年后,人们便开始耙麦子。可今年麦子受了旱,死蔫蔫地趴在地上,像得了肝炎的病人,黄蜡蜡的没一点精神。老天爷至今未下一滴雨,田间的土坷垃比石头还硬,需要用镢头狠狠地捣才能砸碎。人们心里火焦火燎,但一点办法都没有。

　　清明前后,种瓜点豆。往年的这个时候,家家户户都忙得不可开交,春种一粒粟,秋收万斗粮,这个时候正是播种的季节。可是由于持续半年多的干旱,地里的黄土挖开一尺深都是白颜色的,种子下在里面根本不可能出来。这种境况十分罕见,遇到了就要遭大年成。人们心急如焚,于是在二月的时候组织了一次祈雨活动。活动由村长倡导,大家积极响应,全村的男女老幼集体出动,来到寨子外面的空地上。

　　这块空地是村子的打麦场,有二亩多地,平展展亮堂堂的。麦场的四周是麦地,往年的这个时候正是锄麦拉拉菜(荠荠菜)的时候,麦拉拉菜可以做汤,浇在面条里又光又滑,非常爽口。现在由于干旱,麦苗都贴在地皮上,奄奄一息,草也长不起来了。孩子们从麦田跑过,窜起的尘土像大雾般地飞扬着,把麦场上的人们罩了起来。空气中混合着一股辛辣的味道,仿佛一根火柴就能点燃。大家无奈地把头仰了起来,天空万里无云,出奇地好。村长让大家跪倒在地,然后由大妈出面,带头唱起了祈雨歌:

晒坏了,晒坏了,
五谷苗子晒干了,
龙王老家哟,救万民!

杨柳梢,水上漂,
清风细雨洒青苗,
龙王老家哟,救万民!

水神娘娘水门开,
众位神灵放水来,
龙王老家哟,救万民!

　　大妈前面唱,大家后面跟着唱,一些年轻人嘻嘻哈哈,一点也不严肃。特别是小孩子,操着细细的嗓子跟着起哄。这时,大妈就会用蘸了湿水的毛巾跟过来打。湿毛巾抽在孩子的身上,发出"啪啪"的脆响,像鞭子似的,锐疼。小孩忍不住,于是就"哇哇"地哭了起来。一个小孩哭,其他的小孩便跟着闹,大妈于是就挨着打,不一会,所有的小孩都哭了起来,哭声连成一片,泪水在干涸的土地上溅起一层白色的烟雾。大人们于是振臂高呼:雨来了,雨来了!孩子们听见大人喊,也停住了哭声,把头仰向天空,可是除了自己脸上的泪水,一滴雨珠也没有啊!

　　折腾了一个上午,大家都饿了,场地上于是支起一口大锅来,每家从屋里拿出一碗面来,集中在一起,做成千家饭。吃千家饭不能见油,也不能放盐和辣子,唯一允许放置的是枸杞叶,煮在面汤里绿绿的,滑滑的。因为面不多,每人仅分得一点,所以也不觉得难吃,孩子们几下子就刨拉完了,拿着空碗大声地叫。大妈说没有了,要吃晚上回家吃去!说完把一张由几块被面大的老布缝起来的被单交给大一些的孩子,让他们顶在头上继续祈雨,活动便与大人无关了。

　　当地人祈雨近乎于一种游戏,没有关中等地那么庄严,也没有陕北北部那么庄严神圣。人们需要的似乎只是一种姿态,让老天爷知道他们的心态。大妈说老天爷啥都知道,我们的心思它都明白哩!

然而这次祈雨并没有收到一丁点效果,老天爷继续装聋作哑,一滴雨也没有施舍。眼见得已到了清明,还是没有下雨的一丝迹象。村里以前也遇到过这样的情况,多数情况都是大家凑在一起唱一唱祈雨歌,吃一顿祈雨饭,雨随后就跟着来了。如果旱得严重,就会请专门的祈雨师前来祈雨。祈雨师一般都是寡妇,拿着祈雨的道具在场地上表演三天三夜,雨便来了。

怎么办?今年的旱情非常严重,请祈雨师要花很大一笔钱(祈完雨要唱戏,唱三天三夜),村里的人都很心疼。并且,这雨也不保证一定就能够祈得到。如果不行,还需第二次、第三次,花得钱跟前面是一样的。大伯、父亲和村长等男人凑在一起商量着,听说西塬上请了几个雨师都没把雨祈来,一些雨师怕得都不敢再来了。麻狗村长看着父亲突然说,你那丈母娘不是法师吗?祈雨应该没麻达(问题)吧?父亲说没听说过她会祈雨,但我估摸应该差不多吧。几个人于是赶快去找外婆,外婆说你们不说,俺也准备祈雨了,再不祷告祷告老天爷,这庄稼就全完了。外婆祈雨要求有严格的程序,不能随便马马虎虎。天瑶村上次祈雨的时候外婆看在眼里,她说那样的祈雨是不会成功的,龙王爷没有降罪发怒都算烧高香了!外婆要求祈雨当天所有人不能食葱姜韭蒜,更不能食腥荤。祈雨那天妇女不能到村中的涝池洗衣服。还有祈雨前要在城墙的各个门口都撒上白灰,使得龌龊之气不能进村。

祈雨要到龙王庙去求,但天瑶村没有龙王庙,所以一切只好象征性地进行。外婆让人在场地上用椽子搭起一间"神殿","神殿"前放着木桌,桌上分别放着两只浅缸,缸内盛满了清水,每个缸沿上都放着一把柳条。这时,外婆扯开歌喉开始"叫雨":

> 南海龙王下海雨呦,
> 下下(第二个下读 ha)海雨救万民呦!
> 玉皇大帝下海雨呦,
> 下下海雨救万民呦!
> 龙神老人家早下雨呦,
> 和风细雨救万民呦!
> 巳时布云午时下呦,

> 下下海雨救万民呦！
> 风娘娘呀调南风呦，
> 调上南风下海雨呦！
> ……

外婆一边说唱，一边绕着"神殿"舞蹈。她的颈上挂着两只水瓶，用红布绳拴着，一左一右，吊在两胸间，旁边的人敲着锣鼓给她加油。鼓点越来越快，外婆的舞蹈便越来越快，大家全神贯注地盯着她看，似乎在看一场精彩的演出。外婆跳了一会，突然"呀"地一声跪倒在神殿前。她喘息了一会，然后开始用放在水缸边的柳条蘸缸中的清水，甩洒在空中。水花四溅，凉凉地溅在人们的脸上，大家齐声呼喊：降雨了，降雨了，玉皇大帝派龙王降雨来了啊！

撒完水，外婆让人把黄裱纸拿过来，然后在"神殿"前烧香。香烧过后，村里的人按照外婆的交代把旁边准备好的干柴摞了起来。外婆围着柴摞跳了一会，嘴里唱着谁也听不懂的曲子，她让人用黄裱纸把干柴点燃了。太阳如汽油般洒在干柴上，干柴发出"咯巴巴"的裂响，长长的火焰窜向了天空，外婆跪在一旁，大声吼着：

> 烧着了，烧着了，
> 黄土晒得起烟了。
>
> 烧着了，烧着了，
> 干柴晒得起火了。
>
> 烧着了，烧着了，
> 玉皇老家求你了！
>
> 佛的雨簿，玉皇的令，
> 观音菩萨的圣水瓶，
> 玉皇老家哟，救万民！

火焰熊熊地燃烧着，烈焰伸出长长的舌头，烤得人直往后退，感觉头发都着火了,一股子焦煳味。这时,外婆突然从火堆里抽出一根铁锹,铁锹烧成了暗红色,外婆把铁锹放在嘴边,舌头在上面舔过,"嘶啦"一声,一股白烟从她的嘴里窜了出来,发出一股浓浓的腥臭味。围观的人们被惊得目瞪口呆,呼啦啦一下子都跪下了,地上黑压压一片,鸦雀无声。外婆又接着舔了几下,这时柴火已经燃得差不多了,但仍有木炭在一明一暗地闪烁。外婆赤着脚走了进去,脚底与火炭接触的那一瞬间,许多女人都吓得闭上了眼睛,不敢再看。外婆跳跃着在里面来回走着,嘴角流着血,边走边唱,胸前的两个水瓶撞在一起,咣当作响。不知是谁哭喊了一声,女人们于是都跟着哭了起来,这一次不用湿毛巾刷,孩子们也跟着哭了起来,哭声此起彼伏,在枯燥干涸的高原上空久久地回荡……

2

外婆祈雨后的第三天,雨终于落下来了。人们奔走相告,像第一次看见雨似的。孩子们在雨中跳着、跑着,像风中的雨燕,整个寨子都沉浸在一片欢乐的海洋中。

那时候随着形势的发展,全国开始对资本主义工商业进行社会主义改造,在城里对私营企业开始搞公私合营,对资本家实行赎买政策。在农村开始向集体化过渡,从一家一户的单干逐步向互助组、初级社、高级社集中。同时也开始限制集市贸易发展,农村集市由5天一集改为10天,最后又改为15天。集市上开始清理小商小贩,母亲的饺子摊位也被取缔了。

母亲也不想再干了。树大招风,自从家里盖起了5间大瓦房,眼红的人越来越多。不断有人向政府反映情况。

王三蛮冲锋在前。他说母亲和外婆这几年赚了社会主义不少钱,这些钱都是人民群众的血汗钱,所以一定要给人民群众一个交代。

三蛮的反映没有得到乡政府的重视,他于是就跑到县政府去告状。县政府听了后高度重视,觉得这件事值得调查,于是就成立了工作组。

工作组来村子的时候母亲正在给二哥喂奶。工作组的人在麻狗村长和王三蛮的带领下,先是参观了五间大瓦房,上上下下,里里外外,看得很详细。末了,一个人问:你是英子吗?

母亲见三蛮在一边"嘿嘿"冷笑,就知道麻烦事儿来了。

母亲说我是英子,有啥事儿?

三蛮说盖这座房子花了多少钱?声音阴阳怪气。

母亲淡淡地说:时间长了,记不清了。

这房子才盖起一年,怎么就记不清了?三蛮看了房子一眼,一声冷笑。

盖房子的时候有核算吗?可以让我们看看。工作组的一个人说。

没有核算。母亲继续给孩子喂奶。二哥看见这么多生人站在母亲面前,吓得哇哇大哭。

房子当时是谁盖的?三蛮问。

外村的匠人。村长陈得志满脸堆笑,说。

把那个匠人找来,好好算算账。才卖了几年饭,就弄起了这么大的家业,好家伙,你看大门口的那对石狮子,只有解放前地主家才有这样的气派嘛,贫下中农谁能弄得起?!这是新时代的地主富农嘛!三蛮说。

——当初是谁让你卖饭的?听说乡政府的人经常去你的摊位,都跟些什么人有来往?我看这里面的水挺深——公私不分,投机倒把!王三,这件事由你负责,一查到底!一个梳着大背头的人气势汹汹地说。

——陈得志听着,限三天内找到那个匠人,把这座房子建造的明细单给我拿来,否则唯你是问!王三蛮对麻狗村长发号施令。

是,我一定办到!麻狗村长不敢怠慢,毕恭毕敬。

我们走!大背头挥了一下手,一帮人呼啦啦就走了。

母亲已经意识到麻烦开始来了,但她远远没有料到,事情比她想象的要严重得多!

几天后,盖房的匠人被带来了;再过了两天,卖木材的卖砖瓦的也被带来了。这些人走马灯似的来来往往,围绕着这座房子指指点点,争执着什么,似乎又确认了什么,但这一切似乎与母亲父亲都没有关系,他们只不过是这里的店客。

半个月后,三蛮带着工作组的人又来了。三蛮像是奉了皇帝的诏书,来势汹汹,比上次牛逼多了。

林国政一家人听着——经查证,林国政的妻子贾张英和其母亲在1952年至1955年期间投机倒把,扰乱市场,利用乡政府有关人员提供的粮食在交口镇大搞资本主义经营,走资本主义路线,其非法所得除了用于娶妻嫁女以外,还盖起了5间大瓦房,是新时期的地主。经工作小组研究决定:免去林国政一家原中农成分,重新划定为富农(重新划定成分"文革"后才开始盛行,但王三蛮这里已经开了先河)!其非法所得房产即日起查封,不得再住!三蛮拿着起草好的文件现场宣读,然后得意洋洋地看着母亲,一副皮笑肉不笑的样子,令人头皮发麻。

房子收了我们住哪儿啊?奶奶颤颤巍巍地拄着拐杖出来了。

人民公社化,所有的私人财产都要归公了,你们家的房子也不例外。三蛮说。

我不搬,看那个龟孙子敢动。要搬就把棺材抬来,反正我也活够了!奶奶一屁股坐在门槛上,把拐杖横在跟前。

老人家,这可能由不得你哟。三蛮笑眯眯地对奶奶说。

我不搬,看你能把我咋样!大不了这把老骨头给你们拉去吧!奶奶的态度很坚决。

凭什么让我们搬走?这是我们自己的房子啊!春梅回娘家住了一段时间,捎话让三爸去接她。三爸到了那里之后,娘家的几个兄弟轮番把三爸臭骂了一顿,然后把人送回来了。

你们得讲理啊,这房子可是俺们起早贪黑一个饺子一个饺子赚来的,是血汗钱啊!怎么会是投机倒把呢?外婆也不服气。

啥血汗钱?这是劳动人民的血汗钱,被你们榨出来盖成了房子,这房子是非法的,是剥削阶级的产物!三蛮铮铮有词。

当初鼓励农村经济繁荣的时候,可没有人这样说啊!再说俺也不是第一个上街卖饭的人,肯定也不是最后一个。你们为什么不去了解了解其他人呢?眼睛咋就只盯着俺家不放?母亲义愤填膺,气不打一处来。

你不要管其他人,其他人有其他的工作组负责,我只负责你们家!三蛮毫不退让。

事情到了如此地步,母亲知道这些人是指望不上了。那时候政府虽然开始限制集市贸易,但并没有对小商小贩进行秋后算账。三蛮明显是公泄私愤,替他的那个亲戚来报复的。

这件事陈村长是清楚的,从卖饭开始他就去吃过。——村长你给咱评评理。母亲看见麻狗村长也站在那里,贼眉鼠眼,于是指望他能说句公道话。

……这个,这个嘛……陈村长吞吞吐吐,说不上话来。

陈得志！你是党员吗？党员就不要站错队，特别是与阶级敌人一定要划清界限！三蛮厉声地呵斥道。

……这个，好像……村里并没有组织……你们家去街上卖饭啊。村长脸憋得通红，说话结结巴巴。

卖饭还要组织吗？那交口镇上做生意的人都是生产队组织的吗？再说了，上面也没有规定不让上街卖饭啊，为什么人家能做，我们就不行呢？母亲气愤地说。

——狡辩！彻头彻尾的狡辩！！看样子你是不见棺材不落泪啊！——没经生产队批准就是非法的！知道不？我们这些干部是讲革命原则的，实事求是，你卖饭的事实铁证如山。至于别人的事情，你没权利过问！三蛮斩钉截铁地说。

给你们半天时间搬出去，这座房子要封了，作为资本主义的反面教材让群众参观！陈村长明天下午就给咱组织会议。三蛮说完后瞥了一眼陈得志，背着手大步流星地走了。

3

三蛮走后，麻狗村长又来了。村长说了他的无奈，说自己已经受到领导严厉的批评，没办法啊！

——三蛮这样的人就是小人得志，咱们不要与他一般儿见识。但是形势目前对我们很不利，硬扛是抗不过去的。组织研究决定的事情就一定要执行的，我看你们一家还是尽早搬出去，暂避风头。再说了，现在人民公社化，公私合营，所有的土地和私人财产都要划归生产队所有，听说以后还要实行大食堂，家里都不用做饭了，你还要这房子做啥？你是个明白人，这件事情上就不要再纠缠了，否则三蛮再来问题就麻烦了。村长说得很诚恳。

狗日的真不让人活了啊！这世道还有没有天理啊！奶奶坐在门槛上哭了起来。

那天下午，母亲一家人又回到了原来的老院，新房子被白纸条封了。

房子被封后的第二天，三蛮组织交口镇的群众在5间大瓦房前开批判会。会上王三蛮耀武扬威，编造了母亲的诸多罪状。批判会后，母亲被带去了县城。

母亲被带走后,外婆跟着也去了,她不放心母亲。父亲抱着还在吃奶的二哥也去了,但工作人员不让他们进去。晚上的时候二哥饿了,哭得惊天动地,父亲抱着孩子转来转去,一筹莫展。

母亲被带到县城后,三蛮给她在招待所安排了一间房子。房间里收拾得挺干净,有一张钢丝床,一张办公桌子。桌子上搁着暖水瓶,还有一个镜子。房间的墙壁很白,白得耀眼。母亲还没有住过这么好的房间,农村人都是炕,墙也是用泥皮裹的,没这么光堂。母亲小心翼翼地坐在钢丝床上,钢丝床突然凹了下去,接着又弹了起来,母亲吓了一跳,就不敢再坐了。过了一会外面传来敲门,接着三蛮就进来了。三蛮突然像换了个人似的,满脸堆笑,对母亲格外热情。他问母亲饿不饿?饿了就给她买饭去。母亲不知道他葫芦里卖的什么药,没有吱声。三蛮又说暖水瓶里有热水,刚烧的,想喝就喝。晚上这里还可以洗澡,来一趟不容易,该享受还是要享受的。母亲依然没有答话。三蛮见母亲一直站着,就要她坐下,自己先坐在了钢丝床上,翘着二郎腿忽悠忽悠地闪,一双眼睛色眯眯地盯着母亲看,一脸的坏笑。母亲知道他没安好心,于是拉开门准备出去。

三蛮说你不要走,这间房子是专门为你准备的,你今天晚上就住这里吧。

母亲说俺不想在这里待,俺要回去,孩子还没离奶呢。

三蛮说你的问题很麻烦,你要好好交代,要不后果会很严重的。

母亲说有啥问题?不就是卖饭么?又不是俺一个人。

三蛮说你不要犟,你的问题影响很坏,是大案,县上的领导很重视,事情很棘手。弄不好要关禁闭,你妈也要跟着一块坐的。三蛮的脸色突然阴沉起来。

要杀要剐尽我一个人,这事跟俺娘没关系!母亲说。

你说得轻巧,咋会没关系呢?你是主犯,她是从犯,谁也逃不脱干系的!三蛮说着也站了起来。

这件事我已经在后面做了很多工作,只要你积极配合,事情就会尽快解决,你妈也不用跟着你受罪的。三蛮说完拉母亲坐在床上,自己也坐在旁边。

你很漂亮,我注意你已经很长时间了。说实话,凭你的模样,嫁给一个农村人真是糟蹋了。只要你愿意,我会让你好好享福的。三蛮说完便开始对母亲动手动脚。

——你这个禽兽，滚开！母亲一把打开三蛮搭过来的手，"嚯"地站了起来。

谢谢你的夸奖！作为一只禽兽，我深感压力很大。不要这样嘛！长个包子样就别怨狗跟着。好好地配合，我会把你的问题大事化小，小事化了。三蛮并不生气，站起来把窗帘拉上，一双猩红的眼睛喷射着欲望的火焰，一步一步地向母亲逼了过来。

母亲突然感觉到很恶心，想吐。这个人本来就很猥琐，满脸的麻子坑，酒糟鼻，五短身材，脖子上有一块很大的胎记。三蛮的眼睛色眯眯的，一副厚颜无耻的样子，谁见谁恶心。

你不要胡来，要不俺就喊人了。母亲正色道。

喊吧！这里的服务员我都认识，她们都听我的话，没我的指示是不可能进来的。美人，你就死了这条心，来吧！三蛮说着便向母亲扑了过来。

滚开！母亲被逼到了桌子跟前，已没有退路。她身子一矬，旁边的脸盆架被弄倒了，发出很大的声响，脸盆里的水泼了一地。

三蛮愣了一下，一脚把脸盆踢开了。母亲像一只被宰割的羔羊，蜷缩在门后的角落里瑟瑟发抖。

三蛮扑上来搂住了母亲，母亲拼命地挣扎着，无奈身子被男人死死地压制着，动弹不得。三蛮一边用劲一边腾出一只手，把母亲的上衣一把就撕开了。母亲惊叫了一声，急忙用手护着胸前，鼓胀的乳房像一双熟透的水蜜桃，弹指可破。三蛮淫笑着把头贴了上去，正在哺乳期的母亲乳房本来就胀得难受，被用力挤压后更是感觉快要爆裂了，羞辱的眼泪刷刷地掉了下来。三蛮在那里揉搓了一阵，感觉不过瘾，于是站起来准备脱衣服，一双淫邪的眼睛贪婪地盯着母亲，好像在欣赏被自己捕获的猎物，兴奋得哈哈大笑。

趁三蛮脱衣服的瞬间，母亲猛地站了起来，一把抓起了桌子上的暖水瓶，劈头向三蛮砸了过去。

三蛮猝不及防，竹皮编制的暖水瓶"嘭"地一声，"哗啦"一下在三蛮的头上开了花。暖瓶的碎片银光闪闪，光芒四射，滚烫的热水顺着三蛮的头上流了下来。三蛮一声惨叫，双手捂着脸蹲了下来。

母亲趁机拉开了门，一溜烟跑了。

4

母亲闯大祸了！

母亲被公安局关了起来，外婆和父亲带着孩子到处寻找，公安局不让见人。父亲于是来到乡政府找秀秀，希望文秘书能出面帮助救人。

父亲来到乡政府的时候秀秀一个人正在屋里垂泪。

父亲说你哭啥哩？

秀秀见哥哥来了，哭得更伤心了。

父亲说秀秀你不要哭，你女婿上哪去了，我找他有事。

秀秀说小文被抓走了。

父亲说你说啥？他犯啥事了？谁抓的？

秀秀说公安局抓走了，昨天早晨被抓走的。

原来文秘书被打成了右派，听说他写了一首反动的诗，污蔑社会主义。和文秘书一同被打成右派的还有乡长，乡长也被抓走了。

父亲愣在那里半晌说不上话来。秀秀哭了半晌才记起来问：二哥你找小文干啥？

父亲说你二嫂被公安局抓起来了，听说她用开水瓶烧坏了王三蛮的脸，被关到禁闭房去了，问题很严重哩！

秀秀说我二嫂为啥要用开水烧三蛮？

父亲说听说三蛮对你二嫂耍流氓。

秀秀说这样的流氓应该被烧死！要是我，不但烧他，还要用刀子捅他，把他的心挖出来喂狗！

父亲说你小声点儿，现在的风声很紧，到处都在找事儿，弄不好就被打成反革命了。

秀秀说我不怕！我正寻思着要到县上去要人呢。小文不过是写了一首诗，诗也没写啥啊，他们凭啥抓人呢！二哥，咱们一同去公安局吧。

父亲长叹了一声。屋漏偏逢连夜雨啊，原指望文秘书能够帮忙，没想到他竟然自身难保了。文秘书被打成了右派，秀秀可怎么办呢？自己的这个妹妹他知道，心高气傲，从小没受过啥罪，男人走了，她一个人肯定无法生活，这件事奶奶要是知道了还不急死？

父亲和秀秀来到了县城,去了一趟公安局,被人赶了出来。秀秀在公安局大吵大闹,公安局的人说你如果再在这里胡搅蛮缠,就连你一块抓进去,秀秀这才收敛了一些。她流着泪提出要见文秘书一面,给他送几件衣服。文秘书被抓的时候走得急,一件换洗衣服也没带。公安局请示了一下领导,同意让他们见面,但时间不能太长。

秀秀在看守所见到了文秘书。一天不见,感觉像隔了一百年。文秘书憔悴了很多,胡子巴茬,神情沮丧。秀秀说你没事的,我正在想办法救你出去。文秘书的眼神里透出一丝明亮的光,旋即又暗了下去。秀秀说你要相信我,我真的能救你出去的。文秘书苦笑了一下,对妻子点点头,让她不要替自己操心,他会很好地照顾自己的。秀秀知道文秘书一直都很胆小,遇事更是这样,所以就想鼓舞他的勇气,文秘书也知道秀秀在安慰他。多好的女孩啊,自从嫁给自己后每天按时做饭,晚上给他唱歌,听他讲故事,夫妻恩爱,从未红过脸。一想到自己不知道什么时候才能出去,他的眼睛就开始湿润。

文秘书说你走吧,这里很好,他们不会把我怎么样的,事情弄明白了我就会回来。你一个人如果寂寞,就回娘家住一段时间吧。二嫂她们还好吗?秀秀听见他问起二嫂的事,犹豫了一下,说二嫂挺好的,让他放心。这时探视的时间已经到了,一个公安将文秘书带走了。文秘书临走前嘴角上浮着笑,他说秀秀,回去吧,等我回来。说完转身就走了。

秀秀看着他的背影喊了一声:小文!

秀秀没有想到,这居然是他们的诀别,从此天各一方,直到文秘书在劳改农场上吊而死,秀秀再也没有见到他。

母亲被关的第二天,外婆也被抓了进去。大妈挑起了一家人的重担。那时候二哥还小,正在吃奶,每天每夜地嚎叫。大妈只好买了一头羊,给孩子吃羊奶。母亲被抓后,奶奶也病倒了。家里发生了这么大的事儿,奶奶受不了。奶奶让三爸去找秀秀回来,秀秀回来后每日泪水洗面,奶奶说孩子别伤心,你二嫂命大福大,不会有事的。秀秀说妈,我不是为二嫂的事情。奶奶以为是因为房子的事儿,于是就说,房子收走了只要有人在,我们还会再修起来的,我们别伤心。秀秀想告诉奶奶她也不是因为房子的事儿,话到嘴边咽了下去。奶奶不知道,秀秀是牵挂着自己的男人,不敢对她说啊!

文秘书被抓后的第二个月,秀秀发现自己得了"绝症",不得活了——

每天都想吐,吃什么吐什么,感觉把胆汁都吐出来了,看见啥都恶心;浑身软弱无力,昏昏欲睡,腿脚发麻,心慌气短。秀秀对奶奶说,自己可能不得活了。奶奶骂了她一顿,要她少丧扬自己。几天后,这种症状越来越严重,秀秀上厕所的时候甚至跌倒在地,爬不起来了。秀秀很伤心,她以为自己得了不治之症,可惜文秘书不在跟前,死了也见不到他了。想到这里她就伤心得要命,眼泪像决堤的大坝,肆意泛滥。后来还是大妈在厕所发现了她,回去后让大伯号了一下脉,大伯说秀秀怀孕了。

秀秀不敢相信自己的耳朵。结婚两年多了,文秘书一直想要个孩子,他家是单传,父母在这方面很期待。秀秀也一直想给文秘书生一个孩子,可惜就是怀不上。这下好了,终于怀上了,这事一定要让他知道,他一定会高兴得跳起来的。

秀秀再确认了一遍:是真的吗?

大伯说憨女子,这种事情我咋能哄你?

秀秀一扫几天来的痛苦,挣扎着爬起来往上房里走,没想到身子太虚了,走了几步又跌倒了。

大妈说你想吃啥,我给你做。

秀秀说你就熬点汤,我当药喝,也要保住这个孩子。她来到母亲的房间,对着镜子看见自己枯槁的脸,吓了一跳:镜子中的女人头发蓬乱,脸色发黄,眼窝内凹,嘴唇干裂——这哪是活泼可爱的秀秀啊!秀秀不是这个样子,秀秀一定要把自己收拾得漂漂亮亮,去县城把这个好消息告诉文秘书,让他与自己一起高兴。

秀秀把自己收拾了一番,穿上了结婚时最好的衣服,来到县城。公安局的人说文秘书已经不在这里了。秀秀问去了哪里?看守所的人说不知道。秀秀于是就来到了街上,看见穿制服的人就问:看见文秘书了没有?大家不知道文秘书是谁,不解地摇摇头,匆匆地离开了。一些孩子以为她神经有问题,跟在后面看热闹。秀秀在街上流浪了几天,没有一点关于文秘书的消息,她感觉自己恍恍惚惚,站立不稳,最后昏倒在路边上。

父亲那段时间一直在县城救母亲,突然看见一群人围着一个女人看,于是就凑了上去。女人穿戴整齐,身下有一滩血,已不省人事。父亲走近时才发现是自己的妹妹。他吃了一惊,连忙找了一辆架子车把人拉到医院,医生说秀秀小产了,身体很虚弱。

父亲把秀秀拉了回来,交给大妈。大妈看见秀秀,眼泪止不住就下来了。奶奶躺在炕上不能动,大妈每天还要照顾几个孩子,秀秀又成了这样,一家人的所有重担都落在大妈身上了。

第十三章

1

母亲和外婆被作为反面教材在各乡镇批斗了一个多月。母亲每去一处,围观的人都很多,大家都想看看这条美女蛇是怎样榨取老百姓的血汗钱,又是如何用滚烫的开水烧伤革命干部的。批斗的人说,母亲利用自己的姿色勾引乡干部,吸引群众上当受骗,群众吃了她做的饺子就像上了洋烟瘾一样欲罢不能,不知不觉钱就被骗光了。这种美女蛇是最厉害的,大家一定要提高警惕,狠狠批斗。母亲被批斗的时候奶胀得不行,求工作组的人让她回去给孩子喂口奶,工作组的人员没有被她的引诱所动,坚持路线方针,给了母亲沉重的一击。母亲的阴谋没有得逞,眼睁睁地看着父亲抱着孩子在下面哭,奶水浸湿了衣襟,流得到处都是。外婆说罪过啊罪过,大人有罪,孩子是无辜的呀!你们不让孩子吃奶,留着给你们吃啊!工作人员上前就给了外婆一巴掌,说她侮辱革命干部,罪加一等。外婆被打得摇摆不定,一屁股跌倒在地上。

三蛮被烫得很严重,住进了医院,他对母亲恨之入骨,决心把这个女人搞臭搞脏。三蛮说他是为了革命工作和阶级敌人作斗争光荣负伤的,因此要求领导给自己请功。领导小组见三蛮确实伤得不轻,于是就请了最好的医生给他治疗,派专人特别护理。母亲除了是奸商、投机倒把,还是现行反革命,蓄意谋害革命干部,是人民的公敌。这类阶级敌人不但要打倒,还要再踩上一只脚,让她永世不得翻身。

母亲和外婆被巡回批斗后送到了枫树林农场,那里有很多反革命、右派犯人,文秘书也被分配到那里劳改。父亲努力了一段时间后没有任何希望,只好带着二哥回来了。

　　枫树林是一大片荒滩,这是一个新开辟的国营农场,母亲和外婆与几十个劳改女犯被分到这里。农场的周围都是农民,与他们的土地接壤,每天干活的时候彼此都能看见。这些农民很淳朴,对她们这些右派、反革命毫不歧视,甚至还多少有些同情心。劳改犯人也能相互照应,同是天涯沦落人,母亲甚至觉得他们比村里的一些人更容易接近。

　　母亲所在的女队主要是割草,拾麦穗。男队开垦荒地,干的都是重活。母亲做这些活都很麻利,很快她就受到队部的重视,成了小分队队长。这些女队中的大多数人都是右派分子,要不就是出身不好。她们大多都有知识文化,所以有些瞧不起母亲。有个年轻妇女姓刘,年仅20岁左右,是公社干部。有一次开会,领导说现在解放了,农村里耕者有其田了,城镇上的穷人也翻了身,进了工厂,成了国家的主人,一下子叫花子也绝迹了,这真是世界奇迹啊。女干部说哪里绝迹了呢,今天在大街上就看见叫花子了,叫花子很多呢。结果这句话把领导激怒了,说她是阶级敌人,丑化社会主义,污蔑社会主义建设所取得的巨大成就,于是她就被抓了起来。还有一个是中学教师,她认为解放后的中小学所开的学科没有解放前多,学生的外语与古文水平明显不及过去,教学质量有所下降,毕业生的水平已不及解放前了。结果她的言论被看成是对共产党领导科技文化领域能力的挑战,是为国民党反动派招魂。因此,她的论调成了标准的右派言论。这个中学教师对于自己被打成右派一直不服,经过七斗八斗才低头认罪,最后不得不到大会上去坦白交代了。

　　母亲从小就敬仰有文化的人,对她们很尊敬。她们中的一些人根本不会劳动,镰刀怎么握都不会,一割就把手弄烂了,鲜血直流。母亲于是就手把手地教她们使用农具。渐渐地,这些女犯开始信任母亲,有些人甚至跟她成了好姐妹,有什么事儿都跟她说。

　　相对于母亲的境况,文秘书就没那么幸运了。他被分到开垦队,跟一群男犯开挖荒地。文秘书出生在一个干部家庭,从小没干过农活。在家时虽然帮助父母在院子里种过菜,但那不过是挑挑水,挖挖土,累了就不干了,劳动量不大。到了农场就不一样了,这里是荒地,植被茂密,灌木丛很高,力气小的一天也挖不了多少。干一天活很累,晚上回来人就像瘫了一样,倒在铺上不能动弹,连饭也不想吃。不吃饭更没有力气,文秘书干活的时候几次都晕倒了。几天下来,他的手上到处是血泡,连镢头也握不住。后来农场干部见他身体确实很虚弱,于是就把他调到女队,跟一帮老弱病残和妇女劳动。那时候麦子刚收割,女队的主要任务是捡麦穗,因为收割后的麦田有很多遗留的麦穗,附近的农民都在地里捡拾。这个活看起来轻松,实则不然,整天弯着腰干活,一天下来,腰仿佛断了似的痛,只能一拐一拐地勉强走回农场。文秘书干活不但不熟练,动作还很缓慢,成为大家耻笑的对象。

文秘书看见母亲和外婆很不好意思。外婆说这没什么,刚开始,慢慢你就习惯了。有一次队上举办拾麦穗竞赛,一人一块地,看谁拾得又快又好。人都有自尊心,特别是在农场劳动期间,谁不想力争在竞赛中获胜?这可是关系到改造前途的。于是,大家都争先恐后地往前赶。有一个女犯拾得很快,简直像疯了似的,把大伙远远甩在后边,她拾的麦穗堆了一大堆。文秘书使出吃奶的力气向前追,腰酸得好像折成两段,汗水像雨帘似的落下,他丝毫不敢怠慢。就这样他还是被甩在了后面,眼见得多数人都到了地头,坐在那里喝水休息,文秘书还呼哧呼哧地忙个不停。这时母亲和外婆走了过来,帮他从另一头拾了起来。比赛结束后,那个最快的无疑得到了第一名,受到了嘉奖,但是文秘书也受到了表扬,原因是他拾过的麦田最干净。文秘书长吁了一口气,压在心里的石头似乎也轻了很多。

在农场,劳改犯们不但要从事体力上的劳动,最重要的还是思想改造。劳动不是很艰苦的时候,白天干活,晚上改造;天阴下雨的时候是进行思想改造的最佳时机,队长要求他们对罪行必须心服口服,脱胎换骨,重新做人。队员也得保证,严格执行纪律,积极参加学习会,汇报思想,总结改造心得,开展批评与自我批评,对不利于改造的言行要展开毫不留情的斗争。

外婆一开始还比较乐观,她经常给母亲和文秘书开导。外婆说我们活着一天,就是福气,就该珍惜。当你快乐时,你要想,这快乐不是永恒的。当你痛苦时你要想这痛苦也不是永恒的。一切恶法,本是虚妄的,挺起腰杆来,一切都会过去的。外婆嘴上这样说着,但毕竟年龄不饶人,一个多月的批斗已经筋疲力尽,还没喘息又被弄到这里,农场恶劣的环境和简陋的设施使她的身体再一次受到摧残,每天军事化的劳作对于一个50多岁的老人是难以忍受的,加之强化性训练,没完没了的思想汇报,外婆没过多久便病倒了,并且很严重。外婆病倒后不用再去上工,医生拿来一些简单的药品,交代母亲按时给她服用。看着奄奄一息的外婆,母亲的眼泪止不住流了下来。这个一生经历坎坷的女人,带领着儿女为了活命跋山涉水来到陕北,没想到还没享一天清福就倒下了。外婆说英子,不要哭,你要认命。外婆凌乱的头发像蚕丝一样闪耀,憔悴的脸庞像抽干了水分的南瓜,沟壑纵横,晦涩沧桑。母亲说娘,是我害了你,那个三蛮不得好死的!外婆说阿弥陀佛,憎恨别人对自己是一种很大的损失,你要学会宽恕啊。农场允许母亲每天守候在外婆的身旁,由于没有好的医疗,外婆孱弱的身体每况愈下,像一盏熬干了油的灯,忽明忽暗地闪烁。外婆说我不能死在这里,至少也要死在天瑶村,我要见铁蛋和抗战一面。母亲哭着把情况向领导汇报了,领导察看了外婆的案宗,发现没什么大的问题(母亲如果不是"故意伤人",也不该被送到这里劳改)。他们看了看外婆的神态,知道她将不久人世,于是让人把外婆送回去了。

　　此后的日子,外婆一直处于昏迷状态。浑浑噩噩之间,她看见老吴来了。老吴一身戎装,腰插盒子枪,威风凛凛地站在她的面前。外婆说你回来了?老吴笑眯眯地看着她,轻轻地点了点头。外婆说日本人投降了,你不用再去了吧?老吴又点了点头,放下枪,一瘸一拐地向她走来。外婆说你的伤还没好吗?让我看看。老吴缓缓地解开腰带,扒开衣服,肚子里的肠子像蛇一样涌出伤口,一泻而出……外婆尖叫一声,说不要……老吴在一瞬间不见了,平子出现在她的面前。平子说你咋了?满头是汗。外婆说我看见老吴了,老吴的肠子让日本人打出来了,我要想办法给他弄进去。平子说老吴不是已经死了么?外婆一错愕,恍若隔世。外婆说平子你怎么来了?你不是也殁了吗?平子说你不要怕,我一直跟着你,你走到哪我跟到哪。外婆说你回去吧,我不要你管。死人捉念活人会很难受的……平子,你看见祝老爷了吗?平子摇了摇头。外婆说祝老爷命不该绝啊。你对祝俊好些,这孩子不懂事,我怕受人欺负。平子说祝俊没死,他没有到阎王那里报到啊。外婆很诧异,准备再问什么,平子却忽然化作了一团烟雾,眼前一团黑暗,什么也没有了……

　　护送外婆回家的人怕她死在半路上,因此连夜赶路,外婆很快就到家了。回到家里后外婆还是不能说话,也不能吃东西。抗战在一旁哭得泪人似的,大哥、大姐吓得不敢靠近。铁蛋没有哭。都说外婆待这孩子最亲,可是他就是没有掉一滴眼泪。多年以后,当抗战目睹铁蛋挥拳砸向外婆的时候,眼前的一幕又重现在他的脑海中。

大伯把了把外婆的脉搏，发现外婆的身体极度虚弱，他于是让大妈炖了一只鸡给外婆补身体，然后又配合针灸，几天后外婆就醒了，呼吸也明显有力，眼睛也能认识人了。外婆说他大伯你为啥要救我？我已经在阴曹走了一圈，见到老吴、平子他们都跟我打招呼儿，我正准备去呢！大伯说婶子，你的事还没有完，咋能撇下就走呢？你走后抗战和铁蛋谁来管？外婆闻言恸哭起来，外婆说我就是撇不下两个娃才回来的，阳世的罪孽没有遭完，阎王爷是不会收留的。大伯说你不要哭了，你的身子还很虚弱，再哭下去会伤身子的。外婆说我不哭了，我梦见祝俊回来了。祝俊没死，他还活着啊！大伯说祝俊是谁？外婆说他来了，你就知道了。

外婆的身体恢复得很快，因为没什么大病，主要是饥寒交迫，加之心气交加，回到家里得到大妈悉心照料，没过多长时间，外婆的脸上便开始有了红润，并且能下地走路了。

外婆的身体恢复后闹着要回农场，被家里人阻挡住了。外婆说她不放心母亲一个人在那里受罪，要死就死在一块儿，不能丢下母亲不管。大伯说你去了就是送死，说不定还会影响到英子的改造。英子犯的不是大罪，一年半载说不定就会回来的。外婆争究了几次，见大家都一致反对，于是长叹一声，说阿弥陀佛，愿菩萨保佑吧！

外婆的归来减轻了大妈的负担，大妈可以一心一意地照顾奶奶和秀秀了。秀秀自那次流产后精神恍恍惚惚，经常会莫名其妙地哭，要不见人就问：你见小文了吗？小文被逮走了！甚至在村里看见憨面，她也这样问：你看见小文了吗？憨面摇摇头，默默地跟在她的身后，她突然回转身，大声地呵斥着让他滚开。大伯说这女子脑子受了刺激，除非文秘书回来，要不很难好利索的。那段时间，只要秀秀出去，大伯就让人跟着，怕她出事儿。

外婆回来后的第二个月，家里来了一位客人。这位客人从河南远道而来，是专程找母亲的。

这个人是祝俊。

2

原来祝俊并没有死。发洪水的时候他跟田寡妇一起逃走了，路上又被洪水冲散，天各一方。洪水过后，祝俊又回到了村子，发现到处一片狼藉。

他来到与母亲结婚的院子,院子一片荒芜,房倒屋塌,什么也没有了。想起跟母亲一起的岁月,祝俊流下了悔恨的泪水。想不到一场洪水竟成了永别,连孩子也见不到了。祝俊在那里呆了一会,又来到祝庄。祝庄的院落依旧,看样子父亲也没有回来,他一时很迷茫,不知该何去何从。后来,听人说郑州那边受灾较轻,能找到吃的,祝俊于是就开始往郑州转移。

一路上到处都是逃荒的人,祝俊特别留意母亲和外婆的消息,可惜一点情况也没找到。难道他们都被洪水冲走了?路上曾遇到了村子里的人,都说没看见母亲,有人说母亲和外婆被洪水推到南边去了。祝俊于是就掉转方向向南边乞讨,可惜几个月过去,音信杳无。因为南方也受灾严重,讨不到吃的,人活不下去,于是他又转头北上,最后来到了郑州。

郑州是河南的省会,这里云集了全省各地逃荒的人们,到处都是饥民难民。祝俊在那里待了几天,有一次讨吃的时候竟然看见了田寡妇,他很兴奋。田寡妇也发现了他,但是表情很冷淡,似乎从来就不认识他这个人,祝俊很疑惑。

祝俊说你怎么在这里?

田寡妇说树挪死,人挪活,俺不来这里在村里等死吗?

祝俊说那你住在这里咋活?田寡妇不耐烦地把头偏向别处。这时一个50多岁的男人从屋里出来,手中拉着田寡妇的孩子。

祝俊说这是你的新男人吗?

田寡妇轻描淡写地说,是。脸上依然很冷。

祝俊说臭娘们,有了奶便是娘,老子当初怎样待你?把家都撇一边了,你怎么这么快就把我忘记了?

田寡妇说过去的事儿,就不要再提了。

你这个婊子,这么快就把咱俩的事情忘得干干净净,老子真是瞎了眼!

寡妇说你把嘴放干净点,小心我男人揍你!

祝俊又骂了一句,这时那个男人过来了,问寡妇:这个人是谁?

寡妇不屑一顾地说:讨饭的。

男人说那还不快滚,赖这里不走,小心老子揭你的皮!说完拿起一根棍棒在空中比划着。

祝俊身上的血呼地一下窜了上来,夺过棍棒对着男人就是一下子,男人一声惊呼倒在地上。女人尖叫了一声,说杀人啦,快来人啊!扑过来把祝俊一把抱住。男人从地上爬了起来,握紧拳头对祝俊狠狠地打了过来。

祝俊顿觉眼前群星闪耀,火花烂漫。祝俊定定神准备还击,无奈身子被女人紧紧地箍住了,动弹不得。这时男人的第二拳又飞了过来,这一拳打得很结实,祝俊的几颗牙齿感觉到了巨大的冲击力,最后忍无可忍从嘴里飞了出来,四散而去……

祝俊醒来的时候发现自己躺在一堆垃圾旁,满天的星斗正在冲着他笑,耳边被什么东西轻轻地抚摸着,舒服极了。祝俊调整身子,准备好好享受一番按摩。享受之前他想知道是谁这么可爱,一边爱抚一边还发出"呼哧呼哧"的声响,像极了田寡妇的前戏。难道是这娘们良心发现,过来安慰他了?祝俊的心里滚过一丝感动,狗日的女人真他妈的搞不懂啊!

祝俊慢慢地掉转头,发现一只饿得精瘦的狗正在研究他的身体,确认是否可以作为晚餐。他大喝了一声,那只狗一声哀叫,落荒而逃。

祝俊在一瞬间又回到了现实中,刚才飘飘欲仙的感觉变成了一阵阵隐痛,眼眶肿得快要爆裂,嘴唇撕裂般地疼痛。

疼痛过后,肚子开始闹,"咕咕"地叫个不停,祝俊这才想起来自己一天来还没有吃东西呢。垃圾堆里不可能有吃的东西,祝俊拖着疲惫的身子往有灯火的地方挪去。

在郑州混了一段时间,祝俊发现那里也不好混,于是又回到了家乡,想在家乡找到可以活路。外出逃荒的人陆续回来了,洪水过后,绿色的植物开始生长,给了人们生活的勇气,一些人准备在这里重建家园。

那时候已经解放,没有了内战,也没有了土匪的骚扰,人民生活开始稳定。要不是天灾,大家是不需要逃荒的。政府鼓励农民发展经济,各地呈现出一派繁荣景象。母亲也就是在那个时候开始卖饭,还清了债务的同时也盖起了五间大瓦房,最后遭人陷害,被关到了劳政农场。当然这一切祝俊并不知道,他一直都没有放弃寻找他们,并且相信他们一定还活着。

一个偶然的机会使祝俊知道了母亲和外婆的下落。那时候前往陕北逃荒的人很多,大多数人在当地住了下来,一部分人思乡心切,几年后又回到了家乡,想回来看望自己的亲人。这些人中就有在县城见过母亲的同乡人,回乡后就把这件事情跟祝俊讲了,说英子和她娘犯了事儿,被组织批斗,他们都看见了。

祝俊说你有没有看错?真的是她们吗?返乡的人说那还有错?你媳妇在街上卖饺子,名气大得很,我们还吃过她的饭,跟她拉过话呢。

祝俊听了这个消息后就再也不能平静了。几年来他无时无刻不在思念着他们,也在内心里深深地诅咒着自己,恨自己是个混蛋,把一个好端端的家庭拆散了,辜负了母亲,辜负了外婆,同时也辜负了自己。如今老天爷开眼,给了他这次赎罪的机会,他决定不能再次错过,无论如何也要去陕北把母亲母子接回,今生今世对她好,一家人从此不再分离。

3

站在外婆面前的男人比几年前成熟了很多,胡子也比过去旺盛,像一簇簇荒草,满脸都是。这跟自己几天前梦见的那个祝俊截然不同——这分明是祝老爷啊!外婆简直不敢相信自己的眼睛,她低下头搓了搓脸,又揉了揉眼睛,还是不能确定。然而祝俊对外婆的印象却没有变,不同的只是她那满头的白发和额头上的皱纹,比原来增添了不少。

祝俊说娘,我是祝俊啊,你不认识我了吗?

外婆往后退了几步,说你是谁?你怎么跟我梦见的那个祝俊不一样呢?你不要骗我啦!

祝俊很诧异。娘,你梦见我了吗?我也经常在梦中见到你哩!这些年我一直都在找你们呢,找得好辛苦啊!

外婆还是不敢相信。阿弥陀佛!你真是祝俊吗?你从哪里来?

祝俊说我从贾村来,我真的是祝俊啊!我来找英子回去。

外婆说真的吗?你没有骗我?!

祝俊走上前来,拿起外婆的手在自己的脸上打了一巴掌,眼泪顺着外婆的指缝流了下来,热乎乎的。外婆于是就开始相信,这不是梦,是真的。

外婆紧紧地把祝俊抱在怀里,眼泪也滚了下来。外婆说祝俊,你是怎么来的啊?这些年你在哪里啊,害我们找得好苦!

祝俊说这些年我一直在家里,家里挺好的,我来接你们回去。

外婆一阵激动,连忙说好啊——好啊,俺老早就在等着这一天呢,你回来就好!回来就好!说完扑通一声跪在地上,对着天空大声地说:祝老爷啊,菩萨保佑,你的儿子还活着,他来接我们回去了!

祝俊见外婆如此激动,也高兴得不知道说啥才好。这时外婆突然发现院子里已经站满了人,大家都在眼睁睁地看着她,好像不认识似的。

婶子,你真的要带英子回去吗?大妈不解地问。

站在升婆面前的男人比几年前苍老了很多,胡子也比过去吃盛,像二猴之类,简临都是韦,海临都是,升婆简直不敢相信自己的眼睛,她使劲揉了揉眼,又揉了揉眼睛,还是不够确定,然而,祝俊对升婆的印象却没有变。祝俊说大哥,我是祝俊啊,你不认识我了吗?升婆往后退了几步,说你是谁?你怎么跟我梦见的那个祝俊不一样呢?

岁次己巳年夏日·子鸿画

那我二哥可咋办？三爸国柱说。

这是咋回事呢？怎么突然间又来了这么一个人,他跟你们是啥关系？奶奶也被弄糊涂了。因为母亲和外婆一直都说老家那边没什么人了,这个人口口声声要母亲回去,这是咋回事呢？

这个……

面对一双双疑惑不解的目光,外婆一瞬间突然意识到了问题的严重性。一时的激动差点让她忘乎所以了。

是啊,母亲如果回去,那父亲该咋办？还有大姐、二哥怎么办？他们会同意让母亲走吗？母亲是否就愿意走呢？但是如果她不回去,祝俊又该怎么办？这件事情可如何是好啊？

村里的人开始议论纷纷,大家在短暂的迷茫后终于明白,原来这个人是母亲的第一个男人。虽说母亲暂时不在,她回来后将如何面对？

这件事激发了天瑶村所有人的想象力,大家都在猜测着这件事的可能性,不管母亲如何处理都会出现两难的境地。村里好久没有可供茶余饭后的谈资了,大家都在等着看热闹。

奶奶怒不可遏,责怪外婆欺骗了她。三爸的媳妇春梅在一旁敲边鼓,给奶奶火上浇油。奶奶要外婆把事情说清楚,让这个人马上离开。

事情发展到如此程度,外婆觉得应该把这件事儿好好交代一番了。她向奶奶、大伯和父亲一家人详细地阐述了事情的经过。

一家人听完后鸦雀无声。这是一个谁也没有预料到的结果,并且所有的人都不是故意的。

那时候大哥已经7岁了。外婆把孩子带到祝俊的身旁,告诉他这是他的儿子。祝俊激动得说不出话来,他准备把孩子抱起来,孩子吓得哇哇大哭,躲在外婆的身后不让动。

福海,这是你爸爸,不要害怕。外婆把孩子搂在怀里,指着祝俊说。

孩子一个劲地往外婆腋下钻,不敢露面。

这孩子从小怕生,慢慢熟了就会好的。外婆说。

那天晚上,一家人心事重重,无法入眠。特别是外婆,夜深了还睁着眼睛。祝俊的归来让她陷入了两难。这件事无论怎样处理,都会有一方受到伤害的。

如何是好？这可如何是好啊！菩萨,给俺指条路吧！外婆一遍遍地在心中默念着。

第二天，太阳像往常一样君临大地，普照着整个寨子。外婆一夜未眠，眼睛红得像只兔子。

早饭后奶奶捎来话说，要外婆今天送祝俊走，林家在寨子是大户，这件事已经很丢人了，她不希望这个人再在这里丢人现眼了。要怪就怪他把以前的事情没把控好，这个家庭不允许再受到伤害了。奶奶显然也是经过一夜的深思熟虑，最后才做出这样的决策。不管母亲的态度如何，一家人都觉得奶奶的决策是英明的，理智的，希望外婆也能够明智一些，给自己留条后路。

说实话，这件事如果再往前推几年，那时候还没有大姐，外婆会毫不犹豫地将母亲带走。可是现在这里已经成了一家人，两个孩子是不能离开母亲的，一家人也不可能放她走。外婆明白，母亲在这个家中的地位已经无人可代，她要是走了，这个家就垮了。

然而祝俊的态度很坚决。他说自己这次既然来，不达目的誓不罢休。外婆说你一厢情愿，英子未必愿意跟你回去呢，你作的恶太大了。祝俊说他会说动母亲，他准备向母亲忏悔，请求她的原谅，然后发誓一辈子对她好。

祝俊的态度很坚决，外婆一时不能说服他，他也不愿意就这样回去，并且立刻准备去农场看望母亲。外婆决定和他一起去农场。

外婆要去农场的决定遭到大伯和大妈的坚决反对，大伯说你不想活了？这不是自投罗网吗？外婆出了一身冷汗，一想也是，自己是万万不能再去那里了，因为那里的人都以为她早就不在人世了。

祝俊最后和父亲一起去看望母亲。两个男人去看同一个女人，村里的人都很好奇，母亲见到他们后会作何感想？

第十四章

1

祝俊的到来令母亲很意外,她足足愣了有一刻钟的时间,反应不过来。最后母亲冷冷地说:你跑来做啥?

我来接你和孩子回去。祝俊说。

——回去?这里就是我的家,我还回哪儿去?母亲反问。

当然是回河南老家了啊。祝俊说。

你想得真美!你让我回去我就回去吗?母亲轻蔑地一笑。

英子,你听我说,那时候我年轻,太蠢,太幼稚,所以才上了那寡妇的当。后来那寡妇跟别人跑了,我再次见到她的时候她还让野男人打我。祝俊说。

你活该!这是你自找的,打死也活该。母亲没好气地说。

英子,看在咱儿子的份上,你就原谅我,给我一次机会吧!我会珍惜这次机会的,这辈子一定待你好!祝俊信誓旦旦地说,眼睛里闪着泪花。

——我们的儿子?简直是笑话!你啥时候把福海当作自己的儿子来着?孩子还没有出生,你就跟那个寡妇鬼混去了,撇下我们娘俩孤苦伶仃。孩子出生后,你没尽一天父亲的责任,好好看儿子一眼,整天在那边鬼混,最后还把家里仅有的一点吃食都转到她那里去了——你的良心都让狗吃了,还有脸面再来见我?好意思认这个儿子?!洪水泛滥的那天晚上,我们拼了死命前去找你,你却带着那个寡妇跑了,跑得无影了!你还是个男人吗？洪水过后，我娘在那间破房里等了几个月，天天盼着念着，盼着你能回心转意，后来娘一个人又跑出去到处找，饿得昏倒在路上……这一切你都知道吗？我们实在没法子了才离开了村子，一路逃荒，受了多少罪，好不容易来到这里，一路上受了多少苦？你知道吗？你是个天杀的男人，不称职的男人，无耻的男人——现在你有啥脸面来要我回去！？我和你早就没有关系了！母亲泪流满面，哽咽得说不上来了。

祝俊直愣愣地站在那里，听母亲在控诉着自己的罪状。这个场面一路上他早就想象过了，母亲见到他后肯定会痛哭流涕，因此他是有心理准备的。

英子别哭，这都是我的不对，我是混蛋，我是小人，我不配做男人，让你们受这么大的苦……祝俊边说边掌自己耳光，打得嘴唇都肿了起来。

祝俊的到来揭开了母亲心灵上的伤疤。这个生命中的第一个男人留给母亲的是无尽的痛苦，心已碎，泪已干。父亲远远地在一旁看着，见到这番情景，心里很不是滋味。

母亲捂着脸跑了回去，留下两个男人傻站在那里。

这次见面不欢而散，没有任何结果。

祝俊不肯善罢甘休。他在农场附近找了一个住处，然后寻找机会接近母亲。母亲没有再给他说话的机会，毅然决然地表示与他决裂。母亲说我已经死过一次，不想再死第二次了。

祝俊在那里待了一段时间，发现毫无希望，于是回到了县城，把父亲告上了法庭。

祝俊说他和母亲是法律上的夫妻关系，这个关系没有解除之前，母亲和父亲犯有重婚罪。

法庭受理了祝俊的诉讼，要祝俊出具和母亲的结婚证明，祝俊说这些东西都被洪水冲走了，他们是父母之命，媒妁之言，青梅竹马，这些都是有证据的。

看来祝俊这次前来是做了充分的准备，他知道母亲已经结婚，并且有了自己的孩子，也知道她不会轻易跟自己回去。但是祝俊也有自己的杀手锏，那就是他相信外婆最终会站在自己的一方。外婆是个讲义气的人，她对祝老爷有过承诺，到时候肯定会帮助自己的。

法庭让当事人当庭对质，母亲承认和祝俊有过婚姻关系，但那种关系早就不存在了。外婆也证明了母亲和祝俊的婚姻，从法律上来说是合法的。

父亲也出示了他和母亲的结婚证明,祝俊说他和母亲在先,后面的就是重婚。法官觉得祝俊说得有理,于是让他们回去,等待调查后开庭宣判。

法官走访了母亲和父亲,最后通过外婆了解情况,然后做出调解。这个调解就是希望一个男人退出来。父亲和祝俊都不愿意放弃,双方态度都很坚决。

为了母亲,祝俊和父亲在县城住了下来,开始打官司。他们从法律上来讲都与母亲是夫妻关系,但现在只能有一个是合法的。父亲和祝俊从一开始就互不相让,甚至打起来。后来他们冷静下来。为了节省费用,两个人白天是情敌,法庭上针锋相对,晚上又是伙伴,住在同一间旅馆里。两个男人都想劝对方放弃母亲,可是谁也没能成功。于是这场婚姻官司便这么一天天干耗着。

母亲被劳教一年后回来了。母亲一开始在女队干活,后来有人说她卖过饭,于是便被安排在农场帮厨。母亲表现很积极,经常起早贪黑,把饭菜做得可口,得到大家的一致认可。农场场长后来得知了母亲的不幸遭遇,三蛮这个人他有所耳闻,不是个好东西,所以就相信了母亲的话,认为母亲是被冤枉的。至于卖饭的事,全县卖饭的人很多,还从没有被送到农场劳改的。母亲主要因打了三蛮一暖瓶,才被判刑关农场的。在农场劳改一年后,场长向有关部门打报告说母亲表现积极,有立功行为,要求为母亲减刑,于是母亲被提前释放了。

母亲回来后要解决的第一件事就是宣布她和祝俊没有任何关系,这辈子生是林家的人,死是林家的鬼,要祝俊趁早死心,别再痴心妄想了。

法院经过半年多的调查,认为父亲和母亲的婚姻是合法的,驳回祝俊要求判母亲重婚罪的请求。祝俊灰溜溜的,眼窝里蓄着泪水。

一家人都长舒了一口气。

母亲回来了,文秘书却没那么幸运。尽管他已经受到各方面的照顾,但这个文弱的书生在枫树林农场还是过着痛不欲生的生活,甚至几次轻生,幸亏被人及时发现。母亲在打饭的时候经常安慰他,要他坚强起来。文秘书的罪名是反革命右派,所以被判得很重,一时半会出不来。三爸曾经准备带着秀秀去农场看他,又怕文秘书看见秀秀的样子太伤心,于是就同大妈一起去了。文秘书要秀秀不要等他,重新找一个人结婚。大妈说你放心地改造,秀秀说她会一辈子等你的。两个都哭成了泪人,把三爸也弄哭了。

秀秀后来的精神状态时好时坏。清醒的时候她就一个人默默地流泪;模糊的时候就在村子里疯说疯唱,看见人就叫小文。憨面经常跟在她的身后,怕她想不开自寻短见。他虽然不能走路,但还是觉得自己是男子汉,有责任保护她。

2

人民公社集体化以后,各家的土地、牲畜一夜之间都成了集体财产,土地统一耕种,粮食统一收割,牲畜统一管理,就连吃饭都统一到一起了。队里办起了大食堂,上百号人在一起吃饭,人老几辈都没有见过这样的盛况,让天瑶人大开眼界。母亲和外婆盖起来的5间大房成了大队饲养室,里面住着几十头骡马,院子养着几十头猪,门外圈着上百号羊,隔壁的院子是几十条牛,一时鸡鸣狗叫,六畜兴旺。

大队集体化以后,麻狗村长成了队长,权利高度集中,许多事都要他说了算。麻狗每天在城墙上发表演说,声音飘过枣树、核桃树进入每一户人家。其实麻狗完全没有必要蹲在城墙上讲话,他可以把大喇叭挂在城墙上就行了,但是麻狗说不一样,站在那上面的感觉和在家里是不一样的!他喜欢那种居高临下的感觉,云里雾里地飘着,特别地享受,特别地过瘾。村长虽然已做了几年,但权力一直没有像今天这么大。那时候各家都是分开来干活,可以听你的,也可以不听你的。现在就不同了,任何一个社员都必须服从组织安排,社员的衣食住行都离不开集体了。

早晨的太阳还没跃出城墙,队长就开始讲话了。队长说:各家各户注意了,赶快到食堂吃饭了!吃的时候要快,不要影响后面的人。吃完就赶快往地里滚,把肚子里的粮食消化掉,为社会主义做贡献!社员吃饭的时候队长已经吃过了,这时他会蹲在墙头上说:老子夜黑了没吃对,把肚子弄坏了,拉了几泡稀屎,他娘的都喷到裤子里了,弄得老婆晚上不跟我睡!他的话还没说完,一些正在吃饭的娘们真的就喷了出来,站在院子里把麻狗骂了个祖宗八代。麻狗"嘿嘿"一笑,不恼也不躁,他说这正是自己想要的气氛,吃饭嘛,就得有个好气氛,希望大家吃得香。

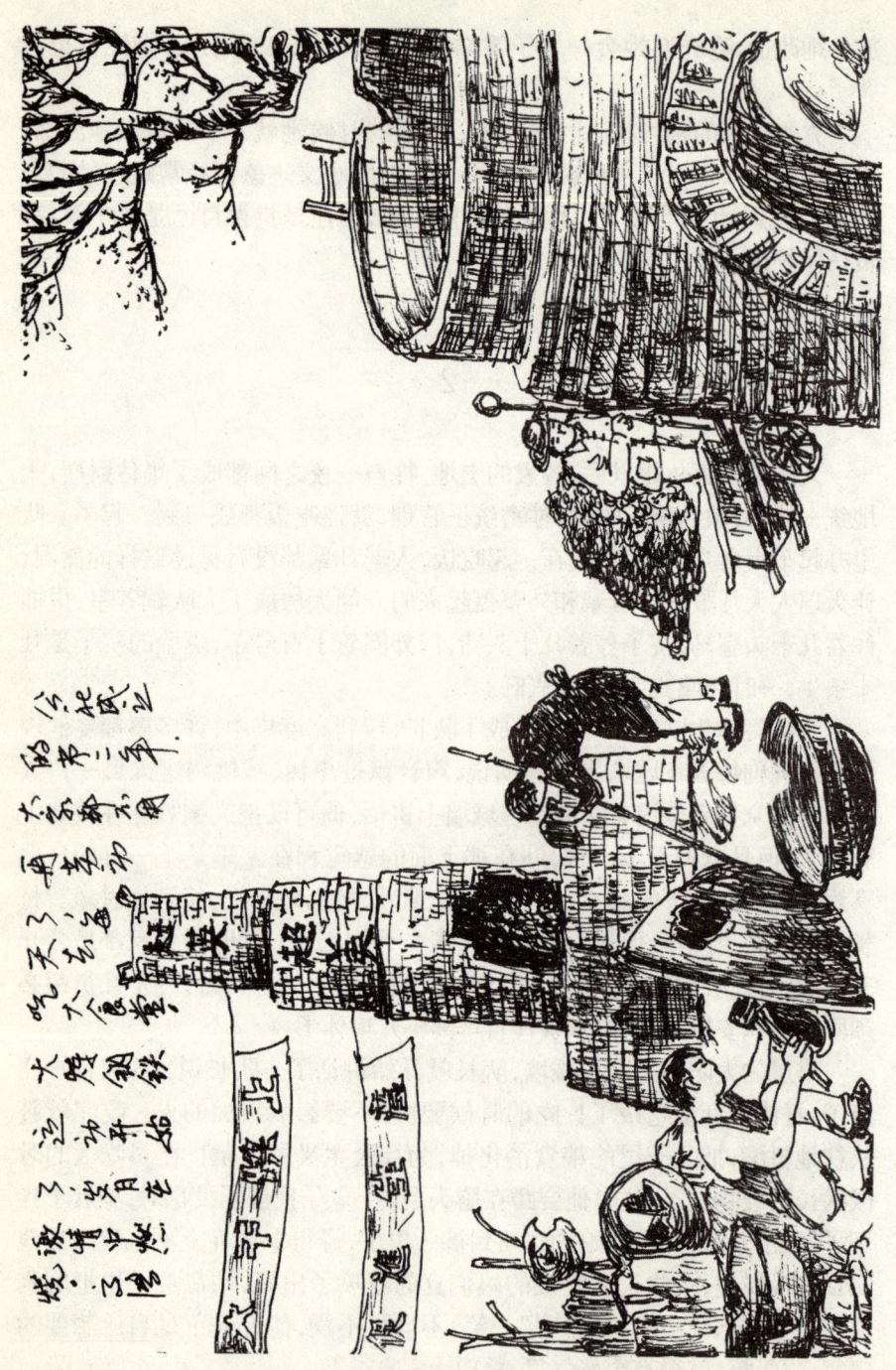

吃完饭后就该上工了。碗还没放下,城墙上的大钟就响了起来,麻狗把钟敲得震天响。大家赶忙放下饭碗,拿起农具朝外走,像去赶集一样,浩浩荡荡,一路上很热闹。喜欢开玩笑的于是就开始打情骂俏,你追我赶,山野里一片叫声。到了地里就不允许了,这时候如果有社员拉闲话,麻狗就会出面制止:说啥呢?一路上还没说够?憨话废话车轱辘话,跟老婆的臭缠脚布一样,没完没了啦!说话的于是就偷偷地笑,开始干活。如果是两口子打情骂俏,麻狗就会把嗓门调亮:狗日的在家干啥了?把活带到地里来了?想表演吗?女人于是刷地红了脸,年纪大些的会骂:绝死鬼挨炮子的,积点德吧!麻狗嘿嘿一笑,说:德多少钱一斤,老子还不如积粪,积粪还可以壮庄稼啊!哈哈哈!大家于是也跟着笑,哈哈哈哈。

一片片耕地改变着颜色,由浅褐变成深褐。一条还在冬眠的蛇被从地塄上刷了出来,蜿蜒曲折,吓得女人尖声嘶鸣,四散逃去。小寡妇本来胆子就小,于是一上午都坐在树底下哭哭啼啼,怨怨艾艾的样子,把个麻狗队长弄得心里痒痒。小寡妇说她要到沟里讨水喝,麻狗就陪着去了。

对面山峁上传来一阵歌声:

> 送郎送在一里洞,
> 一支灯科一盏灯,
> 将灯压在郎低下,
> 灯草底下观貌容;
> ……

柔嫩的歌声像一线亮光,流入了人们的心里。昏昏欲睡的暗道被随之点亮,空气中涌动着甜甜的味道。

这是当地的秧歌曲子《十里洞》,社员们都会唱。劳动的时候作为消遣,由喜欢闹秧歌的人吼几声。声音飘过山峁,对面的社员听见了,一片叫好,让他们再唱一曲。有时也会有人和唱,唱的多是哥哥妹妹的事儿,大家都喜欢听。

大集体好混,不知不觉一天就完了,队长觉得很好玩。

一天,母亲正在干活,麻狗过来了。麻狗说:国政媳妇,今天咋有气无力的,是不是夜黑了没睡好?

母亲睨斜着看了他一眼,没吱声。

别的婆娘应付一个老汉,你却要应付两个男人——要注意身体啊!麻狗阴阳怪气地说。

地头上传来轰然大笑。

闭上你的臭嘴,小心把你的嘴扯到尻子上!母亲没好气地说。

国政家的,说说看,哪个男人更厉害?

厉害你个头!母亲脸憋得通红,拿起镢头就扔了过去,麻狗低头一闪,哈哈大笑着跑了。

这样的玩笑让母亲很尴尬。祝俊输了官司并不愿走,住在破窑里每天也在大食堂里混,凑吃凑喝。大家习惯了,就开他的玩笑。

祝俊,赖着不走还想咋?小寡妇说。

不咋,回去一个人也是闲着。祝俊说。

这次来英子没让你亲吧?想不想?

去,她是我老婆,早就亲过了。祝俊脸红红地说。

祝俊,我看你没指望了,干脆重找一个吧,趁年轻。

不找了,再找就不是福海的妈了。祝俊说。

人家福海的妈现在是福云(大姐的名字)的妈了啊,你要等一辈子吗?

谁说的?我们本来就是两口子嘛!祝俊说。

大家于是哈哈大笑,觉得这个祝俊还挺逗的。

公社成立的第二年,大家都不用再劳动了,每天去吃大食堂。地里的红薯长势茂盛,都快烂到土里了,不让人挖。外婆说这样下去要遭年成的,没有人相信。大家天天去开会,说是马上就到共产主义了,要啥有啥,集体食堂管吃,还收地里的庄稼干啥?外婆在食堂经常吃不饱,就把红薯叶和面粉拌成菜团子,面团子热气腾腾,散发出一股清香的味道。奶奶也喜欢吃这个,外婆于是就天天到地里去摘红薯叶子,吃不完就晾干了收起来。地里的红薯不让刨,但摘叶子没有人管。外婆年纪大了,开不开会都可以,她于是就每天去摘红薯叶,足足摘了两个月,把家里的一间房子都放满了。到了第二年的春天,食堂里没有粮食了,大家发现上头说的共产主义并没有来,而红薯早就烂在了地里,这下才着急了,但已晚了。我们家也没有粮食,但红薯叶是可以充饥的。外婆和母亲想了很多办法,把榆树皮扒下来晒干,磨成面,与红薯叶拌在一起蒸熟,成了当时救命的唯一饭食了。外婆的那一房子红薯叶不仅救了我们家,还救了村里的很多人。后来只要听说寨子里谁家过不去了,哪家断顿了,外婆和母亲就会蒸一锅菜团子送去。

多少年后,寨子里的人都很感激外婆的明智,危难之时,那可是救命的稻草啊。外婆常说过日子要有底,要给自己留后路,家里人这才算真正明白了。

3

那时候全国都在闹饥荒,许多人又开始讨饭。一天清晨,大伯出来的时候看见门口睡着两个人,衣衫褴褛,奄奄一息。大伯是个好心人,看见讨饥荒的就想救济,其实家里也是等米下锅,一家人节衣缩食,捏着鼻子自救呢。

大妈见大伯带回了人,是两个叫花子。大妈心肠软,于是忙倒了一碗水给他们喝,又打了一盆水让两人洗脸,然后舀了两碗面糊糊,给他们喝。

两个逃难的人一男一女。女的年岁已大,看样子是母子。女人说她和儿子已经好几天没吃东西了,一路上都讨不到吃的。说完扑通一声给大妈跪下,连声说遇见菩萨了。

大妈听两个人口音很熟,就问他们是从什么地方来?女人说是从陕北。大妈说那我们还是乡党呢,我也要过饭,从陕北一直走到这里。不要再谢了,出门人可怜着呢。

女人一直低着头,听了大妈的话突然扬起脸来,四目相对,都愣住了!

原来这个女人就是大妈的瞎眼男人的老婆,那个男人是他的白痴儿子!

冤家路窄,想不到在这里见面了!

女人在一瞬间站了起来,昔日的威风虽早已不再,但是在大妈的跟前死要面子,不愿意让她看自己的笑话。

女人说这地方真小啊,想不到我们在这里见面了。

大妈说你男人好吗?

女人说瞎子死了,亏你还惦记着他。

大妈想起男人对自己的种种恶行,于是说死的好,他罪有应得啊。

女人说没想到你还走到了好处。你走后家里的光景就垮了,伙计把家产都卷走了,没过多久瞎子就死了。我娘俩相依为命,可恨老天不睁眼,今年一滴雨都没有,庄稼都绝收了。

大妈说没想到你也有今天。那些伙计可都是你的亲信,你被他们也骗了。

女人鼻子里哼了一声,说俺瞎了眼,养了一帮子狼狗。现在落到如此田地,你该高兴了吧?

大妈说我高兴不起来。可怜我那孩子,如果还活着,都18岁了。

女人听后低下了头,半天不说话。白痴儿子叽哩哇啦地说着谁也听不懂的话,末了突然在老女人的脸上抓了一把,说日你妈,老子都快饿死了,还不给俺吃的!老女人很无奈地看着大妈,眼泪顺着脸颊流到了地上。

大妈掉转身,从屋里拿了一块馒头,递给白痴儿子。白痴愣了一下,一把从大妈的手中夺了过去,狼吞虎咽就填进了肚子。

女人和她的白痴儿子已经很久没有吃过馒头了。这块馒头让她感动了,她扑通一声又跪在地上,对大妈磕了个头,然后拉起儿子蹒跚而去。

大妈站在那里很长时间,直到他们出了寨子,再也看不到了,还那样站着。往事伸出它细密绵长的枝蔓,缠绕着大妈空旷的思绪。两行冷泪清汪汪地挂在大妈的脸上,在晨曦中闪闪发亮。

第十五章

1

　　1958、1959、1960 三年自然灾害,全国人民都勒紧裤腰带过日子,谁家的光景也不宽裕。一些公家人也饿得浮肿,吃了上顿没下顿,山东、河南等人口大省更是凄惨,野草树皮都被吃光了,于是就发生了第二次大移民,许多难民拖家带口,沿路乞讨来到陕北,在这块贫瘠而神奇的土地上落土生根。陕北高原展开了博大的胸怀迎接四方来客,用自己并不饱满的乳汁哺育了他们。

　　我的家乡地处渭北高原和黄土高原的交界处,风俗也介于陕北和关中之间,往北十里不同音,往南十里不同俗。这一带历史上很少发生洪涝和大的干旱,气候温和,雨量适中,庄稼很少绝收。因此国内三年大灾,这里没有发生饿死人的悲剧。

　　"大跃进"以后,国民经济发生严重困难,为了恢复经济,60年代初期,国家又逐渐开放市场,发展农村经济。交口镇的集贸市场又逐渐活跃起来。

　　鼓励发展市场经济以后,天瑶村委会决定把 5 间大瓦房退还给我们。那时瓦房已经被用作饲养室几年了,臭气熏天,人在里面根本无法居住。但不住这里也不行,家里挤得不得了,母亲于是与父亲一起开始清理那里面厚厚的牲畜粪便。粪便里衬了土,已经板结。母亲把出圈的粪土上到自留地里,当年的庄稼长得很茂盛,得了好收成。

起掉了粪土的房子里还是有一股浓烈的尿臊味,奶奶和三爸的媳妇春梅不愿意搬过去住,大伯和大妈于是就搬了过来。这个被当作饲养室的房子中间被打通了,门窗已坏,要需好好收拾一番。家里没钱,只好临时用土坯把中间隔开,用木板把窗户钉上。院子里被弄了很多坑,一到下雨就蓄水,牲畜的粪便流到里面积成了臭水潭。母亲和父亲、大妈一起拉了很多土才填了起来。屋里也填了很多干净的土,这样臭气才小了一些。

　　这样的屋子一般是没有人住的,但因为是母亲和外婆辛辛苦苦修起来的,她们对房子有一股特别的感情,因此也不觉得它臭了,甚至感觉它很亲切,一种失而复得的感觉,让人心情久久不能平静。我们一家人在这座屋子里又住了6年,直到那场史无前例的"大革命"开始后,才又一次被扫地出门。然而就是这几年间,母亲和父亲的爱情却延续着,二姐、我和弟弟也相继出生了。

　　集贸市场开放后,许多人又开始在市场做生意。村里也有人去卖饭的,生意不错。父亲赶了几次集,动心了,要母亲与大妈再去卖饭,母亲不同意。母亲说政策的事,谁知道哪天又变了?现在只要有吃喝,万不得已是不去卖饭的。卖饭很辛苦,晚上要准备到后半夜,第二天一大早就得往去赶,风吹雨淋,一天下来累得浑身疼痛。都看见能赚几个钱,那可真的是血汗钱啊。母亲说,我们把几亩自留地种好就行了,别再做买卖了。

　　祝俊在天瑶已经住了几年,眼看着没有任何希望,他变得越来越消沉起来。随着时间的推移,母亲跟他已越来越生分,想要再续前缘是不可能了。祝俊知道,这样再死气白赖地待下去,也没意思了,他于是准备回河南去。

　　祝俊走的时候想把大哥带走,母亲不同意,大哥也不愿意跟他去。30多岁的人了,还是孤身一个,外婆的眼睛就湿润了。她舍不得他走,却又无可奈何。不过这个结果外婆早就料到了,总不能兴一家败一家。假如母亲跟随祝俊回去,父亲这边一家人该怎么办?

　　祝俊的离去在母亲的心头上其实也掀起了波澜。母亲表面波澜不惊,其实内心一直在翻江倒海。对于祝俊,她有一种说不上来的感情。想起刚刚结婚的那段时间,小两口甜甜蜜蜜,夫妻恩爱,母亲就觉得应该原谅他。但是自从她怀孕后,祝俊就一步步地将她推向了冰谷,令她心力交瘁,伤心欲绝。母亲知道,这些年他也受了不少苦,但这都是上天对他的惩罚。祝俊一天不走,母亲就会很尴尬,村里人不怀好意的玩笑令她非常难堪。

祝俊走的时候大妈和外婆都去送了，母亲没有去。母亲在如释重负的同时心里隐隐地作痛。这种解脱虽然盼了好几年，可真的人要离去，却又有些难过，怅然若失。

　　那时福海已经十多岁了，他已经明白了一些事儿，知道那个人就是自己的亲生父亲，却又一直不愿意接受，以至直到祝俊离开的那天，福海都没有叫他一声爹。这令祝俊非常难过。福海不叫祝俊是有原因的，一想起父亲在他还没有出生之前就将他们抛弃，他就觉得难过。福海一直很同情母亲，他觉得母亲和外婆为了这个家受了很多苦，而祝俊却不肯面对现实，自私地想接他们回去，他的态度比母亲更坚决。这些年来，父亲待他如亲生子，和其他孩子无异，令他特别感动，福海决心长大后干一番事业，好好孝顺爹娘。

　　人去茶就凉。祝俊刚离开的时候，大家还会谈起他，不知道他回去后一个人怎么生活？是否会成家？以后还会不会再来这里？渐渐地关于他的消息便越来越少，后来大家就将他遗忘了。

　　几年后，一场声势浩大的革命运动开始了。

2

　　"大革命"开始之前，所有的私有财产又归为公有，原来退还给私人的财产也全部收回，包括我们居住了6年的大瓦房。自留地被没收掉了，在集市上做生意的人遭到批判，置办家产的也全部充公，队上在实施的过程中一点也不手软，局势比上一次还要严峻。大妈说还是英子有远见，要不白忙活几年不算，这一大堆的罪名可是担当不起的。

　　母亲原以为她已经躲过了这场风浪，外婆也在暗自庆幸她们没有再次走上街头。她们万万没有想到，这次是新账旧账一起算，几十年前的事情也要捞出来打碎晾干。冷热气流在空中剧烈交汇，撞击出的闪电雷鸣燃起了熊熊大火，大火的中心被台风所挟制，迅速蔓延，全国山河一片炽烈。母亲和外婆还没反应过来是怎么回事，就被台风卷入到中心地带，高高抛起，然后重重地摔在地上！

　　山雨欲来风满楼。母亲预感到大事不好是得知三蛮被任命为交口镇革委会主任开始的。母亲在镇上看见他的时候几乎不认识了，三蛮的头发本来就不多，被母亲用开水一烫，几乎秃了，成了秃顶。脸上的麻子坑被开水抚过，变成了一片片的鱼鳞，层次分明，错落有致。酒糟鼻子似乎比原来更红，像一只熟透了的草莓，鲜艳夺目。

　　三蛮上任后的第一件事就是了解母亲这几年的情况。听说母亲从农场回来后没有什么举动，三蛮说这类阶级敌人最狡猾，这娘们肯定嗅到了火药味，所以这次隐藏得很深。越是隐藏的深说明越有问题。三蛮决定从外婆下手，再把母亲揪出来。

　　公社革委会主任王三蛮上任后没几天就来天瑶村视察了。三蛮首先通知了队长陈得志在村头迎驾，接着一路指点来到我们家的大瓦房前，前后左右地看了一遍，然后问母亲和外婆现在哪里？队长不敢怠慢，迅速到我家去找。不一会，母亲和外婆就被带来了。

　　先把这个老妖婆拿下！牛鬼蛇神是这次专政的重点对象，我们要让一切害人虫尝尝无产阶级铁拳的厉害，让他们从这个世界上消失！三蛮的脸本来就很扭曲，一憋气更是狰狞可怖，把小孩子都吓哭了。

　　有啥事冲我来，俺娘年龄大了，欺负老人做啥？母亲气愤地说。

　　臭娘们给老子闭嘴！你的事还没完呢，先不要嚣张。你娘整天装神弄鬼，搞封建迷信，愚弄贫下中农，不是老妖婆是啥？三蛮气势汹汹地说。

　　俺娘在给人治病，怎么是愚弄他们呢？你不信可以问问邻里乡亲，看看我娘治好了多少人的病。母亲还在辩解。

　　住口！你娘那年打着祈雨的幌子愚弄百姓，让一条村的人给她下跪磕头，你还敢狡辩？来人！把这个现行反革命和牛鬼蛇神一起抓起来！三蛮一声令下，立刻便有人冲上来把母亲和外婆绑在一起。

　　要杀就杀我，不要侵害俺闺女！她是无辜的啊！外婆边挣扎边大声地说。

　　一群红卫兵小将上去就给了她一脚，外婆"哎哟"一声倒在地上。

　　娘！母亲哭着扑了上去，被人从后面按住了。

　　围观的人都傻了眼，父亲和大伯、大妈上前阻拦，被红卫兵推了出去。奶奶在屋里高声地哭叫着：天杀的作孽啊，青天白日怎么又逮人来了，这还叫人咋活啊！

　　三蛮说：谁在屋里叫喊？再叫喊就一起拉走！三爸的媳妇春梅赶紧跑到屋里把奶奶的嘴捂起来，奶奶压抑的哭声断断续续，持续了很长时间。

　　母亲和外婆被带到了公社，分别关在一间黑屋子里，然后让她们交代问题。

外婆说俺给人看了一辈子病，没啥好交代的。

审讯外婆的是队长麻狗。麻狗"正襟危坐"，眼睛里透着寒光。麻狗说你还是识相点，老老实实把问题交代清楚，要不麻烦的事情在后面呢！据群众反映，你除了做法师在外行骗，还跟日本人有过交往，这是怎么回事？

外婆说那是解放前的事，打小鬼子的时候，俺救过一个游击队员，他后来让日本人杀害了。

这个游击队员是你出卖的吗？三蛮在一旁问。

外婆听了这个气得说不出话来。老吴被开膛破肚的血腥场面又出现在她的面前，外婆感觉一阵眩晕。她停顿了一会，让自己的呼吸平息了一些，然后说：青天白日的，你们咋能说出这样昧良心的话？造孽啊！说完眼泪便"哗哗"地下来了，浑身乱颤。

这个问题我们会调查清楚的，不冤枉好人，但是也绝对不放过一个坏蛋。你好好想一想，那个游击队员是怎么死的？还有一条村的人都死了，为什么日本人就没有杀你？你是怎么被放回去的？麻狗显然是掌握了一些情况，所以问得很具体。

你们都是从哪里了解的这些情况？外婆有些诧异地问。

这个你就不要管了，我们会对革命同志保密的。三蛮在一旁笑嘻嘻的，像一只吃饱了的食肉动物在玩弄自己的猎物，一副悠然自得的样子。

外婆被审讯了一上午，下午的时候开始审讯母亲。

贾张英，你知道自己的罪行吗？麻狗问。

不知道。母亲平静地说。

现行反革命、投机倒把、包庇纵容罪，你难道一样都不晓得么？哼哼，装得跟没事人似的。压得很稳啊！麻狗队长"嘿嘿"地冷笑着。

啥是反革命？就因为拿开水烧了流氓，就成了反革命？母亲反唇相讥。

住口！王主任现在是我们公社革委会的主任，不允许你侮辱他！麻狗队长厉声喝道。

哈哈，每一个成功的流氓背后都有一大群美丽的女人。这个世界流氓很多，但是像我一样的流氓是绝无仅有的。三蛮并不生气，笑嘻嘻地说。

哼，你这样的流氓还能当革委会主任，老天真是瞎了眼啦！母亲轻蔑地一笑，不屑一顾地说。

母亲和刘婆婆还有其他几个牛鬼蛇神,执行反革命分子站在一起,每个人的身后都有一个红色兵神,按着他们的腰,弯得很低,都快贴到腿上了。台上台下喊声震天,母亲的脑海里一片空白。这些高音喇叭她好像很遥远,也很近。她天天,找我是日本小女孩,母亲是特务。之鸿画

大胆,你胆敢污蔑革命干部,这是要罪加一等的!队长有些激动。

母亲仰起头看天花板,天花板上有几只苍蝇正"嗡嗡"地叫,它们一会钻进窟窿,一会又飞出来,落在墙面上,样子很猖狂。

你在大街上投机倒把,又伤害了革命干部,包庇老妖婆——这些问题你必须交代清楚!麻狗大声地说。

我没包庇俺娘,她是一个好人,给很多人都治好了病呢。母亲说。

啥好人?她是牛鬼蛇神,叛徒卖国贼,你知道吗?麻狗说。

啥是叛徒卖国贼?母亲被搞晕了,不清楚他们到底要干什么。

你母亲与日本人串通一气,杀害了游击队员,这件事铁证如山,你敢不承认?麻狗咄咄逼人。

——你说啥?那个游击队员是俺娘的丈夫,他们在一起还生了一个孩子,我娘怎么会出卖他呢?哪个天杀的胡说八道?母亲气急了,没想到有人居然这样侮辱外婆。

什么游击队员是她的丈夫,他们以前根本不认识!——那个孩子是日本人的种!麻狗队长斩钉截铁地说。

天啊,这简直是血口喷人!怎么会有人这样伤天害理呀!母亲气得哭了起来。

你不要惊慌,也不要急躁,事情会有个水落石出的。给你一天时间,慢慢想,想好了给我们交代。麻狗突然变得很温柔,笑眯眯地看着母亲,伸出两根指头在母亲的脸蛋上捏了一下,然后转身离去,门"哐"地一声被带上了。

房间里热得像蒸笼,空气黏糊糊的,像浆糊一样裹在人的身上,令人窒息。母亲的衣衫全湿了,她打了一个寒战。

第二天,批斗会就开始了。

母亲和外婆已经是第二次被批斗了,所以精神上多少有一点准备。但是这一次无疑比上一次要残酷得多,她们被五花大绑,压上了高高的戏台。

打倒牛鬼蛇神!

——打倒牛鬼蛇神!

打倒日本狗汉奸!

——打倒日本狗汉奸!

打倒反革命分子!

——打倒反革命分子！
……

台上的人振臂高呼，台下一片响应，呼声震天，天摇地动。

母亲和外婆还有其他的几个牛鬼蛇神、现行反革命分子站在一起，每人的身后都有一个红卫兵押着，使他们的腰弯得很低，都快贴到了腿上了。

台上台下喊声震天，母亲的脑海里一片空白。这些声音离她好像很遥远，也跟她无关。她想起了小时候的那次大屠杀，日本人挥舞着屠刀向游击队员老吴砍去，外婆惊叫一声昏了过去。后来的日子，外婆几次到那里祭奠，哭得天昏地暗。可如今，她成了汉奸，这究竟是怎么回事啊！

一天批斗下来，母亲和外婆都软成了一摊泥，绳子一解开人就瘫在地上。母亲的嗓子干得冒烟，可是一点也不想喝水。

孩子，想开点，菩萨保佑着我们呢。宽恕他们吧，一切都会过去的。外婆见母亲颓废的样子，安慰她说。

母亲闭上眼睛轻轻地摇了摇头，然后冲着外婆笑了笑。是啊，人不怕死，就怕不知道怎么活。

外婆抓住了母亲的手，用力地握着，母亲感觉到了亲情的力量。

第一天是大会批斗，台下有几千观众，很多人都认识母亲，不明白她为什么突然就成了叛徒卖国贼？认识外婆的人也很多，有些人请外婆看过病，至今没给钱呢。看到60多岁的老人被折腾成那样，忍不住眼睛湿润，不忍再看。

第二天批斗的时候成了群众批斗。一群不明真相的人围着他们大喊大叫。母亲一开始还能听清他们说什么，后来就听不见了，脑子里一片浑浊。

第三天批斗的时候多了几个人：抗战和憨面母子也被弄来了。可怜憨面不能站立，只好趴在地上向人民群众请罪。

——抗战是日本小杂种，憨面是地主小杂种，憨面的母亲是内奸，国民党特务。因为她丈夫去了台湾。

批斗会开始白热化。口号已经不解恨，开始对人身进行攻击。大热的天，麻狗让人给母亲和外婆套上了厚厚的棉衣，在火辣辣的日头下暴晒。母亲和外婆的浑身热腾腾地冒着蒸气，灼热的空气像液体一样渗入她们的鼻腔和胸膛，身体下面的沙土仿佛变成了一群长着厉牙的生物，尖锐地撕咬着他们的肉体。

三蛮的重点是母亲,他曾单独审讯过两次。三蛮说英子你最好识相,以前的帐嘛咱一笔勾销。母亲说你要怎样?三蛮说我想要你!母亲说你休想,除非我死了。三蛮嘿嘿地笑了,说你想死?恐怕没那么容易。唉,还是活着好哇,活着你能看到你娘,还有你的儿女。你不惜顾自己,也要替他们想想啊。母亲没有吱声。三蛮以为母亲有所心动,把鼻子凑了过来:英子,我告诉你,你是逃不脱我的掌心的,迟早的事,为啥非得把事情弄到不可收拾的地步?你是不见棺材不落泪啊。母亲说你想咋?要杀要剐尽我一人,我的事跟他们无关。三蛮狞笑着说,这件事恐怕你说了不算数啊。英子,我还是那句话,识相点,大家相安无事,否则我会让你生不如死!——不信咱走着瞧!

三蛮在母亲那里没占到便宜,于是就拼命地折磨外婆,这比直接折磨她本人还要残酷。抗战被带来后,可怜的老人几乎崩溃了。这孩子刚刚结婚,新媳妇到家还不到半年呢。

老实交代,你是怎样被日本人收买的?三蛮恶狠狠地问外婆。

俺没有被日本人收买啊,阿弥陀佛,俺没做亏心的事儿呀!外婆说。

老妖婆,我看你是不见棺材不落泪。来人,叫证人过来。三蛮向那边招呼了一声,一个人被带了过来。

这个人是铁蛋。

铁蛋同志,你不是要同反革命叛徒划清界限吗?现在是你立功赎罪的好时机。三蛮说。

外婆吃了一惊,旋即心就放下了。她还以为是把祝俊或者祝庄的人弄来了,原来是自己的儿子铁蛋。这孩子肯定是来救他们的,她冲着铁蛋喊了一声:儿啊!

这时让大家意想不到的事情发生了!

只见铁蛋怒气冲冲地走过来,指着跪在地下的外婆大声说:我不是你的儿子,我是贫下中农的娃!我要跟你划清界限!

外婆吃了一惊,仰起头来用疑惑的目光看着自己收养的儿子。这个孩子是她从死亡线上拉回来的,从小多病多灾,令外婆操碎了心。那一年大病,外婆倾家荡产,求遍了村里所有的人才为他治好。铁蛋性子硬,平日里有什么事都尽着他,把抗战看得很轻。唯一打他的那次是因为铁蛋摸了小寡妇的屁股,被外婆拖回去狠狠地抽了几笤帚,看来这孩子记仇了。

铁蛋,你咋能说出这样的话?当初是谁救了你?没有我们你能活到今天吗？你手搭在心口上好好想想，人不能昧着良心啊！母亲也吃了一惊。她做梦也没有想到这孩子竟然是一条毒蛇。

我不是你们养大的，我有自己的爹娘，我的爹娘都是贫下中农，你们是日本人的走狗，我要和你们划清界限！铁蛋一字一顿地说着，样子很激动。

外婆仰起了头，定定地看着铁蛋。这孩子一定是被人利用了，要不怎么会说出这样的混话来？

趁外婆抬起头来看他，铁蛋居高临下挥手"啪啪"地甩了外婆几个耳光，然后对着跪在地上的抗战踹了一脚，说：他是日本人的狗杂种！

外婆哀叫了一声，泪水唰唰地流了下来。

三蛮"嘿嘿"地冷笑着：老妖婆，你这下还有啥可说的？赶快交代，你和日本人是怎么勾搭上的？

外婆直了直身子，想说什么，脸突然朝前一倾，迎面倒在地上。

娘啊！你咋啦？母亲哭着扑了过去，把外婆揽在怀里。

铁蛋看了看瘫在地上的娘俩，鼻子哼了一声，像只得胜的公鸡一样昂首离去。

3

原来三蛮见外婆一直不肯承认她和日本人的关系，听说铁蛋是她收养的，于是就准备在铁蛋身上做文章。他让工作组与铁蛋谈话，问他想不想升官发财，想升官发财就得与阶级敌人划清界限。铁蛋说他们不是阶级敌人，俺娘待我一直很好啊。工作组的人说待你好不行，你要站在无产阶级的立场上来看，要大义灭亲，这样才对得起党，对得起人民。你没听说县城里很多儿子揭发老子，兄弟互相揭发的例子吗？人家亲生骨肉都能下定决心，你是抱养的，还有啥放不下的？干革命就得牺牲，想想我们的先烈吧，他们为革命献出了自己的生命，有的一家几口人都被反动派杀害了，你还有啥犹豫的？铁蛋说这件事情也是革命需要吗？工作组的人说这是革命的关键时刻，很多革命先烈都是在党最需要的时候挺身而出的。铁蛋懵了，说你让我想想吧。工作组的人说给你一晚上时间考虑。其实你说不说也没关系，我们已经派人去河南调查过了，证据确凿！再说她自己已经承认了，现在就看你的意志坚强不坚强。你如果意志不坚强，就会像抗战一样被批斗的。铁蛋一听害怕了。那天晚上他如卧针毡,一夜未眠,思来想去觉得还是配合比较好。因为有证据,自己不说他们也会判的啊!再说母亲和外婆都承认了,想来她们也不会怪罪于他的。

　　第二天一大早,工作组的人又来了,问铁蛋考虑的怎么样?铁蛋揉着发红的眼睛哼哼哈哈,说不清楚。工作组人员生气了。他说这是最后的机会了,你想说就说,不想说可不要后悔!你是贫农子弟,跟他们不一样,立场站错了会毁掉你一生的!如果不配合,那么你们就是一伙的,明天就跟他们一样接受批判吧。铁蛋一听吓坏了,说你要我怎样配合?工作人员说其实这并不难,你只要说她是日本人的汉奸,承认自己跟她没关系就行。铁蛋于是就这样做了。

　　铁蛋与外婆划清界限后被委任为红卫兵队长,专门负责缉拿地富反坏右和五类分子。不久后,他就成了造反派的司令,身旁集结了一群人,想打谁就打,想抓谁就抓,连三蛮都得看其脸色行事了。

　　如火如荼的革命运动轰轰烈烈,越烧越旺。各地的批斗会演变成了对人身的伤害和侮辱。一群红卫兵把憨面剥光了,看他还是不是个男人。当看到那发育正常的男性特征后,他们一阵哈哈大笑。围观的人指手画脚,仿佛地上的人是稀奇动物,却长了人的物件,因此都有些异样。憨面恼羞成怒,流着泪大喊了一声:你们这群流氓!人们大吃一惊,纷纷往后退了一大步。这个自从腿残后就再也没有说话的人突然开了口,如鬼魂附体。

　　原来你小子会说话呀,装得挺像回事啊!铁蛋阴阳怪气地笑了一声,然后走上前去,对着憨面的腿裆中就是一脚。憨面惨叫一声,双手捂着那里滚在了地上,憨面母亲呼啸着扑了上去,像只护仔的母鸡,张开羽毛把儿子裹在身下。红卫兵感觉自己受到了欺骗,于是纷纷上前拳打脚踢,不一会,母子俩就躺在地上一动不动了。

　　死了吧?一个红卫兵问。

　　装死。拉到那边坑里埋了,这样他们很快就能见到台湾的人了,一家人团聚,这是一件很美气的事儿啊!铁蛋慢腾腾地站了起来,拍拍手上的尘土,打着呼哨走了。

　　一锨一锨的沙石扔了下来,砸在憨面娘俩的身上,憨面的母亲突然醒了过来。她痛苦地咳嗽了两声,把拿铁锨的红卫兵小将吓坏了,扔下铁锨就跑。

　　转眼几个月过去,母亲和外婆时不时会被拉出去批判,很少让他们在家里歇息。母亲和外婆后来都已经麻木了,辱骂和恐吓对他们已经没有太大的作用,于是这些人就想出新的办法来。他们把抗战的一条腿和胳膊捆在一起,然后吊起来在空中打秋千,谓之"单飞"。抗战在头顶呼呼地掠过,外婆的心悬在嗓子眼,跟着绳索也呼呼地要往外跳,红卫兵小将们在一旁手舞足蹈。抗战在空中吊了几天,小兵们感觉没有新意了,于是就扒下抗战和外婆的上衣,让他们赤着身子跪在寒风中挨斗。外婆松弛的乳房呈现在众人面前,她也早已顾不得羞丑了。母亲的衣服经过反复撕扯,已经破烂不堪。后来她索性就只穿着一件单衣来接受斗争。几个红卫兵把从涝池里捞起的稀泥抹到外婆和抗战赤裸的身上,稀泥冰冷异常,透骨地凉,看得人都打牙颤。红卫兵看着跪在地上的人浑身乱抖,高兴得哈哈大笑。笑了一会他们觉得这样还不够,于是又让人抬来一架风车对准外婆,然后将风车手柄一阵狂摇,呜呜的风便猛地扑向身上糊满了稀泥的人。外婆被这样一折腾,当天晚上发高烧,昏迷了很长时间。后来还是铁蛋良心发现,不让批斗外婆了。每天受罪的重任就落在了抗战的身上。

  抹稀泥的游戏激起了红卫兵小将的玩性,他们觉得这样很好玩,于是便把要批斗的人衣服脱光,在身上涂上冰冷的稀泥,然后一个人用风车吹,其余的人围着他一起舞动大草帽。被扇的人浑身乱抖,牙齿磕得"噔噔"响,他们在一旁手舞足蹈。大家扇一会喊一会口号,直到被整的人痛不欲生,才善罢甘休。

  一天深夜,开完批斗大会,骨干分子们留下来正在研究下一步的工作,到了凌晨两三点,忽然有人来报告说:抗战跑了!红卫兵们急了,抗战的问题还没有交代清楚,让他跑了,岂不是重大损失。他们于是马上召开紧急会议,发动全村民兵和积极分子火速出动,开展大搜捕。

  村子里一片漆黑,抗战能往哪里跑呢?人们有的打起灯笼火把,有的拿着电筒油灯,铺天盖地的搜索,把每个街道都搜遍了,也没有找到。

  第二天,抗战在回家拿衣服的时候被人发现了,又被捉了回去。红卫兵把他吊在房梁上狠狠地打了一顿,打得抗战皮开肉绽。

  接下来的日子,这个"日本人的狗杂种"每天都要受到非人的折磨。红卫兵小将们不断地变换着各种手段,能想出来的办法几乎都尝试了。抗战常常被整得大声惨叫,他们在一旁乐得前仰后合。

  铁蛋当了红卫兵司令后,权利越来越大,后来他把三蛮也推下台来,说他是保皇派,拉出去批斗。三蛮一开始还申辩,挨了几次揍后便变乖了。

麻狗队长一开始对铁蛋不屑一顾,后来受到了无产阶级专政,于是对铁蛋忠心耿耿,整天鞍前马后,鱼肉村民。

三蛮下台后,母亲和外婆被放了回来,不再挨批了。可是抗战却没有逃脱悲惨的命运。他在一天晚上被打成了脑震荡,腰脊椎受损,从此瘫在炕上,不能下地了。

外婆肝肠寸断。

第十六章

1

抗战受伤后,红卫兵小将停止了对他的折磨,他的媳妇在他被定为"日本杂种"后与他划清了界限,最后离他而去。肉体上的折磨抗战犹可忍受,不管红卫兵如何摧残,他都没有流泪,但妻子的离去使他的精神彻底垮掉了。他变得萎靡不振,一度绝食,整天躺在床上默默地流泪。

铁蛋与外婆划清界限后就没有再回来,他整天都很忙,成了交口镇呼风唤雨的人物。一大群人整日围着他转,早请示晚汇报,好不威风。铁蛋做梦都没想到自己会有这么一天这么大的本事,以前咋就不知道呢?看来自己确实被低估了!其实一开始的时候铁蛋心里根本没谱,甚至在想到与外婆决裂的时候心里还隐隐地难受,毕竟这个像母亲一样的人养了他多年,没有她也许自己就饿死在路上了,那一幕铁蛋是不会忘记的。还有自己被蛇咬的时候外婆替他吸毒,结果外婆昏迷了好几天;自己患病的那段日子,外婆拖着疲惫的身子给全村人磕头,又一次挽救了他的性命……想到这些的时候铁蛋就觉得很内疚,觉得对不起外婆,也对不起抗战和母亲,因此他下令不要再对她们进行批斗了。抗战那天被打残后,他把那些红卫兵狠狠地骂了一顿,指示他们把抗战抬回去,算是对得住这个兄弟了。他一直在反思自己是否有些过分,是否见好就收?但是当第二天站在戏台上的时候,那种高高在上的感觉使他陶醉,云里雾里般的,铁蛋就感觉自己快飘起来了。每当那些年龄比自己大的人毕恭毕敬地向自己汇报,特别是三蛮和麻狗队长已经对自己服服帖帖——三蛮何许人也？麻狗何许人也？交口镇的人不可能不知道。我铁蛋能有今天，还不是大义灭亲的壮举感动了天地，才使自己爬上了高高的司令部，指挥数百人勇敢地往前冲。常言道：男怕站错行，女怕嫁错郎。看来真是这样啊！如此下去，不过三五年，说不准自己会被毛主席接见，成为轰动全国的红卫兵标兵，成为毛主席身边的人呢！

铁蛋这样想着的时候偷偷地笑了，嘴角上挂着涎水，滴得满地都是。他突然感觉屁股硌得难受，想翻转身子，然后继续刚才的好梦。这时身边好像有谁咳嗽了一声，声音很压抑，显然是克制的结果，但铁蛋还是一跃而起，发现身边不知什么时候已经站了一帮人，麻狗队长正在嬉皮笑脸地看着自己。

铁司令醒来了？麻狗小心翼翼地问。

嗯。有啥事儿？铁蛋揉了揉发涩的眼睛，问。

抗战倒下了，今天批斗谁？麻狗问。

那个憨面不是还没死嘛，接着批斗。铁蛋说。

一个人阵势有些小。麻狗说。

那就把他妈也拉上，国民党特务，时刻要提高警惕。铁蛋说。

那个秀秀最近老是在村里胡说八道，说她男人不是右派，要不要进行批斗？麻狗问。

这个……

铁蛋有些犹豫。说实话，他是不愿意再从我们家拉人出来了。母亲和外婆被批得够惨，抗战被弄成了残废。那个秀秀自从男人被抓，一直神智不清，恍恍惚惚的，喜怒无常。她一直待自己很好，如果拉出来批，有些于心不忍。

狗日的怎么老盯着那一家子不放？秀秀有神经病，全村人都知道。你他妈的跟小寡妇胡弄，乱搞男女关系还没收拾呢！对了，今天就批斗你们这对奸夫淫妇！铁蛋开始发火了。

司令息怒，司令息怒！我不过是随便说说，随便说说而已。秀秀不是阶级敌人，我们就不斗她了。麻狗吓得浑身发抖，差点尿到裤子里。因为他知道被批斗的滋味，弄不好会被治成残废，这辈子就完了。

批不批斗老子说了算还是你说了算？来人，给我把黄寡妇弄来！铁蛋轻蔑地看了一眼麻狗，旁边的红卫兵立即上前，把他捆了起来。

于是,除了憨面母子外,麻狗和小寡妇也被押上了舞台。小寡妇姓黄;男人死得早,一直没有再嫁,与女儿相依为命。平日里靠相好的男人接济,后来和村长的关系公开后,别的男人就不敢再上门了。麻狗的婆姨曾经闹过几次,把小寡妇的脸都抓破了,被麻狗一顿专政,镇压了下去。其实这两年俩人已经有所收敛,倒不是因为年龄的因素,而是麻狗的儿子牛娃长大了,横在了中间。老子虽然很不高兴,但他不得不看儿子的脸色了。

小寡妇被批斗的时候披头散发,脖子上挂着两只破鞋,低着头一言不发。麻狗不以为然地站在她的身旁,高昂着头,显得与这伙人格格不入。他表面上波澜不惊,内心却翻江倒海,五味俱全。

批斗的前天晚上,麻狗见大局已定,于是哀求铁蛋不要把自己和憨面放在一起斗——憨面是啥东西啊!铁蛋说你他妈的先撒泡尿照照,看看自己是啥货色!人家憨面可没有强奸民女啊。麻狗说我也没强奸过谁,她们完全是自愿的行为。铁蛋于是就问黄寡妇,黄寡妇身子瑟瑟地抖动着,脸憋得通红,一句话说不出来。铁蛋突然觉得这个女人很可怜,也很可爱。有一次他去她家,他还给自己吃过红薯呢!黄寡妇走路的时候屁股一摇一摆地,摆得男人的心乱晃。铁蛋有一次实在忍不住了,就扑上去摸了一把,不料被外婆知道了,狠狠地教训了他一顿。其实黄寡妇比铁蛋也大不了多少,要不是有个女儿,别人还以为她没结过婚呢。

批斗会按部就班地进行着,人们的情绪空前热涨。这比每天批斗一个老太婆和一对半死不活的母子有意思多了。麻狗和小寡妇的事儿虽早已是旧闻,但拿到台子上说事,这还是头一遭儿!再说了,麻狗平日里作威作福,这让不少记恨他的人长出了一口恶气。人们胡乱地喊着口号,打倒这个打倒那个,会场上乱糟糟的,像乱了阵脚的马蜂窝,嗡嗡乱叫。

一件突然发生的事情让会场一下子安静下来。只见麻狗的儿子牛娃突然跳上舞台,在父亲的脸上唾了一口,然后对着小寡妇的脸左右开弓,把一个毛粪桶挂在她的脖子上。小寡妇被突如其来的袭击搞得晕头转向,腿一软坐在了地上,毛粪泼了一地,人们纷纷地捂上鼻子。牛娃义愤填膺地大声宣布,自己将从此与父亲陈得志一刀两断,断绝父子关系!

会场上像油锅里泼进了一瓢水,再次乱了窝。

牛娃提议,剥了不要脸女人的衣服,让大家参观参观。这个提议立即得到红卫兵小将的一致赞同。一些人跃跃欲试,脸上露出淫邪的笑。小寡妇本来是趴在地上的,听到这个可怕的决定后忽地一下坐了起来,双手紧紧地护在胸前,眼睛惊恐地盯着铁蛋,仿佛他就是自己的救命恩人。铁蛋的心猛地缩了一下,像是被谁用锥子攮了一下。他挥了挥手,让走上前来的红卫兵下去了。后来,在相当长的一段时间内,铁蛋都无法解释自己当时那个决定的真正动机,直到若干年后,当母亲把他们两人撮合到一起,他才石破天惊地意识到:自己当时维护的是自己女人的尊严啊!

憨面自从那天开口说话以后,就再也没有开口,仿佛他从来就没有说过一句话。以前他见人就嘻嘻地笑,现在看见人就往一边躲,眼睛里充满恐惧。唯有秀秀走到跟前的时候才能看见他脸上的笑容。

秀秀的情况很差,她经常喜怒无常,跟家里人发脾气,一家人都小心翼翼地对付着。文秘书在那边改造的情况也不好,父亲和三爸去看他的时候几乎不认识了。30多岁的人看起来像50岁的老头,弯腰驼背,一脸的沧桑,昔日的潇洒倜傥荡然无存。文秘书看见父亲就流泪,说自己这辈子完了,没指望了。他问秀秀的情况如何,父亲说秀秀很好,让他放心。文秘书说你们一家都是好人,可惜我没福分,跟秀秀也没有缘分,让她另找一个人吧,别活守寡了。父亲说秀秀要等你出来,文秘书流着泪摇摇头,说不要等了,等也是白等。

父亲的心沉沉地往下坠,冷冷地发疼。

这些年,父亲经历了几次大的风浪,已经习惯了。外婆被批斗令他难堪,母亲被批斗令他心疼,祝俊上来打官司令自己尴尬——但这一切都过去了,父亲都可以承受,唯独自己的这个妹妹让他头疼,不知如何处置才好。秀秀的精神已经到了崩溃的边缘,随时都可能发生不可预料的后果。文秘书的刑期遥遥无期,两人团聚的希望是那样的渺茫。

2

最初的狂热风暴过后,人们又开始投入到生产中了。大跃进的教训历历在目,整天喊口号并不能解决肚子问题,这个惨重的教训多数人都领教了。因此除了一帮年轻人外,其余的社员又开始上工了。

铁蛋对自己的身世一直很感兴趣。那个抛弃了自己的爹娘虽然可憎,但他们毕竟是自己的亲生父母啊。铁蛋现在发迹了,他想回河南去寻亲,于是带领一帮年轻人串联去了。

铁蛋来到河南后,才发现中原那么大,自己的家乡在哪里,一点印象也没有。当年爹娘抛弃他的地方倒是找到了,可那时他们已经逃了很多天,父母最终去了哪里,没有人知道。他们是否也像外婆一样逃到外乡,最后定居下来了呢?不得而知。

抗战受伤后,外婆每天守在跟前,心疼得要命。这孩子从小就很坚强,很少在外面惹事,也很少生病。小时候抗战经常问起自己的父亲是谁?他为什么不回来?外婆总是告诉他,他的父亲是一位抗日游击队员,在外面打坏人,所以没时间回来。后来全国解放了,没有了战争,孩子又问,外婆于是就说你父亲到很远的地方去了,要很长时间才能回来。外婆本来想告诉孩子真相,却又不忍心伤害他。因为抗战在外面玩耍的时候有人骂他是野种,抗战哭着回来问自己究竟有没有父亲,外婆很坚决地告诉他说,你的父亲是一位很了不起的英雄,他会回来看我们的。直到前几年,孩子长大了,外婆才将事情的真相告诉了他。抗战有很长时间都不愿意接受这个事实,因为在他的心目中,自己的父亲是一位英雄,他一直活着,总有一天会回来看他。现在所有的希望都破灭了,抗战的心里像湿了水的棉被,又冷又沉,怎么都飘不起来了。

外婆来到儿子的屋里。新婚的"囍"字还在,墙上的白灰还很新,被褥、枕头上的刺绣依然鲜艳,可惜炕上只剩了一个人。窗外的梨树轻轻地摇曳着,发出"刷拉拉"的声响,像几十双小手在同时拍击着。几只麻雀"唧唧喳喳"地吵闹着,合着风声树声,突然扑楞楞全飞走了,屋里一下子陷入沉寂。屋外寒风瑟瑟,雨打窗棂,像一张化了妆的脸颊上的泪,淅淅沥沥,零零落落。阳光透了窗棂的空隙泻进来,稀薄地涂在抗战的脸上,抗战的脸色很白,白得像冬日的衰草,透着一股淡淡的绿意。已经好几天没吃东西了,抗战的样子很憔悴,看上去好像一尊蜡人,了无生气。外婆轻轻地推门进去,抗战的眉头动了一下,没有睁眼。他知道是外婆来了,外婆每天都会来给他送饭,过了一会看见没吃,便拿出去热一下再端进来,这样反反复复,一碗饭就吃不成了。夜深人静的时候外婆能听见屋子里轻微的啜泣声,她知道这孩子心里很难过,却又不知道该怎样去安慰。外婆把能想到的办法都想过了,她感觉很无助。

抗战痛不欲生的样子令外婆心碎,她经常默默地坐在儿子的床前流泪。外婆说孩子啊,不管如何,你都要坚持下去,我们已经坚持了这么长时间,不要半途而废啊!你看人家憨面跟你一样,他还那么坚强,你怎么连他都不如呢？抗战受伤后，外婆用架子车拉着儿子去了很多地方，希望有人能治好他，无奈骨头是接上了，神经受了伤，人却永远不能走路，甚至不能坐起来了。看到外婆日渐苍老的脸，抗战的心里便开始难过，他说不要再看了，再看也是这样。外婆说你胡说些啥？世上的病都是可以治好的，就看你心诚不诚。那年铁蛋在医院被判了死刑，回来后还不是治好了吗？抗战说你再不要在我跟前提铁蛋的名字了，我不想听。外婆说你不要记恨铁蛋，说不定他现在后悔得要死呢。抗战说铁蛋后悔？他会后悔吗？我后悔没弄到手榴弹，把那忘恩负义的王八羔子炸成八块！外婆说好好的瓶子，你为什么装炸药呢？宽恕他吧，这样你也能够得到欢乐的。

抗战不以为然，气鼓鼓地把头埋进被子里去了。

铁蛋串联以后，麻狗又开始当他的队长了。造反的生活心惊胆战，墙头变幻大王旗，像过山车一样刺激，弄不好心脏病发作就永远拜拜了，神经衰弱的人最好别玩。麻狗回到队上如鱼得水，昔日的威风逐渐显现。社员的脾性他都清楚，谁吃几壶心里明镜似的，不会越位。

山峁的风一如既往地吹着。大家走到一起就有了笑言，忘记了曾经的隔阂。批斗会在一瞬间离他们远去，仿佛那是上个世纪的事情。大家在山野里很放肆地开着玩笑，预测某一位男人昨天晚上和老婆的战况，另一位于是就跳出来说他听过他们的房，女人可着身子叫唤呢！被点名的女人马上红了脸，拿起锄头扔了过来，人群里掀起一股风浪，嘻嘻哈哈四散逃去。山里没有墙，说说也不怕听去，铁蛋不在，既然麻狗敢带头乱说，大家也就无所顾忌了，毕竟这里不是批斗会。

三爸的媳妇春梅说：每天饭都吃不饱，还天天开批斗会，斗来斗去能斗出庄稼么？

大妈说就是的就是的。

麻狗说狗日的知足吧，资本主义社会的人民现在还处在水深火热之中，每天连稀饭也喝不上呢，听说吃什么"憨包"（汉堡）"屁傻"（比萨）、"热狗"——那是人吃的东西么？我们一定要想办法解放他们。

大家一片唏嘘，弄不懂"屁傻"、"热狗"是啥东西。三爸说听说美国人在地球的另一面，跟我们相对，晚上的时候我们撒尿，那不就撒到他们头上了么？大家于是就笑，笑声里透着一股深深的优越感，手上的活也因此轻松了很多。

三妈春梅念过几年书，识的字多一些，她经常在地头给大家念报，带着几个年轻媳妇跳忠字舞,这样一来等社员们干活的时候她就可以休息了。春梅念报的时候一字一顿地摇着头,抑扬顿挫的样子很滑稽,但大家都听得很用心,没有人笑话。春梅因此在妯娌间有很强的优越感,平日里对大妈指手画脚,把母亲也不放在眼里。

英子嫂,给咱唱一段豫剧,放松放松。有人建议。

就是,英子的豫剧唱得好啊——"刘大哥讲话理太偏,谁说女子不如男……"来一段吧!麻狗队长最爱听母亲唱戏,于是第一个赞成。

母亲爱唱豫剧,从小就喜欢。只是小时候受了太多的罪,吓得她不敢开口。后来外婆收养了她,她一天到晚地唱,一双羊角辫跟着歌声抖,人未到声音就来了。后来日本鬼子来了,母亲就不敢唱了。再后来,不幸的婚姻使母亲愁肠百结,想唱也唱不出来。母亲唱豫剧的时间是跟父亲结婚以后,包括卖饭的那段日子,她都唱,唱得街上的人住了脚,纷纷注目。母亲一边干活一边哼哼,但调子唱得很准,字正腔圆,因此村里的人都喜欢听。自从受到批判后,母亲有很长时间没有再唱了。

英子,来一段吧,大家都想听呢。大妈说。

好长时间没唱了,把词都忘了。母亲不好意思地说。

你就随便唱吧,你不说,谁知道歌词是啥呢?麻狗说。

那我就唱了,大家不要笑话。母亲的脸憋得通红,仿佛要上正式舞台表演节目,她有一些紧张,声音也有一些发颤:

<blockquote>
刘大哥讲话理太偏
谁说女子享清闲
男子打仗到边疆
女子纺织在家园
……
</blockquote>

母亲刚一唱完,大家就鼓起掌来,一片声说唱得好,要求再来一首。母亲说再不会唱了,让春梅给大家唱陕北民歌吧。

春梅也喜欢唱歌,大家都知道。母亲唱豫剧的时候她就有些痒痒,看到大家都在鼓掌,心里凉丝丝的,不是滋味,现在看到母亲把她推到前面,也就当仁不让地唱了起来:

> 青天蓝天紫格英英的天,
> 我站在涧畔上把哥哥看,
> 十里里山路九道道弯,
> 看哥哥看得我眼发酸……

春梅的嗓子很亮,像一道霞光透过山峁传得很远,把对面的沟沟壑壑都填满了。

3

日子似乎又回到了几年前的状态。大家白天劳动,晚上搞阶级斗争。因为阶级敌人只剩下憨面母子,他们家几辈子之前的事情都被翻腾过了,憨面的事情也玩不出新花样来,味同嚼蜡,大家都昏昏欲睡。到后来批斗会就成了讲笑话和故事会,有关憨面母子的算是切题,没有的话也没关系,只要使大家不瞌睡就行了。

麻狗说憨面,给你个女人会用么?一句话把大家都逗笑了。憨面满脸通红,脖子上的青筋冒得很高。几个婆娘跟着起哄,说就是的,憨面,你整天跟在秀秀的后面,人家秀秀跟了你能弄啥?你会伺候女人吗?大家又笑。麻狗说憨面啊,其实女人并不像你想象的那么容易收拾,你这辈子最好别上套,上了你狗日的就会后悔!几个婆娘于是又把矛头对准了麻狗,说看你说的,好像女人都是母老虎。你和女人打交道这么多年,也没见哪个女人把你吃了!憨面咋啦?把你婆姨让他试一下,保准没事!麻狗女人脸涨得通红,说绝死鬼的,咋不叫他跟你试试?一群女人于是哈哈大笑,会场群情激奋,热闹非凡。

那时候我们还小,不知道大人每天在忙些什么。母亲好像一直很忙,没黑没白。白天她要到地里劳动,晚上回来的时候做饭洗衣裳。到了年节的时候,母亲还要连夜赶制过年的衣服,几个孩子每人一件,没有新的就翻新旧的,翻新后的衣服很暖和,穿在身上光光堂堂,很舒服。那时的孩子似乎都没有攀比的习惯,谁家孩子穿了新衣我们也不羡慕,哪个孩子穿得破烂似乎也没人过于计较,但是对于比较脏的孩子都敬而远之,所谓笑脏不笑贫,大家都不和他们玩。记忆中我们的天堂一直是在城墙上,那里是我们的乐园，每天都会有取之不尽的欢乐。我们在城墙上捉迷藏，两个孩子一组，一个作掩护，一个孩子藏，然后大家分头去找。一般都能找到，但是也有藏得比较巧妙的，找了很长时间也找不到，后来很晚了，大家就不找了，这个孩子躲在角落里就睡着了，等父母来找的时候露水已经打湿了衣服，被大人一顿好打，孩子尖锐的哭声刺破夜空，搅得整个寨子都开始震颤。

我是大姐带大的。那时候孩子多，大人因为要干活，孩子基本上都是以大带小。大哥带二哥，大姐带我，二姐带小弟。大姐性格懦弱，说话慢声细语，像蚊子一样哼哼，因此从小就在几个兄妹中受人排挤，父母对她似乎也不公平。因为大哥是母亲带来的，从小没爹，一路上受尽了苦难，母亲总觉得对孩子内心愧疚，所以对大哥一直很好。大姐是个女孩，那时候母亲很忙，没时间照看她，接着又有了二哥，她因此的主要任务就是照看小孩了。大妈常说母亲心不公，母亲不同意，说十个指头展出来，扎哪个都疼呢。大妈不信。大妈开玩笑说大姐是母亲从路上捡来的，大姐将信将疑，跑过去问外婆，外婆笑着点点头，大姐就信了。后来，为了带我，她挨了母亲不少打，经常一边拾猪草，一边带孩子，迷迷糊糊在外面就睡着了，我饿得哇哇大哭，母亲找到后便狠狠地打她。为了带我，大姐没上过一天学，看着其他孩子背着书包跳跳蹦蹦，她就跟在后面悄悄地走。孩子们不让她跟，她就哭，哭得他们没办法，就让去了。上课了，大姐把我放在院子的树荫下，然后爬在窗上往黑板上看，听同学们整齐的读书声。后来，家里的活越来越多，大姐除了带孩子还得干其他活，于是就再也没有去学校。奶奶在这一点上支持母亲，她说女孩子长大后都是别人的，上学有啥用？再说学校现在乱哄哄的，学生交白卷，还要打老师。大一些的孩子整天在校园地干活，根本没心思念书。

大姐后来越发相信自己就是母亲捡来的，她甚至经常思念自己未曾谋面的父母，坚信他们还活着，常常有一种想见到他们的强烈愿望。但是父母究竟在啥地方？她不知道。

我小时候比较听话，大姐常常把我放在一个地方便玩去了，很久才回来。记得有一次下大雨，我站在那里等大姐来接我，怎么也等不上，于是就往回跑，结果差点让洪水冲走。有一天我们在麦场玩，大姐把我放在麦垛上，和其他孩子玩去了。我躺在麦垛上睡着了，大姐走的时候竟然忘记了找我，回到家被母亲狠狠地打了一顿。大姐常玩的游戏是踢毽子，没完没了地踢,直踢到天黑还不回家,而我早就饿得哇哇大哭,回到家母亲见火也没生,猪也没喂,于是免不了对大姐又是一顿臭骂。母亲每次骂大姐的时候外婆都出面干涉,大姐受了委屈就会躲在外婆屋里或大妈家里不回来。大妈和外婆是我们的保护伞。在我的记忆里,外婆嘴里永远都在哼着一些只有她自己才能听懂的曲子,像是念经,又像是咒语。她很慈祥,脸上笑嘻嘻的,喜欢跟我们开玩笑,有啥好吃的都给我们留着。

　　大姐会唱很多歌曲,我胡闹的时候她就唱给我听:

　　　　一轮轮车　两轮轮车
　　　　车上坐个官老爷
　　　　官老爷不戴纱帽
　　　　我是天上的花鸹
　　　　花鸹不穿裤裤
　　　　我是地上的兔兔
　　　　兔兔不吃草草
　　　　我是天上的雀雀
　　　　雀雀不哈(下)蛋蛋
　　　　我是一个罐罐
　　　　罐罐不长系系
　　　　打烂你的臭屁屁

　　大姐除了会唱歌,还会讲故事。大姐说很早以前寨子里来了一条龙,龙的一头在城墙上,另一头在沟里,看不到头。这条龙很粗,身上长满鳞片,上面有很多苍蝇嗡嗡乱叫。寨子里的人都很害怕,看来这条龙是遭殃了,被老天惩罚,受苍蝇蚊子的欺负。村民们于是齐刷刷地跪了下来,对着龙磕头。后来这条龙就腾云驾雾而去,寨子从此风调雨顺,没有遭受大的年成。大姐讲的都是一些稀奇古怪的事儿,还有神呀鬼呀的,估计都是从外婆那里听来的,弄得我晚上经常做噩梦,吓得尖声大叫。母亲知道后就骂大姐,说她心眼儿不对,大姐很委屈。大姐说星星都是下冰雹的时候长在天上的,月亮是太阳的影子。我说什么时候能够到星星上去?大姐说只要在城墙上做个秋千就可以了。秋千越荡越高,最后就会把我们荡到月亮上去。月亮上有桂树婆婆,还有吴刚和嫦娥,热闹得很。我于是就无限憧憬,每年的清明都要父亲做一个大大的秋千,然后让大姐带着我往高荡。秋千携着春风呼呼地响着,我的心一上一下,在空中颤悠悠地荡漾。可是秋千最终还是没有越过城墙,几天后就被拆掉了。

我们荡秋千的时候常常会遭到奶奶的呵斥,奶奶说荡秋千很危险,跌下来就没命了。奶奶的样子很严厉,很少看到她的笑容,和外婆形成鲜明的对比。奶奶虽然心里也疼我们,但是嘴上却很少体现出来,我们因此也很少接近她。奶奶常骂我们是狼羔子,喂不熟,拧着一对小脚满院子打我们,打不上,弄得气喘吁吁,我们发一声喊跑了,留下奶奶一个人在院子里徒唤奈何。

孩子们讨厌奶奶,却都喜欢外婆。外婆念经的时候我们就跟着学,全然不知她在念些啥,只觉得像唱歌一样,非常悦耳动听。听得时间久了,整个人轻飘飘地像要浮起来,悬在半空里,然后随着外婆的歌声恣意翱翔,飞向极远极远的地方:

> 南无喝罗怛那哆罗夜耶,南无阿唎耶
> 婆卢羯帝烁钵罗耶,菩提萨埵婆耶,摩诃萨埵婆耶
> 摩诃迦卢尼迦耶,唵
> 萨皤罗罚曳,数怛那怛写
> 南无悉吉栗埵伊蒙阿唎耶,婆卢吉帝室佛罗
> 愣驮婆,南无那罗谨智墀……

根据后来的回忆,我知道,外婆念的是《大悲咒》。外婆说:光明来,黑暗就灭;良药一吃,病苦就除。无论何种苦,都能够得到解脱;百千万亿众生的苦,都得到解脱。大慈大悲的观世音菩萨啊,消除众生种种痛苦……

我说:观世音是谁?外婆说:是菩萨。我说:菩萨是谁?外婆说:就是观音啊!我说观音是不是万能的?外婆说观音普渡众生,保佑着千千万万的民众——阿弥陀佛!

抗战舅残废后,外婆念经的时间更长了。她后来已经不敢出去给人看病,念经的时候也是小声在家里嘀咕,来了外人就得停止。那时候外婆已经失去了劳动能力,她和抗战的生活都是大伯和父亲兄弟俩接济的。外婆和儿子生活在一起,每天只要有太阳,她都会把抗战放在架子车上在寨子

到处转悠。

4

　　我的姑姑秀秀恍惚了一段时间后突然清醒了,提出要去枫树林农场看文秘书,父亲于是就陪着她去了。秀秀一路上和父亲说了很多话,她说文秘书从小没受过罪,这次把罪受扎了,他的命不好啊!父亲说人的命天注定,谁的一生有什么劫难,都是躲不过的。秀秀于是就问,文秘书躲过了这一难,会不会这辈子就平安了。父亲说是啊,好人总是会有好报的,你放心,文秘书是个好人,他被冤枉了,总有一天会平反的。秀秀那天表现得很平静,这是她以前所没有的,父亲也期待这次相见能够让她彻底恢复。

　　兄妹二人风尘仆仆来到农场,农场场长接待了他们。

　　场长说正要通知你们哩,文秘书出事了。

　　父亲说咋啦?

　　场长说文秘书自杀了,吊死在一棵树上了。

　　父亲一听就愣在了那里,再看秀秀时,她已经傻了。

　　场长说这件事很抱歉,正准备通知你们,尸体昨天已经埋了。

　　父亲说为什么不让我们见上一面?

　　场长说这件事很复杂,因为他是畏罪自杀,上面要求严肃处理的,我们不想让家里人再伤心,天气又热,所以出事第二天就把人埋了。人在山上,你们可以到那里去看看。说完用手一指,远远的一座孤坟在山坡上,坟头上站着一只乌鸦,对着农场"哇哇"地吼着,声音沙哑而又凄凉。

　　秀秀的眼睛开始发瓷,似乎还没有反应过来,或者是不愿意相信。直到父亲搀着她来到山坡上,看到眼前新堆起的黄土,秀秀突然撕心裂肺地叫了一声,扑倒在地,然后就昏了过去。

　　第二天,我这可怜的姑姑就失去了记忆,满大街乱喊乱叫。她时而嘻嘻哈哈,时而哭哭啼啼。她已经不知道自己是谁,也不知道自己在为谁哭泣了,样子很着急,却又说不出是什么事情,看的人都落泪了。

　　秀秀这次疯得很彻底,不像以前那样还有知觉。她一会欢天喜地,载歌载舞,唱一些不知名的曲子,冲着人不停地笑;一会痛哭流涕,伤心欲绝,一头散乱的黑发像刺猬一样蓬松着,上面沾满了草屑。大妈和母亲一开始还处处跟着,怕出意外,时间长了,也就习惯了。只有憨面每天跟在后面,遇到秀秀发怒的时候他就上前,让她拿自己的身体出气。大家都没想到,这个昔日心高气傲的女子竟然落到如此下场!看到憨面紧紧地跟在后面,大家不再嘲笑他,而是在一声叹息之后,对这孩子投去异样的一瞥。

第十七章

1

小时候我感到我最亲的人有两个：一个是外婆，一个是大妈。奶奶不是，因为她一直板着面孔，样子很吓人；父亲不是，因为父亲虽然疼我，但他不苟言笑，我和他之间有一种距离感；母亲也不是，因为母亲一直很严厉，我们兄妹几个都害怕母亲，谁在外面闯了祸，回到家都哄母亲，怕挨揍。

大妈从小就很疼我，她的孩子都大了，因此我便成了她最小的孩子。记得小时候只要去大妈家，她都会变着花样给我做好吃的东西，或者把藏了几天的吃食拿出来给我，为此我还得罪了几个伯叔兄姊，他们说大妈偏心眼儿。大妈嘻嘻一笑，说你们也不害臊，跟一个小孩子争吃的。有时在家里受了气，我便会跑到大妈家寻找依靠，大妈总会给我以安慰，抚平我心中的伤痕。母亲在这方面很粗心，从来不会给孩子道歉，因此我们兄妹几个都喜欢大妈。

外婆对我们就不用说了，那种爱是骨子里透出来的，无微不至的，令人感动。外婆有时也会唠叨，特别是我们做了不好的事儿，她就会很严厉地吓唬，却从来不向母亲告状，也没有真正地对我们惩罚过，因此我们很信任她，有啥事儿都愿意给外婆说，以至母亲想要了解我们的真实想法都得找外婆问。外婆常对母亲说，你和孩子要交心，孩子是懂道理的，你尊重他，他就会敬重你。大人是孩子的榜样，对孩子说话一定要讲究方式方法。母亲不以为然地说，娘啊，你老糊涂了，现在的孩子鬼得很，不敲一敲就会窜到房上去的。有一次我捡到 5 分钱,母亲知道了,硬说我是拿别人的,结果二话不说就打了我一顿。我很委屈,于是就到外婆那里去评理。外婆见我哽咽得说不出话,安慰了我很久,然后给我讲了一个故事。外婆说有一天,如来佛路过一片树林时,看到路边草丛里有一大堆银子,如来佛说:大毒蛇。如来的弟子阿难一看也说:毒蛇。便走开了。有一位农民在一旁听到他们说大毒蛇,就过来想看个明白。走近一看,原来是一大堆白花花的银子,高兴极了,心里想:这么一大堆银子,他们却说是大毒蛇,真是太傻了。于是赶紧叫来老婆,把银子偷偷地运回了家。农夫有了钱,放在家里怕人家发现,拿去用又不敢,所以每天拿一点去买东西,买的次数多了,街坊邻居心里就起了疑惑,加上国库被盗,于是破案的人就到他家去搜查,发现他家的银子正是国库被盗的银子。于是就把农夫逮捕归案。当要砍头时,他想起如来佛与阿难的话,才真正明白钱是害人的东西,大声地喊道:大毒蛇呀!大毒蛇!外婆说,记住,不义之财是祸水,贪不得的。

外婆不给别人看病了,我们兄妹几个如果有病,她还是很虔诚地相信自己的医术。记得有一次大姐玩去了,把我一个人丢在外面淋了雨,回来后就感冒了,发烧头疼。外婆摸了一下我的额头,然后说我着邪了,要给我送病。外婆拿了一只碗,三根筷子。先盛半碗水,放在门口,把三根筷子撮在一起,然后一松手,嘴里喊着:立住!那筷子"当啷"一声倒下了。外婆不慌不忙,嘴里喃喃地说着:你是那个谁呀?再不要欺负我福祥了!祥子是个好娃娃,可怜着呢!说完又道:立住!那筷子并不听她的指挥,依旧倒下了。外婆闭上眼睛,口中念念有词:南来的,北往的,本地的,路过的,不管你是被屈死的,冤死的,都给我立住!好米好面招待……那筷子依旧倒下了。外婆有些着急了,低声地问:你莫不是孩子他姑父?半夜里看见孩子,就跟着回来了?声音刚落,那筷子就立住了,三根筷子紧紧地拧在一起,屋里回荡着一股阴气。我浑身颤抖了一下,耳边"呜呜"作响。外婆平静地说:看来真的是他姑父回来了。你回来就行了,秀秀整天想着你,想得都疯了,你不要牵挂这家人,我们好着哩!赶快回去守那一堆土吧!——你等着,我给你拿吃的,吃饱了赶快上路——啊!说完就去后窑抓了一把小米,对着水碗边撒边说:一撒十里,赶快回去!二撒百里,爬山涉水……说完嘴里发一声——去!用一把菜刀把筷子向门外打倒,然后拿着笤帚就扫,边扫边用小米在我的头上乱撒,嘴里念着:小米洒上身,笤帚扫回门。真魂快归来,死鬼快离身……然后把水碗在我的头顶上左转三圈,右转三圈,嘴里说着:左转三圈给你水,右转三圈给你米,十字路口重等人……说完后用中指蘸了那碗里的水,在我的额头上画了个十字。水凉凉的,划在额头上很舒服,我突然觉得自己的头不疼了! 外婆端着那碗水出去了,边走边吹,嘴里念叨着:福祥哟,回来! 母亲接着道:回来了,回来了! 福祥哟——回来! 回来了——回来了! 这样一路叫着来到大门口,外婆把手中的水"唰"地一声泼了出去,然后依旧叫着我的名字回来了。回来后把筷子压在我的枕头下面,把碗倒扣在锅台上,用手摸一下我的额头,把被子拽了拽,说:蒙上头,好好睡一觉就没事了。

外婆送病其实并没有什么科学的道理,有时也不灵验。遇到这种情况,外婆就会把人送到医院,不让再耽搁,这是她治病的原则。母亲说送病其实是对病人心理上的一种抚慰,有一定的暗示作用,有些病人本来就没啥毛病,是心理上的原因,这样一送就没事了。但大家对外婆都比较迷信,村里有人生病了,晚上偷偷地就把她请走了。

由于家里人口多,奶奶、外婆都没有劳动能力,我们兄妹6人也正是吃饭长身体的时候,抗战瘫在炕上,秀秀疯得什么也不知道,一家十几口人就靠母亲和父亲挣工分养活。大伯和三爸家分开另过了,尽管大妈大伯经常会拿来一些东西,但家里光景还是不好。我发现,母亲脸上的笑容越来越少,她经常愁眉苦脸地站在灶台旁,好像天就要从她的头上垮下来。一老家子十几张嘴,母亲每天都要变戏法似的想办法,有时实在没法了,大妈就会拿过来一些粮食,但这究竟不是长久之法啊!

记得有一年要过春节了,家里没钱,一点年货也没有置办。眼看年的氛围越来越浓,压米的、杀猪的、摊黄馍的都开始行动了,我们家却没有一点年的气息。屋漏偏逢连夜雨,小弟福娃突然病了,并且很厉害。大伯扎了一会针,没有作用,外婆送了半天神,福娃依然昏迷。到医院要花钱,家里没有,母亲急得像热锅上的蚂蚁。父亲出去借了一圈,没有借到钱,眼看孩子已经奄奄一息,母亲慌了,就把家里仅有的一点玉米用架子车推着,带着小弟来到街上。

大街上有很多人,大家都在忙着置办年货。拥挤的人群中,母亲满脸是泪,跌跌撞撞地在人流中穿行。父亲跟在她的身后拼命地呼喊,母亲淌着眼泪,但是一直没有回头。下午的时候,由远而近的鞭炮声此起彼伏,街上的行人已逐渐稀少,母亲还抱着我的小弟蹲在地上,孤清清地守着那袋子玉米。这袋玉米母亲顶着雪花从乡镇卖到县城,她希望用卖玉米的钱给孩子治病,如果运气好的话,还希望给家里买一点可怜的年货。

母亲就那样在大街上坐了一天,也没有等来买玉米的人,她流着泪又回来了。一路上,父亲推着架子车,上面坐着孩子,母亲在寒风中不停地流泪。第二天就是大年三十,如果这一天也卖不掉,那么整个正月是没有人买粮食的。母亲心急如焚,不断地埋怨父亲,父亲唉声叹气,似乎也很无奈。中午时分,人们都急着回家,大街上已没几个人了。玉米卖不掉,小弟还在发烧,母亲忍不住仰天大哭:我娃要死了,我娃要死了,可怜的娃娃啊……

也许是母亲的哭声感动了上苍,一个准备回家的粮站职工正好路过,看见母亲在那里大哭,了解情况后给了母亲 5 元钱,把玉米拿走了。母亲知道,一袋子玉米根本值不了这么多钱,这个好心人一半是同情,一半是相送啊!母亲感激不尽,那人说你得赶快,要不医院就下班了。有了钱,母亲已顾不得许多,抱着小弟就往医院跑,然后大呼小叫地找医生。

2

春节一过,家里就没有了吃的。我一直不明白母亲是如何面对十几口人的嘴巴。奶奶整天躺在炕上哼唧,怨天尤人,身体也每况愈下。外婆因为经常不吃饭,身体也垮得很厉害。母亲那段时间经常在外面找粮食,更多的时间则是唉声叹气地回来了。夜深了,我听见父母吵架的声音,忽高忽低,夹杂着母亲压抑的啜泣声。贫贱夫妻百事哀,穷人的日子不好过呀。

好不容易挨到青草上来,地里野菜多了,树上的榆芊、洋槐树花都能吃了,于是就成了我们的主食。洋槐树花漫山遍野,白皑皑的像雪,家家于是都开始出动,半晌的时间就能满载而归。洋槐树花和苦菜、白蒿都可以做成"擦擦"吃,把槐花洗干净后拌入少量的面粉,放锅里蒸一会就好了。出锅后的"擦擦"香喷喷的,如果再弄一点蒜蘸水拌进去,味道会更好。槐花很多,大家可以放开肚皮吃,小孩子们于是就敞开胃,直到吃不下为止。

这样的好日子不会太长久的,槐花的花期很快就过去了,没粮食的依然没有吃的,家里孩子多的人就带着孩子下沟挖野菜,学也不上了。

我们家春天一过,也没什么可吃的东西了,大家于是就上山挖野菜。母亲有时放工回来,拿开猪草笼上面的苦菜,底下露出母瓜、山芋等好吃的东西,我们一拥而上,分享这些散发着母亲汗水的东西。母亲把红薯叶子和苦菜叶子用开水一过,然后用盐水一浸,锅里热气腾腾,小屋里一下子填满了幸福,一家人的脸上都洋溢着笑容,跟过年似的。

熬了大半年,终于到了收麦的时间,田野里一片金黄。风吹过,一股浓浓的麦香沁人肺腑,令人神清气爽,心旷神怡。

收麦子是生产队一年之中最忙的季节,也是最重要的时节,不要上面催,社员们的积极性都很高。辛苦了一年的希望全在这里了,那一片金色的海洋蕴涵的不仅仅是粮食,更多的是人们对美好生活的期望。那时候,我们能吃到的最好的食物就是白面馍馍了,因此农民对麦子除了期待,还有很多复杂的情愫在里面。家里有陈粮是一种奢侈,如果有隔年的麦子,那就一定是老财东了,谁不羡慕?麦面好吃,麦子可不好种。这种看似普通的植物需要经过严冬的考验才能变得金黄。

白露过后是种麦子的季节,歇息了几个月的土地被耕牛搅醒,泛出一排排深褐色的浪花。耕夫的长鞭打破清晨的宁静,一声长长的哞叫刺破东方的地平线,青色的天幕徐徐拉开,把一抹亮光透了出来。亮光扶着大幕越来越高,天际开始像电影的宽屏一样变幻着颜色,由青到白,由白变黄,由黄变赤,最后一轮红彤彤的日头一跃而起,宣示了新的一天的开始。

清晨的旭日并不刺眼,留给农夫足够的观察时间,可惜他们竟大多数地错过了这样美好的时光,辜负了日头的一片期冀。这一轮红日于是便节节升高,最后跃至他们的头顶,把火辣辣的光芒刺了下来,警示农夫它的存在。农夫在这个时候不能说还无动于衷,破烂的草帽已经遮挡不住炽烈的炙烤,汗滴顺着额头、脊梁流了下来,把脚下的地弄湿。这个时候,耕牛已经疲惫不堪,身后是一片褐色的海,那是他们今天的杰作。随着耕牛一声长长的哞叫,农夫也突然觉得自己的腿开始发沉,陷在泥土里拔不出来,肚子也开始闹事,随着耕牛叫了起来。这时不知谁喊了一声,男人们便齐刷刷停了下来,摘掉耕牛的笼头,把犁铧插好,装起一锅旱烟,一起凑到大树下歇息。透过嘴里喷出的烟雾,他们看见远远的地平线上有人影在移动。这些移动的身影越来越清晰,最后变成了一些具体的内容:一排妇女挑着担摇摇晃晃地走着,一边是篮子,一边是罐子。扁担随着腰身的扭动上下跳跃,罐子和篮子一前一后地闪着,一股风吹过,把浓浓的香味送了过来。

吃饭的时间到了。

虽然是集体劳动,但是每年的春耕和秋耕都是男人最忙的季节,他们需要在三更就起床,摸黑来到饲养室。饲养员把早就喂足了料的耕牛打发给他们,他们提着犁铧,吆着牛来到地里,在太阳升起之前要耕三分之一的土地,至晌午时把一天的任务完成。男人起得早,女人也不能偷懒,她们需要早早起来给男人做饭,做好了就送到地里,这样会节省很多时间。吃饭的时候是女人展示手艺的最好时光,谁家的米汤乱(当地人把米汤熬得糊叫乱),谁家的玉米馍黄,菜炒得香,一看就知道了。男人们狼吞虎咽地吃着,女人坐在一旁嘻嘻地笑,说一些无关紧要的闲话,其实每个人都很留意自己男人脸上的表情,如果他不满意,那么证明自己的茶饭就不行,如果男人吃完了还想吃,那说明自己的饭做得很可口,女人的笑声也开始放肆起来。她们收拾碗筷,扭着腰身一路说笑着又消失在地平线上。

地耕好后便开始播种。播种之前要扬粪,把各家的粪土收集在一起,用大车拉来,然后一掀一掀地散在地里。扬粪偷不得懒,要扬得均匀,不能成堆,否则种出来的麦子一块深一块浅,深绿的是粪土堆积,浅绿的说明没上到粪,缺乏养分,割麦的时候稀稀拉拉,比其他麦子矮了一大截。

每年送粪的时候是孩子们最期待的日子。几架大马车排成队,从寨子里浩浩荡荡地往外走。赶车的人把鞭子甩得清脆,骡子们嘶鸣着往前冲,我们这些小孩坐在上面高兴得哈哈大笑。大车进了田地,车轮子深陷在松软的泥土里,驾辕的骡子高昂着头,前面的几头骡子四蹄蹬地,嘴里喷着白气,把铁环咬得"咯吱咯吱"响(干活的时候,骡马的嘴里都套着一个半圆形的铁环,防止它贪吃路边的草和庄稼)。最美的感觉是往回走的时候,车子卸了粪,很轻松,骡子们"哒哒"地轻跑着,透过车子甲板的缝隙,我看见下面的地飞快地往后移动着,把地面拉成了一条条宽窄不同的线,像现在的电子条码似的。我闭上眼睛,耳边风声呼呼,如同坐在飞机上一样。那时候大家都没有坐过飞机,但是经常都能够看见,跟只大鸟似的,那么一点点,在云层中穿梭闪耀,不知道人在里面怎么坐? 有的飞机飞还会拖着一条长长的尾巴,这条尾巴从沟的这头伸展到那头,也不知是怎样弄出来的。我们经常站在城墙上讨论,似小儿辩日,谁也不能说服谁,最终无果而散。

播种的时候男人在前面摇着耧子,麦粒像流水似地泻下去,均匀地撒在田垅里。男人的后面是女社员,拿着一把镢头打坷垃,否则麦子撒在上面就出不来了。一绺一绺的麦子撒在地里,几天后冒出细细的嫩芽,在风中瑟瑟地抖,楚楚动人,令人爱怜;十多天后,这些嫩黄色的小东西便渐渐着色,变得深沉起来,成为一片醉人的绿。这些绿在深秋的寒风中精神抖撒,生机盎然,给人以早春的错觉。然而过不了多久,一场寒流之后,麦子上便会被罩上一层白白的霜,麦苗也迅速变软,叶子发黄,紧紧地贴在地上。我们以为它要死了,第二年一开春,它又悄悄地醒了过来,最后变成一片绿色的海洋。

听老人说,麦子必须经过霜冻才能长大,如果霜冻来得太迟,麦苗长得过高,第二年肯定就长不高了,产量也会上不去。大自然真是神奇啊,原来万物生长都有自己的规律,谁也违背不得。

3

麦熟一晌。几天前还是一片青绿的麦子突然就变黄了。一阵风吹过,像金色的绸缎一波一波地荡漾。社员们早早地来到地头,摩拳擦掌准备大干。

割麦子是女人的长项,像男人耕地一样,她们是麦田的主角。割麦之前男人在家里把镰刀磨快,一般都需要准备几个刃片,然后把磨刀石带到地里。女社员听队长一声喊,每人四行,只听见镰刀"嚓嚓"的声响,麦子便成片地倒下了。割后的麦田露出羞怯的笑容,藏在麦田里的草弱不禁风,嫩得发黄。麦子一堆堆地整齐排放着,男人们开始上阵了。大车跟了进来,大家把割倒的麦子捆起来扔到车上,车子四面用栅栏围着,能装很高很高,像一座山似的。装满后的车子"咯咯吱吱"地摇晃着,上面的人也跟着一起晃荡。他要一直跟到麦场里,然后把麦子卸下来。

割麦子是一个技巧活,需要手和镰刀的巧妙配合,不能用蛮力。会割的人干活很轻松,一天割二亩地没问题;不会割的一亩地也干不完,还把自己累个半死。

三爸的媳妇春梅割麦子不是很快,她常常远远地被甩在后面,前面留下一道长长的麦墙,像剃头师专门留下的一绺头发。母亲割到头后发现春梅还没有来,于是就在那头开始接应了。往往等别人开始往回割的时候,春梅和母亲才能接头,这样她们就没有时间休息了。春梅累得趴倒在地,浑身软得像皮筋,眼看自己又被远远地甩开了,她急得哭了起来。麻狗看见了,说哭球个啥?干不了滚回去,不要在这里丢人现眼!春梅不服,就跟队长吵了起来。麻狗毕竟是男人,被女人一通胡闹,觉得没意思,于是就让她去装车,跟男劳力一起干活。春梅装车有气无力,常常把麦捆弄散,扔得满地都是。麻狗说狗日的天女散花哩?球事都弄不成!春梅红了脸,不敢说话。麻狗转到车子的后面,从她的怀里接过麦子,一用力就上去了。春梅不好意思地笑着,麻狗趁机上前,在她的胸上捏了一把,春梅骂道:死鬼趔远!却不是真恼。麻狗占了便宜,"嘿嘿"直笑,走到树底下端过一缸子米汤,要春梅喝。春梅不领情,白了他一眼,自顾自到树底下休息去了。麻狗傻愣愣地站了一会,一仰头把米汤灌进自己的喉咙,流得满胸都是。

大妈干活很老实,她除了收麦子,还跟着男劳力装车。妇女们把麦子放倒后便可以收工了,大妈不愿意回去,于是就跟着车子接着干(这样可以多加两分。男劳力每天 10 分,妇女 7 分。大妈加班干就可以拿到 9 分,顶一个男劳力了)。太阳落山了,地里的麦子才拉完,大妈拖着疲惫的身子回到家里,大伯早就饿得发慌,骂她缺心眼儿。大妈也不辩解,洗一把脸就开始做饭,等饭做好后,她已累得不想吃,一个人靠着墙就睡着了。

母亲把麦子收完后也不回去,而是动员我们捡麦子。捡麦子要等收工后才能进行。母亲提前嘱咐我们在附近玩耍,等到麦子都拉完了就可以过来。母亲说我娃,想吃白馍馍就快捡。大姐心领神会,弯下腰就开始拾。收割后的麦田空旷、疲惫,叹息般地散发着热气。夕阳拖着天幕往下走,天渐渐暗了下来,空气也变得十分凉爽,没有了白日的燥热。我们掀开一堆麦杆,下面露出黄黄的,令人眼热的麦穗。这时麦地里已有七八个弯腰触地的妇女,她们同母亲一样不顾坚硬扎人的麦茬,紧张、兴奋地捡着劳动时无意落下的麦子。月亮上来了,薄薄地贴在天上,一部分已经被雾气所融化。雾气悄悄地来到地面,凉凉的,把人们的衣服都弄湿了。人们忘记了疲劳,麦地里黑压压都是人,在饥饿的驱使下,大家像疯了似的拼命地捡,仿佛地里还能长出新的麦苗。因为是集体劳动,所以麦茬里遗失的麦穗很多,因此每个人都会有不错的收获。孩子们已等不及队上的分配,想早早吃上白面馍馍,于是干得比大人还要起劲。因为这么多的麦子上缴公粮后分到每家每户也没有多少,所以这是最好的补偿办法。大姐捡得最多,抱不动就放在路边。捡好的麦穗整齐地绑在一起,像一把把火炬,烧得人心旌荡漾。外婆在天黑后也会前来,她看不见麦穗,负责看管保护我们的劳动成果。后来一些社员为了私利,白天收割的时候有意给自己藏麦子,被队长发现了,于是捡麦穗被勒令停止,民兵们晚上守在那里,谁捡就按贼处理,逮住了拉回去批斗。因为捡麦子的都是妇女,麻狗队长因此占了不少人的便宜。老婆劝他说：你收敛些吧，别把德都丧完了——老天会报应的！麻狗用拳头回应了妻子的警告，弄得她鼻青脸肿，都不好意思见人了。隔日在巷子里碰见被欺负的妇女，麻狗女人总觉得过意不去，于是就上前搭讪，被女人狠狠地剜了一眼，没趣地离开了。

民兵看守后，就没有人再藏麦子了。一场大雨过后，遗失在麦田里的麦穗开始发芽，看得人心疼，母亲于是就等到后半夜民兵回去了偷偷地捡。

一天晚上，我们正在聚精会神地捡麦穗，这时埋伏在四周的民兵一声大喝：逮贼！月光下，捡麦穗的人们四散逃窜。大姐惊慌失措，被麻狗死死地揪住耳朵。大姐低声地哀求，说下次再不敢了。麻狗不依。母亲走了过来，说你放了我女子，我跟你走。麻狗于是让民兵把母亲押到队部批斗。路上，麻狗悄悄地跟在母亲后面，一只手不老实地在她的身上摸着。母亲踢了他一脚，把一口浓痰唾在他的脸上，说，你这样子，真让人瞧不起！麻狗说瞧不起我的人很多，你算老几？说完扬起手在脸上擦了一把，笑嘻嘻地说：乖乖，听话，有你好处的。

批斗会上，麻狗队长强迫父亲用绳子捆绑母亲。捆紧了，母亲受痛。捆松了，父亲挨骂。主持批斗会的人让她交代问题，母亲一头乱发，一言不发。批斗会后，麻狗让其他人都离开了，然后走到母亲跟前，笑眯眯地盯着母亲，像欣赏被自己捕获的一头猎物。母亲仰起头来，眼睛里透着鄙夷，一副凛然不可侵犯的样子。麻狗讨厌母亲这种表情，奶奶的，在老子跟前耍啥清高！他抬起手臂给了她一巴掌，母亲被打得晕头转向，麻狗突然扑上去把她紧紧地搂在怀里，张开嘴巴就啃。母亲的脸颊被弄湿了，一股胃液从胸腔往外冲，差点喷了出来。母亲说畜牲！放开我！你会遭报应的。麻狗说我不怕报应，乖乖听话，可以少受些罪。说完便在母亲的身上动手动脚。母亲的双手被绑着，动弹不得，情急之下，她猛地一口咬在麻狗的胳膊上，麻狗疼得嗷嗷直叫，一脚将母亲踢翻了。这时闻讯而来的父亲和三爸破门而入，麻狗见势不妙，灰溜溜地走了。

第二天，无心上学的我看到母亲把缸里的水挑满，把屋里收拾干净，又为我们兄妹缝补了衣服，然后到外婆的屋里坐了一会，神情沮丧。

外婆说英子啊，这没啥，这么多难我们都过来了，你就再挺一挺吧，捡麦子不是偷，没啥丢人的。

母亲轻轻地摇了摇头，眼泪就下来了。

中午时分，母亲不见了。外婆一直觉得母亲的神色不对，于是就让我们分头去找。我们去了很多地方,田间地头都找遍了。回来的时候突然看到母亲正向涝池走去。刚下过雨的涝池水很深,涝池边缘很滑,母亲不会水,一踏进去可能就会出不来了。外婆尖叫了一声,哭喊着跑了过去。母亲迟疑了一下,转身抱住外婆,"哇"地一声哭了起来。

外婆说英子啊,你咋这么傻?那么狠的批斗你都坚持住了,劳改都不怕,为啥这件事就想不开呢?

母亲不言语,只是哭,哭得浑身抖动,气都喘不上来了。一时间涝池边围了很多人,大家都觉得有些诧异。因为在他们看来,母亲是一个很坚强的人,几次灾难都挺过来了,为什么这次会想不开呢?他们不知道,母亲也是女人,也有柔弱的一面,也有想不开的时候啊!

当天夜晚,村里一些婆娘拿着针线来到我家,看望母亲。她们对母亲安慰着,要她想开些。奶奶甚至拄着拐杖过来了,劝母亲保重身体。母亲很感动。

母亲用自己的屈辱换来了一家人的温饱。这年夏天,我们早早就吃上了白面馍馍。

第十八章

1

母亲的寻死给村子带来不小的震撼,队上有一段时间没有再派民兵管教,麦田里也没有人敢拾麦穗了。麻狗队长偃旗息鼓了一段时间,觉得很郁闷,于是回到家里就大发雷霆,把家里搅了个天翻地覆。

麻狗的老婆是个善良的女人,这么多年跟着麻狗受了不少气,也没有少挨打。麻狗仗着队长的声势欺负村子里的人,她看不下去了就说,麻狗说她是借别人灭自己的威风,是个赊货、贱货!于是只要有不顺心的事,回到家都拿她出气。老婆逆来顺受,多年来已经习惯了。村里有看不惯的婆娘经常劝麻狗要珍惜自己的婆姨,"少年夫妻老来伴",等你动不了的时候,伺候你的还是婆姨。麻狗轻蔑地一笑,不怀好意地看着她,女人便浑身发麻,不再说啥了。

麻狗结婚多年,只有一根独苗。这种情况在农村叫"秤锤生",意思是没有经过任何避孕措施,夫妻一辈子只生一个孩子。麻狗的儿子牛娃跟大哥年龄差不多,性格很要强,平日里玩耍什么事情都要以他为中心,否则游戏就做不成了。大哥福海性子倔强,不愿意随他摆布,牛娃于是就动员村里的孩子孤立他,骂他是野孩子,没有父亲。大哥恼羞成怒,于是就跟麻狗的儿子打架,结果被打得头破血流,回到家里后母亲又疼又气,拿起鸡毛掸就打。母亲说我们家的事儿还少吗?你还在外面惹是生非!大哥委屈极了,哭得说不出话来。他跟人打架的时候没有哭,但是面对母亲的指责,大哥泣不成声。

牛娃后来就成了村里的孩子王,大家都围着他转,把不合群的人孤立起来。运动开始后,老子英雄儿好汉,麻狗在村里整人,牛娃也组织红小兵到处抓人,抓的大多是一些比他大的孩子。这些孩子平日里蔑视他的权威,牛娃要借机狠狠地批斗一次。大哥就被抓过几次。后来村里再也没有人敢和他斗了。

丈夫和儿子整天在外面招风惹事,麻狗的妻子很不安。她管不了丈夫,也管不了儿子,只好上门给人家赔罪。麻狗知道了就给她两拳,说她生来就是个贱货,喜欢丢人现眼。有一次牛娃因为他母亲给别的孩子赔情道歉而打了她,女人很伤心,从此她对儿子也绝望了。这个婆姨私下里经常来我们家,给母亲说一些宽心话,特别是出了这样的事,她更是感到深深的不安,于是就煮了几个鸡蛋给母亲拿来,要母亲一定要想开些,不要和她那挨刀子的男人一般见识。母亲知道她是真心的,两个女人拉了很长时间的话,直到听见牛娃满世界的喊叫声,女人才发现天已经黑了,人家都开始喝汤了(当地人把晚饭叫喝汤)。

2

奶奶的身体越来越差了。风烛残年的她经常一个人默默流泪,蜘蛛网状的脸上,每一块菱形都记录着一段故事。日子在窗外屋檐下的冰柱上消瘦,滴滴答答,形成不连贯的线条;岁月在墙上剥落,往事从奶奶的心头一幕幕掠过,像一幅幅快镜头的照片在奶奶的脑海中交替辉映,清晰而又模糊。一些遥远的旧事生动鲜活,就像发生在昨天一样。有些片段令人激动,真想待在那里不走了。然而后面的图画却迫不及待地被拽了出来,图画被拉得变形,看上去很惨。

这么多年过去,奶奶觉得最快乐的还是儿时的一些事情,无拘无束,无法无天。可惜好景不长,等到稍微懂事的时候,家里的人就开始给她缠脚了。这是奶奶记忆中最痛苦的一段岁月,撕心裂肺,梦魇般地,令人不寒而栗。脚上的肉像是被一把刀一下一下地剔起,刀很钝,每块肉似乎都是被硬生生地拽了下来,然后再用火炙烤,把骨头都烧焦了!后来每每想起,奶奶身上的肌肉似乎都在颤栗,脚心开始抽搐。可以说,她的整个少女时代一直伴随着眼泪和痛苦,但更多的是无奈,因为每个女孩都要经过这一道坎,家里人更是把这种痛苦看作正常现象,熟视无睹了。男丁脚上扎个刺疼得龇牙咧嘴,一家人小心呵护,女娃受那么大的刑罪却没有人同情,这世道真不公平啊!

后来她嫁给了爷爷,成了妻子和母亲,奶奶的幸福便是从这里开始的。爷爷待她很好,夫妻那么多年,几乎没有吵过架,令寨子里的人羡慕。可惜老天爷不睁眼,活生生夺走了男人的性命,把寂寞和孤独甩给了她,奶奶从幸福之巅一下子跌到了冰河的谷底,从此变得落落寡欢,默默无语。奶奶在自己的心里筑起了一道城墙,把自己和外界隔离起来。墙内是过去的一些风光,景色旖旎,奶奶流连忘返,依依难舍。那是她和爷爷两个人的后花园,别人是不能闯入的;墙外姹紫嫣红,但这一切似乎与奶奶都没有关系。她的心随着爷爷的离去而变得冰冷,性格也开始孤僻,刻薄而严厉。奶奶几乎是靠着这一片私密的花园度过大半生的。花园里四季常青,蝶飞蜂舞,鸟语花香,每一棵草她都会非常珍惜,每一个角落她都会经常去打扫,每一块石头她都会反复擦拭,不使其有一丝灰尘。在那里,她可以无拘无束地同爷爷对话,甚至嬉戏。

奶奶还记得第一次见爷爷的时候,爷爷只有14岁,身子瘦小,看上去还是个孩子,而自己也不过13岁啊。那时候,她对婚姻的概念还很模糊,总以为一男一女住在一起就是作伴,等长大了就会有孩子,然后过光景日月,重复老一辈的生活。记得刚结婚的那段时间,两个孩子不敢在一起住,晚上必须要有人作伴才行。因为长那么大,她一直跟父母在一起,还没有离开过大人(我们那里的孩子从小都是跟大人住在一起的,一家人睡一条炕,孩子再多也是这样,直到出嫁或者娶媳妇,才会跟父母分开)。晚上万一来了大灰狼,或传说中的鬼怪,那可怎么办?爷爷也是,开始的时候他不愿意住新房,要跟父母住在一起。老奶奶不同意,他就哭,哭得老奶奶心烦了,骂他没出息。没出息就没出息,反正爷爷是赖在了家里。老奶奶没办法,只好派老姑给他们作伴。老姑的年龄跟奶奶差不多,三个孩子一台戏,每天都很热闹。他们忘记了害怕,在一起玩得很开心,直到两年后,老姑出嫁了,屋里就剩了他们两个,一时间竟很不习惯起来,但却没有了原来的恐惧。

两个人在一起,就没有那么闹了,缺少了老姑,爷爷和奶奶突然觉得生分起来,他们都不由得重新审视对方。奶奶突然发现,16岁的爷爷已经长高了,成了一个大小伙子了。爷爷晚上睡觉的时候呼吸粗重,嘴唇上面有一层黑黑的茸毛,喉结也开始突出。他额头宽广,棱角分明,厚厚的嘴唇一撮一撮的,非常可爱。两年的时间,爷爷变成了一个大男人!奶奶突然觉得心有些发慌,一种异样的情愫腾空而起,忍不住便在那熟睡的脸上亲了一下。睡梦中的爷爷以为是蚊虫,用手拂了一下,吓得她心通通直跳,赶紧躲开了……

爷爷也感觉到了变化。15岁的奶奶长高了不少,脸盘比原来更丰润,更白皙,黑汪汪的眼睛如一汪秋水,看得他心旌荡漾。最让他不敢正视的是奶奶的胸部变高了,像两座山突兀在那里,忽悠忽悠地闪;奶奶的臀部比原来更丰满,一双小脚扭动的时候,身子前后轻摆,如风吹杨柳,姿态好看极了。爷爷在地里干活的时候,脑子里便一遍遍地想着这些事情。晚上回到家里,奶奶把饭给他端到炕上,他甚至不敢正眼瞧她。奶奶也意识到了这一点,不胜娇羞的样子,在爷爷跟前扭扭捏捏,不好意思跟他说话。晚上睡觉的时候,他们不再是以前的无拘无束,而是有意地拉开距离,不敢相互靠近。爷爷感觉奶奶的身体是一汪水,表面泛着涟漪,下面却是激流漩涡,一旦陷进去可能就出不来了;奶奶觉得爷爷的身子像一团火,熊熊燃烧,靠近了就会把自己烤成灰烬。

这样的日子真熬人,两个人都觉得需要有一件事情把局面打破,却又找不到合理的解决途径。

奶奶懵懵懂懂地觉得男女之间应该有一些事情,老奶奶曾经给她暗示过。老奶奶说女人是水,男人是土,水和土得融在一起才行,要不就没有后代了。奶奶不懂得老奶奶的意图,痴痴地看着她笑。老奶奶又说,男人是牛,女人是田,田要耕种才会长庄稼啊!奶奶似有所悟,却又不那么彻底。回到娘家的时候问自己的娘,娘笑着在她的额头上戳了一下,说死女子,啥都不知道!你婆婆说得对对的!回去问你男人吧。

奶奶想了很长时间,觉得还是不好意思向爷爷开口。万一搞错了,爷爷会不会轻看她呢?她以后还咋好意思待在这里?不能问,真的不能问。

局面最终还是被爷爷打开了。那是一个闷热的晚上,天上堆积了厚厚的云层,黑压压的,就是不下雨。院子里没有一丝风尘,屋里像蒸笼一样,人的衣服都粘在了身上,汗珠密密麻麻地布在额头上,等待着排成队伍。奶奶拿起扇子扇了几下,没想到扇子里的风都是热的,汗水马上就流了下来,把袄襟都弄湿了。爷爷给人家帮忙去了,晚上要喝完汤才回来。老奶奶和老爷爷都吃过了，他们每天都睡得很早，为的是节省灯油。奶奶掩上门，舀了一盆水，然后脱了衣服，把自己泡在里面。水有些冷，奶奶浑身一激灵，身子马上就凉了下来，闷热的空气在一瞬间离她而去。奶奶把水撩在头上，水顺着脖颈滴了下来，顺着鼓胀的乳房四处逃窜。奶奶的乳房饱满圆润，挺得像两座山。她很少注意过自己的胸部，也不好意思去看。奶奶把水撩在乳房上，然后用力去搓，手指搓在那里很舒服，一股麻麻的感觉在心头荡起，奶奶于是就更加用力，手越来越快，最后心跳加速，呼吸急促，奶奶忍不住呻吟起来……

爷爷那天帮人干活去了。爷爷干活很卖力，不会偷懒，因此寨子里的人都愿意找他帮忙，他也乐意跟别人换工，因为谁家都有忙得不可开交的时候。晚上喝汤的时候主人拿出了一坛子酒，自己酿的，要跟爷爷喝。爷爷也不客气，一口气喝了几壶，感觉头有些晕，于是就下炕告辞了。

爷爷摇摇晃晃地回到家里，推开门发现奶奶正在洗澡。奶奶从来没有当着爷爷的面洗过澡，爷爷也没见过她的裸体，因此这一惊非同小可。昏黄的油灯下，奶奶的身上湿漉漉的，泛着金黄色的光芒。女人湿水后的脸庞妩媚动人，如下凡的仙女。奶奶惊慌失措，连忙拿了一件衣服遮在自己的胸前，要爷爷先出去，等她穿了衣服再回来。爷爷痴愣了那么一下，然后"嘿嘿"地笑了。他说我们是两口子啊，都结婚两年了，你还避着我。说完从水盆里捞出奶奶，把她搁在炕上。奶奶惊叫了一声，慌忙吹灭了油灯，拉开被子钻了进去。爷爷趁着酒兴把自己剥光，然后钻进了奶奶的被窝。

满嘴酒气的爷爷一进被窝就开始向奶奶进攻了。奶奶奋力反抗，无奈她的力气太小，抵抗了一阵就放弃了。屋里像蒸笼，被窝里更像是一团燃烧的火。两个人浑身都是汗，滑得像条鱼。爷爷把被子掀在了一边，朦胧的月光下，奶奶的身体像一堆面团，柔软而又有弹性。爷爷血脉喷张，身子发直。他猛地扑了上去，奶奶像只可怜的羔羊被爷爷裹在下面，发出呜呜咽咽的声音……

局面就那样被打开了。奶奶压抑着声音一直在哭泣着，爷爷于是就在一旁乖哄，给她讲夫妻的道理。这些道理爷爷也是前不久才知道的。爷爷一开始简直难以置信，觉得男女间的事情真龌龊。后来仔细一想，人类祖祖辈辈不都是这样延续下来的么？哪个人不是父母性爱的产物？他于是就坦然地接受了，并且准备在一个合适的时机给奶奶开窍。可是话到嘴边总觉得说不出口——这是什么话啊！要不是奶奶提供这次机会，说不准这件事还得往后拖呢。

　　两个人都湿淋淋的,像是从水里刚捞出来似的。爷爷拿了一条毛巾给奶奶擦脸,奶奶背转身子,不理他。爷爷好像做错了事的孩子,不知所措了。

　　其实奶奶也不是真的生爷爷的气,她也明白其中的道理,只是觉得这件事儿太突兀。奶奶在思想上还没准备好啊。

　　以后的日子,夫妻间的事情也成了生活中的重要内容,爷爷乐此不疲,奶奶也愿意配合。只是一生中的无数次恩爱,唯有这一次值得珍藏,在奶奶百无聊赖的日子,它反反复复地被咀嚼着,每一次都会令奶奶心颤不已。

3

　　从我记事开始,奶奶的脸一直都很僵硬,像个木乃伊似的盘腿而坐,周周正正,在炕上闭目养神,掌管着这个家所有的事情。家里的人见了她都毕恭毕敬,目光不敢与她对峙。再调皮的小孩看见奶奶也不敢任性了。奶奶足不出户,可是家里发生的一切事情都隐瞒不了她,寨子里的事情她也知道得一清二楚。奶奶就那样坐了很多年,像一尊雕像似的,巍然不动。奶奶表面上波澜不惊,其实思绪早就回到了她的后花园里。奶奶每天都会在那里散步,拾起一些被浪花冲起的东西,慰藉自己寂寞的心灵,以此打发漫长的岁月。每天下来,奶奶都腰酸腿疼,但是她不肯睡,一睡就表示自己不行了,那样晚辈会瞧不起的。

　　生性好强的奶奶坚持到了生命的最后时刻。奶奶不能再坐了,每天躺在炕上,浑身的骨头像一辆散了架的自行车,转动不起来了,翻一下身子都不连贯。奶奶的后花园里阴雨连绵,风光暗淡,草木开始枯萎、凋零,奶奶几乎都看不见什么了。更多的时候,奶奶是闭着眼睛,不愿想任何事情。奶奶对自己的一生已经做了很好的总结,觉得没什么遗憾的事儿了。

　　奶奶睡的时间太长了,身子的另一端被压得生疼。她努力想翻转身子,可是试了几次都失败了。大妈看见奶奶吃力的样子,上前帮助她,被奶奶挖了一眼。奶奶挣扎着想爬起来,最后还是大妈帮助用枕头围了个圈,奶奶才坐住了。两行清泪在奶奶的脸上缓缓流淌,她轻轻地叹息着,摇摇头,深陷的眼窝紧紧地闭着。

奶奶的样子很平庸，整日盘腿之坐于上房的炕上，眼睛眯成一条缝，不之地盯着好看，从我记事的时候，就是这一个样子。很少看见她脸上有笑容。奶奶走路的时候，昂着头，拐秋鞍，老她上叮咚乍响，很有声势。子鸿大妈的眼睛湿润了。

奶奶最终没有挨过那个冬天。临近年节的时候,母亲早晨去给奶奶喂饭,发现怎么也叫不醒,把手放在额头上一摸,人已经冰凉了。

母亲凄婉地叫了一声:妈!跪在地上便哭了起来。她这一哭,周遭的人都知道了,大伯大妈闻讯而来。

大妈人未进院子就开始哭唱了:哎哟哟我的妈呀,你咋就走了呢……

不一会三爸三妈也来了,屋里跪了一地的人。女人的哭声此起彼伏,把早晨弄得乱糟糟的。

生活在黄土高原的陕北人,世世代代依靠黄土地为生,死后也要长眠于黄土之中。古时游牧民族的火葬、野葬、树葬在陕北多不采用,传统的土葬在陕北各地大同小异地延续着,它是对死者的最后礼遇。

一般老人年逾60岁即开始购置棺材,制作寿衣。棺材俗称"寿木",以松柏木料为优;寿衣俗称"老衣",以蓝、红、黄棕绸缎为料;有褥、被、裤、袍子、褂子等,一般为7件。如果年轻人夭折(称"小口")不得超过3套。老人丧事称"白事",坟地称"陵"。民间对阴宅的选择非常重视,必须出钱请阴阳先生选地势、定方位。有句百姓谚语"子孙出在坟里,富贵出在门里",道出其中的原因,表示了人们祈求后世子孙富贵的愿望。

奶奶的葬礼从母亲的第一声哭喊便宣告开始了。父亲兄弟几个抛下手中所有的事情,都投入到这件事情中。村里的人也纷纷前来送香送纸,表示对死人的悼念。寨子里林家一族的人都来了,询问需要怎样安排。女人们则自觉地走向厨房,准备祭祀所需要的东西。家族中有一位人需要站出来安排,因为当事者父亲兄弟以及母亲妯娌均需要守丧,管不得事情的。

奶奶的坟地不用再选,就葬在爷爷的身旁,这种情况叫"异穴合葬"。一般合葬有"并穴合葬"、"同坟异穴合葬"及"异穴合葬",我的老家一般多沿用最后一种形式,很少把前者的墓掘开葬在一起的。陕北地区各家族一般都有家族墓地(俗称祖坟),按血缘辈份从上到下依次竖排,同辈则横排,至少满三代以上方可新立坟地。林家的祖坟在寨子对面的山峁上,背倚大塬,三面环沟,像一个龙头高高扬起,很有气势。据说这是一个高人给看的风水,说只要把祖先埋在这里,林家后代必出贵人。奈何至我们这一代还没有显赫的人物出现,因此大家就把希望寄托在下一代了。

奶奶的寿木早就准备好了。父亲兄弟在奶奶年满70岁的那年就给奶奶订做了寿木。奶奶的寿木是柏木料子,虽算不上上好的板材,但是在寨子里还说得过去。寿木虽然已经放置了几年,但完好无损,油漆依然光亮。这次奶奶下葬之前需要把寿木再漆一遍,以免漆层脱落,遭蛀虫侵蚀。

奶奶去世后的第一件事儿便是找阴阳先生看日子。因为是冬天,时间可以往后推,因此可选的余地比较大。看好日子后便开始打墓。打墓俗称"打陵"(小时候一直不知道"陵"的含义,只道是埋人的地方。长大后一查字典,原来这"陵"字很有来头,跟古代帝王都一个级别了。),需请4个或8个青壮年人。若村内没有合适打陵的,需到邻村去请。打陵时,孝子应不停地送饭、送烟酒,供打陵者食用,但剩饭不能往回带,这是忌讳。陵打成后,请娘家人和阴阳先生指点,不宜处再修整。打陵的每天需空回,打陵工具待亡者葬后方可带回。

打陵先下线挖坑,称"破土打陵"。一般坑长4米,宽2米,深8、9尺。后打墓窑,墓窑一般深8尺,宽、高均为5尺。一些条件好的人,预先在地下用砖或石头砌成墓窑,称之谓"堂子"。堂子以上地面加盖牌楼的叫明堂子,不加盖的叫暗堂子。奶奶的墓穴比较简单,没有铺石块,也没有箍堂子。天寒地冻,冻土层很深,挖了很长时间才挖开。里面的黄土比较松软,工程进展也快了起来。

当地埋葬的风俗,12岁以下夭折的均不埋葬,用干草裹尸送到山里了事。年轻人死亡叫"凶丧",丧事一般从简;80岁以上的老人死亡,叫喜丧,应隆重举行葬礼,前来参加丧礼的人可以说说笑笑,不必太拘谨。奶奶70多岁了,不算喜丧,但因为她长年守寡,大家觉得死亡是对她的最好解脱,因此家里除了父亲兄妹几个外,其他人的脸上看不到悲凄,空气里也没有哀婉的气氛。

由于家庭条件有限,奶奶的寿衣不多,仅外面的两套,里面是她以前的衣服。奶奶的寿衣是外婆给穿的。外婆给奶奶擦洗了身子,然后把头发梳整齐,在后面盘了个髻,最后给她换上了老衣。穿好老衣后外婆摘下一块门板,铺上干草,将奶奶双脚朝门放置在干草床上,脸上盖一张白麻纸,叫"盖脸纸"。外婆做完这一切后开始给奶奶诵经,为死者超度亡灵。外婆念的是《地藏经》,大家一句都听不懂。奶奶的脚下放着一个小桌,上面供着馒头、猪肉和剥开的熟鸡蛋。供桌旁绑着一只"替罪鸡",意为死者生前可能有错,死后为免阎王怪罪,让鸡去替罪。这只鸡最后要杀掉,让它去阴间替奶奶受罪。

老人去世后,其穿过的衣服、用过的被褥都要卷放于墙头,最后拿到坟地上烧掉。也有一些家庭贫困的人舍不得烧,于是就拿一块破席搁在墙上。大门外挂出"岁数纸"(按岁数每岁一张纸剪成长条状,捆成一束),向世人报丧。孝子着丧服,即穿白纱布制的长褂,用麻绳系腰,戴白纱布帽,穿白色鞋。总管要及时组织户族内人,分别向亲戚报丧。报丧最重要的是舅家,即奶奶的娘家,大伯身穿孝服持酒专程叩请。奶奶的父母早就过世,兄妹之中所剩也没几个人,父亲最小的舅舅亦60多岁,已经有好多年没来过,父亲兄妹也很少有人去。一般丧事中,舅家是人主,对丧事的过程及安排有权过问,俗称"下话",即孝男孝女跪于地上,由孝子(一般为长子)向舅家人诉说死者生前病因、医情及葬礼安排,舅家人听后,有训斥的、鞭策的,也有夸赞、鼓励的。如若外甥平日不孝,舅舅便要令其跪在灵堂,严厉呵斥。外甥再有不满,这个时候也需要忍耐,否则舅舅不同意,人是不能安葬的。我的老舅人老眼花,不想把事情搞得太复杂,父亲几个跪下后他随便问了几句,便令他们起来了。

  人亡三日后入殓(入棺)。入殓前棺底要铺麻纸(孝子每人一份),放丝线或五色线,给亡人口中放铜钱,俗称"口含钱"。有银元的则衔银元,达官贵人则衔金、银、玉器,为盗墓者留下念想。奶奶衔的是一块银元,这枚银元她已经收藏很多年了,嘱咐大伯等她过世一定要给她衔着,以免下世受穷。阴阳先生在棺底摆北斗七星图案、撒柏树叶等,将奶奶抬入棺内,头、手脚、穿戴都摆得很整齐,最后加盖。有条件的人还有陪葬物品,多为坛坛罐罐或死者生前喜欢的物件。有些物件比较值钱,于是就打烂再放进去,是为"毁器"之俗,免去盗墓者留恋。这一切都反映了人们对阴间极为复杂的文化心态,也是对死者寄托悲痛、留恋情感的一种表示方式。

  奶奶入棺后,帮忙的人在院内搭起了灵堂。灵堂用帐篷搭建,置棺材于两条长凳之上。棺前放一个小供桌,上摆供品、插香碗,放长明灯,下放一个插香器具供烧纸用。供桌前铺油布一块,供人下跪叩用。孝子轮流守灵,昼夜不离,早晚献食,点香烧纸。亲友来,首先在灵堂前烧纸点香,来人先斟一杯酒洒在地上,然后点三炷香,对着灵堂作几下揖,把香插在香灰里,跪下来点燃表纸,磕几下头,站起来再作揖,再磕头,然后就会有总管替烟接待,被请到客房喝茶。烧香磕头的都是男宾,女眷在男宾上香的时候跪在两旁哭泣。刚开始时,这些女眷还哭得有心有劲,凄凄惨惨,令人感动。几天后她们都麻木了,来人后以孝帽遮脸,干嚎几声,人走后就不哭了。

奶奶的灵堂前除了母亲妯娌三个,还有大姐、二姐和几个本家的闺女、媳妇。姑姑秀秀本来是这场戏的主角,可惜她不守摊子,一会跪下来哭得天摇地动,一会又高兴得哈哈大笑。从她的举止上来看,她是明白奶奶去世了,所以哭泣,哭得比所有的人都悲泣,甚至感动了寨子里的人。一些妇人被她感动了,也跟着流泪,说奶奶到底没白疼她,还是女儿好啊。可是到了第二天,她就狂笑不止,笑得所有的人心上都像猫爪子挠似的,难以忍受。每当她发疯的时候,大家就会看见憨面的身影,憨面总是跟在她的后面,寸步不离。有一次秀秀一个人走失了,跑到沟里去了,天黑找不到回来的路,家里人很着急,最后还是憨面靠着一双手把她从沟里弄了回来。母亲看见,憨面的手上都磨破了,血淋淋的。

第二天开始出殡,? 出殡俗称"埋人"。出殡前,孝子女眷最后一次哭堂。因为是最后一次告别,所以院子里哭声震天,是几天来最热闹的时刻。哭堂结束后,由8个青壮年人把棺材抬出灵堂,搁进做好的纸轿里。轿子因人而异,一般多为纸糊,做得很花哨,也很体面。再不济的人在这上面都不会省钱,因为它是整个丧事的门面。不管生前对老人如何,活着的人总希望在人前留一点面子。有些不肖子孙对老人生不管,老人死后却大办丧事,为的是给自己的脸上擦粉。

棺木上轿后,阴阳先生手摇铜铃,口念咒符,手拿桃条打老公鸡,鸡怪叫着跳过棺材,称"起殃"。此时,号炮齐鸣,孝子嚎哭,出殡起程,是为"出灵"。长孙扛着引魂杆前走,吹手奏哀乐,迎着亡人的牌位、棺材;孝男孝女拿着哭丧棒举着花圈、纸火及有关小辈至亲排成两行,哭哭啼啼缓缓前行。这个队伍我们都参加了,我看见除了父亲和大妈、母亲以外,其余的人脸上都没有眼泪。大伯哭不出来,三爸在那里干嚎,三妈声音洪亮,但是脸上没有一滴泪水;我们兄妹几个从小对奶奶敬畏,谈不上有多少感情,因此也哭不出来。大哥在前面扛着引魂杆,我看不见;二哥和大姐都把头压得很低,生怕寨子里的人看见他们的脸;我和小弟干脆不哭,小弟东张西望,偷偷地观察每个人脸上的表情。

父亲的眼泪是真实的,平日里很少见他如此恸哭,毕竟他是奶奶最喜欢的儿子;大伯把一切事情都看淡了,所以表现得很麻木;三爸一向眼睛就很硬,一时半会也挤不出眼泪来;大妈的眼泪是真实的,因为无论奶奶对她多么苛刻,她永远对奶奶有一颗报恩的心;母亲的眼泪也是真的,但更多的是哭自己的辛酸，与奶奶关系不大；三妈春梅伪装的样子很搞笑，旁观的妇人们都在指点着。春梅把孝帽拉了下来，一声尖锐的嘶叫，把大家都吓了一跳……

轿子在寨子里停了几次，叫"奠"，每停一次，大家就得跟着哭起来，表示对亲人的留恋。最后一奠后轿子便出了寨子，抬轿的人速度明显加快，把孝子们远远地甩在后面，一溜烟奔陵地去了。男丁们到了这个时候就不哭了，知道仪式已经结束；女人不同，这是她们发泄的最后时刻，特别是女儿，想起父母对自己的恩情，从此天各一方，永远隔开了，她们会扑天抢地，伤心欲绝，几个人都拉不住。姑姑秀秀那天也一直跟着，但是她没有哭，脸上痴呆呆的，没有表情，大家都捉摸不透她在想些啥。

棺木经过的磨盘、碾子上都系上了红布，属相相克的人需要避讳，否则对自己不利。路经家户均点一堆火，防鬼魂进宅。一路上有人不停地抛撒纸钱，谓"买路钱"，是给游魂恶鬼的。纸钱飘飘洒洒，飞得到处都是。出殡队伍行至墓地，将棺材卸下后由孝子推入墓窑，阴阳先生进窑用罗盘确定方位，摆正棺材，在墓窑内放一张小桌，上摆长明灯、祭食罐等物。坟堆好后在两个礼生的指引下，再行"告坟"礼，大家把纸轿撕得粉碎，火纸点燃，纸灰盆打烂，一场丧事宣告结束。

埋人的从陵回来后不回家，直接到主家吃饭。抬轿和埋人的每人胸前系一条红布条，以示辟邪。大家回来后在大门外要洗手，然后吃饭。吃饭的时候孝子们要敬酒，以示感谢，如果老人年龄大，就设酒宴；年龄小的白事一般吃一顿饸饹就完事了。

奶奶的丧礼结束后父亲兄弟设了酒席，寨子里的人几乎都来了。

第十九章

1

奶奶过世后,屋里就剩了秀秀一个人。秀秀和奶奶相依为命已经很多年了,奶奶走了,她一到晚上就哭着到处寻找,怎么劝也不听。外婆说你娘走了,到另一个世界去了,不回来了。秀秀说那个世界在哪里？我也要去。母亲说秀秀听话,妈去了很远的地方,回不来了,我们也不能去,否则她就生气了。秀秀不听,哭着闹着要奶奶。母亲外婆都被她弄哭了,但毫无办法。白天还好说,特别是到了晚上,她像一个几岁的孩子似的,一直要闹到很晚才会罢休。外婆每天除了照顾抗战,还要负责给秀秀做饭。秀秀不喜欢外婆,一看见她就喊,说神婆来了。父亲、母亲和大妈等白天都要干活,晚上再去陪她,都有些坚持不住了。

一家人为此一筹莫展。

这个时候,憨面来了。憨面拄着一双鞋,坐着皮垫子来到我们家里。由于长期盘坐,他的小腿肌肉已经萎缩,身子瘦小,如果不是那张胡子巴茬的脸,不知道的人还以为是个小孩子呢。

父亲说憨面你来干啥？

憨面说我来照看秀秀。

父亲说我家秀秀不要你管,你回去吧。

憨面不说话,痴痴地坐在那里。

母亲说憨面你吃了么？没吃的话锅里还有饭。

憨面说我不是来吃饭,我是来照看秀秀的。

母亲说你怎么照看秀秀?你连自身都照顾不了啊。

憨面说我能。我能照看她呢。样子很坚定。

父亲生气了。父亲说你能我也不要你照看。我们家又不是没人了,凭啥让你这个瘫瘫来照顾她!说完便挥挥手,示意让他走。

憨面坐着不动,倔强地把头扬向一边。这时,秀秀从屋里出来了,叫喊着要找奶奶。憨面连忙爬了出去。秀秀看见憨面,嘻嘻地一笑,然后就站着不动了。

憨面说秀秀,回家去吧,天黑了,外面有大灰狼。秀秀一听憨面的话,连忙跑回去了。一家人面面相觑,没想到这个疯女子竟然相信憨面的话!父亲劝过她多少次,她都不曾听啊。

其实即使疯子,心里多少还是有谱的。这么多年以来,无论秀秀的情况如何,憨面对秀秀都全心全意。她身心健全的时候对他不屑一顾,可是疯癫了的时候憨面却不嫌弃她,每天都会跟在她的后面,她走到哪里就跟到哪里。秀秀跑到山峁,他就跟到山峁;秀秀跑到沟底,他就挪到沟底,然后竭尽全力把她找回来。村里有人欺负她,他会跟他拼命,瘦弱的身子经常被打得遍体鳞伤,看的人都于心不忍。即使被批斗的那段岁月,憨面每天回来的第一件事还是看秀秀。有一次他偷偷地拿了母亲的红头巾想送给秀秀,结果秀秀看也没看就扔到沟里了。这条头巾是憨面父亲买给他母亲的,憨面母亲一直珍藏着,舍不得戴。头巾被扔到了沟里,憨面很伤心,于是拖着沉重的身子爬到沟底。头巾被挂在了树梢上,飘飘荡荡,像一面鲜艳的红旗,在一片灰蒙蒙的颜色里很张扬。憨面折腾了半天,累得筋疲力尽,却怎么都够不着。后来还是放羊老汉帮助他取了下来。

回到家里,憨面母亲狠狠地把儿子揍了一顿,揍完后她搂着残疾的儿子哭了,悲痛像决堤的江水汹涌澎湃。憨面也哭了,因为家里再也没有啥值钱的东西了,就这一件,是憨面母亲珍藏了多年的纪念品,女人很珍惜,那上面渗透着丈夫的汗水啊。回想那些年,家里有多少好东西啊,可惜都被拿出去烧了。烧不成的都砸烂了,没留下一件。女人看着年过三十的儿子,伤心得浑身颤抖,说不出话来。她决定给儿子做一顿好吃的安慰他。女人搜刮了盆盆罐罐,弄得一些白面,然后又把油瓶里的油悉数空出来,给儿子摊了一张葱花大饼。这种饼只有在过年的时候才能吃到,平日里他娘俩都是靠粗粮野菜维持生活的。憨面母亲捧着香喷喷的大饼让儿子吃掉，儿子很兴奋，馋得口水都快下来了。他要给母亲分一半，母亲说她摊了两张，另一张已经吃掉了，这张是给他的。憨面不相信，母亲坚决不吃，扭头走了。憨面围着这张大饼嗅了半天，舍不得吃。他的样子很陶醉，像只饿了好长时间的狗突然遇见了一块肥肉，那种心情是难以言状的。他决定把这只饼留下来慢慢吃，每天只吃一点，慢慢咀嚼，细细回味。到了晚上，饼子还没有动，几次下口，都有些舍不得。这时他突然想起了秀秀，于是拿着饼子就找到了她，把饼子递给秀秀。秀秀看见饼子很高兴，拿过来一口气就吃完了。吃完后还问他要，憨面很尴尬，恨自己不能再找出一张来。从此以后，只要母亲给他做了好吃的，他都要拿给秀秀吃。有些东西秀秀不喜欢吃，于是会冲着他大发雷霆，把他的东西扔在地上，踏在脚底，他从不生气，拿起来吹吹土，自己就吃掉了。有一次秀秀发疯了，不顾一切地往涝池跑，憨面连滚带爬地赶过去，一把抱住了她的腿，硬是把她拖了回来。秀秀生气了，对着他拳打脚踢，他的脸被抓破了，头发被拽下来很多，手也被踩得流血。大家都说憨面这下不敢再跟着秀秀了。谁知第二天，他还是那样痴心不改。说实话，因为有了憨面，我们一家人省了多少心啊！大家虽然不愿意说，但是心里都明白得很。

　　这后来，秀秀似乎对憨面有一种特别的信任，无论她有多么狂躁，只要憨面来了，她都会平静下来。这些年，奶奶年龄大了，无法照顾她；外婆有一个病人需要照顾，无暇顾及；父母每天都很忙，也没给她多少具体的关怀。我们这些孩子看见她唯恐躲避不及，就连大妈都开始躲着她，因为秀秀疯起来谁都敢打，所以真正给她关怀的人只有憨面了。

　　那天晚上，憨面就坐在秀秀的门口给她唱歌，秀秀静静地听着，不吵，不闹，也不哭泣。月光透了云端洒了下来，在树梢上略作停留，便来到了院子。院子里朦朦胧胧的，一切都变得神神秘秘，似童话里的世界。憨面的歌声像摇篮曲，在院子里萦回：

　　　　六月的日头腊月的风
　　　　老祖先留下个人爱人
　　　　白萝卜卜胳膊水萝卜卜眼
　　　　瓜子仁仁舌头海棠花花脸
　　　　……

夜很深了，秀秀睡着了，憨面在外面也睡着了。北方的春天晚上很冷，风硬硬地吹了过来，发出呜呜咽咽的声音。月亮像一张薄饼挂在树梢，在风中来回地晃。几声狗吠从很远的地方传了过来，寨子里的狗回应了几声，觉得没趣，又去睡觉了。一只黑猫从墙上一跃而过，向厦屋扑了过去，不一会，它就衔着一只老鼠回去了。一切又归于寂静。

外婆没有睡，也睡不着。自从抗战受伤后，她几乎很少走出家门，每天在家里悉心照看着儿子，给他唱经，《宝积经》、《无量寿经》、《心经》等。这些经他从小听大，耳熟能详。抗战开始的时候万念俱灰，一度产生轻生的念头，慢慢地，他的心情开始恢复平静，后来外婆诵经的时候他也跟着念，诵经成了娘俩每天早晨的必修课。由于外婆的精神疗法，抗战的身体恢复得很快，天气好的时候外婆就会推着他出来溜达，从寨子里到村外，再从村外回到寨子里。抗战虽然是个瘫子，可是被外婆收拾得很干净，脸上红突突的，不像个病人。他后来也能帮着外婆干一些活，比如剥葱捣蒜，烧火洗衣服等。外婆的年龄大了，眼睛不好使，抗战于是就学会了缝补衣裳，他还会用羊毛捻线，然后再织成袜子，家里人每人一双。这些劳动虽算不上有多么伟大，但对抗战来说却很重要，他因此树立了活下去的勇气，觉得自己是个有用的人了。

窗外的月亮在云层中穿梭，如同外婆的思绪在风浪中前进。历史的大戏一幕幕地在她的脑海中上演，从抗战风云到洪水灾害，从中原大地到陕北高原，惊涛骇浪几次次险些把她埋葬，但外婆还是坚持爬了上来。回望70多年的生命历程，外婆觉得自己的一生其实也值了。祝俊的婚事曾经令她难堪，但现在看来，母亲和父亲也算美满，祝俊是罪有应得啊，怪就怪这孩子悟得太晚了。相信祝老爷一定还活着，就是不知道现在哪儿？他会和憨面的父亲一样去了台湾吗？抑或还在国内，又成就了一家人？外婆百思不得其解。当然遗憾的事情不能说没有，令她伤心的是抗战成了残废，这孩子多仁义啊，不知道为什么会遭此报应？但令外婆最揪心的还是铁蛋这个孩子。铁蛋回去几年了，杳无音信，不知找到他的父母了吗？气归气，每每在夜深的时候，外婆还是会想起他的。毕竟他还是个孩子啊，受别人蛊惑。想到这些的时候外婆就原谅了他，养育了他那么多年，如果铁蛋回来，她还会像儿子一样对待他的。

风贴着树梢呜呜地吼着，外婆突然觉得有些冷，赶紧把儿子的被子拽严了。抗战睡得很死，他的心已经平静下来了，不像刚开始那时候，每天晚上都睡不着。透过窗户，外婆发现憨面还睡在外面。她赶忙拿了件大衣，走上前给他披上。憨面醒来了，冲着外婆笑了笑。外婆说孩子，回屋里睡吧。憨面摇摇头，然后拖着沉重的身子慢慢地离开了。大门发出吱呀的叫声，一切又回到了刚才的状态。夜静得怵人。

一连几天，秀秀每天晚上都要哭闹，家里人谁劝也不听，只有憨面来了她才能安静下来。憨面在院里唱信天游，声音虽不大，但是弄得一家人心烦意乱。父亲说这叫什么事啊？长久下去成何体统！于是等憨面再来的时候就不让他进来。他不来秀秀就拼命地叫，弄得一家人更不得安宁。父亲长吁短叹，一筹莫展。

后来还是外婆说话了。外婆说憨面这孩子其实很不错，他是真心喜欢咱秀秀的，这种喜欢也不是一天两天了，不如把秀秀嫁给他，两人也有个照应。父亲坚决反对，说怎能把咱秀秀嫁给这样的人？成份不好不说，还是个残疾人，跟着他秀秀会有好日子过吗？

母亲不以为然。母亲说其实这件事我也想过了。憨面是成份不好，要不现在也不至于弄成这样，他心眼好，五官端正，人也很聪明，就是腿脚不行，但是他喜欢秀秀，比谁都喜欢。这件事儿要是在10年前，是不可能被提及的，但是现在秀秀有精神病，动不动就大吵大闹，只有憨面的话她还听一些。文秘书死了多年了，秀秀的年龄也越来越大，我觉得照目前的状况，不如让他们两个人成亲，说不准秀秀的病会好了呢。

父亲没有再说话。他装起一锅旱烟"吧嗒吧嗒"地抽着，屋里笼罩着一层浓浓的烟雾，把父亲的脸装扮得虚无缥缈。母亲让大哥、大姐把大伯、大妈以及三爸、三妈都叫来了，一家人开始讨论。

家庭会议开了很长时间，最后大家形成统一意见：只要憨面是真心的，就把秀秀嫁给他！

几天后，憨面的母亲就上门提亲了。憨面也收拾得干干净净，出现在秀秀的屋里。大妈和母亲征求秀秀的意见，她一直"嘿嘿"傻笑，什么也不说，这件事就这么定了下来。

2

秀秀和憨面成亲的那天下着雨，人们的心情都湿漉漉的，说不上来的滋味。奶奶去世了，笼罩在我们心头的那团阴影已不复存在，一家人现在最愁的事情就是这个姑姑了。如今，她将找到自己的归宿，可是大家却不知怎么的都高兴不起来。

秀秀结婚的头一天，母亲起了个大早，去交口镇扯了一身格子呢，回来后同大妈一起为秀秀做衣服。新衣服做成了，穿在秀秀的身上很好看，她高兴得合不拢嘴，看来爱美之心是人的天性啊。母亲的眼睛有些湿润，因为秀秀已经有很多年没穿过新衣服了。家里穷，这些年除了孩子，大人几乎都凑合着，拆了冬衣做夏衣，天气凉了再改作秋衣，大多数人都一样，没有谁笑话谁。孩子们到了冬天会穿上新的棉袄，棉袄的上面包了一层破布，等到过年的那一天再剥下来，衣服就是新的了。翌年的冬天，这件棉袄会被重新缝上破布，直到年底的那天再拆下来，衣服依然是新的模样。孩子们因此每天都盼着过年，不光是能吃到好东西，还有平日里不让穿的新衣服可以亮相。

我的姑姑秀秀穿着新衣服端坐在炕上，不吵不闹，等待憨面家的人迎娶。窗外细雨连绵，除了自家人，没有客人，也没有惊动寨子里的人。但是看热闹的还是围了很多。他们带着草帽站在屋檐下，对着屋子指指点点，评价着这一出闹剧。姑姑在正午到来的时候突然唱了起来，是些谁也没听过的歌曲，不知是从哪里听来的。平日里她也唱，但是没有像现在一样唱得字词分明：

　　南山顶顶上起乌云
　　难为不过人想人
　　给哥哥做一双十眼鞋
　　走远走近你早回来……

大门外看热闹的人哈哈大笑着，不知道秀秀唱这首歌的具体含义。难道她真的对憨面有情意么？这些年了，文秘书应该早就忘记了吧？她咋知道今天是大喜的日子，也不哭，也不闹。

大家都觉得有些不可思议。

正在这时，秀秀突然不唱了。她大喊了一声，把正在给她梳头的母亲吓了一跳，院子里的人也吃了一惊。秀秀喊完后就跳下炕，然后赤着脚丫跑了出来。母亲拽了一下，没拽住，把自己也带倒了。大门外的人没料到她会出来,吓得都往墙根躲,不知道她要干什么。正在这时,娶亲的人来了。娶亲的是一辆架子车,憨面穿着新衣服坐在上面,肩上挎着一条红绸被,手上拿着一把黄色的油布伞,后面跟着她的母亲,淋得落汤鸡似的,但样子很兴奋。憨面看见秀秀已经出来了,在雨地上乱跑,他喊了一声:秀秀!然后连滚带爬就下了车子,两只手在雨地上乱刨着,弄得浑身是泥。秀秀听见憨面的叫声,不跑了,她呆呆地看着他问:你叫我干啥?憨面说你赶快过来,雨这么大,衣服都淋湿了。秀秀瞥了他一眼,没理会,自顾自回去了。父亲拿着一把伞赶快给她搭上,秀秀的衣服已经湿透了。回到家里母亲让她把湿衣服脱下来,她坚决不干,死死地抓着衣服不放,嘴里说着:这衣服是我的,我的!母亲说这衣服就是你的,湿了,脱下来给你弄干,秀秀听话,要不会感冒的。秀秀睁大了眼睛,将信将疑地望着母亲,最后母亲给她换上了干衣服,让父亲把新衣服在火上烘烤。

秀秀的婚礼虽然没准备什么东西,但是基本的礼仪还是要有的。憨面是新郎,今天要特殊地招待,他于是被安排在了炕上,他的母亲也被安排在炕上。母亲把面条煮好后端了上去,第一碗是秀秀的,第二碗是憨面的,第三碗给憨面的母亲,她坚决不吃,说自己吃过了。

吃完饭后,大伯和大妈、三妈、大姐、二哥一同送秀秀去憨面家。秀秀看到大家待自己这么好,有些异样。她乖乖地坐在架子车上,像孩子一样听话。

雨渐渐地小了,围观的人转移地方,跟着架子车走了。巷子里传来泥泞的脚步声。母亲站在门外,眼睛不觉湿润了。

秀秀坐着架子车来到寨子外面的憨面家。憨面和他的母亲被赶出老院后,住在离寨子不远的一个土窑里。土窑倚在一条塄畔下,窑脑上荆棘遍布,几乎把塄畔遮严了。窑的旁边是一棵巨大的水楸树,蜿蜒曲折,一直伸到涧畔的上面。每年春天,水秋树开满紫色的花,非常好看,孩子们从涧畔上就能摘到,拿回家插在瓶子里,屋里于是就透着一股清新。到了夏天,水秋树枝繁叶茂,结出长长的针果来,成了孩子们争相采摘的玩物。在浓浓的水秋树笼罩下,土窑如秋日般凉爽。到了冬天,土窑里温暖如春,土豆放在地上生出黄黄的嫩芽,蜿蜒曲折。只是土窑很小,仅能供母子二人容身,一面土炕和一个锅台占去了里面大半的空间。这孔小窑原来是队上的猪圈,社员在里面养了几头猪,后来猪都死了,土窑便没用了,成了憨面母子的栖身之所。小窑没有窗户,与外界接通的是一扇荆条编就的栅栏门。

即使在白天,只要门一关,里面就漆黑一片。搞批斗的那段时间,红卫兵小将把土窑的门封上了,仅留下一个很小的孔,人从里面要爬着才能出来。憨面和母亲每天像狗一样从那里爬出,晚上的时候再爬回去。有时红卫兵小将还会从上面扔下很多垃圾,把门口都堵严了,这样外面的人不帮助,他们母子就出不来。

  现在,憨面要结婚了,他的母亲又喜又忧。喜的是儿子终于有了媳妇,了却了她最大的心愿;忧的是媳妇来了没处住——小窑里不可能再盘一张炕了。这个问题其实也困扰着我们家里的人。

  秀秀被人从架子车上抱了下来。憨面家的门前搭起了一个帐篷,里面放着一张桌子,桌子上摆着白馍馍,一只香炉和两瓶塑料花。桌子的前面铺着一条麻袋,是新人拜礼的地方。院子里没有宾客,也没有一般婚礼上的热闹场面。憨面母亲把自己收拾得干干净净,端端正正地坐在那里,准备接受儿子儿媳的跪拜。主持婚礼的人高声地叫着:一拜天地!憨面坐在地上,双手抱拳,对着桌子作了一下揖,然后拉了一下秀秀的裤腿,要她和自己一起磕头。秀秀嘻嘻地笑着,不明白怎么回事。围观的人嘻嘻哈哈,都在看秀秀将如何表演。

  憨面拉了几次,秀秀还在傻笑,他于是就用力在秀秀的腿弯上拍了一下,秀秀腿一软就跪下了。

  你打我干啥?我又没吃你们家馍馍!憨面的行动惹恼了秀秀,她"嚯"地站了起来,双手叉腰,杏眼圆睁。

  秀秀听话,今天是你的大喜日子,憨面跟你成亲后就是你的男人了,你们要在一起磕头才行,赶快跪下吧。大妈赶紧走过去相劝秀秀。

  我有男人!我男人叫小文,他死了,不要我了,我再也不要男人了。秀秀说完扭头就跑,边跑边哭,把一院子的人都扔在了那里。

  那天晚上,秀秀还是住在自己的屋里。第二天一大早憨面来了,好说歹说秀秀才跟着去了,到了晚上她说什么也不去憨面家住,又回来了。

  一连几天,都是如此。憨面于是也不强求了,拿着自己的铺盖搬了过来。女婿住在娘家不成体统,但是这件事情例外,村里的人也能理解,都说我们家招了个上门女婿。大伯、大妈和父亲、母亲也默认了这件事儿。

  秀秀跟憨面结婚后,两个人处得似乎还可以。憨面的母亲每天都会过来做饭,晚上喝完汤再回去。回到家里,面对那个小小的土窑洞,憨面的母亲就想,阴差阳错啊,幸亏秀秀不在她家住,要不这么小的炕晚上怎么睡呢？为了儿子的婚事，做母亲的把头发都急白了，但是他们的条件不允许儿子娶到媳妇。秀秀如果精神不失常，也绝对不会嫁给憨面的。她虽然神经有问题，但儿子一直非常喜欢她，这辈子算了了他的一大心愿，做母亲的也感到欣慰。有时儿子会带着秀秀到窑洞里来，秀秀似乎很听憨面的话，他挪到哪她就跟到哪，看的人都笑了。

第二十章

1

秀秀的事情终于有了着落,大家都松了一口气。接下来要解决的问题是大哥福海的媳妇。

福海已经20多岁,早就到了谈婚论嫁的年龄。村里跟他年龄相仿的人都结婚了,有的甚至有了小孩。由于从小失去父亲,福海一直很自卑,在外面经常受人欺负。福海跟着母亲来到陕北后,尽管父亲待他一直不错,但是福海总觉得自己不亲,在这个家庭没有地位,因此每天只知道闷头干活,很少跟人说话。他虽然继承了母亲和父亲祝俊的基因,相貌堂堂,看上去很有男子汉气概,但只要和女孩子说话脸就红了。寨子里曾经有个女孩很喜欢他,经常借助干活的时候靠近他,甚至给他拿好吃的东西,福海很谨慎,对女孩不冷不热,若即若离,女孩一生气就跟他拜拜了。后来福海有些后悔,让母亲找人去问,人家女孩已经订婚了。

福海找不到媳妇的主要原因是我们家太穷了。一家人挤在老院子里,大伯一家住在北边的两间房里,儿子结婚了,住一间,其余的人住一间;奶奶原来的屋子住着秀秀,现在憨面也搬了过来;南边的两间房子里一间住着三爸,另一间住着外婆和抗战。我们一家人还住原来的西厦屋里。西厦屋有三间,一间盘着大炕,一间做饭,另一间被隔了起来,成了大姐和二姐的闺房。这间屋子很小,除了一面土炕,地下仅能放一张小桌子。桌子的上面放着一面圆镜,另有一只盒子,里面放着梳子、头绳等女孩用品。小屋的门是从里面开的,没有门板,一张门帘把里外分开了。姐妹俩把屋子收拾得很干净,炕席闪闪发亮,被子整齐地叠放着。墙上糊着报纸,报纸上贴着剪纸和熏画,显得很温馨。前来串门的婆姨都喜欢到里面参观,夸大姐心灵手巧,夸二姐喜欢干净。母亲的脸上喜滋滋的。

　　这间屋子成了我们家最奢华的地方。

　　没有房子也要娶媳妇,要不再荒几年大哥就真得打光棍了。母亲四处张罗,安顿的人不少,但说媒的把人带来后就没了音信,母亲很着急。

　　夏收的时候,有人问母亲,说西塬上有一户人家光景不错,想招女婿,看大哥愿不愿意?母亲一口就回绝了,说我们家福海就是打光棍,也不做上门女婿。因为母亲知道,大哥从小就比较孤僻,性格内向,上门女婿本身就被人瞧不起的,他入赘到那里,心理压力将更大,会一辈子抬不起头的。

　　大哥也不愿意入赘人家。过了一段时间,有人前来提亲,说有一户人家有一儿一女,光景穷,娶不起媳妇,想用大姐和他们换亲。母亲想了很长时间,觉得这件事还是不妥。男方家里那么穷,为了大哥把大姐搭配进去,母亲心里也不会安稳的。

　　大哥的婚事就这样被搁了下来。

　　转眼又到了冬天。冬天对农民来说是相对比较清闲的一段日子。除了搞农田基建,家家户户的男人都会去沟里砍柴。因为连年的砍伐,我们这个塬周围的地方灌木丛已经消失殆尽,剩下的都是一些茅草,烧炕还可以,做饭就不行了。勤快一些的人每年都会把柴摞整得很高,这也是判断一户人家是否勤劳的标志。因为你可以没啥吃,但是不能也没柴烧啊,柴不需要花钱去买,出力气就行了。

　　我们家的柴火原来都是父亲和三爸砍。大伯不喜欢干这样的活,他把自己放在了士大夫的位置,除了针灸看病,对一切农活似乎都不屑一顾。幸亏大妈勤劳,干活不输男人,要不大伯家的光景真的维持不下去了。

　　现在,我们这些孩子长大了,接过了父亲肩上的镢头。父辈们除了三爸外,都不用再砍柴了。砍柴要去很远的地方,早晨天不亮就起床,冒着严寒下到沟底,这时天还没有亮,就听见山上"哐哐"的镢头声了。一般第一捆柴砍回来的时候刚好吃早饭,吃完早饭后去砍第二捆,只要心不贪,中午的时候就能回来。

家家门口都堆起了高低不同的柴摞,大家怀着不同的心情参观点评。柴摞的高低不完全代表主人的勤奋程度,柴的粗细、根的大小也有关系,根系粗说明砍柴的人费了很大的劲,有力气;根系小说明砍柴的人没有走远路,这样的柴摞也不好看,会被女人捂着嘴嘲笑的。

砍柴人最得意的是看着柴摞高过了墙头,人站在上面忽闪忽闪的,能看见全寨子的容貌。每一根柴上都滴着他们的汗水,代表着一段艰苦的历程,有些生长在悬崖峭壁上的柴禾甚至是冒着生命危险砍下来的。砍这种柴的时候一般需两人配合,一人在上面拽着绳子,把绳子的另一头系在另外一个人的腰上,吊下悬崖。有时费了很大的功夫,柴砍下来后掉下沟底,得绕很远的路才能把它背上来。有人不小心掉下悬崖,轻则残废,重则丧命,因此这些柴对男人来说,包含了太多的内容。

柴摞上的每一根柴我们都能叫上名字,甚至记得它当时的模样。炊烟从各家的房顶后袅袅升起,一层薄薄的轻纱笼罩在墙头屋顶,把一切变得模糊起来,有一些神秘。月亮上来了,越过了城墙上的树梢,缓缓地在云层中漫步。我们躺在柴摞上看月亮,看那一轮从小见惯却又陌生得有些冰冷的月亮。一阵风吹过,被汗水浸湿的身子开始颤抖。母亲不知什么时候已经站在了柴摞下,轻声地说:我娃,该吃饭了。

冬天是女人比较清闲的日子,她们不用像男人那样去沟底砍柴,地里的农活这时也歇息了,因此更多的时候,这些女人就凑在城墙底下向阳的地方一边做针线活,一边拉闲话。寨子里最细微的事情都逃不脱她们的眼睛,小到谁家孩子尿床,哪个孩子砍柴弄破了手,谁家女人晚上不小心扭了腰,等等;大到男人的窝囊不争气,婆婆的恶毒不讲理,小姑的任性没教养,等等。一件平淡如水的事情到了她们的嘴里就变得甜甜蜜蜜、有滋有味,湿漉漉,水淋淋的,并且会在一上午的时间传得面目全非,成了可笑可恨的大问题。这时当事者突然从跟前走过,她们惊慌失措,然后集体缄口,那个人莫名其妙,不知道其一不留神的疏忽已酿成了大祸,被人们嘲笑着,唾弃着,点评着。回到家里,婆姨恼羞成怒,男人剑拔弩张,于是一场战争便开始了。

吃亏的常常是女人。

当然,女人们在嚼嘴舌的时候,手上的针线是不能停的,一家人的穿穿戴戴,缝缝补补,拆了合,合了再拆,从来都没完没了。但是一旦过了腊八,城墙下就很难再看见她们的身影了。她们会变得比以往任何时候都要忙,开始准备过年的东西了。

2

　　陕北人对春节很重视,因此在春节前的腊月需要好好地准备一番。腊八是这次集结的冲锋号,所谓"吃了腊八饭,赶快把年办。"妇女们过了这天便坐不住了,开始淘米蒸糕,连夜赶制衣服。淘米是把软米和硬米在锅里淖湿,然后在碾子上压成面粉。压米很辛苦,男劳力起早帮助把牲口套上,其余的活便是女人的了。由于天气寒冷,米在碾子上结成了冰,女人于是一边用铲子铲,一边把压好后的面用箩子一点一点地筛在面箱里,米粉像雪花一样纷纷扬扬,斜斜地飘着,面箱里越来越厚,碾子上的米便越来越少了。女人的嘴里哈着白气,发髻上白白的一层霜,一双手冻得像红萝卜。毛驴带着眼罩不紧不慢地走着,一圈又一圈。这畜生很听话,只要主人驱赶,它便会一直走下去。有时它也会发泄自己的不满,一声长长的嘶叫,天摇地动式的,把女人吓了一跳,骂一句:绝死鬼的。一切又恢复到按部就班的程序。中午的时候家里会有人前来替换,或把做好的饭送过来。女人饿极了,三下五除二就扒拉进嘴里,搁下碗继续干活,精神比刚才好多了,脸上也有了红润。遇到过路的她就打招呼:压了么?过路的说:没有呢,你齐整的,都准备好了?压米的女人脸上多少有些得意,说:迟早的事,不如趁早。大家于是都感觉到了急迫,空气中飘忽着紧张的气氛,就连孩子们的脚步也匆匆起来,不似平日里的清闲。

　　男孩子每到这个时候都要去拾干柴。因为路途遥远,干柴在我们那里显得弥为珍贵,大家好不容易来了,所以都想多背一些回去。柴捆刚挑上的时候不觉得有多重,可是走着走着那份量似乎在渐渐增加,孩子的脚步就沉重起来,到后来都拉不动了,脸上的汗顺着发际滴滴答答,像屋檐上的雨帘,衣服也紧紧地贴在身上,粘得难受。这个时候,肚子不识时宜地叫了起来,脚底下便开始发软,大家都觉得有些头重脚轻,走起路来摇摇晃晃,歇息的次数也越来越多。一些大点的孩子还能坚持,小的就坚持不住了,不得不忍痛割爱,把柴捆分出来一些。这些分出来的柴禾会好过了放牛羊的人,他们一看便知道是孩子们背不动搁下的,美滋滋地挑起来就走了。

图三 画在土坡上蒸蒸日上的人们都是好样的天堤村

拾干柴最难度过的关头是上大坡。说是大坡,其实有些地方才几十公分宽,仅能容一人过去。大坡崎岖陡峭,蜿蜒数公里。早晨来的时候孩子们是从这条坡上蹦跶着下去的,大家比赛着看谁跑得快,一阵风似的,很带劲。可是现在的大坡就像一道天堑,怎么爬也难以逾越。因为路太远,走到这道坡的时候太阳都落山了,孩子们也筋疲力尽,实在走不动了。但是走不动也得走,要不就白来了一趟。到了这个时候再活泼的孩子也不想说话,剩下的只是大口地喘息,头上腾腾地冒着热气儿。一个弯上去了,接着又是一个弯,感觉来的时候并没有这么长啊!抬头望塬上,仿佛遥不可及,真不知天黑之前能不能爬上去。大家上坡的脚步一般都很默契,一个人歇息了,所有的人都跟着歇息,没有人逞能逞强。有时,大一些的先上去了,还会帮小的往上背,小的跟在后面,内心充满着感激……就这样,我们连滚带爬,回到村子已经月上树梢了,城墙巨大的阴影投了下来,把城门外面弄成漆黑一片。穿过这片黑暗,孩子们终于看见光明,回到家里了。

3

回到家里,母亲和外婆正在把压好的米和玉米面搅在一起,然后放在烧得火热的土炕上发酵。土炕上一大半的地方都被占用了,炕上的老盆(大瓦盆)堆起高高的堡垒,上面盖着棉被。这个夜晚一家人是要受煎熬的,我们挤在三分之一的土炕上,身下是滚烫的炕席。小弟无法忍受,于是就跑到大姐、二姐的小屋里去了。母亲没处歇息,跟外婆挤在一起。我们像摊煎饼似的在炕上翻滚着,直到后半夜,炕的温度下降了,才呼呼地进入了梦乡。第二天,天还没有亮,母亲已经起来了。她把盖在老盆上的被子掀开,发现里面的面糊溢了出来,说明米面已经发好了,于是连忙喊我们起床,把面糊舀在小一些的盆里。大姐、二姐在地上支起了几只铁鏊子,大哥把我们昨天背回来的干柴剁碎,摊黄馍便开始了。

摊黄馍是一件很劳人的差事。因为没有烟道,柴火直接和人接触,烟熏火燎,一天下来眼睛都睁不开了。如果说每年的这个时候男孩子背干柴辛苦,那么女孩子所受的罪一点也不比男孩子少。她们一个人要照看好几只铁鏊子,这个刚浇上去,那边的已经熟了。有些妇女因此手忙脚乱,摊出来的黄馍都焦了。摊馍的时候用一块猪油在鏊子上一抹,鏊子"吱——"地一声,冒起一股轻烟,米糊浇上去的时候"嘶拉拉"地响,泛起金黄色的泡沫。这边赶快合上盖子,另一只黄馍已经熟了。大姐用铲子轻轻一铲,然后从中间折合,靠鏊子的那边金黄松软,散发出一股浓浓的香味,令人垂涎欲滴。这时只要有串门的女人来,都会让她尝尝,串门的不能拒绝,因为主人的好客主要是想听取意见,你不吃反倒显得生分了。串门的会露出夸张的笑容,先夸黄馍的颜色,再夸黄馍的口味,如果摊黄馍的是女孩,免不了会大大赞赏一番。被夸的女孩有些不好意思,赶紧拿起两个要她带走,女人推辞一番,假如自己家还没有做,就会不客气地带走,如果家里已经有了,就会坚决拒绝。因为这样的客套是礼尚往来,你吃了人家的,自己的也要让人尝,否则别人会说你小气鬼的。

  刚摊出来的黄馍要敬在锅台前,那里是"一家之主"灶王爷的神位,每年的腊月二十三日,家家都会去集市上请。请回的灶王爷、灶王母是用木板刻印的,一副憨态可掬的样子,令人喜爱。灶王爷的旁边贴着"上天言好事,回宫降吉祥"的对联,代表着人们对和谐美满的追求。大年初一的时候,所有前来拜年的人都要在这里磕头,以示对一家人的尊敬。这一天,有条件的人还会杀猪,猪杀了以后吃不完可以卖,村子里没有猪肉的人你一块,他一块,不过多是赊欠,来年能把钱还上就不错了。

  敬完灶王爷后,母亲会嘱咐我们给大伯、三爸、姑姑家分别送一些黄馍,让他们品尝。秀秀每年都跟大家在一起,现在结婚了,成了一家人,母亲便把做好的馍给她送过去,憨面感激不尽。大妈每年早早就忙完了,然后来给我们家帮忙。

  大姐、二姐在忙着摊黄馍,母亲和大妈、外婆为我们蒸软馍。软馍就是用软糜子做的豆沙包,软糜子面和硬米在热炕上发酵后,按一定的比例兑入玉米面,然后和成面团,把煮好的豆子包进去,搁在梨叶上蒸(梨叶不粘锅,也没有异味)。软馍蒸出来后酥软可口,非常好吃。但同样的材料,有些人做出来的就不好吃。做米面(指黄馍软馍)最关键的环节是发酵,面发不好会酸,摊出来的黄馍吃了会反胃吐酸水,软馍吃上粘牙,寡淡无味。

  寨子里做米面最拿手的是大妈,大妈的黄馍又薄又酥,咬在嘴里很有劲道,软馍香甜爽滑,吃在嘴里舍不得咽。母亲跟着大妈学了很多年,可是怎么做都不得要领,没大妈做的好吃。寨子里的人经常去她家取经,他们拿着自己做的馍馍让大妈品尝,大妈礼尚往来,把自己的让人家带回去。这样一来,到正月的时候,家家都吃上了大妈做的米面,大妈家却成了百家饭,黄馍糙得拿不起来,软馍粘得难以下口,母亲于是就把我们家的拿一些过去,分一些难吃的回来,她和外婆吃。

麻狗队长最喜欢吃大妈做的软馍了。他的婆姨人缘不错,可是茶饭不行,做的东西都不可口。麻狗因此骂老婆做的都是猪食,有一次真的把婆姨做的软馍倒进了猪圈,气得老婆嚎啕大哭。于是麻狗每年腊月都会去大妈家串门,唯恐错过蒸软馍的机会。有一次麻狗去大妈家,大妈的软馍刚出锅。大妈知道麻狗是冲着软馍来的,于是就让他吃。麻狗喜出望外,一口气吃了10个,最后一个仰着脖子吞了几次才咽下去,然后心满意足地回去了。回到家里麻狗突然觉得不对劲,软馍在肚子里好像结成了团,和肠子拧在一起,疼得他满地打滚。后来他被送进了医院,医生在他的肚子上拉了一刀,把胃里的软馍拿出来,才救了他的性命。

米面做好后,人的心里才有了底。因为在细粮紧缺的年月,米面是粗粮细作的唯一办法,家家的白馍都很有限,整个正月要靠它来维持。接下来要做的工作是扫屋。扫屋是一年里最大的卫生大扫除,需要把屋里的所有家具抬出去,用扫帚把屋顶和墙上扫干净,然后用我们从拾干柴的地方背回来的白灰把墙粉刷一遍,赶天黑之前再把东西搬进去。由于天气寒冷,扫屋做不成饭,"三分饥饿七分寒。"因此这一天是最难熬的。

扫屋一般在腊月的二十七八进行,扫完屋子就该蒸馍了。蒸馍是腊月里最值得期待的一天,特别是我们这些孩子们。忙活了一年的农家人,唯有这一天白馍是可以放开肚子吃的。摊黄馍后剩下的干柴在这天派上了用场,因为蒸馍的火必须赶劲,否则蒸出来的馍就发得不好,也不白。这一天,一家人的脸上都挂着笑容,空气中浮动着一股富贵的气息,一年之中再苦再累,这一天心情都会格外舒畅,因为这样的日子不是天天都会有的,人们会格外珍惜。

蒸白馍的时候忌讳来人,来了锅就不出气,馍也会蒸不好,有些人于是就把蒸馍放在深夜里进行。对于这个缘故我一直很纳闷,看着那些萦回在屋顶的白气,氤氲一团,觉得很神秘。后来我终于明白,那时的白馍十分稀罕,他们是害怕别人吃,才说不吉利的话。不过约定成俗,如果哪个人不小心串门,碰上人家蒸白馍,一般都会知趣地躲开的。

屋子打扫干净以后,女人们开始施展自己的手艺。家家的窗户糊上了麻纸,屋子一下子显得亮堂起来。麻纸上要贴窗花,窗户越大窗花越多。一般中间是一个拼起来的狮子,四周围绕着喜鹊、梅花及生产劳动的图案,四角是红绿相间的色纸,非常鲜艳。贴窗花的时候很讲究,有些窗花剪得非常复杂,图案需要拼凑,不会贴就会弄翻,惹人笑话的。窗户是家家的门面,女人们很在意这个,因此再忙的时月,窗花是必备的。到了正月,男人们出去拜年,女人们便挨门挨户欣赏窗花,谁家的样子好,立刻便会引起轰动,于是婆姨女子们蜂拥而至,要了底样拿回去在火上熏,然后再把底样还回来。

　　过年前的最后两天是贴年画、贴对子的日子。这是演出之前的最后描红,也是整个腊月画龙点睛的一笔。家家的墙上贴得红红绿绿,姹紫嫣红,屋里像换了一个环境,晚上一觉醒来,突然会觉得是否走错了地方。有些人除了贴年画,还画炕围子(紧靠炕席50公分左右的墙壁贴上纸或画布,叫炕围子),炕围子不是人人都可以画,因此心灵手巧的人腊月会十分抢手,下了东家炕,又上西家床,画家会受到主人非常热情的招待。

　　腊月的最后一天要上坟,家里的男丁(年龄特别大的例外)都需要在这一天去向先人请安。我们在父亲、三爸的带领下,踏着厚厚的积雪来到爷爷奶奶的陵地。去陵地之前需要准备麦草和鞭炮、香火、阴票子(冥币)等,来到陵地后用铁锹把积雪铲出一块空地,然后点燃麦草,每人拿三根香拜一下,再磕几下头,然后拿出阴票子点燃。冷风贴着地面低低地吼着,把雪粒摔在人的脸上,生疼。麦草升起的烈焰卷着草屑在天上飞舞,纷纷扬扬。父亲说,大、妈,过年了,我和老三还有几个娃来给你们拜年。这是给你们的钱,你们收好。家里一切都好着呢,不要牵挂。说完后我们便把面值几千几万的阴票子扔进火堆,大哥点燃鞭炮,一阵"噼噼啪啪"的声音,给宁静的原野平添了一股年的气息。

　　上坟之后便开始贴对联。这是一道谁也不能免的程序。无论贫富,年画可以不贴,对联是少不了的。对联上写着辞旧迎新、吉祥如意的诗句,带着对来年丰收的期寄和对幸福生活的向往,在一片热闹的鞭炮声中,旧岁在夜幕的遮掩下悄悄退出舞台,新年来临了。

第二十一章

1

　　陕北人对年的渴望似乎比其他地方更炽烈。一年的辛劳,似乎都是为了这一个月而准备的。无论平日里多么艰难,有多少不顺心的事,从大年月尽晚上开始,一切都进入欢乐程序。孩子们换上了新的衣裳,迫不及待地跑到巷子里,等待伙伴们的称赞;男孩子聚在一起打扑克,玩升级;女孩子坐在一起做游戏,赢头绳。这个晚上是不能睡觉的,要熬年。大家一直玩到天亮才回家,进门倒头就睡,母亲把饺子煮好了,喊叫好几次也叫不醒。

　　大哥第一个起来,洗了手,上完香,然后点燃鞭炮,一时"噼噼啪啪"的声音此起彼伏,寨子里响成一片。不一会,拜年的队伍就来了,进门先问:年过得好!父亲母亲连忙回答:过得好,过得好!然后递烟倒茶,拜年的一番推辞,说先拜年。母亲说来了就好,别拜了,地上不干净。拜年的已经跪在了地上,叫一声叔叔婶子,开始磕头。这个时候,我们兄弟几个无论再瞌睡,也不能再睡了,一翻身跳下炕,跟着大伙就拜。拜完了大人发烟,小孩给糖或面花。如果是本族的孩子还要给钱,一毛两毛不少,三角五角不多。新媳妇结婚第一年也要拜年,拜的都是本家,父亲母亲每人都需要赏钱,一般每人需一两元钱才能打发。男孩子拜年要跑满条村,几乎是挨门挨户去拜,一百多户人拜完需几个小时,等到最后几家的时候,膝盖软得都站不起来了,腿也直哆嗦。

拜年的队伍在寨子里相遇,总会相互打招呼。

年过得好!这是一句官话,见谁都能说,特别是晚辈对长辈问候。长辈特别是隔代的相问,一般会充满调侃:狗日的乖不乖?

乖着哩!你不乖?——不乖套上笼头就好了。

你都去哪拜了?有没有拜你嫂子?你嫂子把炕烧热了,正等着你哩!

驴囚的,黄嘴壳还没褪,知道个啥?小心你奶奶知道了撕你的嘴!

大家心花怒放,嘻嘻哈哈地笑着,空气似乎也活跃起来,整个村子好像都沸腾了。

大年初一是最具新年气象的一天。这一天除了拜年,吃饺子、人口鸡(当地风俗,过年蒸馍的时候每人捏一只鸡,里面包上鸡蛋,有几口人就捏几只,叫人口鸡)等重要内容,村里的人都站在城墙外面,平日里很少走动的人也出来了,相互打招呼问候。人人的脸上都挤着笑容,烦恼的事情一瞬间似乎都烟消云散,这个世界是祥和的、温馨的,需要好好地享受一番。

大年初二,各家便开始忙了起来。因为这一天新女婿上门,女儿出嫁后第一次回娘家过年,因此礼节是十分讲究的。新女婿来了要给压岁钱(女儿可以不给,毕竟是自己人嘛),凡是去磕头的都得给钱,没有钱的就给一双鞋或帽子,最不济也是一双袜子。磕头不光要给钱,还要请新女婿吃饭,因此忙活的不仅仅是娘家人,本家族的人都要好好地准备一番的。

当然也有例外的情况出现。憨面和秀秀结婚后也是新女婿,初二的那天他拖着身子挨门挨户都拜了,除了母亲和大妈各赏了两元钱,没收到其他任何礼物。大家几乎把这件事都忘了,因为他怎么看也不像个新女婿啊!

初三初四是相对平静的两天。亲戚们开始走动,你来我往,但更多的人要等到人七(按当地风俗,除夕、初一是给神过年,只有正月初七才是人的节日,叫小年,也叫人七。人七这天所有的家人需聚在一起,出嫁的女子也必须回到婆家)之后才会来的,这样就可以多待几天。孩子们的手里拿着甩炮,冷不丁一声巨响,吓得人一身冷汗,摔炮的孩子哈哈大笑,一溜烟跑得无影无踪。这种欢乐的气氛感染了天气,几天前还阴风凄凄,现在一下子就明媚灿烂了。向阳一些的地方积雪开始融化,雪水把道路弄得泥泞不堪,孩子们的腿上全是泥。

这个时候,一些喜欢热闹的人便开始不安分起来。他们先是把队上的鼓抬出来在城墙上擂,鼓声震天,吸引了无数的眼球,孩子们的注意力于是都转移到了那里,他们拿着铜锣拼命地敲,合着鼓声,把寨子都抬起来了。

这样的鼓点通常会闹两天,不甘寂寞的人便开始组织秧歌了。闹秧歌是天瑶村的强项,经常去镇上汇演拿奖。麻狗也喜欢热闹,积极参与,大力支持,每年天瑶的秧歌第一家到公社报喜。

扭秧歌的人一般是自发的,不会扭的人最积极,早早就站进了队列,蹩手蹩脚,引得围观者哈哈大笑。会扭的反倒扳一扳架子,要让人请才觉得有面子。我们一家人是秧歌队的主力,大伯会唱曲,父亲会填词,母亲、三爸、三妈都是扭秧歌的好手,走到哪里都是一片叫好声。这些年母亲年龄大了,退出了秧歌队伍,三爸、三妈也不扭了,大哥、二哥、大姐、二姐及时跟了上来,个个逞能,因此秧歌的队伍依然很雄壮。

每年的正月各村都要闹秧歌,秧歌成型后先是在本村上演,在空地上打个官场,好好地扭一场,队上给大家赏五斤水果糖、一条纸烟,另外还会有十元钱。这些东西弄完秧歌后根据出工的情况来分配,因此参与的人都很积极。秧歌打完官场便开始在寨子里送,每家每户都要去。被送的人家事先接到一个帖子,然后秧歌载歌载舞就来了。秧歌每到一户,大家都会跟进去看热闹。虽然是一样的人,但是曲子唱的不一样,他们会根据每家不同的情况唱不同的曲子。

> 进了大门仔细观,窗子上贴着戏牡丹;
> 众位亲朋都来看,哪一位大嫂的好手段?
> 进了院儿仔细看,这院地方修了个宽;
> 背靠金山面向南,祖祖辈辈当富汉。
> 一把茶壶一尺高,九天仙女把茶烧;
> 茶儿酒儿用得好,多谢主家打扰了……

到了麻狗家,大伯会唱:

> 天上日头卧云霞,这是咱村的队长家;
> 队长名叫陈得志,娶了个婆姨叫改花;
> 改花家里能劳动,得志队上会当家;
> 安排光棍去放羊,安排寡妇去剥麻;
> 寡妇手软剥不动,得志上前亲手抓;

剥得轻了不解恨,剥得重了叫"大大"……

这样的戏谑是没有人较真的,因为大家早习以为常。大伯的曲子还没唱完,院子里早就笑成一片。麻狗脸蛋绯红,抓起一把水果糖撒了开来,孩子们于是乱作一团,院子里变成了欢乐的海洋。

吃了糖果的姑娘后生们腿上更有劲了,一阵锣鼓声后,裙飞扇舞,扭得虎虎生风。院子大的人家队伍可以转开来,大家会尽情地扭上一阵,院子小的扭不开,于是主要就听唱曲的内容了。一曲唱罢,主人拿出两包香烟,一斤水果糖,负责人高声地念道:某某人赏烟两包,水果糖一斤!大家于是齐声呐喊:好!这一家就算结束了。

秧歌来到了我们家,大伯没有唱我们家的事儿,而是对着憨面唱了起来:

  正月里来正月正,正月秧歌闹哄哄;
  秧歌来到咱院里,表表憨面好后生;
  憨面身残志气坚,对待秀秀最有情;
  风里雨里不逃避,一年四季忒用心;
  我家秀秀有福气,找了个疼爱自己的人……

这样的曲子随口粘来,朗朗上口,每家人不一样,也不可能一样,因此大家都喜欢听。憨面喜笑颜开,撕开一包香烟满院子爬着。人们微笑着从他的手上接过香烟,别在耳朵上。秀秀嘻嘻哈哈地在院子里跑着,最后跟在秧歌的后面扭开了。

秧歌在寨子里一般会送两天,这两天也是熟练的过程。两天过后,帖子就送到村外了。邻近的几个村子都要去,你不去别人也会来。到了外村,秧歌队就不能马虎了,扭得很认真,唱得也很专业,因为这代表着一个村子的荣誉,马虎不得的。

走出村子的秧歌队是要经过严格挑选的,那些动作死板、表情僵硬的人会被刷下来,虽有些不甘,眼睛湿润,但毕竟是参与过了,和那些没有上场的人相比,又多了一些自豪感。留下来的人暗自庆幸,他们会十分珍惜这次难得的机会,尽最大努力把动作做好。

大哥、二哥、大姐、二姐都是扭秧歌的好手。母亲和三妈那一拨人退出后，大哥、二姐就成了天瑶村的秧歌头。大哥身材魁梧，手臂修长，扭动红绸潇洒飘逸，动作舒展流畅，非常优美；二姐身材苗条，皮肤白皙，腰身柔软，因个头比大姐高，所以排在了前面。这个秧歌头很关键，像龙头一样，后面的队伍都在跟着你舞动。秧歌头舞姿翩跹，活泼生动，整个秧歌队就生龙活虎，像一条舞动的龙，整齐划一。秧歌头死气沉沉，整个秧歌队都没有生气。所谓"兵熊熊一个，将熊熊一窝"，正是这个道理。

秧歌队到了外村，大家主要观察的是队伍前面的几个人，他们是这支秧歌的灵魂。一些女孩在里面寻找自己的白马王子，男孩则寻找漂亮的姑娘，盯住了就不会轻易放弃，挨门挨户地跟，直到弄清她的底细，如果尚未婚配，则择日请人上门说媒。女孩看上了男孩也一样，她会央求自己的母亲给自己说媒。这种成功的几率是很高的，很多人都是秧歌队牵红线，最后走到了一起。这些秧歌传播的不仅仅是一种文化，也是一个村落的民众对另外一个村落的整体展示。这种展示加强了村子相互间的联系，也密切了村落之间的婚姻联合。

秧歌的另一个欣赏点就是唱曲子的水平了。如果说年轻人关注的是扭秧歌的人，那么上了年纪的人关注的则是唱曲子的功底。出了村子的曲子不能乱唱，一般都是传统曲目，看谁演绎得更有水平。

天瑶村的唱曲组成员主要由大伯、父亲和麻狗组成。麻狗喜欢热闹，也喜欢唱秧歌曲。只是他经常忘词，唱错了就悄悄地吐一下舌头，一只手在嘴上拍一下，一副懊丧的表情，逗得人哈哈大笑。麻狗的声音高亢有力，大伯的声音低沉圆润，父亲的声音委婉悠长，三个人合在一起，组成了一曲错落有致的小合唱，非常好听：

  一杯子酒儿正月正，朱洪武那个领兵又下南京，
  保国忠臣胡大海，鞭打你个采石常遇春。
  ——哎哎。

  二杯子酒儿龙抬头，苏妲妃那个打下摘星楼，
  贾夫人不屈跳楼死，黄飞虎那个父子后出城。
  ——哎哎。

  三杯子酒儿桃花红，银枪那个马尾赵子龙，

长坂坡上抖威风,保回来那个太子他有功。
——哎哎。

四杯子酒儿四月八,黎山老母把山下,
下山不为别的事,单为那个弟子樊梨花。
——哎哎。

五杯子酒儿五端阳,王龙那个二虎销燕阵,
七郎八虎在幽洲会,金沙滩上把宴饮。
——哎哎。

六杯子酒儿六月六,孙二娘那个在孟洲卖人肉,
武松把定三岔口,拳打那个脚踢认朋友。
——哎哎。

七杯子酒儿秋风凉,李爷那个下山接宋江,
梁山一百单八个,一个那个倒比哟一个强。
——哎哎。

八杯子酒儿是中秋,杨广那个杨州来观灯,
杨广早有反朝意,十万里那个江山一旦丢。
——哎哎。

九杯子酒儿九重阳,尉迟恭那个午门救白袍,
白袍他有扶朝意,立雄心那个决心不反唐。
——哎哎。

十杯子酒儿十月一,孟姜女那个留下送寒衣,
寒衣送在边墙地,一声那个哭倒十万里。
——哎哎。

十一杯子酒儿天气凉,宋朝那个有一个宋金娘,

起臣迎她是真心意，千里那个路上送金娘。
——哎哎。

十二杯酒儿一年整，桃园那个结拜三弟兄，
三人三拜三结义，三人那个从此一条心。
——哎哎。

  这是《十二杯酒》的歌词，讲的是一些民间传说的历史故事。三个人或每人一段，或合起来唱，很有韵味。大家虽然对这些故事耳熟能详，但还是像听戏文一样喜欢他们唱。大伯平日里说话慢条斯理，唱起曲子来却不输任何人。一把花伞在头顶团团地转，几个人边扭边唱，配合得很好。这种唱曲越是大场面越能体现出能耐，每年县城里的秧歌汇演，全县十几个镇的优秀秧歌汇聚在一起，一决高下。有些人紧张得唱不出来，临场忘词，后面的秧歌队便乱了阵脚。大伯不慌不忙，不紧不慢，越是这样的时候越能发挥得淋漓尽致，把交口镇和天瑶村的颜面都挣足了。
  天瑶村的秧歌远近闻名，因此每年送帖子的村子很多，几天也送不完。秧歌每到一处都会引来一片叫好声，人们于是都在打问秧歌头是谁？有人说起我的父母，旁边的人说难怪哩，"龙生龙，凤生凤，老鼠生下来会打洞"——他妈的秧歌就扭得好哇！没想到才几年时间，孩子都这么大了。他们没有注意，其实自己的孩子也不小了，甚至都结了婚。于是有女儿的就问大哥的年龄，有男娃的打听二姐的情况。正月秧歌还没完，提亲的就来了。
  看中二姐的男娃到村里寻找二姐，二姐谁也不见，他们于是就让家里人托媒婆前来提亲。母亲说二姐还小，还在上学，大姐还没出嫁呢。媒婆看了看大姐，觉得与二姐有很大的差异，于是不敢贸然接话。二姐对上门的媒婆很不客气，见一个轰一个，毫不留情。母亲说福娥你不要逗能，得罪了媒婆会一辈子嫁不出去的。二姐说嫁不出去就不嫁了！
  看中大哥的女孩一般不会像男孩那么张扬。她们悄悄地打问了大哥的身份，得知没有订婚后高兴得睡不着觉，于是就央求媒人上门打探。媒人上门后见大哥一表人才，没得说，于是就夸这是一门好亲事。女孩的母亲心动了，随同媒人第二次上门，一看家里破破烂烂就皱起了眉头，没心思吃饭转身就走了。女人回到家里把媒婆臭骂一顿，说一家人住那样的地方,我女儿去了往哪住？媒婆说光景是不行,但娃是好娃儿,要不早就成家了,轮不上你的。姑娘的母亲"呸——"地唾了一口,说人长得再好不能顶饭吃,我可不想让我娃往火坑里跳！女儿将信将疑,被母亲一顿奚落,这件事就挂起来了。

然而也有不听母亲话的女孩,这个女孩叫柳叶。

2

柳叶家住在北寨子村,家里兄妹三人,两个哥哥已经成家,她也到了谈婚论嫁的年龄。这几年,母亲托人说了好几处对象,柳叶都不满意。柳叶对男方的标准与别的女孩不一样,她看重的是本人,而不是家道。家道再好人不行,嫁过去也没意思,一辈子面对一个自己不喜欢的人,作践了自己。

柳叶是家里的唯一女孩,因此从小就得到父亲的宠爱。柳叶的父亲是一位民办教师,在南窑科教书。南窑科离北寨子有 20 里路,他因此每个星期回去一次。柳叶小的时候一直跟着父亲上学,父亲走到哪里把她带到哪里,因此父女俩的感情很深。柳叶的母亲没文化,脾气也不好,经常打骂孩子,孩子们于是都喜欢教书的父亲。柳叶母亲说孩子们偏心眼儿,喜欢有钱的老子。等男人周末回来的时候,故意不理他,男人很纳闷,不知道怎么回事。晚上孩子们睡着了,妻子抽抽搭搭说孩子们合伙欺负她,她心都快碎了。男人说你就是火性子,管孩子没方法,天天打骂不是办法啊。妻子说不骂不听话啊,你倒好,天天躲在外面做好人,娃们都跟你一条心了！说完又哭。男人于是就使出自己的办法让女人高兴,女人推挡几下就妥协了。一觉醒来后,女人的脸上露出了笑容。

天瑶村的秧歌来到北寨子的时候柳叶正好在大路口。柳叶今天是特意回来看秧歌的,她本来在舅舅家,听说天瑶村的秧歌要来,所以就赶回来了。

一阵震天的锣鼓由远及近,柳叶和一群女伴站在路边的地塄上,生怕错过了最好的时机。秧歌临近村子的时候开始扭了起来,夕阳下,一抹红霞涂在每个人的脸上,透出一股别样的风采。秧歌携着一股风扭了过来,领头的是大哥,只见他头裹白毛巾,脸扑红脂粉,脚踏白球鞋,手拿红绸子,在秧歌队里格外醒目。大哥身材比较修长，所以扭起来身似杨柳，舞姿翩跹，看得人眼花缭乱。秧歌很快就从跟前走过，女伴们嘻嘻哈哈都跑了，只有柳叶还痴愣愣地站在那里，脑子里全是刚才的身影。

  柳叶在看见大哥的第一眼就被深深地迷住了。她没想到交口镇还有这样的人物，要身段有身段，要面子有面子，一看那灵巧的身子，就知道不是个笨人。那天晚上，柳叶跟着秧歌队挨家挨户走，每到一户，她都站在最前面，眼睛盯着大哥看，可惜大哥一直未看她一眼。为了弥补这样的遗憾，柳叶在秧歌送到她家的时候特意倒了一杯茶给大哥送过去。大哥口干舌燥，正想喝水呢，不想这女孩就送来了，因此连声道谢。柳叶见大哥这么客气，更是喜欢得不得了。她跑回屋子，抓了一把糖准备给大哥吃，可是大哥正扭得欢，一院子的人，怎么给？这时，父亲突然叫她拿烟，她脸一红跑了回去。

  那一夜，柳叶的心像擂鼓似的，扑通扑通敲了一夜。睡梦中全是大哥的身影，他一会向上舞动，扬脸微笑，一会前后摆绸，左顾右盼。秧歌队在他的带领下变换着队形，鼓点和着脚步，敲在了她的心上。

  秧歌离去后，柳叶心神不定，坐卧不安，脑子里闪现的都是那些热闹的场面。母亲喊她吃饭，几声都不应；嫂嫂要她一起出去，她无精打采，鼓不起精神。柳叶不知道自己这是怎么了？难道这就是一见钟情？那个扭秧歌的人就是她梦寐以求的白马王子吗？她不敢肯定，也难以置信。

  这样的日子过了几天，柳叶受不了，她觉得自己的魂真的被大哥勾去了，寝食难安。听说天瑶的秧歌还在送着，她于是就打探他们的去向，然后跟踪追击，从上塬到下塬，从交口镇到县城大汇演。大汇演的那天街道上人山人海，看秧歌的把街道堵得水泄不通，柳叶看不到大哥，急得哭了起来。后来有一个好心的老太婆给了她一把椅子，她站在上面终于可以看见了，高兴得手舞足蹈，大喊大叫，旁边的人都用奇怪的眼神看着她，柳叶不理他们，继续拍她的手，跺她的脚，直到把人家的椅子跺出个窟窿，一屁股坐在地上。这期间，她曾经跟大哥说过几次话，大哥见她一直跟着秧歌看，以为是喜欢秧歌的缘故，没多想，身旁的大姐看出了端倪，不断向大哥使眼色，大哥愣是不懂。

  这样的好日子持续了几天，柳叶感觉自己每天都在云里雾里飘着，幸福得不得了。她多么希望这秧歌一直演下去啊，这样她就可以一直观看，每天都能见到大哥了。

柳叶花落见大哥的第一眼就被谜住了。她不明白自己只顾还有这样的人物,要身段有身段,要巧的身子,巧的身子,要眉头一表那头巧的身子,她知道不是个笨人。那一夜柳叶的心像擂鼓似的,扑通扑通敲了一夜。睡梦中全是大哥的身影。

己巳年十月 · 子鸿画图

然而天下没有不散的宴席，十五过后，秧歌就散场了，年也过完了。勤快的人开始收拾农具，准备干活了。

秧歌散了，柳叶的精神没有了依托，心里空落落的难受，干啥也心不在焉。

柳叶母亲说：死女子你是不是病了？

柳叶说我没病，这几天心情不好。

柳叶母亲说你的脸色不对劲，一定要找医生看看的。柳叶见母亲要找医生，急了，就跟她吵了起来。柳叶的嫂子见母女又开始吵架，赶紧把柳叶拉了开来。

她嫂子给婆婆说了柳叶单相思的事，要婆婆找人说媒。柳叶母亲吃了一惊，不知道那边的情况如何，万一大哥是个二流子怎么办？柳叶母亲回到屋里就盘问女儿，柳叶没有隐瞒，说了自己的真实想法。

柳叶母亲说：不害臊！村里人知道了还不笑话？

柳叶说我不怕，你找个媒婆去天瑶看看，能行的话就把事情定下来。

柳叶母亲说：尽胡说！这件事要等你大（爹）星期六回来商量商量再说。

柳叶等不到星期六，于是当天下午就去了南窑科，找教书的父亲去了。

女儿的突然来临令父亲吃了一惊，还以为家里出了什么事儿。

柳叶父亲说：你来干啥？

柳叶说来看你。

柳叶父亲说我过两天就回去了，这么远你跑来回啊！嘴上这么说，心里还是非常感动的。因为女儿成年后，不再像小时候那样，跟屁虫似地跟着他，没事很少去他教书的地方。柳叶把父亲宿舍打扫了一遍，然后又把地上的脏衣服洗了，晚上给父亲做了一顿面条，父亲高兴得不知说啥才好。都说养女儿好，女儿最心疼父亲了，看来真是这样啊。

吃完饭后，女儿开始讲正事了。她绕了很大的弯给父亲说事，从秧歌开始，一件一件地讲。当民办教师的父亲也喜欢秧歌，特别喜欢唱秧歌曲子，北寨子如果闹秧歌，他也要唱上几场。女儿知道父亲的喜好，接着就把话题引到天瑶村上。父亲说天瑶村的秧歌不错，扭得好，也唱得好！柳叶连忙说是啊，是啊！你还记得今年的那个秧歌头么？腰身很好，是个年轻人。父亲皱起眉头回忆了一会，点头说有印象，小伙子放得很开，大开大合的，很有气势。柳叶见父亲夸赞他，心里很激动，她努力地掩饰自己的情绪,说出大哥扭秧歌的种种好处,做父亲的毕竟是过来人,看到女儿眉飞色舞的表情,明亮的眸子熠熠生辉,他明白女儿的意思了。

你是不是喜欢上那个扭秧歌的了？柳叶父亲说。

嗯？你说啥？柳叶装着没听懂地问。

从你的眼睛里我看得出来,你喜欢天瑶村的那个秧歌头了,是吧？柳叶父亲开始有些生气,但是想到女儿这么大了,说了几处象都不满意,于是就尽量克制着自己。

你说,他会不会嫌弃我？柳叶仰起了头,很专注地看着父亲,在他的脸上寻找答案。

他嫌弃？我还嫌弃他哩！女儿的话伤了父亲的自尊心,民办教师的父亲一向都很自负,瞧不上那些大老粗的。

他没说,是我这样猜的。女儿见父亲生气了,连忙把话收回来。

小伙子长得不错,他的父母我也认识,人还行,就是家里好像很穷,你可要有思想准备啊。柳叶父亲说。

这个我已经打问过了。穷我不怕,只要他心好,也喜欢我,我就没啥说的了。柳叶说。

这件事急不得,等我回去跟你妈商量一下再说。柳叶父亲说完后就躺下了,不再跟女儿说话。

窗外刮起了风,嘶啦啦的,把月亮也刮没了。风卷着玉米叶子在院里扭动,组成了一支另类的秧歌队。

柳叶望着窗外,久久不能入睡。

终于等到了周末,柳叶的父亲回来了。商量的结果是先让媒婆打探一下,因为大哥是否订婚,有没有这方面的意向,一家人都不知道。

媒婆很快就回来了,把大哥吹上了天。她说大哥没订婚,一家人正愁这件事呢。

柳叶母亲听了媒婆的话后皱起了眉头：这么好的条件,为啥20多了还娶不到媳妇？该不是有啥毛病吧？做父亲的想了想也觉得有道理,于是就托同村的人去天瑶了解情况。

了解情况须找知根知底的人,最好是看着大哥长大的邻居,有啥毛病都清楚。我家隔壁正好有一位北寨子的媳妇,托付的人了解情况后,柳叶的父母长吁了一口气。于是准备挑选个日子去我家看看。

这一看,就看出了问题。

第二十二章

1

　　柳叶的母亲跟着媒婆来到了我们家,眼前的一幕使她愣住了:低矮的大门楼东倒西歪,感觉在风雨中已经坚持了几百个年头;一座古老的四合院,上面的几间房子房檐很长,把屋里的光线都遮严了,房上的瓦片东一块西一块,像是遭受了巨大的冰雹袭击,中间部分已经下凹;东面是一排玉米仓子,仓子整齐地排列着,里面却没有多少内容,看样子这座院落最少住着几户人;南面的房子最破,上面已经看不见瓦片,几乎都是蓬松的蒿草。房子的下面是一些乱七八糟的农具,有的堵在门口,不知道人是怎么进出的。最有特色的是西边的厦屋,也就是我们居住的那座房子,房子的后沿高高翘起,前面的部分却很低,感觉一伸手都能够上房檐。院子的中间是一棵大杏树,估计夏天的时候能遮掩住整个院落。

　　福海住在哪间房子?柳叶母亲不由地问,心里已经凉了半截。

　　就在这间厦屋里呢!媒婆热情地说着,掀开我们家的门帘招呼柳叶母亲进去。

　　那天天气阴沉,屋里的光线很暗,黑乎乎的,一时什么也看不清。过了一会眼睛终于适应了,柳叶的母亲才看见屋里除了一张大炕,连一张桌子都没有。炕上光秃秃的,边角的地方已经烂了,露出参差不齐的席篾子;靠近墙角的地方摞着高高的一沓被子,说明这张炕上睡着很多人;靠近碗架的地方有一个门,柳叶母亲掀开门帘进去,发现里面虽然有些小,但是很干净。

快坐快坐,走了这么远的路,累坏了。赶快喝口水,歇歇再说。母亲热情地招待着,倒了一杯茶给柳叶的母亲,她拿起后又放下了。

吃了没有?没吃饭我给咱做。母亲边说边准备动手,让小弟去找大哥回来。那个年代,农村人招待人的唯一东西就是吃饭。

不用了,走的时候才吃的。柳叶母亲摆摆手,示意母亲不要做。

那你喝水啊,喝水。母亲把那杯茶又端了过来。

这时,大哥回来了。他已经知道了这件事儿,所以有些慌,样子很腼腆。柳叶母亲看了大哥一眼,脸上露出一丝欣慰的笑容,但笑容转瞬即逝,除了媒婆,谁也没有察觉到。

福海你晚上睡哪?柳叶母亲东张张西望望,她明知大哥肯定就睡在大炕上,但还是要问。

我睡炕上啊。大哥憨憨地一笑,一只手在后脑勺挠了挠,不好意思地说。

福海娶了媳妇就住那间里屋,那间很干净呢。媒婆及时补充道。

那两个女子睡哪啊?柳叶母亲追着不放。

福云后半年就出嫁了,福娥跟我们睡外面。母亲笑嘻嘻地说。

哦。柳叶的母亲轻轻地应了一声,样子很失望。

你喝水,你看水都凉了,我给你换一杯去。母亲很热情。

回到家里,柳叶母亲不动神色,一句话也不说。女儿迫不及待地想知道结果,殷勤地把饭端了上来,母亲就是不说话。

咋样嘛?柳叶见母亲闷着头只顾吃饭,预料事情不好,忍不住问。

不行。那娃还可以,家道太差了。柳叶母亲平静地说。

人家早就跟你说了,福海家庭情况不好,要不他早就结婚了,还能轮得上我?女儿生气了,猛地放下碗,把头扭向一边。

家道不行,你要受一辈子的。柳叶母亲说。

光景是人过出来的,三十年河东,三十年河西,谁也不可能富几辈子的。女儿赌气说。

叶叶,妈是为你好,你咋越大越不知好歹了呢?柳叶母亲也生气了。

我大(父亲)都没说啥呢,穷我愿意受罪。柳叶说。

不行。这件事你大愿意也不行!柳叶母亲坚决地说。

这不行,那不行,给我找对象,又不是给你找……柳叶话一出口就觉得错了,后半句咽了下去。

啪!柳叶母亲的耳光已经扇了上来,柳叶愣了一下,捂着脸哭着跑了。

柳叶哭着跑到了父亲的学校,柳叶父亲听了女儿的申诉后觉得问题很严重,于是同女儿一起又来到我们家,见到了我大哥。民办教师的父亲虽然对我们家的情况也很担忧,但看到相貌堂堂的大哥后,他决定说服老伴,成全女儿的这桩婚事。

好事多磨,柳叶母亲究竟抵不住父女二人的力量,最后妥协了。两个月后,父亲带着大哥和媒人正式上门求亲,大哥和柳叶宣布订婚了。

一般订婚后的女孩在娘家最少要待一年多才能出嫁,否则人们就会觉得这家女子迫不及待。大姐的婚事准备在腊月进行,大哥的婚事则准备放在明年的正月。因为结婚需要准备的东西太多,家里得有个筹备的过程。

柳叶订婚后在娘家怎么也待不住,隔三差五就来了。来了就像结过婚的媳妇一样,什么活都干,我们一家很高兴,村里人也都说大哥好妻命,问了个好媳妇儿。

二哥福才从见到柳叶的第一眼就觉得很面熟,似乎在学校见过,又好像没有见。这个女人的眼睛里有一股勾人魂魄的力量,让人不敢正视。柳叶觉得二哥也很面熟,二哥比大哥小几岁,看上去却比大哥要年轻很多。大哥比较老成,人有些木讷,做事比较稳健;二哥活泼开朗,幽默风趣,喜欢跟人开玩笑。兄弟俩虽然长相各异,但就像生活在不同时代的人一样,性格反差很大。

柳叶来了就跟大姐二姐住在一起,白天与大哥、二哥等一起去自留地干活。大哥不喜欢说话,二哥于是就经常和柳叶开玩笑,有些玩笑很过分,柳叶也不恼。她虽还没过门,我们姊妹几个却早已把她当亲嫂子对待了。

2

麻狗队长的儿子牛娃与大哥福海年纪相仿,也没有娶到媳妇。牛娃的家庭条件比我家要好,房子是老秀才家的,别说娶一个老婆,十个八个都有地方住。可是来说媒的不少,成功的却没有一个。

首先是麻狗的声望令大家望而生畏。这样的老子教育出来的儿子能好到哪去?尽管麻狗这几年已有所收敛,但是那些阴影在人们的记忆里一时还很难消失。后来好不容易确定了一个，订婚半年后就退掉了——牛娃在半年之内把老丈人打了三次，这样的女婿谁还敢要？

那时候，前来给大姐说媒的人也不少。大姐长得比较黑，但五官端正，特别是一双大花眼深得母亲的精髓，忽闪忽闪会说话。她的个子虽有些矮，但身材很好看，不胖不瘦，是那种经得住看的女孩，村里的人于是都把大姐叫"黑牡丹"。

牛娃的婚事接连受阻，麻狗也开始着急了。儿子一天不结婚，就会在外面惹是生非，需要一个媳妇儿把他的心拴住。麻狗让妻子安顿了很多媒婆，网撒得很大，可就是拢不到鱼儿，眼看着儿子的年龄一年比一年大，麻狗的婆姨都快绝望了。

麻狗的女人喜欢到我家串门，来了就跟母亲拉牛娃的事，母亲也跟她说大哥的问题。两个女人同病相怜，似乎找到了一种默契，这种默契是建立在相互信任的基础上的，她们经常互相安慰着，给对方宽心。

麻狗女人每次来我家的时候都很羡慕母亲有两个女儿，大姐可以帮母亲做饭，二姐会给一家人洗衣服。而她只有一个光葫芦小子，回到家里累死累活，也没个替换她的人，女人因此常常落泪，弄得母亲不知说什么好。

麻狗女人看上了大姐，想让大姐给她家做儿媳妇。大姐人比较老实，干活踏实，脾气也很好，麻狗婆姨需要的就是这样的媳妇。回到家里，她把自己的想法给麻狗说了，麻狗一开始还有些看不上，嫌大姐个矮，人黑。后来听女人一讲，就同意了。大人同意后需征求儿子的意见，这位小魔王如果不同意，一切都是白搭。夫妻俩想了很多对策，软的硬的措施都有。没想到第二天与儿子一交锋，牛娃因为婚事屡屡受挫，瞪着眼睛愣了一会，嘴里蹦出来两个字：随便。

儿子同意后，麻狗婆姨迫不及待就来找母亲了。她想母亲肯定会答应的，因为她们的关系那么好，两家人结亲后更成了一家人，说不定母亲早就等着她开口呢。"有儿求百家，有女百家求"嘛，这种事一定要主动才行。

不中。母亲很干脆就回绝了。

他婶，为啥呢？麻狗女人有些困惑。

福云已经有对象了。母亲很平静地说。

啥？这么大的事咋没听你说过啊？女人一脸的惊愕。

哦，福云不让说。你头还疼么？母亲把话题转移了开来。麻狗女人半天说不出话，不明白大姐是真订婚还是假订婚了。

大姐是真的订婚了，两天前才定的。即使她没有订，母亲也不会同意把闺女嫁给麻狗儿子的。

大姐结婚的那天是腊月初八，大喜的日子。交口塬上结婚的人很多，拖拉机一路吼着来到了天瑶村，城门外已经围了很多看热闹的人。一阵震天的鞭炮过后，迎亲的队伍便从拖拉机上跳了下来，步入了我们家的院子。

院子里一下子来了这么多人，显得很拥挤。大姐在自己的闺房收拾着，心跳得按不住，似乎要飞出来似的。母亲端着饭让她吃，她吃不下，眼泪汪汪的。母亲明白大姐的心事，出嫁的女子离娘泪，这一走，就是人家的人了。母亲鼻子一酸，眼睛跟着也湿润了。

大姐临走之前来到外婆的屋里，跟她告别。外婆年龄大了，耳朵不好使，要大声说话她才能听得见。

大姐说：外婆，我要走了，你得注意身体。

哎，我云儿长大了，都有女婿了，姥姥高兴啊。外婆知道大姐要出嫁，攥着她的手不放，眼泪汪汪的。想着大姐小时候的样子，扎个羊角辫满院子跑，唧唧喳喳像只小鸟，没想到一下子就翅膀硬了，都要飞走了。

大姐跟外婆告别后，又走到抗战的床前跟他说话。抗战握着大姐的手只是摇，满脸是泪，什么也不说。外婆说阿弥陀佛！今天是福云的喜事，要高兴才对。抗战抹了一下眼睛，说我就是高兴的啊！

大姐被人抱上了拖拉机，拖拉机上铺着麦草，麦草上铺着被子。随着一阵鞭炮的轰鸣，拖拉机"突突突"发动了，不一会便消失在人们的视线里。

母亲站在那里久久地凝望着，女儿这一去，便与这个家成了亲戚关系，这个村子对她而言，也变成了一种永久的回忆。

第二十三章

1

年好过,睡一晚上就过去了。无论你有多大的困难,都不会被隔在年那边的。透过爆竹的烟雾看看周围的世界,一切似乎都变了模样,却什么也没有变,变的只是人们的心情。孩子们的脸上写满兴奋与快乐,老人的脸上洋溢着幸福与满足,男人的脸上被白酒熏得通红,女人的脸上挤出不太自然的微笑——不当家不知油盐贵,她们的压力真的很大。但无论如何,这几天是要快乐的,大家尽量避免说不吉利的事,对孩子也格外宽容,不骂过于刻毒的话。她们见面后嘻嘻哈哈,回到家里看着墙却在发愣,因为有很多事情都是被暂时搁下了。雪很快就会融化,该来的还会再来的。

腊月的时候,柳叶来家里帮忙,直到年跟前才回去。柳叶订婚的时候跟大哥一起买衣服,她挑的都是比较便宜的,省下来的钱坚持要给大哥买。大哥不同意,她就恼了,赌着气不理大哥。后来大哥给自己扯了一件上衣料子,柳叶才恢复了脸上的笑容。一年来,他们在一起的时间虽然很多,但是大多是和大姐、二哥等一起干活的时候,两个人单独的空间并不多。大哥和柳叶在一起的时候心就怦怦地跳,柳叶和他说话的时候总是"吱吱唔唔",不敢抬头看她。柳叶说看你扭秧歌的时候风风火火,动作那么放得开,没想到现实生活中却像个女娃,没出息。

大哥其实也觉得自己不像个男子汉,可就是扭转不了局面。有一次自留地里就剩下他们二人,柳叶悄悄地攥住了他的手,大哥一下子就不自在起来,慌得连路都不会走了。柳叶见他这样,心里不由得暗笑,于是放开手从后面一把搂住了他的脖子。大哥没想到她会这样,一个趔趄倒在玉米地里。柳叶扑上去搂着脸就亲,大哥惊慌失措,挣扎着想站起来,身子却被柳叶压在了上面,动弹不得。

亲我一下。女人把脸蛋凑了上来,哈出来的热气麻麻的,一对瓷实的肉团紧紧地贴着他,弹性十足。大哥感觉自己都快窒息了。

赶快起来,小心有人看见了,多不好。大哥小声地哀求着。

亲一下下,要不我就不让你起来。柳叶嘻嘻地笑着,身子贴得更紧了。

大哥闭上眼睛,嘴唇撅起来轻轻地在女人的脸上啄了一下。

不行,要用力。柳叶显然不满意。

行啦,要来人了。大哥很紧张。

来人咋了?我不怕。咱们是订过婚的,过了年就结婚,亲一下都不行了?柳叶压着不放。

大哥见这一关无法逾越,于是张开嘴在柳叶的脸蛋上狠狠地亲了一下,柳叶被弄疼了,龇牙咧嘴地叫了一声。

笨死了!亲都不会,把人的脸都咬烂了。柳叶一边抚摸着刚才被大哥咬疼的部位,一边在大哥的身上拍打着,要他弥补自己。大哥坚决不干,柳叶于是就降低了标准,要大哥给她唱秧歌曲。大哥扭撒不过,就低声地唱了起来:

> 正月里探小妹正月正,
> 我引上小妹妹挂红灯,
> 红灯是英雄妹妹呀,
> 试一试你的心。
>
> 二月里来探小妹龙抬头,
> 我引上小妹妹上彩楼,
> 彩楼万丈高妹妹呀,
> 小心你闪坏腰。
>
> 三月里探小妹三月三,
> 我引上小妹子下江南,

　　　　　　拾上大车票妹子呀，
　　　　　　得你三块三……

　　大哥唱到这里停了下来，柳叶正听得入神，于是要求他把剩下的曲子唱完。大哥环顾左右，见没有人来，于是就接着唱了下去。

　　　　　　四月里探小妹四月八，
　　　　　　我引上小妹妹扎红花，
　　　　　　扎下一朵朵妹子呀，
　　　　　　笑得开了花。

　　　　　　五月里探小妹五端阳，
　　　　　　大米粽子包沙糖，
　　　　　　砂糖进口甜妹子呀，
　　　　　　我替你出钱。

　　　　　　六月里探小妹热难当，
　　　　　　我引上小妹子上凉床，
　　　　　　鸳鸯扇儿圆妹子呀，
　　　　　　我问你凉不凉。

　　　　　　七月里探小妹七月七，
　　　　　　天上的牛郎配夫妻，
　　　　　　妹妹在河东妹子呀，
　　　　　　我在那个西……

　　大哥的声音委婉悠扬，非常动听，柳叶听得入了迷，痴痴地盯着他看。大哥不唱了，她才回过神来，于是在他的脸上又亲了一下。
　　这是他们婚前唯一的一次亲密接触，大哥为此紧张了很长时间。
　　如今，他们要结婚了，家里把一切都准备好了，只等着正月初八的大喜日子了。

2

母亲为了给大哥结婚,起早贪黑忙了一年。父亲在沟里挖药材,母亲在家里养猪。猪大了吃得很多,母亲每次到地里劳动的时候都带着口袋,回来的时候背一袋子猪草。那些猪远远地看见她就开始哼哼。猪其实也是很通人性的畜生,谁对它好它都知道。有时候它们会从圈里跑出来,悄悄地跟随母亲。母亲到寨子里串门,两头猪在后面紧紧地跟着,不哼不哈,直到有人说,母亲回头一看,猪这才撅着嘴对母亲摇头,细细的尾巴晃荡着,一副讨好的样子。这两只猪仔逮回来的时候还很小,母亲是看着它们一点点地长大的。等到腊月的时候,已经膘肥体壮,脊背都成了平的。母亲让父亲卖了一头,给大姐作陪嫁,另一头准备杀了,大哥结婚的时候用。

杀猪的那天是腊月二十三,请灶公爷的日子,也是杀猪的好日子。母亲这天早上没有喂猪,猪饿了一晚上,拼命地嚎着。母亲走到跟前后它眼巴巴地望着她,不叫了,母亲叹息了一声后离开了,它又叫了起来。天气阴沉沉的,风很凌厉。杀猪的吃完饭后准备动手。大哥和二哥把一口大锅放在院子里,里面倒进了滚烫的开水,然后把猪从圈里放了出来。这头猪平日里很乖,这天可能是有某种预感,它一出来就开始往外面奔,大哥连忙跑过去把它截了回来,它显得很暴躁,杀猪的到跟前就跑,怎么也捉不住。

眼看锅里的水不再滚烫,大家都很着急。母亲本来是躲开了,她不忍心看着人把它杀死。现在猪逮不住,还得母亲出马。母亲走到这头猪前,用手轻轻地在它的背子上挠了两下,说小黑,卧下,猪就很听话地卧下了。大家一拥而上,绑腿的绑腿,拦腰的拦腰,猪似乎知道大势已去,没怎么挣扎,它眼睁睁地望着母亲,眼角上有一行泪珠在滚动。母亲不忍看那血腥的一幕,于是赶紧躲到屋里去了。一声凄厉的嚎叫传了过来,声嘶力竭,一声比一声凄惨。母亲的心也像被人捅了一刀,生疼。可怜的小黑,谁让你这辈子托生成畜牲了?下辈子托生成人吧,人是不会被随便杀掉的。不过做人比做猪更难,做人有很多烦恼的事儿,你变成了人,就会知道的。

猪有200多斤。母亲给大伯、外婆、三爸和秀秀家各送去了一块,每块有10多斤,过年足够了。然后又让大哥带了40多斤给柳叶家送去,这是我们那里的规矩。母亲把猪肠猪肚清洗干净,和猪血黄(用猪血和荞面蒸的糕)一起炖了一大锅,第二天一大早便让我们端着碗挨门挨户地给寨子里的人送。这个时候家家正在吃早饭,他们似乎已经预料到我们要来,客气几句便接住了。等到他们杀猪的时候,礼尚往来,也会给我们家端一碗的。

正月初八和腊月初八一样,都是个大佳期。举办婚礼的人家把学校的桌椅板凳都预定光了,一些人于是就用砖头把木板支起来当餐桌。我们兄弟几个在年前就把桌椅板凳搬回来了,所以到了初八就不用紧张了。

娶亲的吃完早饭便开始出发,请的是邻村的手扶拖拉机,虽然比不上安学的四轮,但比架子车、毛驴要体面多了。娶亲的是大妈、大伯等一行7人,回来的时候就成了8个。好事成双,图个吉利。

柳叶从娘家走的时候没有哭,她是笑嘻嘻地离开母亲的,柳叶的母亲因此十分伤心,看来这丫头的心真的很硬啊!(在我们那里,大姑娘上轿是要哭的,叫离娘泪,哭得越伤心说明越懂事,娘家人的脸上也越体面。有些女子哭不出来就干嚎几声,实在哭不出来了把脸捂上,装也要装一会的。)

大哥结婚的那天寨子里还有几家人娶媳妇,大家争先恐后,看谁家的媳妇先到。结果柳叶第一个进村,太阳还没有完全落下去呢。准备鞭炮的没想到她会这么快,于是手忙脚乱地点响了爆竹,在一片"噼噼啪啪"的声音中,柳叶被大哥抱了回来。

柳叶这天穿着大红绸缎的棉袄,头上盖着一顶大红头巾,脸上的表情虽然看不见,但从肢体上的动作能看得出来,她是非常激动的。

拜堂开始了,二哥悄悄地躲在柳叶的身后,乘其不备给她的脸上抹了一把锅底墨,然后压着她的头使劲磕了几下,站起来跑了。晚上闹房的时候,我们弟兄三个变着法子折磨新娘子,弄得她啼笑皆非,不断地向我们求饶。鸡叫三遍了,我们的玩兴依然很浓,柳叶不断地向大哥投去求救的目光,希望他能够打住。大哥装着没看见,我们于是就在新房里直玩到天亮。

第二天是正席,许多重要的仪式都要在席间进行。中午时分,管事的把家里的主要亲戚召集在一起,然后一一介绍,新人在听到介绍的时候要喊一声称谓,然后磕一个头,被喊的人要给新人赏钱,算是认亲礼。管事者在介绍外婆的时候,祝俊突然出现在大家的面前,把人都愣住了。

原来大哥在腊月的时候给祝俊写了一封信,要他来参加自己的婚礼。这封信大哥犹豫了很长时间。从心里说,他痛恨这个父亲,在母亲困难的时候,他抛弃了他们,跟田寡妇厮混,最后混不下去了才来找他们回去,祝俊的所作所为伤了母亲的心,也深深地刺痛了大哥的心。后来,大哥渐渐地长大了,想起父亲一个人在老家受罪,这些年也够可怜,于是从心里开始原谅了他,毕竟,他是自己的亲生父亲啊。同柳叶订婚的时候他就有过让父亲来的想法,怕母亲尴尬,所以迟迟未定。后来他私下里跟外婆商量,外婆同意他给祝俊写信,毕竟他目前也只有这一个亲人,儿子结婚,老子不能不知道啊。接到大哥的信已经是正月初五,祝俊紧走慢走,结果还是来迟了。

祝俊的突然出现让院子里乱了套。母亲气势汹汹地上前质问:你跑来干啥?丢人现眼来了?!祝俊扑腾扑腾地眨动着双眼,一句话也说不出来。村里的人们纷纷地议论着,像翻滚的开水一样沸腾起来。

大哥和新娘正在给宾客磕头,看见祝俊赶紧走了过来,把柳叶介绍给自己的父亲。柳叶不明白什么意思,因为大哥从来没跟她说过这件事,柳叶一直以为大哥跟我们一样,都是我父母的孩子。

咋回事嘛,怎么突然又冒出来个大? 柳叶很尴尬,脸憋得通红。

是这样,他是我的亲生父亲,从河南来,专门参加咱们婚礼来的。这件事我以后会跟你慢慢地说。大哥也觉得有些不好意思。

好女子娃。祝俊看着柳叶说道。他把手伸进了棉袄里,从里面口袋里拿出一个手帕,手帕里裹着一沓10元的钞票,足足有100块。

……走得匆忙,啥也没带,这点钱你拿着。祝俊颤颤巍巍地把钱递了过去,柳叶愣在了那里,不知如何是好。

给你就拿着。这时外婆拄着拐杖过来了,笑嘻嘻地说。

这钱我不要,你拿着吧。柳叶推辞不要。因为她弄不清这中间的关系,这钱太烫手了。

这……祝俊也愣在了那里,手里的钱在颤抖着,不知该怎么办。最后他把钱塞给了大哥,要他给柳叶拿着。

祝俊把钱留下后,找了一个角落的位置坐下了。母亲的脸上虽不好看,但当着这么多的人也不好发作。坐席的人沉寂了一会,又恢复了刚才的热闹。爱喝酒的人于是开始猜拳,院子里一片热闹的景象。

3

祝俊在大哥结婚后的第三天就回去了,外婆想让他多住一些时候,祝俊说他这次来主要就是想见见儿媳妇什么样儿，福海娶了个漂亮媳妇，有人疼了，现在他可以放心了。

第二天是回门的日子，大哥和柳叶去北寨子村了，要住一个晚上才能回来。这是女儿婚后第一次回来，一天前还是闺女，哭哭啼啼地离去，没想到两天后再次回来，却已经变成了别人的女人。

外婆说福海不在，你等娃回来再走嘛！祝俊说他就是趁孩子不在才走呢，他回来了自己反倒舍不得走了，他也不想让孩子为难，回到河南一个人生活也挺好的，这下也没啥挂牵的了。如果福海有了娃，给他写一封信，最好再寄张照片，他就心满意足了。

外婆听了这些话有些伤感，眼睛不觉开始湿润。外婆说人往往把容易得到的东西不珍惜，失去了才觉得它有多珍贵。再破碎的心，再陈旧的伤口，却还是坚持不停地缝缝补补，舍不得丢弃啊。祝俊似有所悟，点了点头，在全寨子人的注目下，慢慢地离开了。

祝俊离开后没多久又回来了。他带来了一个人，令外婆大吃一惊。

这个人是祝俊的父亲。

祝俊的父亲是从台湾回来的。抗战结束后，他参加了国民党，国民党战败后，他跟随部队去了台湾，这一去就是30多年！

站在母亲和外婆跟前的祝老爷已经是年近古稀的老人了，两鬓斑斑，但神情矍铄，看上去只有60多岁。他紧紧地攥着外婆的手，激动得说不出话来。外婆老泪纵横，终于忍不住，大声地哭了起来。

母亲说娘，祝伯伯来看你了，应该高兴啊，快不要哭了。

祝老先生说你让她哭吧，哭出来就不难受了。

外婆说我不哭了，我是高兴得哭呢。菩萨保佑，我就知道好人最终都会有好报的。说完赶紧擦了眼泪，让祝老先生坐屋里说话。

祝先生见外婆老态龙钟的样子，说岁月不饶人啊，几十年的光阴把我们都变老了。

外婆说阿弥陀佛，人生短暂啊！你这些年可好？

祝先生说还好，就是无时无刻不想着你们，做梦都梦见回来了呢。

外婆说我们也是啊，只是一直不知道你的下落。原想着这辈子没指望了，没想到菩萨保佑，老天爷开眼呀！

久别重逢，一家人无限喜庆。外婆给祝先生叙说了分别后的历程，祝先生说祝俊已经讲过了，这不能怪你们，你们已经尽力了。祝先生说完后紧握着抗战的手不放。祝先生说你父亲是一位坚强的战士,为国捐躯,战斗到最后一刻,他的精神是永存的!抗战激动地点了点头,眼泪就下来了。这么多年,这是外婆之外的第一个人这样评价他的父亲,虽然他并没有见过父亲的面,但他一直相信父亲是伟大的,是为国牺牲的。由于长期卧床不起,抗战的脸上没有血色,身体很虚弱。他的小腿肌肉已经萎缩,瘦小的身子像个孱弱的小孩蜷缩在被子里,看得人心痛。

祝先生忍不住也流下了泪水。他给外婆留下了一笔钱,要她请个保姆好好照看抗战。

4

北方的春天来得有些迟缓,正月完了,空气依然冷嗖嗖的,地也没有解冻。然而麦苗儿却开始苏醒了,一簇簇嫩绿在陡峭的寒风里精神抖擞,令人心醉。

天瑶村的土地开始实行责任承包,落实到各家各户了。昔日的队长一夜之间突然感觉自己成了多余的人。因为土地承包后,每个人都按自己的规划在耕种劳作,不需要生产队长的指挥。麻狗开始的时候还经常去各家的地里走走,像以前那样给人家提点意见。大家一开始还担待,后来就不客气了:回去把你的地种好,我知道该怎么弄。麻狗心里有些不甘,于是说:少嚣张,形势的事情说不来,说不定过两年土地又得归大集体了。大家轻蔑地一笑,队长讨了个没趣,悻悻地走了。

天瑶村在交口镇是最后一家实行责任承包制的。麻狗一直以为这是一阵风,刮一刮就过去了,于是就想扛一扛。听说王三蛮到法院工作了,麻狗就买了两条烟去讨好。三蛮狠狠地批评了他一顿,说他认不清形势。麻狗灰踏踏的,觉得再也拖不下去了,这才不得已把地分开来。大家一开始还心有余悸,不敢放开手脚干,麻狗也坚信自己的判断,觉得这是走过程。谁知两年过去,各村的人都干得如火如荼,不断有万元户冒出来,受到县上领导的嘉奖,麻狗这才相信,这一次不是运动,是真的要分开了。

麻狗队长原来在队上的时候是不干活的,每天到地里无非是指手画脚地骂骂人,说说脏话,跟女人开开玩笑,占点小便宜。如今这一切都一去不复返了,他家的地头除了老婆,再也没有一个人愿意受他领导。儿子牛娃眼看快 30 岁了,一直没有媳妇,他整天吊儿郎当,无所事事,当然也不愿意到地里干活。

麻狗一开始还到田间地头给老婆当参谋,给她加油鼓劲。他蹲在地头一锅锅地抽烟,透过薄薄的烟雾,麻狗似乎又回到了当年的岁月。那是多么热闹,多么风光的场面啊,几百号人在他的号令下整齐地劳作着,自己一呼百应,想让谁干啥就干啥。如今这些人都不听从他的指挥了,眼前只有自己的女人可供差遣。老婆干活的动作很笨拙,因为她身体不好,所以干起活来很吃力,动作也没年轻女人漂亮。年轻女人干活的时候臀部高挺,腰肢一扭一摆的,看得他眼睛发直,心旌荡漾,常常乘人家不注意的时候摸上一把。女人受了委屈也不敢发作,顶多骂他一句,瞪他两眼,然后换个地方继续干活。麻狗心花怒放,嘴里哼着曲子,这一天的心情都美滋滋的。而眼前的老婆斜扭着身子,屁股像麻袋,沉沉地往下坠,一副痛苦不堪的表情。麻狗越看越窝心,走上前踹了她一脚,气哼哼地回去了。

麻狗的儿子牛娃从小晃荡惯了,这后来父亲没了权势,他在村子里也少了威风,于是把火气全撒在家里了。牛娃整天在外面游荡,借口自己找对象,回来逼着父母要钱,不给就闹,把家里折腾个底朝天。麻狗的老婆后来一看见儿子浑身就开始哆嗦。牛娃要把家里的家具卖掉,做娘的不同意,于是就爆发了一场战争。这些家具是父母给他结婚准备的,搁在那里已经好几年了,奈何新媳妇一直不上门,牛娃因此看见这些家具心里就不舒服。人家福海一件家具也没有,媳妇都进门了,自己的条件哪点不比福海强?他思来想去,觉得这一切的罪责都在父亲,父亲这些年当队长把人亏了,德丧了,所以人家都不敢上门了!父子俩现在一说话就吵,火药味十足。麻狗骂儿子是败家子,牛娃骂父亲是丧门神,麻狗恼羞成怒,抄起一根棍子就抢了上去,牛娃一闪身,顺势把失去平衡的父亲掀倒在地。麻狗老婆害怕儿子出手,于是拼命地抱紧儿子。麻狗一跃而起,在儿子的脸上狠狠地搧了一巴掌,指着门大声地吼道:滚!给老子滚出去,再也不要回来了!牛娃擦去嘴角的血迹,气哼哼地回应一句:不回来就不回来了,谁还稀罕你哩!说完便夺门而去。老婆说:你把我们娘俩都启发了,给你弄个年轻的回来一起过,我也不在这屋待了!说完气咻咻地也出去了。麻狗冲着大门喊:不回来就都死在外面吧,老子一个人才清净呢!说完把收音机放大,一个人在屋里唱了起来:

> 小常宝控诉了土匪罪状,
> 字字血,声声泪,激起我仇恨满腔……

麻狗后来也不去地里了,他爱上了喝酒,整天醉醺醺的,喝醉后就骂老婆,说她是个扫帚星,窝囊废。老婆不服,两口子于是就吵了起来,最后的结果当然是武力解决,老婆鼻青脸肿,男人得胜后心情大好,于是就呼呼地睡着了。一觉醒来,女人还在那里啜泣,男人于是接着再骂,直骂到她不再哭泣为止。

那以后,吵架成了麻狗夫妻每天的必修课。我那时上学的时候要经过他家门口,每次路过几乎都能听见里面咆哮的声音,不是老子叫就是儿子吼。麻狗当队长的时候欺负了太多的人,所以大家都觉得这是报应,男人们冷眼旁观,女人暗地里偷笑。然而也有一部分人觉得麻狗的老婆可怜,不该受这样的罪。麻狗虽做了很多亏心事儿,他的老婆在村子里口碑还可以。外婆经常拄着拐杖上门替麻狗老婆讨公道,麻狗被说得哑口无言,但是等到别人离开后,一切还是照常。

母亲也曾去过几次,女人扑到母亲的怀里泣不成声。母亲说他叔你不能再这样破罐子破摔了,再这样下去就没光景了!麻狗说没光景就没光景,关你屁事?老子成了这样,你心里是不是特别高兴啊?麻狗老婆说福海妈你不要着气,跟这种人讲人话是对牛弹琴,他听不懂的。母亲说我不会生他的气,他心里不平坦,所以才这个样子。有啥需要帮的活就吭声,我让福海帮你做。麻狗老婆说福海已经帮我干了不少活了,我都不好意思了。母亲说没啥不好意思的,乡里乡亲的,谁没个难缠的事儿?麻狗老婆于是又开始抹眼泪,麻狗一看见眼泪就烦,说你他妈的就会流尿水子,再流老子就把你的眼珠子抠出来!麻狗老婆说你抠吧,抠出来我就啥也看不见了,眼不见心不烦,我死了,你心里就平坦了……

第二十四章

1

祝老先生离开后不久,憨面的父亲从台湾也回来了。

那时候,有关部门已经为憨面家平了反,勒令麻狗从憨面家搬出来。麻狗家原来的破房子早就倒塌了,一家人没处住,只好搬到憨面家原来的破窑洞里。村里人说三十年河东三十年河西,做坏事的人是不会长久的,看来老天爷并没有完全瞎眼啊。

憨面的父亲带回了很多东西,吃的,穿的都有。看到儿子成了这个样子,老秀才的儿子心酸不已,一家人抱头大哭。秀秀傻乎乎地站在一旁看着,似乎这一切与自己无关。秀秀和憨面结婚的第二年曾经怀孕过,母子俩一开始很高兴,但看着秀秀疯疯癫癫的样子,年龄那么大,孩子生下来也没人管,娘俩就高兴不起来。最后这个孩子流产了。

憨面的父亲拿出漂亮的衣服让秀秀穿,秀秀很高兴,像个小孩子似的又蹦又跳,弄得公公啼笑皆非,不知如何才好。晚上的时候他和儿子商量,准备花大价钱给儿子重新娶一个媳妇,憨面坚决反对。他说自己这辈子只要秀秀,哪怕她再疯,也是他的婆姨。憨面的母亲也坚持这一点,说秀秀这女子疯是疯,但也有清醒的时候,清醒的时候她是一位很好的媳子。这些年来,憨面对她很好,她也对憨面很依赖,两个人不能再分开了。憨面父亲沉思良久,说那咱们想办法给她看病吧。憨面母亲说秀秀疯了这么长时间了,恐怕看不好了。憨面父亲说我们可以去大医院试试,兴许能看好呢。

第二天，一家人带着秀秀就上路了。

母亲用祝老先生留下的钱给抗战请了一位保姆。保姆很年轻，是个十七八岁的女孩，因为家里很穷，所以出来赚点钱，准备给哥哥结婚。

保姆名叫小琴，爱笑，一笑两个酒窝非常好看。她个头不高，但是很敦实，穷人的孩子早当家，她几乎什么都会干，洗衣做饭缝补衣裳，但是从来没有伺候过病人。抗战躺在炕上的样子令她不知所措，一时还摸不着头绪，不知该如何做起。屋子里透着一股腐朽的味道，抗战的身上更是气味难闻，被子也脏得都看不出原来的颜色了。小琴要做的第一件事便是拆洗被子，然后把炕上彻底地清理了一遍，屋里的气味一下子小了许多。后来在外婆的带领下，她慢慢学会了给病人翻身，按摩身体。抗战躺下后自己不能起来，需要人帮助才能坐起。为了不使身子压烂，外婆每天都要抱着他翻几次身，并且尽量让他坐着，这样他就会舒服一些。小琴来了之后，这些工作由她接替了，她比外婆有劲，抗战因此每天翻身的次数便多起来，人也有了胃口，喜欢吃饭了。每月15元的工资让小琴很满意，她尽职尽责，生怕失去了这份工作。一段时间后，抗战的脸上有了红润，外婆很高兴，见人就夸小琴能行。小琴被夸得不好意思起来，于是就更加拼命地干活，家里家外她都干，把屋里擦得明光铮亮，院子打扫得干干净净，家里没事的时候还跟着母亲去地里干活呢。

姑娘的殷勤令抗战十分感动，尽管他也知道她是花钱雇来的。每次保姆给他按摩的时候都觉得不好意思，按摩后浑身会非常舒服，躺在炕上的时候肌肉也不那么疼了。有时小琴还会替他擦身子，抗战总是在她擦了脊背就把毛巾拿过来，剩下的地方自己来完成。在小保姆的精心照料下，抗战的身上已经没了味道，天气好的时候，能坐在轮椅上出来了。

有了一个得力的帮手，外婆的身体一下子也得到了恢复，见人也爱说爱笑了。祝老先生给外婆买了几件城里人的衣服，穿在身上很时尚，外婆说老了老了又风光了一回，也不枉活这一世了。儿子被整成残废后，外婆一度也心灰意冷，看到抗战痛苦的样子，她的心在滴血，常常一个人在深夜的时候哭泣。这些年来，由于我们家的光景一直不好，大家缩衣节食，母亲也是尽了最大的努力来维持这个家的，一家人吃什么抗战和外婆就吃什么，绝不偏吃另待。有时馍不够吃了，母亲宁愿自己不吃，外婆知道了心疼得要命，就把自己熬好的南瓜汤给母亲端过去。

母亲每年都会在院子里种菜，黄瓜、南瓜、西红柿和辣椒，种的最多的是南瓜,因为南瓜可以存放到冬天当粮食吃。好的南瓜又沙又甜,跟红薯一样。南瓜的叶子很大,枝蔓伸得很长,父亲于是就在院子里打了个瓜架,南瓜抖擞精神就上去了。南瓜丰收的时候是秋天,雨淅淅沥沥,一直在下,院子里的瓜架上红红绿绿地点缀着一些南瓜,煞是好看。南瓜很嫩的时候我们喜欢在上面用指甲掐,一掐就流水,然后结成浅颜色的疤。我们于是就在上面掐出一个图案来,有孩子的笑脸,也有绽放的花朵,父亲看见了就骂,说我们吃饱了没事干。母亲做饭的时候让我们去菜园里找瓜,几天前还很小的瓜蛋蛋,一下子长成了篮球般大小。这还不算,有些隐藏在草丛里的深绿色大南瓜,跟脸盆一般大小,摘下来抱回去,几天都吃不完呢。

小琴会用南瓜做很多种菜,清蒸、爆炒、熬炖,母亲都自惭不如。冬天农村没有青菜,家家除了窖藏的土豆便是南瓜,天天吃这两样,早就腻味了,所以调节这两样菜品很关键。

小琴的能干博得了一家人的喜爱,大家都开始喜欢她了。逢年过节的时候母亲和外婆会准备一些东西让她带回去,嘱咐她多待几天,工钱一分不少。小琴回来的时候也会带来一些山里的特产,母亲于是就给大妈、三妈家各一份,然后又让我们给大姐送一些,剩下的才是自己的。

2

柳叶到家后很懂事,一般每天早早就起来了,可新婚小夫妻恋床,偶尔也有睡过头的时候。

窗外的颜色还没完全变白,透过朦胧的光,屋里的物件已显示出清晰的轮廓。柳叶看着熟睡中的大哥,轻轻地在他的脸上亲了一下,然后准备起来。大哥忽然翻了个身,把胳膊搭在她的身上。天还没有大亮,柳叶想让丈夫多睡一会儿,他白天干活太累了,真不忍心打搅他。

窗外的光线渐渐明亮,柳叶不能再等了,她于是轻轻地把大哥的胳膊拿了下来,放在被子里。大哥突然睁开了眼睛,冲着她眯眯地笑。

再睡一会儿吧,还早呢。大哥轻声地说着,伸出双臂把她往被窝里拉。柳叶的乳房像两只熟透的蜜桃在他的眼前晃荡,大哥把脸贴了上去,感受那里的温暖。

不早了,再迟妈都起来了。柳叶在大哥的怀抱里挣扎着,想坐起来。

没事，就一会儿，妈不会责怪的。大哥说完就把柳叶压在身下，柳叶还没反应过来，他已经进去了。

哎哟，天亮了……柳叶在下面扭动身子，想让大哥停止动作。

大哥没有理她，像一头小豹子似的，女人很快就瘫软了，身子像一朵云轻轻地飘了起来……

那天早晨，柳叶起来得很晚，这在婚后还是第一次。吃饭的时候母亲轻声地问：柳叶，是不是身体不舒服啊？柳叶的脸蛋羞得通红，偷偷地看了大哥一眼，把头低得很下。嘴里的饭噎在嗓子上，弄得她干呕了两声。母亲以为儿媳妇怀孕了，高兴得不得了，要大哥带她去医院检查，大哥说妈，柳叶没事的。母亲说叫你去你就去，有事了你担待得起？大哥被说得哑口无言，吃完饭带着柳叶到镇上走了一圈，回来给母亲交差。

医生说咋了？母亲着急地问。

没咋。大哥说。

没咋么？母亲将信将疑地看着儿子，回过头又在儿媳妇的脸上端详了一会，觉得像，又好像不像，于是轻轻地摇摇头，拍拍袄襟出去了。

母亲走后，柳叶冲上去在大哥的脸上狠狠地拧了一下，说都怪你，弄得人家多伤脸啊！大哥"嘿嘿"地笑着，攥着她的手捏了一下，柳叶"哎哟"一声倒在大哥的怀里，一只手在他的脸蛋上捏着，大哥疼得龇牙咧嘴，想叫，柳叶把嘴唇凑了上去，大哥就不叫了。

柳叶和大哥结婚的第一天晚上我们闹房直要到天亮，第二天我们找了个地方睡觉去了，大哥和媳妇还要拜人，拜完礼他们就回门去了，第三天才回来。按照我们那里的习惯，新婚三天"第一天有人，第二天回门，第三天不弄是痴熊。"因此第三天才是新婚夫妇真正的新婚之夜。

那天晚上，喝完汤母亲便嘱咐大哥早点休息。柳叶帮助母亲收拾碗筷，母亲不让她收拾，说累了几天了，今天早点睡吧。母亲虽说得轻描淡写，但柳叶还是听出了一丝暧昧，因此脸蛋刷地便红了。幸亏灯光比较暗，要不真是无处藏身了。

柳叶回到自己的新房里，大哥不在。新房是大姐和二姐原来的闺房，从外面重开了一扇门，把里面的封上了。新房虽然很小，但布置得十分温馨，墙上和顶棚都糊上了报纸。报纸是母亲托人从邮电局找的，崭新的，散发着一股浓浓的油墨味。二哥和二姐糊了一天，才把墙糊好。我在下面给他们当助手，脖子仰得酸疼。墙糊好了该贴年画了，这是画龙点睛的一笔，年画贴上去后整个小屋就完全变了样,一下子显得富丽堂皇,令人眼花缭乱。年画是一些古装的剧照,色彩艳丽,装饰味很浓。还有一张是个大胖娃娃,粉嘟嘟的十分可爱。这张年画是母亲特意买的,要我们贴在中间的位置。到了晚上,我们都累得腰酸腿疼,要大哥犒劳我们,大哥于是悄悄地拿了一些水果糖,每人两颗,大家的脸上露出了高兴的笑容。

柳叶没结婚的时候曾经在这里住过,对这间小屋很有感情。当时里面还住着大姐和二姐,如今,这间小屋就属于他们二人了,柳叶的心情有些激动。想到今晚上将有特殊的事情发生,她不觉有些紧张起来。

屋里没有炉子,但是暖烘烘的,透着一股温馨。柳叶把手伸进褥子里摸了一下,炕很热,看来母亲已经烧过了。炕上整齐地摞着两床被子,大红绸缎的,在灯光下熠熠生辉。柳叶把被子拉了开来,先拉了一床,然后把两个枕头并排放着,脸蛋不由得就红了起来,心通通直跳。因为时间尚早,说不定二姐、母亲还会进来,柳叶犹豫了一下,把另一床被子也拉了开来,这样感觉才好看了一些,不那么尴尬了。

柳叶把被子拉开后自己没有先睡,尽管她确实很困,但今晚是一个特殊的夜晚,她一定要等大哥回来。门外的风呼呼地吼着,陕北的正月天气还很冷,不知道大哥去了哪里,这么长时间还不回来。柳叶靠着炕围子在打盹,不觉就睡着了。

不知过了多长时间,柳叶感觉有人进来了。她揉了揉眼睛,以为是大哥回来了,却发现原来是母亲。

母亲知道大哥没有回来,因为大门一直开着。母亲说柳叶你不要等了,先睡吧,福海可能是被谁留住喝酒了,不要等了。

柳叶点了点头,突然觉得有些伤感。今晚是新婚之夜,福海不是不明白啊。自己拼着身子爱他,难道他就不知道么?

拂晓时分福海回来了,喝得醉醺醺的。他没有回新房,而是直接进了大屋。大屋的炕上睡满了人,没有他的地方了。

母亲低声地问:你咋搞的,天亮了才回来?人家柳叶一夜未睡,等着你呢!大哥突然明白自己已经结婚了,应该到那边去睡,于是就来到小房,推了几下门,不开。原来柳叶把门从里面关上了。

柳叶快开门,外面很冷呢。黎明前的冬夜青扎扎的,贼冷。大哥打了个寒战,牙关"咯噔噔"乱颤。

外面好,你不要回来了!里面传来女人的啜泣声。

让福海进去吧，外面冷得很，小心他会感冒的。母亲也站在外面，对屋里说。

门"吱呀"一声开了，一股暖流扑了出来。

那天晚上，两个人都没有睡，浑衣坐到天亮。

3

第二天，母亲把大哥狠狠地教训了一顿，问：夜黑了(昨晚上)为啥要出去？

大哥说我去还人家的东西，被留下来喝酒，结果喝多了。

母亲说你真是混脑子，不明白夜天(昨天)是啥日子吗？

大哥说婚也结了，难道每天晚上都要守在媳子的身边吗？

母亲生气了，说那你从今天就不要再回来了！

这时，外婆出来了，外婆见大哥在跟母亲对嘴，于是也批评他做得不对，并拿起拐杖要打，说是替柳叶出气。柳叶其实早就不生大哥的气了，因为大哥是无心的。现在一家人都替她说话，更是从心里原谅了他。外婆虚张声势的样子很夸张，大家都被逗笑了。只有母亲还不肯原谅。

这天晚上，大哥吸取了经验教训，早早就回屋去了。母亲给柳叶使了个眼色，让她也回去休息。

柳叶故意磨蹭了一会，把碗筷刷洗了好几遍，然后又把屋里详细地收拾了一遍，这才回去了。

柳叶走到屋子的门口，里面的灯亮着，看来大哥在等着她。柳叶想象着大哥在里面着急的样子就想笑。谁让你夜黑了不回来？让你也尝尝等待的滋味。她忍住自己，趴在门缝往里面瞧，却怎么也瞧不见人。难道这家伙又跑了？不会吧？柳叶急忙推开门，炕上传来男人粗重的鼾声。

大哥已经睡着了。

一连两天都是这样，柳叶有些受不了啦——福海是怎么回事儿？难道他不喜欢自己吗？不喜欢就早说嘛，为什么还要结婚呢？这不是明摆着欺负人么？

然而大哥的脸上却看不出沮丧的表情，他一天到晚乐呵呵的，对谁都是笑脸。外婆跟他开玩笑，他就跟她斗嘴；柳叶故意不理他，他似乎也不介意。看样子他是无心的啊,可是晚上的事儿怎么解释呢？难道每个男人结婚后都是这个样子么？她曾听村里的女伴说过,她那一口子第三天晚上早就忍不住了,天还没有黑就把她解决了。男人在这方面都比较猴急,难道大哥生理上有病么？

这天晚上,柳叶等大哥喝完汤便跟他一起回去。今天晚上她要把事情挑明,不能再稀里糊涂过下去了。

你天天躲着我,啥意思啊？柳叶边脱衣服边说。

没,没有啊。女人脱得只剩了内衣,一双乳房高挺着,看得他脸红耳赤。

没有咋不跟我一起睡呢？女人凑了过来,样子咄咄逼人。

我,咱这不是在一个炕上嘛……大哥结结巴巴地说。

我要你跟我在一个被窝里睡。柳叶说完便帮大哥脱衣服。

我自己来！女人的胸部紧贴着他,嘴里呼出的热气快把他融化了。大哥像是被蛇咬了似的,一把将女人推开了。

你？柳叶被大哥一推,倒在了被子上。眼泪一下子就流出来了。

没事吧？我不是故意的。大哥见媳妇哭了,急忙伸出手扶她。

今天晚上你一定要把事情说清楚,我到底怎么啦？让你这么讨厌！柳叶呼地坐了起来,擦了一把眼泪,气呼呼地说。

我,没有讨厌你啊。大哥嗫嚅着。

那你说,到底是咋回事儿？女人像一头暴怒的狮子,眼睛里喷射着火焰。

我听人家说……男人和女人做了那事,就会……大哥吞吞吐吐地,没有把话说完。

就会怎么样啊？柳叶觉得很奇怪,于是想听他把话说完。

男人和女人做了那事,就会球势的！大哥鼓足了勇气,终于把话说完了,脸蛋憋得通红。

屋里在一瞬间陷入了沉寂,一点声息都没有。大哥感觉自己的双颊在发烫,恨不能找个地缝钻进去。

哈哈哈哈哈！柳叶停顿了片刻,终于忍不住笑了起来,她双手拍炕,笑得肆无忌惮,眼泪都流出来了。

你啊,咋这么瓜啊！真是个瓜娃子啊！呵呵呵……柳叶还在笑,大哥被笑得莫名其妙,浑身不自在起来。

谁给你说的？这样的话你也信？如果男人和女人做了那事就球势了，那世上早就没人了，你看看，所有的男人不是都活得好好的吗——你真瓜啊！柳叶还在笑。

这么说，没事的？大哥将信将疑。看来老实巴交的他确实被人愚弄了。

你听说过谁家男人结婚后就死了的吗？没有吧？没有的，都活得好好的！有些人一年一个娃娃，如果球势了，还能有这么多的娃吗？柳叶进一步教育大哥。

大哥想了想，觉得柳叶说得很有道理。该死的麻狗，原来是捉弄人呢！大哥一时突然觉得不好意思起来。柳叶弄清了问题的根本，也不再生他的气了。大哥比她大3岁，想不到却这么傻啊，傻得非常可爱。

那一夜，大哥度过了人生最为难忘的一个夜晚，柳叶带领着他走进了一个全新的领域。这个领域他以前也曾无限地觊觎，但一直没有一个实践的机会。后来与柳叶订婚了，他也曾有过冲动，但是传统的理智制约了他，于是就把这份神秘留在婚后。谁知结婚前的几天，母亲叫他去给麻狗家帮忙，麻狗给他讲了那样的话。麻狗讲话的时候一本正经，样子很诚恳，大哥毕竟没经见过这样的事儿，于是就信了。

一场人为的障碍就这样消除了。云雨后两个人都很疲倦，柳叶搂着大哥久久不能入睡。大哥很兴奋，接着又做了一回，两个人筋疲力尽，不一会就呼呼地打起了鼾声。

第二天一早柳叶早早就起来了，哼着曲子抱柴做饭。母亲发现了这个细节，但还是不能肯定，因为自己的儿子她知道，大哥从小跟女孩说话就脸红。吃饭的时候母亲发现大哥有些不自然，眼睛不敢与人正视，头低得很下。柳叶脸蛋绯红，偷偷地拿眼睛瞥着大哥。母亲会心地一笑，看来这件事不用大人再操心了。

第二十五章

1

铁蛋回来了。

铁蛋在外面漂泊了10多年后,又回到了天瑶村。

铁蛋回来的时候还是孤身一人,衣服破破烂烂的,看来这些年他混得并不好。外婆看见铁蛋的时候激动得说不出话,老泪纵横。这孩子虽然伤了她的心,但是这些年来,外婆无时无刻不在想着他啊,毕竟,她是把他当作儿子抚养的,那么多年的心血和汗水都留在他的身上了,外婆不能割舍。

曾经叱咤风云的人物突然回到了现实中,人们都用异样的眼神望着他。铁蛋在寨子里得罪了不少人,比麻狗干的坏事还多,因此当人们看到他这副失魂落魄的模样,都说是老天爷的报应。

母亲说:你找着父母了吗?

铁蛋摇了摇头。

外婆说回来就好,回来就好!我娃这些年在外面受苦了,赶快回屋,让小琴给你做饭。

这些年,铁蛋在外面四处流浪,始终没有找到自己的亲生父母。也许他们已经在那个灾难的年代死去,也许是去了更加偏僻的地方,总之该找的地方都去过了,就是没有一点音讯。那时候他还有自己的事业,手下有一帮摇旗呐喊的人,风风火火闯九州,可是没多长时间,他发现形势已经在发生转变,大家似乎没有以前那么狂热了,手下的喽啰们也悉数离他而去,人们再也不是那样盲目乱串,该干啥都干啥去了。铁蛋突然觉得自己成了多余的人,曾经的远大理想看样子不可能实现,现在是有家也难回了。他曾试探着给外婆写信,但最终还是没有勇气把信发出去。这些年,他基本上是靠给别人打工养活自己。打工的生活很艰苦,养尊处优的他一开始根本吃不消,但吃不消也得干,要不肚子就跟他闹矛盾。后来,他的身体情况越来越不好,身边没一个亲人,漫漫长夜他感到非常孤独,常常在睡梦中哭醒,醒来的时候还在找着外婆,因为在他的记忆里,这个世界上只有外婆对他最好。他的母亲虽然给了他第一次生命,可是外婆给了他第二次和第三次生命!说实话,这些年来他一直在心里恨自己的父母,他们无情地抛弃了他,铁蛋本想着找到他们的时候要质问一番,可是老天爷不愿意给他这个机会。相反,待他比亲生儿子还亲的外婆却深深地被他伤害了。想到这些的时候他就想流泪,觉得自己真是猪狗不如,是个畜牲。在外厮混的这些年,他无时无刻不想着回来,可是又觉得没脸面见这一家人,铁蛋的心里真是很矛盾啊!后来他终于下定了决心,决定还是回家一趟,哪怕天瑶村的人都打他,外婆和母亲也不认他,他也心甘情愿地接受,如果这样的话,他的心里也许会得到解脱呢。

　　看到自己曾经伤害的人待自己还是这么好,铁蛋的眼睛也湿润了。他扑通一声给外婆跪了下来,痛哭流涕:我不是人,我不是人啊!外婆颤抖着双手想扶他起来,铁蛋死活不肯,对着外婆一遍遍地磕头。人们看到这里,本来愤懑的心突然变软,于是摇着头都走了,没有人愿意再跟他计较了。

　　铁蛋回来后没地方住,就住在外婆原来住的那孔破窑里。母亲让大哥帮助铁蛋把里面收拾了一下,用白灰把窑里刷了一遍,地上填了一层干土,然后搬进了一些生活必需品,铁蛋就住下了。

2

　　憨面的父亲带着憨面给秀秀看病,他们走遍了国内最好的医院,医生说秀秀的病当年是因为感情受到了强烈刺激,所以神经一下子就错乱了。这种病一般不好治,要治好除非当事人回来,但是那是不可能的,因此只能保守治疗。

　　医院给秀秀开了一些药,让她在医院住了一段时间,医生每天给她做心理治疗,秀秀的病情似乎比以前稳定了许多,发疯的间隔时间越来越长。当然这一切与憨面几年来的努力是分不开的。憨面全心全意地待她好,秀秀已经在心里把他当成了文秘书,如果不再受刺激,相信她会慢慢地好起来的。

憨面的父亲由于在台湾已经成了家,所以在大陆也不宜久留。安排好儿子儿媳的事情之后,他给他们母子留了一些钱,便回去了。

这段时间,心里最矛盾的是憨面的母亲。夫妻久别重逢,那种喜悦之情难以用语言表述。刚开始的时候,憨面的母亲一直不相信这是真的,晚上睡觉的时候她会一遍遍惊醒,憨面父亲把她揽在怀里,她浑身发抖,害怕他再次离开。男人细心地安慰着她,她的情绪才慢慢稳定了下来。如今,分别30多年之后,他们将再次分离,尽管老伴信誓旦旦地向妻子保证,他还会回来看望他们,但是憨面母亲不相信。30年的悲欢离合使她成了一个老太婆,人生还能有几个30年呢?

憨面回来的时候坐上了轮椅,穿上了崭新的衣服,精神面貌焕然一新,整个像换了个人似的,看得天瑶村的人都不敢相认了。而憨面的母亲变化也很大,花白的头发被染成了黑色,身上的衣服与她很不协调,但是比原来要好看得多。最让天瑶村人羡慕的是她脚上居然穿着一双皮鞋——一双天瑶村人都没有见过的女式皮鞋。

当然,变化最大的要数秀秀了。这个命运多舛的女子似乎不疯了,见人甚至会点头,露出羞怯的微笑。秀秀的衣服也是从头换到脚,让天瑶村人不敢相信的是她的脖子上居然挂着一条金光闪闪的项链!那条项链据说是纯金的,几百块钱哩!天瑶村人老几辈子都没有见过,老秀才活着的时候家里也没有人戴这个呀!

3

土地责任承包制以后,各家的光景都有了起色,大家最起码不缺吃的了。但是也有人例外——曾经的大队长麻狗一家刚过完年就揭不开锅了,他的女人在寨子里放声大哭,哭得一村子的人都围着看热闹。

土地承包后,麻狗父子从来不下地干活,地里的庄稼靠麻狗老婆一人料理。女人家身体单薄,干活很吃力。春耕的时候人家都种上了,麻狗老婆满世界找人帮忙,因为他们家连牛都没有。母亲很同情他们,每次耕地都用我们家的牲畜干活。耕地的时候女人使不上劲,犁铧扎不进田地里,耕出来的地根本不长庄稼。母亲和父亲商量后,于是让大哥或二哥去帮他们。村里人都说这种人活该,饿死了也是报应,因此对于我们家的举动感到不可理解,有些人还愤懑不平,说母亲犯贱,是吃饱了撑的——没事找事干!母亲则不以为然。母亲说人啊,总有个低潮的时候,你积了德,上天会看见的。

地种上了并不代表庄稼就能获得丰收,除草打药也很关键,要不就会没有收成。夏天到了,人家的庄稼绿茵茵的,麻狗家的草比庄稼还高。到了秋天,别人都开始收割,麻狗家的地因为管理不好,在荒草里找不到庄稼。有一块豆子地是母亲帮着除的草,豆子长势很好,麻狗婆姨把希望都寄托在上面了,谁知到了秋后,还是颗粒无收——一群野兔和瞎老鼠上下夹击,把豆子都吃光了。

令麻狗女人头疼的事远不止这些。麻狗自从不当队长后,性情变得极为暴躁,他经常喝得醉醺醺地在村里转悠,逮住谁骂谁,后来被几个年轻人打了一顿,肋骨都打断了,在家里躺了一个多月。后来麻狗学乖了,喝酒后不再在村子里转悠,而是到过去的那些相好家里寻吃的。这些女人当年都慑于他的淫威,不敢得罪他,现在他跟落水狗似的,她们像看见苍蝇一样讨厌他。唯一有些例外的是小寡妇,这个女人多少还念及当年的感情,麻狗来了只要家里有吃的就给他。麻狗吃饱了就在她家里睡觉,他踌躇满志,心满意足,嘴里哼着秧歌曲子,高兴了把女人的脸蛋捏一捏,却并没有下一步的企图。烂饮劣质酒掏空了麻狗的身子,他已不再是当年的种猪,看见女人就起性,今非昔比,如今回到家里跟老婆也没那事儿了。

小寡妇的纵容激发了麻狗的热情,他又开始有些飘了起来,每天一吃饭就往寡妇家跑,婆姨病了也不管。麻狗的儿子牛娃虽然也不管家里的事,但是父亲的无耻还是让他觉得很丢人,于是跑到小寡妇家里把父亲教训了几回,做父亲的灰溜溜地跟着儿子回来了,然而到了晚上却又不见了。牛娃气不打一处来,操了一根棍子来到小寡妇家门前。大门从里面关着,牛娃于是就翻墙进去,把睡梦中的女人拉出被窝,一棍子闷了下去。女人惨叫一声,白晃晃的身子像一扇净了皮的猪肉,扑塌一下倒在炕栏下面。麻狗以为来了强盗,吓得尿了一腿,浑身筛糠般地哆嗦着。直到听见儿子一声低沉的吼叫:不要脸的老东西,还不赶快跟我回去!麻狗这才翻身下炕，惶惶如丧家之犬。

赶走了父亲，牛娃也从炕上跳了下来，一脚踩在女人的身体上。那身子剧烈地颤动了一下，却没有发出任何声响。牛娃突然觉得有些害怕，万一这个女人被打死了，岂不是要跟着赔命？想到这里他赶紧拉亮了电灯，灯光下，女人一丝不挂地躺在地上，两腿分开，隐私暴露无遗。牛娃顾不上欣赏那里，把手放在女人的鼻子下，发现她还在呼吸，有些耷拉的乳房一起一浮地抖动着，说明她并没有事儿。确定了女人没有生命危险，牛娃的胆子又大了起来，眼睛不由自主地又转移到女人的隐私部位。牛娃30多岁了，还没有亲近过女人，也不知道女人的那里究竟什么样，今天算是彻底见识了。这个女人虽然已经快50岁了，但身子很白皙，胸部的那两坨肉像两只大鸭梨，忍不住想吞上一口，腹部的下方更是黑乎乎一片，令他面红耳赤，不敢再看。牛娃准备离开，脚却像生了根似地走不动，不由自主竟又蹲了下来，一只手在女人的身上抚摸。摸着摸着，他再也控制不住自己了，身体的欲望像潮水般袭来，他顾不得太多了，三下五除二把自己扒光，扑了上去……

4

铁蛋回来后，一个人住在城墙外的破窑里，很少出来。外婆拄着拐杖给他送饭，他不好意思吃，却又没有办法。天瑶村的土地已经全部承包给各家各户了，没有铁蛋的地，他因此无所事事，也很少跟村里的人打交道。

铁蛋回来的第二年，外婆去世了。

外婆去世之前没有任何预兆。自从祝老先生回来后，给抗战留了足够的钱看病，外婆的心情就开始变好了，身体也比原来强了很多。保姆小琴把家里收拾得有条不紊，令她十分满意，她觉得自己这辈子真是够本了，活了70多岁，该经的都经过了，该看的也看到了，唯一放心不下的是抗战这孩子。抗战是个瘫子，生活不能自理，虽说现在有人伺候，可这究竟不是长久之计啊，家里的钱有限，小琴也有会离开的那天，到时候他该怎么办呢？还有铁蛋这孩子，已经40多了，还是光棍一条。母亲托人说了几处象，对方都是离婚的女人，或者男方去世了，拖儿带母的，一看铁蛋的现状，摇头就走了。

外婆去世的时候是秋天,人们都很忙,在地里收庄稼。小琴收拾完碗筷后准备去地里,外婆说她有些头晕,于是就上炕了。晚上喝汤的时候外婆没有起来,摇着手说自己不饿。抗战说我娘这几天可能太累了,让她休息休息吧。小琴不放心,又跑过去告诉母亲,母亲过来看了看,问外婆咋了?外婆说我梦见老吴了,老吴说他一个人太孤清,要我去陪陪他。母亲说娘啊,你尽胡说!人家吴伯伯早就是另一世界的人了,说不定现在的光景水清磨转,叫你去干啥?外婆笑了笑,抓了母亲一只手,说英子,还记得娘当年第一次见你,俺梦见一只兔子流着泪向我求救呢。母亲说我记得,也许我前世就是一只兔子啊!外婆说兔子是劳碌的命,一生奔波,担惊受怕,命运掌握在别人的手中。母亲说这也不一定,都说人的命,天注定,我不信这个邪。外婆说你随时要认命,因为你是凡人。母亲轻轻地摇了摇头。回想自己6岁被卖,死里逃生;10岁遭遇日本鬼子大屠杀,死里逃生;18岁遭遇洪水灾害,死里逃生;五十年代遭遇王三蛮迫害,死里逃生……这一切,如果不与命运抗争,几个命都保不住了。外婆说其实菩萨一直在保佑着我们呢。母亲苦笑了一下,点了点头。外婆说佛陀难渡无缘的众生。你跟祝俊的事儿,都怪我。母亲说我跟他,终究还是无缘啊。外婆说,他还会来找你的,你们的缘分并没有完。母亲说娘啊,不要说这件事了,祝俊来了我也不会再理他了。外婆笑了笑,说命啊由不得你。母亲说娘啊,你早点休息吧,好好睡一觉,我明天带你去医院看看。外婆说不用去医院了,你回去吧。

母亲回到屋里,心里总觉得惶惶不安,似乎有什么事儿要发生,于是又来到外婆的炕头,听见外婆小声地念经,样子很安详。母亲在那里坐了一会,然后嘱咐小琴晚上睡觉灵醒些,有啥事叫她。小琴应了一声,说婶子你去吧,我会当心的。

那天晚上的风很大,屋里却很安静。抗战睡得很死,外婆也很平静,只有小琴怎么也睡不着。天快亮的时候她准备起来,先来到外婆的炕头,问她是否要起夜?以前每当这个时候,外婆都要起来一次的,小琴把尿盆收拾了才开始洗手做饭。

没有回应。小琴又问了一声,还是没有声音。小琴突然觉得有些不妙,于是把手搁在外婆的额头上一摸,发现人已经冰凉了!

小琴这一惊非同小可,她失声叫了起来。抗战被吵醒了,说小琴咋啦?俺娘没事吧?小琴说抗战叔你快看看,奶奶她不说话了!抗战从窗台边挪了过来,抓住外婆的手叫了两声,外婆没一点反应,这才觉得手里的胳膊已经冰凉,把手放在鼻翼上,人早就没有了呼吸。抗战一声:娘啊!惊天动地,院子里的人都醒来了。

母亲第一个跑了进来,扑倒在外婆的身上。这时天已经大亮了,透过窗外的光线,外婆的脸上很平静,像睡着了似的,没有一丝痛苦的表情。母亲不相信外婆就这么走了。她搂着外婆的身体,轻轻地在她的脸上抚过,希望她能再次睁开眼睛,叫一声英子!母亲后悔自己昨晚上没有给外婆请医生!她心里很难受,但是却哭不出来。

外婆的去世在寨子引起很大的轰动。虽说是70多岁的人了,属寿终正寝,但是很多人还是觉得有些突然,因为外婆这两年精神一直很好,走起路来能带起风,拐杖镦在地上当当有力,一如奶奶当年。

外婆的葬礼定在三天后举行,因为天气还有些热,尸体不能放,再者秋天是农村最忙的季节,所以不可能拖得太久。外婆的陵地就在我们家的祖坟旁边,与爷爷、奶奶相邻。虽然她不是这个家族的人,但是享受了和这个家族成员一样的待遇,在这一点上大家意见一致,没有分歧。

外婆入殓的时候一只手一直捂在胸口,怎么也放不下来。母亲想让外婆穿戴整齐一些,于是就说娘啊,你是不是放心不下抗战?抗战有我呢!外婆的手没有动。抗战匍匐上前,说娘啊,你不要牵挂我,我会好好地照顾自己的。外婆的手还是没有展开的迹象。后来保姆小琴似乎悟到了什么,跪在外婆的跟前说:奶奶,你走吧,我会照顾好抗战叔的。外婆的手突然松动了,软软地耷拉了下来。

外婆下葬的那天村里来了很多人。人们怀着崇敬而沉重的心情来给她送行。外婆曾经给无数人看过病,村里的大人小孩几乎都看过。一些女人开始落泪,院子被围得水泄不通,地上的人披麻戴孝,手拄着哭丧棒,等待司仪的发号施令。

祭奠开始了,母亲浑身发软,几次昏厥。想起外婆的一生,真是大风大浪,历经沧桑啊!这几天,母亲匍匐在外婆的灵堂想了很多很多。外婆虽然没有生她,但是她给了她第二次生命,如果没有外婆,母亲就死在那个歹毒的女人手里了。母亲的手上至今有一块很大的疤,触目惊心,一到天阴下雨就开始疼痛,也常常勾起母亲对那段魔鬼岁月的痛苦回忆。母亲常常想,如果自己的母亲没有死,外公也不会娶那个蛇蝎心肠的女人;如果没有那个恶毒的女人,自己也不会被人卖掉;如果自己没有被卖掉,外公和舅舅可能就不会死;如果……母亲假设了很多个如果,但是这一切都不可能成为现实,该发生的已经发生了,自己跟着外婆走南闯北,她待自己比亲生闺女还要亲啊!这些年风风雨雨,外婆跟着她受了不少罪,缺吃少穿,无处安身。刚刚有了房子,文革中又被整得死去活来,唯一的儿子被打成残废。母亲知道,外婆的心里一直在滴血。好在祝老先生来了,给抗战留下了足够的生活费,外婆的后半生也有了依靠,可怜老人刚享了几天清福,就匆匆地离去了。

母亲想到这里又难受得不能自持。周围的人都让母亲节哀。回想这些年来,外婆虽然跟着自己生活,可是自己的儿女多,整天都忙了孩子们的事情,对外婆几乎没尽一天孝心啊!如果她卧床几年,母亲的心里也许会好受些。

伤心的人还有抗战,他匍匐在地上,一声声地喊着娘,声嘶力竭,一次次把人们的眼泪勾了下来。这个与外婆相依为命的人,从一生下来似乎就注定了悲剧的命运。抗战生下来没见过爹,从小就吃不饱,跟着外婆四处流浪,风雨兼程来到陕北,原想着好好过一番光景,谁知那场灾难使他成了残废,从此固定在土炕和轮椅上。每天,他眼睁睁地看着外婆进进出出地忙活,看着外婆拖着疲惫的身子给自己做饭、洗衣服、洗澡,看着外婆把舍不得吃的东西留给他,自己饿得昏倒在地。抗战生病的时候外婆一个人跑到院子里流泪,望着一轮明月捶胸跺脚,仰天长叹,他的心就像碎了一样,撕裂般地疼痛。如今,这个世界上最疼他的人去了,去了一个遥远的地方,今生今世都不能再相见了。外婆走了,抗战心里的话还能对谁说?还有谁能把他像孩子一样乖哄着,让他享受一种童年的幸福?

——没有了,这一切从现在开始将都将会变成一种回忆,刻骨铭心,永不褪色。

前来哭灵的还有一个人很伤心,这个人是铁蛋。

外婆去世后,铁蛋徘徊在我家的大门口。因为他怕我们家的人不让他进来,进来了也不让他见外婆,他自己也觉得自己没有这个资格。后来母亲看见了他,把他招呼了进来。铁蛋跪倒在外婆的灵柩旁,泣不成声。

一个饱经沧桑的老人就这样离去,一段苦难的历史就这样被翻过了一页。

第二十六章

1

　　外婆去世后,屋里就剩下了抗战和小琴两个人。白天还好说,到了晚上,两个人睡在一条炕上,总觉得不自在。尽管两年来他们一直就这么睡着,两个人的心里都很坦然,但是那时候中间隔着外婆。如今这个中间的隔断没有了,彼此一睁眼就能看见对方,他们都觉得有些尴尬起来。

　　小琴在年前刚刚订婚,对象是隔壁山峁的一户人家,听说人很老实,比小琴大10岁。小琴不愿意这门亲事,家里一直在催,外婆于是就让她回去了。小琴回去后还是不愿意,她的母亲便以不让她再来当保姆相要挟,小琴很无奈,但迫于父母的压力,她只好订婚了。

　　小琴订婚后刚过了几个月对方就催着结婚,理由是男方年龄大了,等不得了。小琴坚决不同意。父母多次找她回去,她不从。父亲生气了,于是就打了她。小琴决心与父母斗争到底。她听人说女娃可以选择自己满意的人结婚,公家就管这事儿,她于是咨询了柳叶和二姐,柳叶和二姐坚决拥护她的决定,并给她讲了包办婚姻的坏处及婚姻法的一些知识。小琴了解了这些后腰板子就硬了,父亲再次来逼的时候她就以自己还不到20岁为借口,并且说如果他们再逼,就是包办婚姻,是违法的,自己有权利去告他们。小琴的父亲不屑一顾,自古婚姻之事,"父母之命,媒妁之言",哪有女儿告父母一说?小琴带他见了柳叶和二姐,柳叶、二姐连说再吓唬,并说要带他去乡政府论理,小琴的父亲害怕了,从此不敢再强求女儿了。

外婆去世的时候，祝老先生留下来的钱已经没有多少了，她原来想等这点钱花完后，就自己伺候儿子，不要保姆了。外婆没想到自己这么匆忙就离开了。外婆去世后，抗战的钱很快就用完了，小琴的工资也没钱付了。抗战把情况告诉了小琴，让她离开自己。

小琴说工钱现在没有我不要。

抗战说这怎么行？你赶快走吧。

小琴说我走了你咋办？

抗战说你走吧，我肯定有办法的。家里还有那么多人呢。

小琴说抗战叔，你是赶我走吧？

抗战说就算是吧。我不能平白无故地使唤你啊。

小琴说那我要是不走呢？

抗战说你不走，到时候如何给你父母交代啊？

小琴说这个你不要管，我自有办法呢。

抗战不吱声了。说实话，嘴上说让小琴离开，其实他的内心一直很矛盾。他生活不能自理，小琴没来之前有外婆照料，如今小琴要是真的走了，他该怎么办？这几天他想得最多的就是这个问题。但是人不能太自私啊，人家有人家的前程，不拿钱给你干活，这叫什么事啊！天上哪有掉馅饼的事儿呢？

小琴在这里待了两年，对这一家人已经有了感情。外婆待她如亲孙女，吃什么东西都不瞒她，虽说是主雇关系，可是从来没有对她严厉过。抗战虽然瘫在炕上，腿不能动，但是他的心非常善良，常常对她抱着一颗感激的心，令她十分感动。

小琴就这么待了下来，没有人知道她不挣工钱。母亲后来见他们生活俭朴，于是经常拿吃的过去。小琴总是能把最简单的饭食调剂出丰富的内容，她在地里种了一些瓜果蔬菜，吃不完了就晾干，这些东西成了他们冬天的主要粮食。

2

麻狗的儿子牛娃因故意伤害和强奸罪被逮捕了。小寡妇被打成了脑震荡，差点丢了性命。麻狗受了惊吓，小便失禁，裤子经常尿湿。牛娃被逮的那天正在屋里和他母亲打架,麻狗女人声嘶力竭地哭叫着,嘴里骂着最恶毒的话语,"绝死鬼"、"挨炮子"、"挨枪子"、"绝门",什么解恨就骂什么。这个时候,公安已经进来了。牛娃从炕上一跃而起,准备夺门而逃,被守在门外的公安一下子放倒在地,拷上铐子带走了。麻狗女人一时还反应不过来,当儿子被押上警车的时候,她才意识到问题的严重性,哭喊着上前准备阻挠,警车一声长鸣,扬起一股黄色的沙尘。风沙散去之后,车早已不见影子了。

  日子像手里的鱼从指缝中溜走,留下的只有滑腻腻、湿漉漉的回忆。曾经辉煌的岁月像一场美梦,让人怀疑它是否真的存在过?麻狗在烟熏酒醉的日子里,身体每况愈下,逐渐连出门转悠的气力都没有了。他整天围着火炉,那些柴火是婆姨从很远的地方背回来的,很不容易。婆姨于是就唠唠叨叨,让他滚出去。麻狗学会了忍耐,不说话,也不动弹。发生那样的事以后,他很少再去小寡妇家了,相反,小寡妇倒是隔三差五地前来找他,要他给自己买药吃。因为被牛娃打了一棒,女人的头动辄就疼得满地乱滚。麻狗家里没有钱,当然也不会给她买药,女人于是就站在窑洞外面谩骂,什么话都骂得出来。麻狗的女人在家里待不住,于是就躲到地里去了。麻狗没处躲,就用被子把自己裹起来,眼不见心不烦,外面的女人骂累了自然会回去的。

  最难受的是麻狗的女人,沉重的负担已经让她心力交瘁,每天的吃食成了最头疼的问题。麻狗虽然学乖了,不出去乱串了,但待在家里就要吃饭,少一顿都不行。至于吃的东西从哪里来,他不管,那是女人的事情。心情好的时候,麻狗还会坐在炕上唱秧歌,唱得天摇地动,窑顶上的尘土簌簌地落下来,弄得他一头一脸。

  儿子被逮捕后,麻狗女人的身体也一天不如一天,她一下子似乎苍老了十多岁,头发也全白了。她每天天不亮就起来了,胳膊上挎个篮子,中午回来的时候篮子里有柴禾,也有野菜等能吃的东西。母亲看见她可怜,常常把蒸好的馒头给她送去,嘱咐她趁热吃了,女人眼睛里噙着泪,冲着母亲想笑,泪水却止不住流了下来。母亲说快别哭了,身子都哭坏了,以后要注意身体啊。女人使劲地点点头,咬上一口馒头,噎得半天说不出话来。

  屋漏偏逢连夜雨,因为男人不争气,麻狗家的境况也越来越差,婆姨原来还偶尔和邻居聊天,现在也没了精神。她感到了自己身份的低微,似乎人人都在耻笑她,唾弃她,女人的内心有说不出的痛苦。巨大的心理障碍让她远离了正常的思维轨道,她感觉自己的灵魂已经死掉了,身子也在一点一点地开始萎缩。儿子被带走了,她有时也感觉欣慰,牛娃去了自己该去的地方,但欣慰的同时更多的却是眼泪,他把一个母亲的心也带走了啊!

其实命运是不该这样对待一个善良的女人的。记忆中的麻狗女人身体肥胖,见人爱说爱笑,不管谁家的孩子见了都要逗上几下,一点也没有队长夫人的架子,因此村里的很多女人跟她都有来往。我很小的时候家里经常没吃的,这个女人就把自己吃不完的洋芋拿过来,至今想起都让我感动。麻狗在队上胡作非为,他的女人则在背后给人赔情道歉,替男人擦屁股。现在她落魄成这样,很多人都敬而远之,不愿意与她来往了。

土地承包责任制以后,麻狗家没有牲畜,每年耕地的时候都是用我们家的牛和毛驴。后来我们家的毛驴下了驴驹,母亲便让麻狗的女人抱回去抚养。女人说她婶,我可没钱啊,母亲说我现在不要钱,就算赊给你,等你啥时候富裕了再还给我。这头毛驴成了麻狗女人唯一的精神寄托。她像对待自己的孩子一样待它,白天带着它去山洼吃草,晚上抱到窑里与它睡在一起。她经常在地里跟毛驴说话,给它讲人生的道理,仿佛那是可以听懂人话的孩子,逗得一群娃娃哈哈大笑。她不理他们,照常一个人自言自语,又似乎与毛驴进行着沟通。女人说毛驴啊,你知道吗?做一个人真是太难了!我现在活得还不如你啊,你还有人照顾,而我有谁来看一眼呢?唉,活着有啥意思啊,真不如死了的好。我回家跟母亲讲了,母亲于是就找她谈话,要女人把心放宽些,坚强地活下去。后来,那头与她朝夕相处的毛驴不小心跌下了山涧,女人痛苦得几天没有起床,一段时间后,她便离家出走了。

儿子被关,女人离家出走,麻狗的日子没法过了。破窑里冰锅冷灶,黑漆漆的,静得只有自己的喘息声。以前儿子和老婆在的时候吵吵闹闹,听得他心烦意乱。如今没了这些声音,他突然觉得有些不适应起来。屋里死一般地寂静,麻狗觉得自己已经被这个世界遗忘了。三天了,他都没有在屋里找到可吃的东西,看样子这个女人真的铁了心不管他了。想到这里麻狗突然有些沮丧,他觉得如果自己就这样死在炕上,恐怕也没人知道。想到死麻狗突然感到害怕起来,他还不想死,妈妈的,老子还没活够呢!麻狗曾把希望寄托在政策的变化上,可是几年过去了,看样子不可能再回到原来的老路上去了。唉,为什么别人的好日子来了,我却这样倒霉呢?老婆走了,儿子一时半会不可能回来,回来也不是个养老的货。两口子虽然平日里磕磕绊绊,可是女人该做啥还做啥,什么事情都没耽误过。如今这臭娘们居然玩失踪,看样子回来要好好收拾收拾她!

母亲发现麻狗的时候是在几天后的一个早晨,麻狗实在撑不住了,一个人从沟渠爬了上来,跟几只狗在那里抢食吃。扔食的十几个孩子,以前都受过麻狗的气,麻狗看见他们手里拿着馍馍,低声下气地要吃,孩子们掰了一块扔了过去,这时一只狗飞奔过来,抢在麻狗的前面把馍块抢走了。麻狗气急败坏,却又无可奈何,只好央求小孩再给他一块。孩子们觉得好玩,于是又扔了一块过去,这一块馍麻狗依然没有抢上,他垂头丧气,匍匐在那里大口地喘息,身上虚汗淋淋,被风一吹,冷得浑身发抖。母亲就在这时路过这里,发现了地上的麻狗。母亲说绝死鬼娃娃弄啥哩?造孽啊!孩子们见母亲呵斥,一溜烟跑了。母亲看着地上奄奄一息的人,心里一阵发酸。她二话没说回到家里,拿了几个馒头和咸菜递给他。麻狗看着母亲,半天说不出话来。母亲说快吃吧,吃完我送你回去。麻狗几天没吃东西了,一口馒头噎在喉咙里,老泪纵横。母亲说回去吧,地上太凉,弄出病来可没人管你。麻狗使劲地点了点头,硬撑着往起站,几次都失败了。母亲搭了一把手,扶着他回到家里。窑里几天没动烟火,瘆骨冰凉。母亲打了个寒战,给锅里添了些水,然后把火生着了。窑里很快就被一团热腾腾的气体笼罩了,有了一些暖气,看来这屋里真的不能缺少女人啊。母亲把盆盆罐罐搜腾了一遍,发现一点吃的也没有了。她叹了一口气,然后给炕上的人盛了一碗开水,扭身回去了。

不一会,母亲就拎着半袋面粉回来了。麻狗坐在炕上看母亲进进出出,像个3岁的孩子盯着母亲,生怕她突然离开。母亲很麻利地把面和好,然后搁在案板上擀开。麻狗很长时间没吃面条了,像个孩子似的伸长了脖子,口里不停地咽着唾沫。母亲把饭端上来的时候,这个人顾不得调盐,端起来就往嘴里搂,滚烫的面条烫得他龇牙咧嘴,母亲说你慢点吃,锅里都是你的。麻狗用力地点了点头,眼睛盯着母亲痴痴地看,仿佛第一次认识她似的。

其实那时候我们家的粮食也不宽裕,但比起苦难时期来说好多了。母亲隔三差五去给麻狗做饭,引起了村人一片议论声。有人说母亲不计前嫌,是个男人的肚量;有人说母亲犯贱,好逞能,这样做纯粹是做样子给人看;有人说麻狗这样的人罪该万死,饿死活该,母亲不该帮他;有人说母亲另有所图,如果麻狗有一天东山再起;他肯定会感谢她的……

日子像手里的鱼从指缝溜走，留下的只有滑腻乏味滋滋的记忆。曾经辉煌的岁月像一场美梦，让人怀疑它是否真的存在过。麻狗在烟熏涌醉的日子里，身怀每况念下，逐渐连出门转悠的体力都没有了。他整天围着火炉，那些柴火是婆姨从很远的地方背回来的很不容易。婆姨于是就唠叨，切切，让他滚到去。麻狗学会了忍耐，不说话，也不动弹。麻狗因了害怕之子受惊吓，经常屎裤子。

岁次己丑年夏月 子恺写

母亲的行为也遭到父亲的坚决反对。父亲说你弄啥哩？还嫌丢人不够吗？母亲说这有啥丢人的？人都有难场的时候，如果搁在以前，请我都不去。父亲说麻狗欺负了你多少次，你都忘了吗？真是好了伤疤忘了疼！母亲说他是个活人，总不能看着饿死吧？父亲说饿死关你屁事？要你劳心吗？母亲说我碰见了，就不忍心不管。那时候我们逃难的时候吃的是百家饭，如果人人都心肠硬，咱恐怕就没有现在的光景了。父亲说那事跟这事不是一回事儿！母亲说那我以后不去了，让孩子们给他送点吃的。父亲说谁也不准去，这号人，死了活该！

　　母亲被父亲数落后到底有所顾忌，她去得少了，却让我们兄弟几个暗地里给麻狗送吃的。我们都不愿意，母亲生气了，说那我去。我们不想让母亲去，于是就撅着嘴把东西放在他的门口，然后在外面喊一声，麻狗就出来了。

3

　　土地实行承包以后，农村集市上的又开始活跃起来了。家里十几口人，抗战、保姆不能干活，铁蛋也不下地，但饭总要吃的，劳力却只有母亲、父亲和大哥大嫂。二哥、二姐还有我和小弟正在上学，也正是吃饭长身体的时候，所以家里的情况虽然比原来好了一点，但仍不太宽裕。

　　母亲曾经去镇子上看过多次，卖饭的人很多。她不想像以前那样固定摆摊了，而是挑了一副担子走街串巷，冬天的时候卖麻食，夏天的时候卖凉粉。母亲这样做是不想引起人的注意，闻见风声不好的时候说收就收，小本生意，人们不会眼红。想起以前跟外婆在镇上卖饺子，那真是有些太张扬了。

　　我曾在夏天的时候跟着母亲下乡卖过几次凉粉。天气很闷热，阳光像千丝万缕的银线游丝，密集而坚硬，刺得人皮肤生疼。地里的玉米苗蜷缩着，叶尖枯黄，已经完全失去了活力，丢下一粒火星似乎就会燃烧。脚下的土坷垃坚硬如铁，一脚踩上去，硌得人生疼，一股细细的烟尘腾空而起，像一团热浪扑了过来。母亲的肩上挑着担子，一闪一闪地走着，豆大的汗珠子从她的发际往下流，把衣服也弄湿了。母亲每天要跑两次，晚上回来的时候还要准备第二天的东西，她每天都要忙到深夜。我放学的时候有时可以看见她,于是我们娘俩就一起回来了。回到家里,母亲放下担子的第一件事就是蹲在地上数钱,我则蹲在一旁看。看着母亲的脸被太阳晒得通红,我就会去水缸里舀一勺冰凉的水给她喝。母亲见我端过水来,红红的脸蛋就笑开了花。通常钱数到最后,只剩下一些零的了,母亲就把它们递给我和弟弟,我们开心地接过钱来,然后相视一笑。这个时候,我们是最幸福的了。

那时候,我已经在上中学了,经常把同学带回家来。记得有一次是秋天,我和几个同学回到了家里。院子里都是糜子,堆得小山似的。母亲不在,大概到沟里背谷子去了。我的几个同学都是家里比较远的住校生,他们跟我来是想吃母亲做的面条。母亲的面条做得很好吃,无论什么样的面,她都能做得有滋有味。因为麦面较少,我们平日里吃的都是玉米面片片和杂面做的面条。玉米面片片就是把玉米面在开水里烫得半熟,然后和起来,用刀在锅上铲,出锅后多放些辣椒和酱油醋,非常好吃;杂面是把豆子和小麦兑在一起磨成面粉,这样做出来的面条就会多一些,也受吃。

天刚下过雨,院子里湿漉漉的,散发着一股浓浓的糜草味。这时,母亲回来了,她的肩上背着一大捆谷子,压得头都直不起来了。见我回来了,母亲很高兴,热情地和我的同学打招呼。母亲不管再苦再累,只要是我带来的同学,她都会很给面子。母亲擦了一把脸,说你们饿了吧,我给咱做饭。我说妈你做白面面条。母亲冲着我笑了笑,然后点了点头。

面很快就擀好了,可是院里的柴禾湿了水,怎么也点不着,锅里的水半天了还不开,我们都有些着急了。母亲见状跑出去抱了一抱糜草,糜草也不好着,母亲于是就把头对着灶火不停地吹,吹得满头大汗,脸上的灰尘和汗水和成了泥。好不容易锅开了,母亲把面条下了进去,锅里却像是结了冰似的,怎么也不滚了。母亲很尴尬,于是就撕了一些旧本子和给牛喂的麦草,面条才终于滚了起来,等到把饭捞到碗里的时候,面都嫩了。母亲虽然很疲惫,但是脸上写满着歉意。我们管不了那么多,每人捞了一大碗就吃了起来,吃得满头大汗,津津有味。

这是记忆里影响最深刻的一顿面条了。后来的日子,尽管母亲还给我做过很多面条,但是都没有那一天的有味。

记忆中母亲一直是忙忙碌碌的样子,农忙的时候她下地干活,农闲的时候挑着担子走街串巷做小生意。父亲有时要给她帮忙,她嫌父亲笨手笨脚,不要。大妈年纪大了,身体状况越来越差,两个孩子分开另过,顾自己的光景去了。大伯不喜欢干活,因此母亲除了忙自己的事情外,还要给大妈家帮忙。

三妈春梅家的庄稼地和我们家紧挨着,原想着两家在一起能有个照应,父母锄完这边的草如果时间还早,就把三爸家的也一起锄了。可是到了玉米成熟的时候,我们家的玉米棒子却越来越少了。母亲最初以为是牲畜吃了,看了一下,地里并没有它们的脚印。而从玉米棒子整齐的茬口来看,是有人偷了地里的玉米!

这个人会是谁呢?这一块就我们两家人的地,一般人很少来这里的。我们注意到,三妈春梅家的孩子最近天天吃玉米,而隔壁三妈家地里的玉米却完好无损。

谜底终于在星期天的下午揭开了。那天中午吃完饭,母亲说福祥,咱们到地里给猪拾点草。我们就出发了。

秋日的阳光把白云撕得粉碎,像一朵朵棉絮游离于天上。天空离我们越来越远,山野里很空旷。一阵风吹过,传来玉米叶子唰唰的欢呼声。

我们踏进了这一片青纱帐里,脚下的土地松软如棉被,散发出一股浓浓的青草味。苦菜、打碗花、灰条等都是猪喜欢吃的品种,也是玉米地里最容易生长的植物。这片玉米地上个月刚刚锄过草,一场秋雨后,它们纷纷地又冒了出来,展示了非凡的生命力。

玉米又遭人侵害了。母亲一进地就发现,许多玉米杆子都成了光杆司令,仅余空空的包皮在风中颤泣。这时,一个身影从北边的地头逃了出来,进入三爸家的地盘。母亲定睛一看,原来是三妈春梅。春梅见我们来了,表情很慌张,把手中的玉米篮子藏在身后,向母亲搭讪。

二嫂,你跟福祥也来了。

哦,你一个人在地里。母亲说。

呵呵,我来看看玉米。春梅说。

玉米熟了吗?母亲知道她身后的猫腻,意味深长地问。

嗯,熟了,能吃了。春梅的脸蛋憋得通红,努力地掩饰着自己。

哦,你家玉米长得很好啊。母亲说完便示意我一起离开,她不想把事情弄得太尴尬了。

刚才已经看见了,为啥不揭露她?出了地畔以后,我愤愤不平地说。

知道了就行了。她是长辈,你得给她留点颜面啊。母亲说。

咱给她留颜面,她还要脸做啥?我一肚子的气无处发泄。

住口,碎娃娃家无法无天了!不管咋说,她可是你三妈呢!家丑不可外扬,这件事回去不要给任何人讲,听见了没有?母亲突然变得很严厉,眼睛瞪着我,仿佛是我做了啥见不得人的事情。

后来,这件事没有从我们的口里说出去,三妈先发制人,自己说出去了。

他婶你听说了没有?春梅悄悄地问人家。

听说啥了?被问的人有些异样,不知她要说什么。

我二嫂说我偷她家的玉米哩!呸,你说脏不脏,我家的玉米都吃不完,偷她家的作甚?给我都不要!春梅说完后往地上吐了一口唾沫,样子是那样的不屑。

没听说啊!被问的人莫名其妙。

我二嫂是个是非精,人前一套,人后一套,你可要小心哟!春梅见对方一脸的迷茫,赶紧提醒她。

春梅一连问了几个人,都说不知道,她这才心里踏实了。可是过了几天,这件事在村里便掀起了风浪,三爸听说后气咻咻地来了。

二嫂,春梅哪里做得不对,你应该当面教导她,都是一家人,为啥要把事情弄得满城风雨呢?三爸质问母亲。

啥事?母亲丈二和尚摸不着头脑。

你给人说春梅偷了你家的玉米,现在全寨子的人都知道了。三爸气不打一处来。

我啥时候说了?给谁说了?母亲也生气了。

你要是缺那几个玉米,我老三可以给你,看不起你这样做事!三爸把门摔得震天响,气呼呼地走了。

第二天,春梅便亲自上门了。

哎哟哟,我不活了啊,你这样糟蹋我,我以后还咋在天瑶村做人啊,呜呜呜!春梅一进门便坐在了地上,一副泼妇的态势。

春梅我咋糟蹋你了?母亲平静地问。

……哎呦呦你还要咋糟蹋哩,你到处丧扬我偷了你家的玉米,现在全天瑶村的人都说我是个贼,我不活了啊!哟嗬嗬……春梅说完就在地上滚了起来,鼻涕一把泪一把,抹得到处都是。

院子里围了很多人看热闹。大妈闻听后前来相劝,春梅素来就不怕大妈,她只想借机把事情弄大,于是就表演得更投入了。

春梅到家的这些年已经演过几次这样的戏了,大家都知道她的表演水平,不淋漓尽致是绝不罢休的,于是大妈悄悄示意让母亲离开,自己一个人跟她缠,春梅闹乏了,自己就会离开的。

这场好戏表演了足足有三个时辰,春梅最后发现一个观众都没有了,于是就没有兴趣再表演下去了,回到家里,把余下来的火全发泄在男人的身上。

绝死鬼、绝门、挨炮子、挨枪子的,你们一家人合伙欺负我呀,我吃你们家人的肉了啊!你看见别人欺负我你心里痛快啊……

4

铁蛋在外面流浪了多年后又回到了天瑶村,人们对他不屑一顾。特别是外婆去世后,她似乎成了一个多余的人,谁见了都心烦。其实铁蛋的内心也一直在遭受着煎熬,当初一时的冲动打了外婆,并与她划清了界限,自己因此风光了一阵子,但运动过后,他发现这个世界上对他最好的人还是外婆。他原本没有奢想着让外婆原谅自己,自己的无耻行径连自己都瞧不起,何况受伤害的人呢?

然而外婆不但原谅了他,还像以前那样待他,这使他更加不安。现在,外婆走了,那个最疼他的人走了,他本来也应该离开这个地方,到属于自己的地方去。可是漂泊了几年,铁蛋觉得还是陕北人忠厚老实,能容人。母亲把父亲的旧衣服给他拿了过来,并且每天给他提供吃的东西,他很感动,却又想不出感谢的办法。心里因此常常忐忑不安。

小寡妇自从和麻狗的儿子发生了那样的事儿,就不再理会麻狗了,任他怎么在外面求情,也不给他开门。小寡妇有一个女儿,已经出嫁了,于是一个人孤孤单单,感觉自己快要守不住了。她家里有几亩地,但是没人耕种,自己又借不来牲畜,因此一年下来,连肚子都填不饱。

母亲说你是不是想再走一处(改嫁),小寡妇说她不想离开天瑶村。母亲理解了她的意思,于是就询问她是否愿意与本村的人结婚?小寡妇说跟咱村谁呢?母亲说你看咱村还有谁能和你结婚?小寡妇把寨子里没有成家的男人迅速在脑海里过了一遍,年龄大的都有婆姨,年纪小的不可能看上他,唯有铁蛋是个光棍汉,莫非是他?!

其实母亲刚说的时候她已经预料到了，只是还不敢相信。毕竟，这个人的情况太复杂了。他虽然年龄比自己小不了多少，可是毕竟还没有成过家呢，是个老处男。这个老处男没有任何生理缺陷，长得也相貌堂堂，像个男人的样子，但是他做了一件令天瑶村所有人不齿的事儿，大家于是都鄙视他，躲着他了。漫漫长夜寂寞难熬的日子，小寡妇的脑子里曾经闪现过那样的念头，特别是当年自己和麻狗被批判的时候，一些人叫嚣着要剥光她，是铁蛋阻止了他们。

你觉得铁蛋咋样？母亲不出所料地说了出来。

嗯，这个人嘛，我要好好想想呢。小寡妇说。

还想啥啊，他就那点事儿，早就后悔得肠子都青了。你看他现在那灰溜溜的样子，还能咋啊。这件事毁了他一生的幸福，要不40多岁的人了，能等到今天？母亲言外之意很明确，那就是条件再好一点的男人，人家谁会看上你呢？

英子嫂，你叫我再好好想想嘛。女人知道自己艰难的生活里，需要一位男人，这个男人只要能干活就行。铁蛋是个男人，也能干活。

母亲告别了小寡妇，来到铁蛋的破窑跟前。

铁蛋见母亲来了，连忙跑出来问她有啥事情？因为每天送饭都是我们兄弟几个，母亲很少到他这里来的。外婆去世后，母亲并没有抛弃他，而是像对待自己的亲兄弟一样每天给他吃喝，这一点让全村的人感慨，也让铁蛋常常泪流满面。他觉得自己虽然把母亲叫姐姐，但实际上母亲比亲娘还要亲啊！

大姐你来干啥？铁蛋激动得局促不安，手在前面的衣服上抹着，不知该放在何处才好。

跟你商量件事儿。母亲笑嘻嘻地说着，准备往里走。

大姐你别进去，里面太脏了。铁蛋站在门口，尴尬地笑着。

那咱们就在这里说说吧。母亲于是就把自己和小寡妇商量的想法说了出来。

这不合适吧？她那么老了，我……人家会看得上吗？铁蛋有些语无伦次。

怎么不合适？她比你大不了多少，还不到50岁呢！过了这个村就没这个店了，你想好。母亲告诫他说。

这个……我怕她不愿意呢。铁蛋不好意思地笑了。

你少废话,放一句肯不肯的屁,她的工作我来做！母亲说。

我愿意,当然愿意啊！铁蛋想了想,觉得这真是天上掉馅饼的事儿,高兴得差点跳起来。

那咱们就一言为定了。母亲说。

可是,可是我可拿不出那么多的彩礼啊。铁蛋突然觉得自己高兴得早了些。

人家不要你的彩礼,只要你到家后好好干活就行了。母亲说。

那真是太好了,这件事就多劳大姐了！铁蛋一蹦多高,像个孩子似的。

于是母亲做媒,一桩婚事就这样促成了。

第二十七章

1

大哥结婚后,家里的居住条件更紧张了。一家人挤在一张大炕上,很不方便。大哥觉得自己应该做点什么事情改变这种状况。都成家了,也该立业了。柳叶订婚的时候虽没说啥,但婚后的这段时间没少唠叨。村里的年轻媳妇新房都比他们的宽敞,气派。他们的新房虽是家里最好的,但和人家相比,还是太寒碜了。

福海,咱们家的房子也该拾刷拾刷了,你看一下雨就漏,晚上睡在炕上都能看见星星呢。柳叶在地里干活的时候跟大哥说。

是该拾刷了。可再拾刷也是几件破瓦房,一家人还是那么挤。大哥伸了伸有些困乏的腰,抬起袖子揩了一把汗,轻叹了一声。

远处,几只喜鹊在枝头对唱,摇尾翘首,呼朋约伴。田里的青苗已经没膝,再过两个月就该收割了。收完了麦子夏天就完了,地里的活也忙完了。

我们找书记商量一下,要一院底子(院基),咋样?咱家四个男娃,村里没理由不给咱。柳叶说。

底子估计没问题,问题是我们要来了拿甚修?白马二溜,还不让人笑话?大哥显得很无奈。

咱先铺张,铺张开了就会有办法的,你想点办法,我去跟我爸商量一下,他肯定会帮咱们的。柳叶说。

不行。咱家也没啥亲戚,再说人家都有人家的光景呢,叔叔(岳父)那里也不要开口,省得北窑科人笑话咱。大哥说。

你这人脸皮太薄,死要面子活受罪,这咋能弄成大事呢?柳叶有些不高兴地说。

院底子肯定得要,但现在条件还不成熟,我不想荒蒿长了一院,让人家小看咱。房子要么不盖,要盖就盖得气派些。

气派要钱啊!连一般的都修不起,还讲那个排场呢。柳叶有些不以为然。

钱要靠自己挣,天上不会掉馅饼的。听说西塬上的人办了砖瓦厂,赚了不少钱呢。有空咱去看看,咋样?大哥说。

要去明天就去。我也听说砖瓦厂赚钱,靠这几亩地一辈子也翻不了身的。柳叶很激动。

别说风就是雨,到时候弄不成,让人家笑话呢。大哥很谨慎。

反正这院子我受够了!咱们早点搬过去,福娥也有个地方住了。那么大的女子还挤在大炕上,多不方便啊。柳叶说。

是啊,这个大哥其实也心焦。家里的居住条件确实该改变了,然而靠这几亩地是不行的,每年打下的粮食交过公粮够吃就不错了,经济来源几乎没有。看来不发展点副业是不行了。

两人接下来都不说话,只闷头干活。大家的心里都憋着一股劲呢。

那天他们干到很晚,几乎把第二天的活也干完了。母亲等不上吃饭,跑到地里来了。

第二天一早,大哥和柳叶便上路了。天瑶村离西塬上有40里地,夫妻俩赶到那里已经正午了。

西塬上的砖厂很大,有几十台砖机在运转着,几十号工人忙忙碌碌地来回穿梭,一排砖窑一字型排开,高高的烟囱浓烟滚滚,把整个天际都涂成了青灰色。

这砖厂咋样?大哥问一个搬机砖的小伙。

美的哩!小伙子忙着干活,没有抬头。

烧的砖有人要么?柳叶见场子里堆了很多砖架,却不见拉砖的车来,就问。

都订出去咧。小伙子仍没有抬头,一边把砖从车子上搬下来,整齐地码在砖架上。

订给阿达(哪里)咧?大哥问。

你这人,问这么多干啥?小伙子突然抬起了头,警惕地看着他们。

没啥没啥!我们没见过这阵势,好奇么。就问问。柳叶连忙赔笑地说。

一天能出多少货?大哥又问。

小伙子白了他一眼,没吭气,拉起车子走了。

这怂人,还牛得很。柳叶讪讪地笑着说。

哼,等咱把砖厂弄起来,让他去参观一下,他就不会这怂式子了。

嘻嘻嘻,八字还没一撇,就想着排砍人家了。柳叶笑道。

不是排砍,是真砍。咱把情况了解清楚回去就弄,不信弄不出个海水(名堂)来!大哥十分坚定地说。

两个人在那里考察了一天。一台砖机要上万元钱,这是一个很大的数目。大哥长这么大,还没见过一万元搁在一起是什么样子呢。就算小打小闹,那也最少需要两台,两台就是两万元,这么多钱从哪来?!还有修窑的费用,打场子的费用,雇人的费用,请师父的费用,烧砖的费用……等等,都需要钱。大哥算了一下,机砖厂建起来少说也得三五万元!

一腔热情陡然像燃烧的木炭泼了一盆凉水,咝咝冒烟,变得暗淡起来,难闻起来。回家的路上两个人心情都有些沉重,腿沉得像陷进泥潭里,怎么也拉不动。

这么多钱!就是开口去借,谁家有这么多啊?凑个三两千还容易,三五万可是个天大的数字了。

这件事就此搁下,好长一段时间没有被再提起。幸亏事先没有张扬,要不就把人丢大了!

渐渐地,大哥把这件事就淡忘了。每天日出而作,日落而息。这世上赚钱的事情很多,但有个门槛。这个门槛很多人都难以逾越。大哥也不例外。

一天晚上,柳叶从娘家回来很高兴,进了屋就搂着大哥亲。大哥说有啥事儿,看把你激动的。柳叶说好事儿,你猜。大哥想了想,摇摇头。柳叶说告诉你吧,咱的砖厂能弄了!

说得轻巧,哪来的钱?!大哥还以为是啥事,刚刚热涨的情绪又凉了下来。

我爸积攒了5 000元,托人在银行给咱再贷两三万元钱,够启动了吧?

你爸哪来这么多钱？大哥有点不相信。

我爸教了一辈子书，省吃俭用攒下的啊！

这个钱咱不能用。大哥坚决地说。

咋啦，跟我还生分了？我爸还不是为咱着想？咱没地方住，他一直都很着急。地方弄起来了，他的脸上也就有了光彩。我爸是个很要面子的人，你又不是不知道。

不行，万一砖厂赔了咋办？自己的钱还好说，银行可是有利息的啊。大哥还是有些担心。

没出息！你前怕老虎后怕狼，啥事也弄不成！柳叶生气了。

大哥只有同意了。父亲和母亲知道后觉得这件事应该慎重，因为家里没有基础，赚得赔不得。那些钱一旦血本无归，这辈子恐怕都翻不起来了。母亲详细地询问了事情的端委，又跟着大哥去西塬上看了一回，心里七上八下，还是没谱。后来柳叶的父亲来了，柳叶父亲说现在人家都在搞副业，国家政策也支持这个，年轻人，让他们闯闯，说不定把事情就弄大了。福海的光景过好了，我在人前也有面子啊！靠农业社种庄稼，要翻起来很难的。

有了亲家的支持，父母的心里踏实了一些。接下来大哥和柳叶便去河南看砖机去了。生产砖机的地方离祝俊很近，看完砖机后大哥和柳叶回了一趟老家。祝俊没想到儿子会带着儿媳妇来看他，激动得不知所措，语无伦次。村里人都说大哥娶了个好媳妇，柳叶的心美滋滋的。

第二天，大哥和柳叶准备离开，祝俊一再挽留。来一趟不易，再待两天再走吧。大哥心里有事，但看到老人那期盼的眼神，就不好意思拒绝了。屋里黑魆魆的，光线很暗。靠窗的一边是土炕，炕上堆着很多杂物，仅留一绺可以容身；脚地上一边是谷物，一边是玉米。几件破旧的衣裳搭在玉米上，散发出一股浓浓的汗腥味。看来他的日子紧紧巴巴，光棍汉的日子不好过啊！想起自己结婚的时候他拿来的那些钱，大哥的眼睛有些湿润。

待两天吧。大哥低声地对柳叶说。柳叶咬着嘴唇默默地点了点头，在地上转了一圈，然后把玉米堆上的旧衣服拿下来，搁在盆里。祝俊连忙阻挡，说衣服不用洗，明天下地还要穿呢。大哥说你让柳叶给你洗洗吧，洗干净了再缝一下。祝俊说那我去挑水吧。大哥接过了扁担，一口气把缸挑满。柳叶把屋子收拾了一遍，炕上的杂物清理到一边，屋里一下子显得亮堂了很多。

终于还是要离开了,祝俊的眼里噙着泪水。大哥说你回去吧,我们还会来看你的。等情况差不多了,给你把地方也收拾一下。祝俊说这地方就好,你能回来看我就行了,比啥都好。你娘身体不好,一定不要惹她生气。大哥说这个我晓得哩。祝俊说路上带着钱,一定要小心些。大哥说我晓得哩。祝俊说选机器要找内行看看,可别让人骗了。大哥说我晓得哩。祝俊于是就不再叮咛了,站在那里很久,直到大哥他们已经走出视线,太阳把树的影子快收起来了,他才意识到他们真的已经走了。

2

　　大哥进回了两台设备,在寨子的下面选了个厂址。这里一来取土方便,两边都是土丘,二来打窑省事,借着山丘挖进去,外面用砖包起来就行了。砖厂需要很大的场子,大哥去县城叫了一台推土机,几天后沟里就平展展地多出一块平台来。大哥去西塬上请了一个有经验的师傅做生产主管,自己跟着趸摸(研究)。师傅姓秦,烧过机砖。大哥给场子安装了电灯,秦师傅很利索地接好制砖机的电源,并指挥几个工人在土丘上挖掘了一些泥土。几个人将泥土与适量的水混合,然后铲放在制砖机的传输带上。随着制砖机轰隆隆的欢叫声,那堆和好的泥土片刻之间就变成了一个个整齐有序的砖胚了。

　　秦师傅拿起一个菱角分明的砖胚,细心地研究了好一会后说:很好,这种的泥土做出来的红砖质量非常好,比南塬上的粘性和硬度都要好呢!只要好好干,有销路,几年就收回成本了。大哥很激动,柳叶也高兴得不知说啥才好。

　　然而,大哥还是把事情想象得太简单了。办一个砖厂,除了固定设施以外,还需要大量的流动资金。机器开始运转,什么都要花钱。开工后,各种名目的费用便摊了下来,什么水土流失费,水电费,取水资源费,管理费,污染费、扩建费,占用耕地费,等等,把大哥搞得焦头烂额。柳叶凑起来的那几万元早就光了,每天只见出不见进,再不想办法就要停产了。柳叶急得哭了起来,她开始后悔自己的冒失。大哥一筹莫展,急得吃不下饭,睡不着觉。村里看笑话的人早就料到了这一天,都跟着看大哥怎么弄。有人提出让他损失一些钱,干脆把机器卖了,这样会少赔一些。母亲说牛拽车子到半坡上了，千万不能停下来啊，咱说啥也不能卖机器！接下来的日子，她想办法弄了点钱交给秦师傅，先把他稳住，然后带着他去县城跑销路。秦师傅在县城人比较熟，他去了几家单位就拿到了订单。这些订单只要交了货就能拿钱。母亲带着订单回到村里，腰杆一下子就硬了许多，她又带着大哥挨家挨户动员大家投资入股，几百不少，几千不多，年底分红，人人有份。一些人按捺不住，但心里不踏实，于是就去问烧砖的师傅。秦师傅说这合同还能有假？一张纸值好几万哩！钱搁在这里能生钱，后半年分红的时候他们就知道后悔了。

秦师傅这一鼓动还真见效，几天后，砖厂就筹集了几万元现金，机器轰隆隆地又响了起来。

机砖是劳动密集型企业，需要大量工人。铁蛋没事干，央求母亲给大哥说情。大哥一开始不同意，觉得这人心术不正，没良心。母亲说都过去的事儿了，铁蛋早就后悔了。他现在已经成家，知道好歹了。大哥知道铁蛋正在努力地改变自己。他这次回到村子后像换了个人似的，见人特别客气，谁家有事都愿意去帮忙。特别是婚后，变得更勤快了。铁蛋除了每天下地干活，回到家里还帮妻子干家务活。女人有了依靠到底不一样，瘦瘦弱弱的小寡妇似乎一夜之间发了起来，像充了气的猪尿泡，鼓胀着，张扬着，蓬松着，昭示着，在村里来回显摆，令许多男人眼前为之一亮，重新对她进行定位和评判。

铁蛋上任后果然不负众望，他除了拼命干活以外，还注意学习技术，没多久，就替代了大哥请来的生产主管，成为大哥的得力助手。在秦师傅的帮助下，铁蛋制定了一系列严格的厂规厂纪，明确责任，奖惩分明。每天定量完成任务后，多出来的部分加倍奖励。砖烧的质量好坏，技术是关键。为了使烧砖的秦师傅更认真负责，真正把厂里的事当成自己的事来做，大哥请他也来入股，成为股东。秦师傅说他没钱，大哥说没关系，你先入干股，以后再慢慢地扣。秦师傅被他的诚心打动了，成了砖厂的股东之一。因为工人都是本村的人，大哥对他们很客气，处处为大家着想，定期为他们发放口罩、手套、肥皂、去尘费等劳保；有人生病了，母亲或柳叶会亲自买上东西前去探望；遇到开学前夕，大哥让给孩子们提前预支学费。在工作中，母亲让大哥尽量做到多表扬，少批评。母亲说人都爱听好话呢，没事多赏羡（赞赏）赏羡，有好处。这种以人为本的做法增强了大家的凝聚力，也激发了村民的工作热情。

两个月后,第一窑砖烧出来了。乡长亲自来给大哥剪彩,全村的人都来庆贺。半年后,大哥的砖厂已经形成了规模,前来订砖的人很多,订单都够生产一年了。

3

为了赶订单,大哥已经有几个月没休息了,吃住都在厂里。场地不够用,临时把沟渠的西面填了起来。没有烧制的机砖一排排、一行行地摞着,给了大哥无限希望。

一场大雨在毫无征兆的情况下瓢泼而至。

雨是在午夜时分下起的。大哥起来看了看砖架,砖架上覆着油毡和塑料纸,上面压着石板,应该是没事的。为了让下水通畅,大哥和柳叶在沟的南面开了个壕,砖厂的水顺势而下,很快就聚成了一条河。雨越下越大,两个人全湿透了。柳叶说赶快回去吧,这种雨一会就停了。大哥觉得也是。以前也遇到过这种暴雨,砖架都安然无恙。两个人落汤鸡似的赶回窑里,衣服紧黏在身上,冷得人瑟瑟发抖。这雨下得有些邪,中间夹着蚕豆大的冰雹,打得油毡劈啪作响。雷霆挟着闪电把黑夜撕开一条口子,沟畔上的老槐树摇摇欲坠,在风雨中拼命挣扎。柳叶双手合十在心中祷告,祈求老天爷手下留情。

雨势不减,几个时辰过去了,还在下。沟渠里的水越来越大,哗啦啦的。窑面上的雨帘汇成了一道瀑布,通往村子的坡道就成了一条河,咆哮着向沟渠涌来。水很快就漫上了砖厂,砖架离地面有一尺多,照这速度,用不了多久砖就会泡进水里。大哥跑了出去,雨借着风势把他掀翻在地。柳叶说你不要命啦?赶快回来!大哥说这雨要再不停就麻烦了,砖架会倒掉的。这一茬砖都是订货,如果按时交不了,是要给人家赔钱的。柳叶说那可咋办啊,这鬼天!大哥挣扎着爬起,拿起铁锨冲了过去。柳叶喊了一声,扣了一顶草帽也跟了上去。

从村子来的水已经把这里变成了一片汪洋。砖厂被洪水撕开了一个缺口,几架砖已经倒下了。大哥疯了似的用锨乱铲,试图把水引开。水越漫越高,已经到了他的腰际。砖架像一团积木"哗啦啦"倒了下来,一排,又一排。人在水中东倒西歪,站都不稳。柳叶说我们快回去吧,砖倒了还可以再做啊！大哥扑通一声跪在地上，仰天长叹，雨水和着泪水一起流下……

　　打击是毁灭性的。第二天放晴的时候，砖厂已成了一片稀泥滩。沟渠里没来得及退去的水清汪汪的，把村子的倒影投在里面，组成一幅别样的风景。

第二十八章

1

保姆小琴与抗战一起生活,一晃几年过去了。家里给她订的那门婚事人家等不及,已经退了。小琴父亲用小琴挣的钱还清了订婚时的礼钱,那个男人带着几个人上门狠狠地闹了一伙,把小琴的父亲打伤了。小琴的父母见女儿在这里也赚不了钱,于是就让她赶快回去,小琴一直在拖,说等这边找到合适的人再走,这一拖就是一年时间,家里忍无可忍,于是就把她强行带回去了。

小琴回到家里又哭又闹,不吃不喝不睡觉,跟父母闹事。小琴的父亲气得长吁短叹。母亲心疼女儿,就跟她讲道理。

小琴母亲说人家对咱好,这个我也知道,但是你现在伺候他也几年了,该考虑自己的事情了,总不能一辈子就待在那里吧?

小琴说待一辈子怎么就不行了?抗战是个有心的人,他比那些身体健全的男人更像个男人。

小琴母亲说难道你想嫁给那个瘫子吗?

小琴说我可没说这样的话。

小琴母亲生气了,说你这女子真是不识好歹,大人的话一点也听不进去。我和你大都是为你好啊!以后不准你再去了!

小琴把头扭到了一边,不理母亲了。

小琴走后,抗战的生活陷入了困境。他一个人无法下炕,也不会做饭。

母亲让二哥与他住在一起,早晚好有个照应。吃饭的时候母亲让柳叶给他端过去,但这一切都没有小琴在的时候顺当。这女子有心眼,人又勤快,满屋子都是她的身影。她一走,屋里顿时就凉了下来,漫漫长夜等不到天亮,白天等不到天黑,日子对于抗战来说突然变得非常枯燥,一点意思也没有了。抗战晚上一个人挣扎着起夜,栽倒在炕栏下,二哥睡觉很死,居然都没有听见。抗战坐在冰冷的地上直等到天明,他甚至又开始思考自己活着的意义了。外婆走了,小琴也不会再来了,这个世界已经没有任何可以留恋的人和事了,那么迟不如早,不如做个了断吧。

有了这个想法,抗战开始不吃东西了。母亲很着急,虽然她每天都很忙,但对于这个兄弟,她是尽自己最大的可能进行关照的。对于抗战来说,她既是姐姐,又像是母亲。抗战是她看着长大的,他们都是外婆的孩子,感情深厚。

母亲扔下了手头的事情,全力以赴照看这个弟弟。抗战的生活不能自理,可是家里的经济条件不允许再给他请个保姆了,母亲于是就来做这个保姆。她每天按时把饭做好,尽量做抗战喜欢的饭食,然后端到炕上,看着他吃掉。抗战一开始拒绝进食,后来被母亲感动了,于是就打消了原来的坏念头。

几天后,小琴又回来了。大家都不明白她回来干啥。小琴看见抗战憔悴的样子,心酸得直掉眼泪。而小琴这几天也瘦得很厉害,她回到家里不吃不喝,晚上又睡不好,因此脸色苍白,尽显疲态。抗战见她这个样子,心里也很难过,知道她这几天在家里受了委屈,于是眼泪簌簌地就掉了下来。小琴走到跟前的时候他痴痴地看着她,不敢说话,唯恐一说话这一切会变成泡影。

你咋弄的,才几天就把自己弄成这样了!小琴像看见自己几天未见的孩子一样,一只手把抗战的衣服抚展,一只手揩去他脸上的泪花。

你咋又回来了呢?不是说好了不再回来的吗?你来了,你父母又该生气了。抗战泪眼婆娑地说。

咋地?不欢迎我了?我的事情不要父母管,他们爱生气就生气吧。小琴说着就把炕上换下来的衣服扔进洗衣盆里,然后把家里仔细地收拾了一遍,屋里又像个家的样子了。

2

　　大哥的砖厂泡汤了,村里上门要债的人踩烂了门槛,家里乱糟糟的,马蜂窝似的。大哥处理掉了那几台机器,把要紧的帐还了一些,然后就去县城找揽工去了。大哥觉得自己不能坐以待毙,必须想办法把村里人的钱赶快还上。

　　大哥找的活是给人家修公路,柳叶也跟着去了。工地上的活很苦很重,民工每天顶着星星起床,晚上看见星星才能收工,一天有两顿饭都是在工地上吃的。工地上的人都是从陕北来的,比我们那里的人更能吃苦。他们从小吃羊肉和小米,身体特别有劲,饭量也大得惊人:一个人每顿要吃掉四个砖头块大的馒头,喝两碗稀饭。而大哥顶多能吃一个馒头就不错了,喝一碗稀饭。他们用的家具都比较沉,抡起来呼呼生风,掏下去就能带起一大块。大哥一开始还能跟得上,干了几天就受不了了,手上都是血泡,饭也吃不进去。因为农村人干的活相对比较松散,节奏也没这么快,这么强。柳叶在灶房做饭,相对轻松一些。看到大哥疲惫不堪的样子,柳叶说你要是不行就算了,身体吃不消不能硬撑啊!大哥说没事的,适应几天就好了。

　　第二天天还未亮,大家就起床了。大哥困得睁不开眼睛,爬了几次都爬不起来,最后强迫自己坐了起来。

　　大哥坚持了几天,工头见他实在坚持不住了,于是就给他换了一个比较轻松的工种,这个工种就是放山炮。石砭的一边是悬崖峭壁,一边是滚滚的河水,公路要从这里穿过,必须用火药炸开一条路,后面的人再把石块弄平。放山炮两人一组,一个人在上面把绳索固定,另外一个人腰间系上绳子吊下去,然后在半山上打眼,打好后把火药装进去,点燃长长的导火索,然后迅速撤离,随着轰隆一声巨响,山崩地裂。这样的工作一天要重复很多次,虽然危险性很大,但是与那些紧张的劳动比起来,人起码有喘息的机会啊。大哥一开始没有技术,干的都是上面那个人的活,很少亲自点燃火药。时间长了,他逐渐掌握了这一门技术,慢慢就得心应手了。

　　夫妻二人一个月能挣一百多块钱,大哥拿回来的钱都还债了。母亲买了一头牛,又养了几头猪,想着等情况好了办个养殖场,办好了几年就把债还清了。

这处工程已经有一年多了,从界子河到县城,约三十公里。途中多是石峁,需要爆破开路。遇到低洼的地方,工程进展就明显加快。有的地方需要搭桥,有的地方做成涵洞,也有的地方从河沿上帮起来,筑成一条路基。遇到天阴下雨的时候工人们就可以休息,大家不顾连日来的疲惫,冒雨沿着修好的路往回走。脚下的每一块石头都是那样熟悉,路边的每一棵树,甚至每一株花草都感觉是那么亲切,记录着一段段难忘的故事。他们边走边唱,用陕北人天生的一副好嗓子甩出悦耳、敞亮的信天游,感染着身边的每一个人。

3

　　灾难往往在没有任何先兆的情况下就发生了。大哥用自己的劳动给一家人带来了欢乐,也给自己带来了无限的期盼。想象着几年后就能把债还完,再积攒些钱,家里的房子就有了基础。一家人住在新房里,明窗净几,宽宽敞敞,那种滋味是难以用语言表述的。

　　砖厂泡汤的阴霾在渐渐散去,人们有理由相信,我们家很快就能度过难关。说不定以后还是好光景呢。然而就在这个时候,大哥出事了。

　　大哥是在点炮的过程中被炸死的。

　　那天上午,大哥一连点了三个炮眼,一切看上去都那么顺利。上午还有最后一处爆破任务,完成就可以吃饭了。

　　这是一块巨大的青石,横亘在道路的前方,必须爆破才能继续前进。大哥把炸药装进炮眼后点燃了导火索,然后迅速撤离,来到山峁的另一侧。大家蜷缩在一起,等待"轰隆"的那声巨响,可是等了几分钟也没有爆炸。这种情况一般都是导火索没点着,或者燃烧的过程中熄灭了,需要重新点燃。大哥把头探出去向那边看了看,发现没有烟,说明导火索确实熄灭了。他于是拿上火柴准备上前重新点燃。柳叶说你要小心些,点着了赶紧跑。大哥说我知道,这种情况见多了,没事的。然而就在大哥走近大青石的一霎那,一声震耳欲聋的声音传了过来——火药爆炸了!

　　大家在一瞬间都惊呆了,不敢相信眼前的现实。大哥被火药巨大的冲击力抛了起来,然后重重地摔在石砭上。

　　柳叶在第一时间做出了反应,她狂喊了一声:——福海!连滚带爬地冲了过去。

大哥浑身是血,昏迷不醒。大家一时都慌了手脚,不知该如何是好。工头不在,柳叶说赶快送医院!于是拖拉机就拉着大哥向县城走去。一路上车厢颠簸得很厉害,柳叶把大哥放在自己的腿上,边哭边不停地呼喊着。血顺着大哥的头发流了出来,柳叶把自己的衣裳撕了一块,给他包扎。大哥软绵绵的,没有一点反应。

——福海,你千万要挺住,马上就到医院了,大哥啊……柳叶泣不成声。如果大哥有个三长两短,回去给父母怎么交代呀!

拖拉机颠簸了一个多小时后终于来到了医院,一行人赶忙把人抬了进去,医生摸了摸大哥的胸口,轻轻地摇了摇头。

赶快救人啊!柳叶很着急。

你们来晚了,人已经停止呼吸了。医生说。

停止呼吸也要救,要你们这些医生做啥呢!?柳叶厉声地喝问。

想办法救救他吧,他还年轻哩!一起来的工友也纷纷求情。

医生,我求求你了,救救我男人吧!他上有老,下有小,这下可咋活啊!柳叶扑通一声跪了下来,磕头如捣蒜。

那好,我们试试吧。医生叹息了一声,又轻轻地摇了摇头。

大哥被推进了手术室。

时间就在这一刻被凝固了。柳叶站在手术室的外面,感觉像等了一个世纪,她的脑子里做作各种各样的猜测,但最坏的猜测还是大哥能够醒来,结果像抗战一样躺在床上,不能动了。柳叶于是就想象母亲怎么能接受这个现实,一家人会怎么看她?两岁的儿子平平看见爸爸这个样子,他能接受这个现实吗?这是一个棘手的问题。如果大哥真的成了那样,她就准备一辈子伺候他,走到哪带到哪。回想婚后的几年时间,他们夫妻恩爱,每天形影不离,几乎没红过脸。大哥如果真的瘫在了炕上,这也许是老天爷早就安排好了的,她准备接受这一切。

手术室的门开了。担架上的人身上一袭白色的床单,从头到脚都包了进去。柳叶呼喊着扑了上去:——福海!

床单上的人没有反应。柳叶掀开床单,大哥平静地躺在那里,像睡着了似的。

福海啊,是我害了你啊!是我让你办机砖厂的,如果机砖厂不倒闭,你就不会来这里打工,就不会有这样的结果呀,呜呜呜……柳叶哭得惊天动地,旁边的工友也落泪了。

黄昏的时候,父亲、母亲、大伯、大妈、三爸等一帮亲人都来了。大家涌向了太平间,哭声震天。

福海啊,我的儿呀……母亲扑倒在停尸床前,身子软成了一堆泥。

福海你醒醒,我是柳叶啊,你睁开眼睛看看我吧,我的亲人哪……柳叶捶胸捣腹,哭得死去活来。

福海,苦命的娃娃啊!大妈一边哭泣,一边劝母亲和柳叶节哀。

大伯、父亲、三爸几个男人站在一边流泪,二哥搂着大哥的尸体恸哭,二姐一边招呼着母亲,一边搀扶大嫂,嗓子都哑了。

当天晚上,母亲让二哥给河南发了一封电报,让祝俊赶快来。

祝俊接到电报后星夜兼程,于第三天中午赶到天瑶。

大哥的灵堂设在村外的小窑里。这个小窑当年曾经救过大哥一命,没想到30年后,却成了他告别人世间的最后一站。窑洞不大,在马路壕的侧面,母亲和外婆当年走到这里的时候大哥病了,父亲收留了他们,成了一家人。如今,这家人已经开始残缺,母亲的心怎能不碎呢?

由于大哥是小口,死后不能进村,所以只能停在村外。柳叶披麻戴孝,哭得天昏地暗,几次昏厥。母亲用大哥带回来的钱给他买了上好的棺材,穿上生前都没有穿过的衣服。可怜的孩子啊,活着的时候没享受过一天清福,死了再也不能那样惜惶了。

母亲决定厚葬大哥,也算是给自己一个交代。

祝俊赶来的那天正赶上大哥下葬,他见了儿子最后一面。50多岁的男人老泪纵横。祝俊跟母亲分手后被小寡妇戏弄,从此再也没有找女人,一辈子孤苦伶仃,一个人生活。祝老先生回来后曾劝说儿子再成个家,祝俊摇了摇头,说这辈子不考虑了。这些年来,他心里牵挂的是母亲和大哥,他们是他精神的支柱,也是他继续活着的唯一理由啊。

大哥被从小窑里抬出来准备入殓的时候,祝俊突然狂喊了一声:福海,我的娃啊……一口鲜血从嘴里喷了出来,他一头跌倒在地,不省人事了。

大家都慌了手脚。大伯赶快拿来银针给他扎穴位,祝俊过了一会终于醒了过来,身子却不能动弹,软得像抽了筋的狗,匍匐在炕上。大伯说福海他爸估计是中风了,需要去县医院治疗,否则人会有危险的。母亲于是就安顿三爸和二哥去医院给祝俊看病,其余的人继续送葬。

大哥被埋在了我家的祖坟地,紧挨在外婆的脚下。中间的空地是父亲这一辈的,跟爷爷奶奶的位置相对应。大哥两岁的儿子平平头顶着纸灰盆,稚嫩的眼睛透着惊慌,不知道发生了什么事。一阵凄婉的唢呐声过后,大哥便从这个世界上悄悄地消失了。

4

祝俊从医院回来后一直躺在炕上,半个身子不能动,嘴抽得厉害。医生说是脑血管方面的问题,也就是中风了。这个病很棘手,弄不好随时会有生命之虞,即使恢复得好,后半辈子也将瘫在床上,不能下地了。

一家有了两个瘫痪在床的病人,母亲的心情很烦躁。好在抗战有人管,小琴对他无微不至的关怀,使得他看上去和健康人没什么两样。祝俊年纪大了,刚刚失去了儿子,共同的悲痛使得母亲对他充满同情心,她突然觉得这个多年来自己一直记恨的人其实非常可怜。母亲没有了大儿,还有我们,而祝俊失去了这个儿子,则失去了一切啊。

祝俊的凄惨境况让一家人非常无奈。因为他不仅仅是大哥的父亲,还是母亲的第一位丈夫。他曾经给母亲带来无尽的痛苦和尴尬,这种尴尬将在以后的日子里持续下去。村里的人虽然都能够理解,但是眼神里流露出来的含义母亲还是能够读懂的。走到巷道上的时候她感觉自己的身后凉嗖嗖的,像扎满了麦芒,脊背一阵阵发麻。而父亲的情景更为尴尬,他几乎拒绝到人多的地方说话,每天低着头进进出出,不给母亲好脸色看。

母亲本来就很忙,这下就更忙了。每天,除了一家人的一日三餐,她还要伺候瘫在炕上的祝俊。祝俊一看见母亲就流泪,吃饭的时候手颤抖得捉不住筷子,母亲只好用勺子喂他。这个形容枯槁的人哽咽得咽不下去,母亲的眼睛于是也湿润了。母亲知道这些年来他一直在忏悔,从上次打官司的劲头就能看得出来。而现在,他们共同的悲悯是大哥的事,大哥把祝俊的心拽走了。母亲突然觉得自己有些对不住他,要是那一次让他把儿子带走,也许就不会有现在的结果了。母亲想起外婆临终前的话,外婆说他们的缘分还没有完,看来自己这辈子跟这个人真是很难分清楚啊!

除了母亲和祝俊,家里还有一个同样悲痛的人。如果说丧子之痛是揪心的痛,那么丧夫之痛则撕心裂肺,痛彻心骨。柳叶自从埋葬了大哥以后整天都躺在炕上,她很少吃饭,也不跟人说话。儿子喊她她也不理,吓得平平"哇哇"大哭。昔日活泼开朗的大嫂一下子与笑容绝缘了,家里笼罩着一股凄凉的气息,压得人喘不过气来。母亲强压着悲痛安慰儿媳,希望她能够振作精神,毕竟,人死不能复生,为逝者哀悼的同时,生者还要继续生存啊。

二姐那段时间经常给大嫂做思想工作,给她讲开心的事儿。后来二哥也天天来屋里跟她们一起坐,或抱着小侄子跟他玩耍,平平最喜欢二哥了。二哥与大哥长得很像,个头都一般高,除了身体有些单薄,外人很难从后面分清他们兄弟俩来。二哥来了很少说话,就那样默默地坐在炕栏上,听二姐与嫂子说话。不知怎么回事,大嫂后来只要看到他,心里就能平静一些。

后来,二姐又上学去了。二姐走后,大嫂从炕上起来了,但一下子还缓不过来,每天郁郁寡欢,动辄一个人就悄悄地流眼泪。二哥高中毕业后补习了两年,没考上大学,于是就回家干活了。每天从地里回来,他都要去大嫂的房子里坐坐,给她安慰。这期间,母亲已经做了最坏的打算,那就是等大哥百日后,让大嫂离开这个家,去寻求自己的幸福。因为她还很年轻,还不到30岁。现在是新社会,谁也没有那个权利让人家守寡。母亲曾劝大嫂回娘家待一段时间,这样心情兴许会好一些。大嫂回去待了几天就回来了,她说自己在娘家更难受,她的母亲整天哭哭啼啼,弄得她心里很烦躁。

一百天很快就到了。过了百天,对一个人的哀悼也就告一段落了,该干啥的还要干,生活还得继续。母亲瞅了一个好天气,询问大嫂如何打算。

妈,你不会逼着我走吧?大嫂泪眼婆娑。

柳叶,你这说的是啥话?我咋能逼你呢?这件事妈很为难,留你,不对;让你走,舍不得啊!母亲难过得说不下去了。

妈,我不准备走。这辈子生是林家的人,死是林家的鬼,不走了!大嫂看样子已经深思熟虑。

其实母亲也看得出来,柳叶对这个家是很留恋的。只是她还年轻,一个人带着孩子,怎么守啊?如果她真的下了决心,那就只好给她招一个上门女婿了。

不走了好,不走了好!妈也不愿意让你走哇,咱一家人都不愿意让你走啊!母亲激动地握住大嫂的手,眼泪就下来了。

第二十九章

1

　　大哥死后,要债的人突然少了起来。人就是这样,尽管很艰难,但是当别人遇到灾难的时候,落井下石的人还是不多。许多这样的事,人死后账也跟着黄了,很少有人跟活着的人死缠烂磨,揪着不放的。大哥和柳叶打工赚的钱其实只还了一部分债,银行的贷款和一些人的集资款还没有动。这些人看见母亲就会苦笑,咳声叹气一会就走了。这苦笑声里饱含着不尽的艰辛——老人要看病,孩子要上学,槽上要添牛,地里要买肥……日子酸溜溜的,像八月的连阴雨,灰蒙蒙的都快发霉了。母亲说他叔不怕,我娃不在了,这钱我来还。男人摇摇头,说不急不急,等有了再说,先把家里安顿好。这个时候,母亲的眼睛就会湿润。是啊,人家越是这样体谅,她越是觉得心里不安啊。

　　母亲想起了当年卖饭的日子,轰轰烈烈,大风大浪,多有激情啊。大嫂说现在卖饭的太多了,赚不了钱的。母亲说赚不了是不会卖,我还不信呢。

　　母亲说干就干。第二天,她便带着柳叶去赶集。集上今非昔比,车水马龙,熙熙攘攘,比30年前的街道繁荣多了。母亲瞅了一圈,发现到处都是卖衣服鞋袜和生活用品的,摆饭摊的很少。难道这么多的人都不吃饭了吗?母亲有些纳闷,顺着街道转了几圈,终于找到了问题所在:原来大家都到饭馆吃饭去了,外面风沙大,烟熏火燎,很不卫生,小饭摊早就没人摆了。母亲打问了一下小饭馆的情况,说平时基本没人,就赶集这天才有生意。

房费按月付,另外还得交工商税务卫生等管理费,挣头不大。

母亲有些泄气。但看看吃饭的人那么多,心里又不服气。大嫂说开饭馆很麻烦,得买锅碗瓢盆,得配桌椅板凳,得雇漂亮的服务员,得有过硬的厨师。母亲说干啥不难,想赚钱就不要怕麻烦。当下两个人查看了很多地方,在街道的转弯处看到有一间门面转让。这地方位置不错,旁边都是食堂,中间隔着这间商店,可能生意不好。柳叶说这么多的食堂挤在一起恐怕不行,咱找个没食堂的地方吧。母亲说货卖扎堆,食堂多了才能形成气候,有竞争,生意就能做好。一两家那是坑家店,没人气的。

母亲回去准备了一下,把槽上的猪卖了,鸡也卖了。大姐夫是个木匠,他赶时间做了几张桌子和板凳,母亲从家里拉了一些灶具,拿了锅碗瓢盆,这生意就开张了。

开张生意很火爆,这是母亲没有想到的。头天夜里准备的东西不够用,到下午早早就关门了。关起门来盘点了一下,母亲的脸上绽出了笑颜。自大哥殁了之后,柳叶第一次看见母亲这样高兴。可怜的老人,经受了这么大的打击差点倒下,为了给大哥还债,她是咬着牙硬撑着呀。

交口是个小镇,除了逢集,平日里并没有多少人吃饭。一般饭馆这几天都关门,没关门的就是有关系,因为镇上的领导每天都需要搞接待,一桌饭弄不好就是百儿八十,顶好几天的收入呢。大嫂很羡慕,奈何又没有关系。大姐说你姐夫认识一位副乡长,以前给他家做木活,你姐夫少收了他不少钱,副乡长于是每次下乡都到他家吃饭。一来二去就熟了。母亲说这怕不行吧?人家是干部,到你家吃饭是因为没处去,你让他帮忙可能就为难。大姐说我让他试试吧。

副乡长很仗义,果然很快就将人带来了。那天下午集上的人已经散得差不多了,母亲和柳叶正收拾碗筷准备打烊,进来一个年轻人说要订一桌饭菜。母亲说几个人来啊,用得了一桌吗?年轻人说乡上的领导要招待人,叫你准备你就准备吧。记得菜不能太咸,量要足,多弄几个花色,这关系只要一拉上,你们以后的生意就不用愁了。

母亲痴愣在那里,半晌没反应过来。柳叶反应快,忙出去买了一包烟塞给年轻人,说你是乡上的通讯员吧?我认识你。年轻人说你怎么认识我呢?柳叶说我去乡上看秧歌,看见你忙出忙里地跑。喏,烟你拿着,以后多照顾照顾啊,你啥时想吃饭就来,我不会收你钱的。通讯员说那怎么行?嘴里说着,脸上的表情就生动起来,角角落落都是笑。

那天晚上,一帮人喝得前摇后晃,出门的时候都站不稳了。被称为院长的那个人被人搀着,吐了通讯员一身。这个人就是今天晚上要招待的重要客人。母亲因为一直在厨房忙活,让柳叶在外面应酬,这个人出去的时候才发现他很像王三蛮。母亲揉了揉眼睛,仔细看时,就是他!——怪事。三蛮怎么就成了院长?是啥院的院长?医院的吗?三蛮又不懂医呀,凭啥摇身一变就成了院长呢?这个祸害!柳叶说妈你认识王院长?母亲说啥狗屁院长,他就是个流氓!柳叶说咋啦?母亲说前些年搞运动,这东西害了不少人哩。柳叶说妈你大概认错了,乡长说王院长是个好官呢。母亲说我不会弄错的,这个人把皮揭了我都认识他!

接下来这样的场合便变得稀松平常,乡长书记们光临的次数越来越多,来了笑容满面地挥挥手,走时东倒西歪也是挥挥手。等到结账的时候,那个副乡长站出来签个字就走了,一分钱现金也没有。柳叶拿出账单算了一笔,这个月净赚一千多!这是多么鼓舞人心的一个数字啊!照此下去,几年时间就把账还完了。

然而事实并非她们想象的那么简单。几个月后,母亲的食堂就开不下去了。

2

最早发现事情不妙的是柳叶。

乡政府每次吃饭都是赊账,说是到乡政府结算。柳叶拿着账单去了乡政府,领导说让她月底再来。到了月底柳叶拿着账单却见不到领导。通讯员说领导这几天到下面视察去了,领导很忙;副乡长说拾到篮里的馍馍迟早都是你的,还怕乡政府赖账吗?柳叶说我相信政府,但你知道这小本生意,烟酒都是赊的,人家天天要——实在是周转不开了啊。副乡长说那你过几天再来吧。柳叶过了几天又去,乡长还是不在。柳叶说再不结账,买菜的钱都没有了,明天都揭不开锅了。通讯员说没这点底垫还开食堂呢!你问问隔壁那几家,哪一家在这里没几千上万的单子?柳叶这才明白隔壁那家为什么关门,其余几家对乡政府来人很不感冒的原因。没这帮人来,不温不火还能生存,有了他们却经营不下去了。看样子这是别人扔掉的馍,自己却捡起来了。

食堂确实是没法开张了，买菜要钱，油盐酱醋米面都要钱，每天只出不进，那些账单看上去很美，实际上很遥远，飘渺得像天上的白云，看得见，摸不着。这次弄食堂本身就没多少钱，要不是大女婿相帮，早就支撑不下去了。母亲觉得不能再这样下去了，这样只能是恶性循环，弄不好债务会越来越多，砖厂的那些债还到牛年马月啊！母亲关掉了门面，拿着账单来到乡政府，坐在乡长门前等他回来。通讯员说乡长这几天在县城开会，不回来。母亲说那我就到县城去找。通讯员说到县城你连大门都进不去，见不到乡长的。母亲说那我就在门口等，他总是要出来吃饭的啊。通讯员鼻子哼了一声，说我是怕你跑冤枉路，不相信你就去吧，后悔了可别怨我。

母亲真的就来到了县城，坐在政府的门前等乡长出来。政府门房的人不让她坐，母亲于是就坐在对面门市的台阶上等。

第一天没有等到。母亲吃了点带来的干粮，晚上就在门市外面的水泥地上过夜；第二天还是没有等着，母亲于是就问一个从政府出来的人，那人说这两天没听说有会。母亲知道上当了，于是又回到了乡上。通讯员不在，迎面碰见那个副乡长。副乡长说乡长到县城开会去了。母亲说放屁！我刚从县城回来。副乡长说我不骗你，乡长的车刚走，下午的会。母亲盯着副乡长看了看，觉得他不像说谎，于是扭头又来到了县城。

母亲在县城守株待兔，还真把乡长逮住了。乡长说我公务在身，有啥事回去再说。母亲说我都等你几天了，这账单你们还认不认？乡长说谁说不认了？吃了的就会认的，你放心地回去吧。母亲说我饭馆都关门了，没钱开张了。这单子你不签，我就去找县长说理。乡长说你去找吧，只怕你连门也进不去！说完拂袖而去。母亲看看手里的账单，真想撕掉算了。可是撕掉后债务就更多了，回去跟人家怎么交代？

天阴沉沉的，一阵风搅过，雨淅淅沥沥地下了起来，街道上很快就明晃晃地荡漾起来。母亲蜷缩在门市的屋檐下，风卷着雨丝打在她的脸上，身上的衣服很快就湿透了。母亲打了个寒战，又冷又饿，于是就拿出干粮啃了两口，嗓子干得咽不下去。门市里的女人觉得母亲可怜，让她到里面避雨。那人见母亲抖得很厉害，于是就给她倒了一杯开水。母亲感激地看着她笑了笑。女人说你有啥事啊，我见你这几天一直在这里呢。母亲说我找交口镇的乡长签字，乡长在政府开会哩。女人说你见到他了吗？母亲说见到了，他不给签。女人说这些人都不要脸。我这门市以前也常给他们赊账，现在不赊了——赔不起！你这样傻等可不行，等到了他不签，你有啥法子?母亲说那怎么办?女人说你等县长出来,把条子给县长看。母亲说我不认识县长呀。女人说你在我这待着,县长出来我给你说。

　　第二天,雨还在下着,整个县城笼罩在一片雨雾中,灰蒙蒙的,让人喘不过气来。中午的时候一伙人从政府往外走。女人指着中间比较低矮的胖子说,那个人就是县长。你赶快过去吧。母亲来到县长跟前正准备说话,胳膊被人拽了一下,回头看时,原来是交口镇的乡长。乡长带着母亲来到门房办公室,在那些条据上签了字,说你回去吧。

　　母亲拿着乡长签字的条据回到乡上,满以为这下就可以拿到钱了。谁知财务室的出纳脸板得很平。她瞥了这些条据一眼,说这段时间没钱。母亲说那啥时候能有钱呢?出纳说你过几天再来吧。母亲过了几天再去,得到的答复是一样的。去的次数多了,出纳就开始烦她了,要不把门关上半天不开,要不就躲到其他办公室不回来了。母亲再找乡长,乡长板起面孔说字都签了,你还找我干啥?母亲又找到出纳,说乡长都签字了,你为啥不给报?出纳不屑一顾地说,谁签了也不管用!没有钱是硬的。母亲说难道这账就黄了吗?出纳说乡政府是政府机关,欠你这点钱算狗屁?——黄不了的!

　　乡政府的账要不回来,母亲的饭馆也倒闭了。卖了几个月饭,非但一分钱没还,债又多了一沓。看来这条路被堵死了。想起30多年前的繁荣昌盛,母亲长叹了一声。30多年前的情况和现在真是不同啊。那时的乡政府没有人赊账,每天得到的都是现金。现在不同了,到处都流行签字。往事如风。那时候母亲比大嫂现在还年轻,如今她老了,头发都开始花白了。

　　不卖饭,靠啥赚钱?做小生意,自己不识货,挣起赔不起。再说这种生意全靠跑集赶市,是年轻人的营生。喇叭裤超短裙母亲本来就看不惯,让她卖那些东西肯定不行。

　　今天镇上逢集,母亲和柳叶又来到了街上。饭馆已经转让出去了,生意看起来不错,里面吵吵闹闹的,人声鼎沸。想起自己开始经营的时候也是这样,说不定这家也会重蹈自己的覆辙呢,那样的话他也弄不了多长时间。出纳说得对,你不愿意赊,有的是愿意赊欠的人,街上的食堂一大把呢。是的,为了生存就会有人去冒险,就会有人自动进入这些人设置的圈套,心甘情愿地伺候人家吃喝,全心全意地配合人家演戏。这些剧本是提前写好的,演员永远不缺,一茬倒下去了,很快就会有人再站出来,乱纷纷你方唱罢我登场,在很长的一段时间内都不会谢幕。

太阳把人的影子从西边拖到东边,街上车水马龙,人声鼎沸。饭馆里飘来熟悉的味道,刺得人胃里难受。柳叶的肚子咕咕叫了起来,早晨喝了点稀饭,看样子早就没了。这些天来她一直没有胃口,这会却感觉肚子空得厉害。

妈,咱们到里面吃点饭吧。柳叶说。

你去吧,我不饿。母亲其实早晨也没吃多少东西,但她不想花那冤枉钱。

走吧,我身上带着钱呢,够咱俩吃一顿的。柳叶硬拽,母亲于是就跟了进去。但是她没有要饭,而是喝了一碗面汤就走了。

你慢慢吃,我到街上转转。母亲用手抚了抚胸口,仿佛已经吃得很饱了。她甚至打了个嗝,然后冲着柳叶微微一笑,出去了。

母亲在街上盲目地转悠着。母亲到底有些不甘,她不想就此搁下。那些账户每天都在她的心头晃,即使人家不要,账是迟早要还的。必须想法子把这些窟窿填起来才行啊。

母亲来到了猪市,看见一排小猪娃正在吱吱乱叫。多可爱的猪娃啊,肉乎乎,胖墩墩的,虎头虎脑,喂好了一定能长成大猪。但喂猪需要粮食,家里的余粮不多,买回去也是麻烦。

卖不成饭,也不养猪,那还能干啥呢?靠那几只老母鸡吗?每天几颗蛋,油盐酱醋还差不多。再多养一些吧?几十只?几百只?那样平平也能敞开吃鸡蛋了。想到孙子母亲的眼睛就开始湿润。可怜的孩子,才两岁多,就没了爹。孩子现在还不知道,时不时就会问:爸爸怎么还不回来呀?等他再长大一些,一切都会明白的。唉,为了孩子,也该把债早早还上,可不能把负担留给他啊。趁现在还能做,不管做啥,只要动弹,总会有收成的。

母亲今天本来是考察市场的,准备做点小生意。现在看来很难了。母亲摸了摸袄襟,那里面裹着二百元钱,毛毛块块,把袄襟顶得鼓鼓囊囊。这钱是卖饭的时候零零碎碎攒下来的,已经搁了很长时间了,母亲怕家里万一有个啥事,预备着。这钱该派上用场了,要让它变法儿赚钱了。母亲觉得首先该买几只猪仔,然后再多买些鸡蛋,回去自己孵。猪和鸡都可以在沟里饲养,那里草地宽广,有它们吃的东西。沟里的窑子周边到处是荒地,开垦一些种玉米,等猪长膘的时候正赶上吃。夏天好过,河岸边到处是猪草,能吃两季。至于鸡更简单,白天放养,晚上圈起来,满山遍野的虫子,根本不需要粮食喂养。

母亲这样想着的时候，突然觉得身子轻了起来，似乎找到了出路，一块石头呼地落了地。

母亲买了8只猪娃，40颗鸡蛋，身上的钱全部用完了。鸡蛋是一个个挑过的。把鸡蛋对着太阳一照，就能看出是不是受精卵了。

3

大哥死后，二哥福才的婚事被提上日程。说媒的不少，他横挑竖挑，就是没有中意的人选。母亲很着急，不知道这孩子是怎么回事。问他究竟要找什么样的女人？二哥"哼哼唧唧"也说不清楚。再问，于是就说：像大嫂那样就行。

母亲找到柳叶，把二哥的话给她说了。大嫂不好意思地笑了，说我有啥好的？福才笑话我呢。母亲说他是认真的，你啥时候见过福才开玩笑了？柳叶仔细想想，觉得也是。母亲说那你就给咱多留心一些，看看有没有跟你长得像的。大嫂说这个恐怕很难，我要是有个妹妹就好了。

母亲说者无意，大嫂的心却通通地跳了起来。要说这几年除了大哥，家里跟自己最能说得来的，就是二哥了。这哥俩虽然性格迥异，但相貌很相似，每年的秧歌头外村人都分不清他们是谁。说来也怪，大嫂从第一次见二哥的时候就感觉似曾相识，虽然那时候他不过是个十七八岁的孩子而已。

食堂关门后，二哥每天与大嫂在一起劳动，两个人虽然说话不多，但是做什么事儿都配合得很默契。平平不见了爸爸，于是整天缠着二哥讲故事，二哥和这孩子很有感情。到了地里，二哥总是抢着干活，让大嫂尽量多休息一会儿。当初大哥也是这个样子，有时收工晚，天上的星星已经出来了，他便把妻子背在肩上，大嫂伏在大哥的肩膀上看星星，心里美美的。如今，这一切都不可能再发生了，她于是就把二哥想象成了大哥，曾经的一幕幕便在眼前绽放，一天的时间很快就过去了。

这样的形影相随一开始没人注意，时间长了便有了风言风语。因为毕竟大嫂现在是寡妇，二哥又是当娶的年龄。连着介绍了几个对象他都不同意，村里人于是都说二哥看上柳叶了。这个时候，大妈曾托人给大嫂介绍对象,要给她招个女婿,大嫂也婉言谢绝了。

村里人的风言风语母亲不是没有听到,她其实也觉得二哥与大嫂有些过于亲近,但一想到大哥死了还不到一年,柳叶的心里很难受,需要一个人安慰她,于是几次把话都咽了下去。

二哥与大嫂似乎丝毫没有察觉到别人对他们的异样,每天干活还是相跟着,一起出去,一起回来。有天下午他们正在沟里锄地,突然一阵雷雨,把两人都淋得精透。雷雨过后,大嫂就感冒了,头晕恶心,浑身发软。二哥着急了,于是背起大嫂就往回走。

山路泥泞。这种山路都是胶泥和石子,天晴的时候都不好走,何况刚下了雨。二哥背着大嫂很吃力地往上爬着,刚才被风吹干的衣裳被汗水又浸湿了。大嫂挣扎要下来,二哥不让,可着劲把她扶了上去。二哥的一双手紧紧地搂着大嫂的大腿,大嫂的一双脚在他的眼前晃荡,湿热的身子挤得他难受。走到半坡的时候大嫂挣扎着溜了下来,身子软塌塌地倒在他的怀里。二哥把她往起抱了抱,大嫂满脸是泪,很无助地看着他,样子可怜极了。二哥见大嫂的头上冒着热气,怕风吹感冒,于是刚喘息了一会就把她又扶到自己的脊背上。大嫂的头枕着他的肩膀,鼓胀的胸部一走一颤,顶得他脊背发痒。二哥的双腿开始打颤,心里腾起一股异样的情愫。他连忙在心里面诅咒自己,对着地上唾了两口,这才稳定了情绪。一阵风吹来,二哥深深地吸了一口气,咬紧牙关往上走。

太阳不知什么已经溜走了,沟里的光线陡然暗了起来,灰瓦瓦的,腾起一股湿湿的烟雾。天上堆积着厚厚的云层,压得人喘不过气来,看样子又要下雨了。二哥不敢怠慢,紧了紧后面的手,鼓足勇气往上爬。汗水把两个人弄得很难受,女人柔软的身子在二哥的身上扭动着,二哥的脊背又开始发痒了。前面就是坡头了,很快就会回到家里,二哥突然有些失落,他多么希望脚下的路再长一些,那样他就会再背她一会儿……

二哥背着大嫂爬上坡头的时候,发现母亲拿着一把伞找他们来了。母亲说看见天气不好就早点往回走,活有啥多少呢?把人淋感冒了怎么办?大嫂见母亲来了,挣扎着从二哥的脊背上溜了下来,母亲于是和二哥一边一个搀扶着她往回走,这时天已经黑尽了。

那天晚上,大嫂一直在发高烧,不停地说胡话。母亲吓坏了,让二哥连夜去找医生,二哥顾不得困乏,跑了10多里路把医生请来了。医生给大嫂打了一针,开了些药,大嫂吃后感觉好多了。

这次感冒让大嫂对二哥很感激。泥泞的道路一个人走都十分困难,那天二哥几乎是一步一爬地把她背上来的。二哥回来的时候浑身是泥,都没人样儿了。

二哥的憨厚感动了大嫂,在他的身上,她看到了大哥的影子。

4

母亲借了两只老窝鸡(准备孵仔的母鸡),孵出了30多只鸡娃。院子里一下子热闹非凡,从早到晚都是"唧唧咋咋"的声音。两个月后两只母鸡归还人家,每只带两只小鸡,算是孵化的报酬。八只猪娃搁在圈里,小猪吃得少,拾些猪草就能应付。小鸡一天天长大,到时候母鸡可以生蛋,公鸡拿集上卖了。只是三十多只鸡娃成不了气候,母亲准备再买一批,等长得差不多了,跟猪一起到沟里放养。

母亲陆陆续续又孵了一些鸡,院里的鸡仔已经很有规模了。二哥买了一本《实用养鸡技术》,没事的时候就给母亲讲。母亲说养鸡还需要啥技术啊,养了几十年,不都长大了么?柳叶说妈呀,几只鸡和几百只鸡是不一样的。几只鸡有了病不要紧,几百只鸡可就麻烦了。母亲说把它们圈起来,别让出去,就染不上病了。柳叶笑着说,这鸡瘟是通过空气传染的,它一来,你怎么圈都没有用的。母亲着急了,说那怎么办?因为鸡传染病是很厉害的,一条村的鸡几天就死光了。柳叶说我们得建养鸡场,得买先进的养鸡设施,得请技术人员来指导才行。母亲说那得花多少钱啊?柳叶说要想赚钱,就得花钱。母亲未置可否,拿着拌好的食喂猪去了。

鸡越长越大,吃得也越来越多了。加上几条正在疯长的猪,仅靠拾猪草是不行了。母亲跟一家人讲了自己在沟里办养殖场的构想,父亲反对,柳叶和二哥坚决支持。父亲说那荒山野岭的,你养的鸡还不够黄鼠狼狐狸侵害。二哥说我在鸡圈旁设些夹子,看它谁还敢来?父亲说沟里不光有这些,还有狼,专门吃猪。柳叶一听害怕了,说那可咋办?二哥说没事,我借一杆土枪在那里等着,狗日的来一个消灭一个,来一群打死一堆。母亲说就是的,人还能叫这些畜生给怕住了?父亲哼了一声,不屑与他们理论,拿上烟袋出去了。柳叶痴愣愣地望着二哥,眸子里有些异样,似乎想重新认识他一遍。

沟里的冯家窑子原来是一户人家的院落,据说天瑶村很早以前居住着冯姓人家,以至现在很多山峁都是以冯字命名的:冯家台、冯家洼、冯家梁、冯家峁,等等,可惜村里现在一户姓冯的人家都没有,陈、林两姓也不知是何年何月到的这里,都好几辈人了。冯姓像一抹烟云在历史的舞台上一晃而过,要不是这些具体的地名,谁晓得他们曾经在这里繁衍生息过呢?

冯家窑子在冯家沟的北坡上,一年四季阳光充沛,暖堂堂的。八孔土窑一字型排开,院子平展展的,与周边的山峁形成鲜明对比。当年生产队的时候这里是耀眼的舞台,社员们在沟里干活的时候中午都要来这里吃饭,门前几口锅里熬着米汤,另一口锅里煮着野菜,热着馒头。男人们端了碗蹲在涧畔上边吃边聊,女人拿着馒头舍不得吃完,总想给男人留一些。男人苦重,吃得多嘛。晚上回家的时候男人的肩头挑着柴禾,女人软绵绵地跟在后面,到家就黑尽了。母亲那时候负责做饭,提前一个时辰开始拾柴,沟里的炊烟荡了起来,袅袅娜娜,社员们看见心里就踏实了。

一晃十多年就过去了,物是人非。当年的锅台还在,院里的荒草却长得跟人差不多一样高。酸枣树从窑脑上探了下来,把门都遮住了。窑里的土炕早就塌了,脚地上到处是牛粪,看来牲畜们经常来这里。窑顶的建木漆黑发亮,与下面的墙面形成鲜明对比。墙上是放羊人刻的酸曲,歪歪扭扭,土得掉渣。酸曲的旁边是一些与之呼应的图画,明目张胆,激情澎湃,看得人脸红心跳。

快把那些东西抹去吧,难看死了。柳叶红着脸说。二哥拿起铁锨一阵乱抹,图画支离破碎,终于看不出样子了。

母亲带着两个年轻人收拾了几天,把院子里的荒草铲了,窑里的土炕打了,窑门上安了栅栏们,然后收拾了一孔给人住。母亲在院子种了菜,把河滩上的荒地开垦了撒上玉米,秋后玉米就可以喂猪了。做好了这些工作,母亲把猪和鸡接了下来,白天在沟里放养,晚上圈到窑里。

母亲往下搬家的时候,塬上的鸡瘟已经开始了。养鸡人能杀则杀,能卖则卖。母亲也陷入两难境地,眼看着很多人的鸡舍都空了,她心急如焚。是就此打住,还是要放手一搏?许多人都劝母亲别养了,否则血本无归,债务会越来越多。这时,几个养鸡场都解散了,大量甩卖鸡,价格很低。母亲决定把这些鸡收购了,就是死了,损失也不会太大。大姐夫一如既往地支持母亲,他从乡上贷了两千元给母亲做流动资金,然后花钱把县防疫站的技术员请到沟里给鸡打疫苗。这些鸡躲过了这一劫,一段时间后,一些鸡开始下蛋,漫山遍野都是鸡叫,冯家沟沸腾起来了。

鸡长势很好,猪也开始疯长。沟里的野菜很多,特别是苦菜,汁多叶嫩,很有营养,是猪最喜欢吃的食物。母亲算了一下,等到秋后玉米下来的时候,一些猪就能出栏了。

初战告捷,母亲很兴奋。然而意想不到的事情也很多。先是一些鸡在山上遗蛋,漫山遍野都是,松鼠们看见了就吃,吃不完就破坏。母亲和柳叶每天为了拾蛋忙得不亦乐乎。后来还是二哥想了个办法,在山坡上圈了个篱笆墙,把鸡的翅膀剪短,遗的蛋就好办了。

有天早晨,二哥急急忙忙告诉母亲,说窑里死了十只鸡。母亲心里一阵紧张,难道瘟疫蔓延到这里了?她立即跑到现场查看,只见所有死去的鸡腹部都有淤血,她让二哥剖开查看,结果发现鸡肝胆破裂,体内有大量血块。这不像是得病死的,肯定另有原因。因为窑子四周经常有黄鼠狼出没,还有狐狸。为了查清死亡真相,母亲和二哥连续几晚守在窑门口,终于等来了罪魁祸首。那天晚上,母亲听到响动,打着手电一看,只见一只黄鼠狼窜进鸡舍,鸡舍里顿时传出鸡的惊叫。母亲赶紧跑进去,看见几只鸡惊叫几声后,一头倒在地上。她立即明白了原因:这些鸡虽然每天在山上跑,但是从没受过伤害。黄鼠狼突然闯进窑里,鸡十分紧张,结果给黄鼠狼一吓,肝胆破裂,被吓死了。二哥说这狗日的东西,看我怎么收拾它!他在窑门口设置了几个铁夹子,第二天晚上就听到黄鼠狼的惨叫声。

第三十章

1

　　小琴和抗战一起生活了几年,彼此都感觉离不开对方了。小琴的家里从最初的坚决反对到不管不问,其实一年多已经没有来往了。小琴逢年过节也不回去,抗战总觉得这样不妥,劝她又不听,两个人于是还像以前那样过着,说夫妻不是夫妻,说主仆又没有工钱,村里的人都不理解。

　　其实抗战自从残疾后,就已经失去了男性的能力,因此在这方面很淡泊。而他的情况小琴也是知道的,所以对他一直很放心。小琴的执着让抗战一度很痛苦,姑娘越是对他好他心里就越难受,长此以往,她该怎么办?抗战曾经下了几次决心赶她走,小琴赌气在外面转悠一天又回来了,回来的时候给他带一些野果,然后看着他吃掉,像妻子一样地为他洗衣做饭,抗战除了感动,再也说不出话来。

　　一天清晨,小琴准备到地里寻菜,走到大路上的时候突然听见一声婴儿的啼哭。她寻声望去,附近并没有人影儿,婴儿的啼哭却愈来愈响,好像是从大路壕发出来的。小琴走到路边,看见一个红色的小被子在草丛里颤动,她连忙放下篮子,把小孩抱了起来,小家伙就不哭了。小琴剥开被子,一张可爱的小脸儿露了出来,眼睛又黑又大,冲着她眯眯地笑。

　　谁家的孩子啊!小琴自言自语地说着,打开褟襁,原来是个女孩。女孩的身边放着一个奶瓶,里面装满了奶,摸上去还温温的,看样子这孩子被放在这里时间不长。小琴抱着孩子来到公路上,左看右看就是没有人影。

难道是谁着急有事,把孩子搁在这里了?她于是就决定在这里等一会,兴许孩子的母亲内急,去了庄稼地,或者把啥东西拉家里,跑回去找去了。早晨的空气非常新鲜,路边的草叶上滚着露珠,小孩的被子有些潮湿,里面更是湿乎乎一片,好像是刚刚尿湿,腾腾地还散发着热气呢。

谁家的孩子呢?小琴抱着孩子在大路上徘徊。这时村里有个妇人急匆匆地走了过来,小琴走上前去,准备把孩子交给她。走近一看,原来是春梅。

春梅说小琴你抱谁家的娃娃?

小琴说我也不知道啊!

春梅说不知道你抱人家的娃干啥?哪里来的?

小琴说我从这里路过,听见孩子在路边哭泣,就把她抱起来了。

春梅说这个做娘的也真马大哈,把娃搁在大路上不管了。说完挎起篮子就走。

小琴说婶子,这孩子咋办?

春梅没好气地说:又不是我给你的,你想咋办就咋办吧。说完头也不回地走了。

小琴抱着孩子愣在了大路上,从早晨到中午,来了不少人,都说不认识。天瑶村好像也没有人丢失孩子。看来这个孩子是被遗弃了,她的母亲不会再来了。

怎么办?把孩子丢在这里,不忍心。抱回去吧,怎么养活啊!小琴左右为难,这时她突然想起抗战在家里还没有吃饭,已经中午了。不行先把孩子抱回去再说,等到有人来找,就还给他。

小琴抱着孩子回到家里,抗战说你抱谁家的娃?

小琴说我也不知道她是谁家的娃。

抗战笑了,说不知道好,没人要就给咱留下吧。

小琴说你真的想留下她?

抗战说我连这孩子的来历都不知道,想要,人家愿意吗?

小琴于是就把早晨到现在一直在公路上等待的过程给抗战说了,抗战这才知道她不是开玩笑,重新考虑起这件事来。

不管咋说,是个命啊,你抱回来是对的,兴许人家知道了就来找回去的。抗战说。

没人要我们就养着,女娃娃,挺好的。小琴从小就喜欢娃娃,经常看见娃娃就抱。她掀开被子给孩子换了尿布,然后把奶瓶热了一下,给孩子吃了奶,孩子就呼呼地睡着了。

孩子的到来给这个互助式的家庭带来意想不到的麻烦,同时也给他们带来了很多以前没有过的欢乐。

2

小琴自从捡回一个孩子后,家里一下子像平静的森林来了一群麻雀,变得热闹非凡。两人都没有抚养孩子的经验,孩子渴了饿了哭了都弄不懂,不知道小家伙要干啥,于是就频频找母亲帮忙,母亲于是就给他们耐心地讲解。说来也怪,孩子一到母亲的怀里就不哭了。母亲说这孩子跟我有缘,认个干女儿吧。抗战很高兴,小琴却笑不起来,她说谁知道这孩子能在家里呆多久?说不定人家父母哪天就来了,把孩子抱回去了。小琴在最初的时候其实并没有奢望能拥有这个孩子,但一个多月过去了,孩子的父母杳无音信,她的心情就越来越不能平静。因为随着时间的推移,孩子越来越可爱,她也越舍不得她了,万一人家父母来了,咋办?

又过了两个月,孩子的父母还是没有消息,小琴和抗战的心也渐渐地踏实了。两个人每天都围着孩子逗乐,忙得不亦乐乎,小屋里充满了欢声笑语。

然而就在这个时候,麻烦事来了。

那时候全国计划生育抓得正紧,严格控制生二胎,杜绝生三胎四胎。一些没有男孩的人于是就成了超生游击队,躲到外乡生去了,不达目的誓不罢休。他们生了男孩就抱回,要杀要剐一下子处理,收地罚款愿打愿挨,再重的处罚和儿子相比也感觉值得。可是生了女孩就不敢往回抱了,只好找一个人家把孩子给出去。有些孩子送不出去,便放在路边或田间地头,希望好心的人能够收养。小琴抱回来的孩子就属于这种情况。

乡政府计生办的人员来到抗战家,了解这个孩子的来源。小琴说孩子是她从公路上捡来的,计生干部不相信,说肯定是谁家超生了,把孩子抱给你们的。小琴说我有目击证人,计生干部于是就让目击证人前来对证。小琴跑到三爸家叫春梅前来作证,春梅一听是乡政府来的人,害怕把自己牵涉进去,死活都不肯来,也不愿作这个证明。春梅不证明,小琴口说无凭,于是便要面临巨额的罚款,弄不好连房子都会被拆掉的。

村里来了很多人给小琴作证明,说这孩子既不是她生的,也不是谁抱来的,但计生干部就是不相信。无奈,抗战于是就让他们把孩子抱走,反正这个孩子也不是他们的,但是小琴却舍不得。孩子抚养了几个月,小琴与她已经有了很深的感情,她说除非是孩子的亲生父母,否则谁也不能把孩子抱走。

计生办的人说你想要这个孩子也可以,交 10 000 元的罚款就可以了。

10 000 元罚款对于抗战和小琴来说是个天文数字,他们的全部家当也值不了 1 000 元!八十年代,10 000 元是一个农户一年劳动所能得到的最高收入,全镇也没有几家,每年县上都要组织活动对这些万元户进行表彰,天瑶村迄今为止还没有一户能够达到这个水平呢。

不交钱就拆房,要不就自己想办法把孩子处理掉。

小琴和抗战陷入了痛苦的矛盾之中。

3

二哥和大嫂每天在一起干活,人们一开始都喜欢开他们的玩笑,说福才和柳叶穿一条裤子。因为小叔子和嫂嫂是能开玩笑的。大哥结婚的那天晚上我们兄弟几个闹房,直闹到天亮,把大嫂整得哭笑不得。当地风俗是小叔子可以和嫂子耍,怎么耍都不过分,大哥不在,兄弟给嫂嫂做伴的现象也很多,大家习以为常,但是做大的就不行了,哥哥在弟媳妇跟前必须规规矩矩,否则人家就会笑话了。

然而二哥和大嫂的举动有些太引人注目了,特别是大嫂现在是一个寡妇,寡妇门前是非多,男人最好离远一点。二哥坚决不和其他女孩订婚的举动也给了村里人无穷的想象空间。大家都说二哥看上了大嫂,要接大哥的班了。

母亲最初注意到这点的时候是大哥去世后不久,她发现二哥有事没事就往嫂子屋里钻,一坐就是半夜。那时候母亲觉得柳叶刚刚失去丈夫,一家人需要互相安慰,因此也没在意。但后来他俩越走越近,出门回家都在一起,干活的时候也喜欢单独往一块凑,母亲就觉得有些不正常了。她必须出面阻止这件事情继续发展,否则闹出丢人的事儿就不可收拾了。她把二哥叫到跟前批评了几句，要他注意影响，二哥委屈得哭了，他说他跟大嫂一清二白，绝对不是别人说的那样，啥事都没有！母亲于是就加紧了给二哥结婚的脚步，她托付了几个媒人把人带到家里。家里情况比原来好多了，女孩来了也愿意留下，可是二哥说啥也看不上人家，弄得媒人在中间很尴尬。母亲为这事把二哥教训过几次，二哥说强扭的瓜不甜，妈你就不要逼我了。母亲很无奈，于是又去做大嫂的文章。她让人给大嫂介绍了几个对象，条件都不错，人家也不嫌她有孩子，可是大嫂跟二哥好像是商量好了似的，一个也看不上。

迫于风言风语的压力，大嫂和二哥终于分开了。柳叶跟母亲去街上开饭馆，二哥在家里干活。回到家里，二哥也尽量不去大嫂的屋里了，有什么事情就让侄儿平平去传达。

平平很奇怪：二爸，你跟我妈吵架了吗？为啥不理我们了？

二哥说没有呀，你们有啥事儿我还会管的。

平平说不行，我要你现在就跟我妈好，你不来，我妈一个人在屋里哭鼻子呢。

二哥不听还好，听了心里一颤。其实这段时间以来，他的心情也不好受，感觉像丢了魂似的，站也不是，坐也不是。大嫂凄婉的眼神他能读懂，她不愿意让他难堪，于是就选择了一个人默默地走开。

这样的日子过了几个月，村里的风声渐渐就小了，母亲也觉得他们之间不会再有瓜葛了。如果一直这样下去，也许就不会有后面的悲剧发生，然而养殖场使他们又走到了一起，冯家沟为他们提供了很好的舞台。

每天的近距离接触使两人很快就消除了一段时间来的隔膜，养殖场尽管很忙，每天有干不完的活，但这并不妨碍他们之间的交流。为了取得母亲的信任，两个人尽量克制着自己，表面波澜不惊，这使母亲产生了错觉，以为两个人再也不会发生什么事儿了。母亲甚至"雇"了一个姑娘来养殖场干活，没多久就被二哥"挤兑"走了。母亲对大嫂的事情也很关心，街上卖饭的时候曾经就安顿过许多人，有些条件很不错，可是大嫂一个也看不上。母亲的热情看起来更像是一厢情愿，两个人都不买账。

冯家沟的土窑很大，里面的土炕上拉了一道帘子，母亲和柳叶睡里面，二哥一个人睡外面。晚上外面有风吹草动，他能在最快时间内做出反应。如果二哥不在，两个女人还是有些害怕。猪搬下来没多久就吸引来了几只狼,狼越过栅栏把一头猪咬死了。二哥拿着土枪打死了一只,其余的就不敢来了。

母亲把这里安顿好后,需要经常回去,因为屋里还有一个人需要照料。祝俊的身体恢复得不错,能吃能喝,就是不能动弹。母亲卖饭的那段时间给小琴安顿了一下,小琴很负责任,把老人伺候得干干净净。饭馆不开了,她又办起了养殖场,整天忙得不亦乐乎,祝俊有段时间赌气不吃饭,说母亲撇下他不管了。母亲觉得祝俊现在很可怜,老天已经给他惩罚了,自己就不能再惩罚他了。

养殖场安顿好后,母亲回去的次数越来越多,因为家里也有很多事需要她做。母亲离开后,沟里就剩下二哥和柳叶两个人。两个人虽然都比较默契,但感情上还是克制着,没越雷池半步。晚上的山沟很寂静,猫头鹰的叫声听起来总是那么恐怖,柳叶吓得用被子把头蒙起来。二哥说别怕,有我呢。二哥怕野狼,一般睡觉都不脱衣服,累了一整天,头一挨枕头就睡着了。柳叶在二哥的鼾声中也很快睡去。说来也怪,这兄弟俩晚上都打鼾,柳叶已经习惯了大哥的鼻音,没有大哥的日子晚上经常失眠。现在搬到沟里了,她又能睡个踏实觉了。

然而这段时间有些怪,两个人晚上都没了瞌睡。二哥听见外面风吹草动就跑了出去,察看一圈后回来说没事,躺在炕上却睡不着。柳叶听不见二哥的鼾声心就慌,帘子那边的人辗转反侧,一点细微的响动她都能听见。柳叶说福才你咋还不睡呢?二哥说我不瞌睡。你不是也没睡着吗?柳叶说赶快睡吧,明天还要干活呢。二哥说好吧,赶快睡。过了一会听见细细的一声轻叹,二哥于是就坐了起来,说我们拉会话吧。柳叶挑起帘子说你躺下吧,晚上风凉,小心感冒了。二哥说没事,我喜欢凉快些。柳叶说你不要犟,着凉就迟了,没人照顾你。你要是有个媳妇就好了,不用我操心。二哥说我不想要媳妇。柳叶说尽说些憨话,老大不小了,咋能一直光棍下去呢?二哥说那你也该考虑自己的事了,大哥去世一年多了,平平该有个爹了。柳叶说这事不要你操心,睡吧。二哥知道柳叶的心事,一提婚事就急。窑里在一瞬间静了下来,能听见蜘蛛结网的声音。几只蚊子哼着夜曲在窑里盘旋,两个人都没有再说话。

第二天地里干活的时候,二哥突然肚子疼,疼得满地打滚。大嫂慌了神,不顾一切地跑了过去,把二哥抱在怀里。二哥的头上渗出细密的汗珠,脸色变得蜡黄,牙齿咬得"咯吱"响,吓得大嫂哭了起来,大声地呼唤着二哥的名字。那天沟里就他们两个人，大嫂叫天天不应，叫地地不灵，于是就把二哥放在自己的身上，背着他往回走。二哥的身子很沉，一个女人家很吃力，大嫂用尽全力一步一步地往前移。前面是一条小河，平日里一下子就跨过去了，可是今天却成了难以逾越的天堑。大嫂背着二哥在那里犹豫着，腿抖得很厉害。眼前的这条河是必须跨过去的，人命关天，万一耽搁误了事，后果就不堪设想了。大嫂咬咬牙，镇静了一下自己，然后把眼睛一闭，背着人就往过跨，结果连人带己一起掉到河里去了。

河水不深，仅能没膝。二哥被河水一激，醒了过来，肚子疼得似乎也能忍受了。大嫂抓着他的手，把他拖上岸边，两个人都湿漉漉的，成了落汤鸡。

大嫂说吓死我了，你咋回事啊？

二哥说我有肚子疼的毛病，搅肠痧，可能是没吃对东西，所以就犯了。

大嫂说现在好点了吗？

二哥点了点头，看着大嫂湿淋淋的头发，心里突然觉得很难过。这些天他们一直都忍耐着，尽量不与对方说话，干活的时候也保持一定距离，可是越是这样，就越想接近对方，一会看不见心里就发慌。

大嫂说你把湿衣服脱下来吧，我给你洗洗，搭在草地上一会就干了。二哥有些不好意思，大嫂说你到玉米地里脱，脱完了扔出来就行了。二哥于是就躲到玉米地里去了。河水把衣服都弄湿了，二哥于是就全脱了。

因为是夏天，天气很热，二哥把衣服扔出去后就溜到转弯处的河里去了。那里有一个水潭，水有一人深。我们经常在那里摸鱼。二哥在里面游了一会儿，抬起头往这边一看，发现大嫂把衣服也脱掉了，正蹲在河边洗衣服。大嫂雪白的肉体在阳光下一耸一耸地抖擞，一对乳房像两只活泼的小兔子在胸前跳跃，看得人眼花缭乱……

二哥看得痴迷了起来。长这么大，还没有见过女人的裸体。大嫂的身体他其实早就幻想过了，但没想到这么白，白得耀眼。他痴愣愣地站在那里，忘记了自己也是裸体。突然，脚下的石头一滑，二哥跌倒在地。大嫂听见河水的动静，猛地抬起头，看见二哥赤条条地趴在水里，羞得她尖叫一声跑进了玉米地。二哥这才发现自己的失态，慌忙潜进了水深的地方，把头埋在里面，半天不敢出来。

下午的时候，衣服都干了，他们穿上衣服继续干活。空气很沉闷，像沼泽里的淤泥紧紧地包裹在身上，令人几乎窒息。汗水不一会就将衣服又弄湿了。有了那一次的赤诚相见,两个人都不好意思说话了,大嫂的脸蛋憋得通红,红得像秋后的南瓜。汗水顺着发髻流了下来,打在满是浮尘的土地上,溅起一团灰色的烟雾。

那天中午以后,二哥的脑子里不时会浮现大嫂裸身的影像,他强迫自己不要想,可是一闭眼仿佛就能看见,弄得他神魂颠倒,寝食难安。大嫂也是,这几天看见二哥脸就红,心就跳,似乎做了不该做的事儿,做啥的时候都想着他们在一起的情景。

这样的状态是很熬人的。两个人都在拼命地克制着自己,唯恐一不留神便会燃起熊熊大火。大嫂晚上浑身燥热,就想着二哥过来多好,却又担心他真的掀开那道帘子。不行,不能再这样下去,再这样子总会出事的。为了让自己冷静一下,大嫂选择了逃避。她回到了村里,让父亲去沟里照一段时间。大嫂晚上把孩子哄睡着以后便睁着眼睛看屋顶,看着看着大哥的身影出现了,冲着她嘻嘻地笑。

大嫂很伤心,说亏你还笑得出来,我的心可是快要碎了啊!

大哥说你还年轻,重新找个人吧。

大嫂说找谁啊,谁有你那么疼我?

大哥说不如找福才吧,他很爱你的。

突然大哥就变成了二哥,二哥不好意思地冲着她"嘿嘿"地笑。

大嫂说你笑啥?人家这几天心里可一直在受着煎熬,你倒好,没事人似的。

二哥说你以为我心里就好受吗?我晚上也睡不着觉啊。

大嫂说睡不着我们就拉拉话吧,你下来。

二哥于是就下来了,坐在她的身旁。

大嫂说福才你心里在想啥?

二哥说我在想你哩!

大嫂于是就红了脸,说光想有啥用?我们难道就一直这么下去吗?

二哥说那怎么办?

大嫂说我们结婚吧?

二哥说那可不行,村里人会笑话的。

大嫂说爱笑话就让他们笑话吧,我们总不能一辈子活在别人的影子下,没有自己的幸福。

二哥说你说得对,我看咱现在就结婚,明天我先说服妈,然后再做咱大的工作。说完后就脱了衣服,钻到她的被窝里了。大嫂吃了一惊,连忙把他往外推,边推边说:福才,你可不能乱来啊……

——妈妈,我要尿尿!儿子的叫声把大嫂从睡梦中惊了起来。——炕上除了他们娘俩,哪有二哥的身影?大嫂摸了一下脸,滚烫滚烫的,急忙披衣下炕,把着孩子撒了尿,回到炕上再也睡不着了。

第三十一章

1

祝俊瘫在炕上后,每天靠人伺候。母亲一开始态度很不好,给他吃饭的时候经常呵斥他,祝俊像个孩子似的,从来不敢与母亲顶嘴。母亲说我这辈子遭了殃,遇上你这么个负心的人,老了还要来欺负我。祝俊说那你让我死吧,我早就不想活了。这样以来母亲的心又软了,觉得他无依无靠,自己如果再不管,那就死定了。

母亲说我是看在福海的面子上才伺候你的。

祝俊说我知道。

母亲说知道你还给谁摆亏欠?

祝俊说我没有摆亏欠啊。

母亲说没有你为啥不吃饭?让我喂你吗?

祝俊听了母亲的话,很不情愿地端起了碗,眼泪顺着沟壑纵横的脸颊下来了,滴在碗沿上。

母亲长叹了一声,说不知我上辈子造得什么孽,遇上你这个活冤家!说完后低了头就出去了。祝俊的样子让她很难过。

母亲难过的不仅仅是这些事,令她难堪的是自从祝俊上来后,村里的闲言碎语又开始泛滥,什么母亲有两个男人,白天伺候一个,晚上伺候一个。母亲一走近,人们就不说话了。人言可畏,这些话听到父亲的耳里,他受不了,于是便跟母亲吵。

父亲说你这个样子,还让我在天瑶村咋做人呢?

母亲说那你说我该咋办?他是个大活人,总不能杀了吧?

父亲说要杀也不是我杀!

母亲颤声地说:那你的意思是让我把他弄死?!你的心可真歹毒啊!说完眼泪就下来了。

父亲说我可没逼你把他弄死。反正这件事得有个解决的办法,不能长期再这样下去了。

母亲说你以为我愿意这样?祝俊当初是怎么伤我的心,你是知道的。如果他不来,我这辈子也不愿意见到他!可是为了福海他成了这样,你让我怎么办啊?我也不想这样子啊!母亲说着就"呜呜"地哭了起来。父亲见母亲哭了,咳声叹气地走了。

这样的吵架几乎过一段时间就会有一次。父亲其实也明白母亲的无奈,但是他受不了这么大的压力,心里天天憋着一股子气,这肚子气不对母亲发泄对谁发泄?

祝俊其实也知道母亲的难堪,他恨自己没有出息,得了这样的病,想回去都不能了。看到母亲为他忍辱负重,他真想一死了之,可是饿了几天就是不死,还让母亲骂得狗血喷头。母亲一开始骂他的时候他不能接受,她走后他就流泪,整夜难眠。后来他发现母亲对自己不过是发发牢骚,日常生活中关照得很周到,令他感动。人说"一日夫妻百日恩",不管咋说,他们曾经有过自己的孩子啊,尽管这个孩子现在不在了,但是谁也不能抹杀这样的现实呀。

母亲的心里一直都很矛盾。当初的时候祝俊前来奔丧,母亲心里曾经很内疚,觉得对不住他。看着白发苍苍的老人为孩子奔丧,哭得口吐鲜血,昏倒在地,母亲的内心也在滴血。但时过境迁,祝俊瘫痪在床,不能动弹,每天要人伺候才能活下去,母亲就觉得自己很委屈,因此经常对男人发火。村里的风言风语她很清楚,很窝火,很无奈,也很委屈,饭馆关闭后的一段时间曾万念俱灰,想离开这个世界。但是当她看到大哥砖厂的债没有还清,大嫂、二哥的婚事还没有着落,我和小弟还在上学,这一切,她撇不下。母亲曾想着雇个人伺候祝俊,这样自己就会摆脱流言的漩涡,可是这是多么的不现实啊,没有任何一个人可以替代她。每当面对盛怒的父亲,母亲也觉得很内疚,觉得对不住他,母亲也不愿意让自己的男人在人前抬不起头来,她于是就暗下决心,一定要想办法解决这个问题。然而当她走进祝俊的房间后,看见他像个孩子似的无助的眼神,她的心理防线就又崩溃了。

因为祝俊的事,父亲和母亲经常吵架,关系也很紧张。村人的流言蜚语让父亲抬不起头来,父亲的愤怒让母亲万般无奈。母亲觉得这是老天对她的惩罚,她应该接受这样的现实。一番痛苦的思考后,母亲决定独自忍受这样的煎熬,陪祝俊走完生命的最后旅程。这后来,母亲每次去祝俊那里的时候都尽量稳定自己的情绪,尽量不对他发火,她默默地给他做饭、洗衣服、打扫房间。母亲做这些事的时候祝俊很安静,眼睛像哺乳期的孩子一样盯着母亲移动,那种期盼,那种依恋,那种满足、幸福和无助,母亲一一都体会到了。他现在就是一个大孩子,一个需要母亲照料的孩子,母亲怎么能狠心地将他抛弃呢?人家爱说就说吧,说的多了他们会觉得无味的;父亲不理解就不理解吧,母亲觉得自己并没有做出过分的事情,她对得住他。

母亲每天除了伺候病人,还有很多的事要做,家里家外的事情从来都是她在张罗,父亲很少插手,也懒得插手。养殖场的事儿,债务的事儿,大嫂、二哥的事儿……都是事啊!

这些事处理不好,这个家就不得安宁。

2

小琴捡回来个孩子后,给抗战和她带来了很多麻烦,乡政府计生办的人天天来催,问他们要手续。春梅于是出主意让小琴把孩子抱到乡政府去,看他们怎么办。小琴一开始有些舍不得,后来寻思,只有这样了,于是就把孩子抱到计生主任的办公室里,搁下就走了。

小琴一走,孩子就开始哭闹,哭了一天一夜,弄得计生办主任连班也上不了。后来乡政府为此事专门召开会议,要求小琴去县民政局办领养手续,把这个孩子收养了。

一场孩子的闹剧沸沸扬扬折腾了一年时间,终于告一段落了。

小琴和抗战有了自己的孩子,村里有两户人都很羡慕,这两户人一家是铁蛋。

铁蛋一心想要个孩子,可是小寡妇年纪大了,不能再生育了,小寡妇的女儿已经出嫁,两个大人在一起久了,闷得心慌,铁蛋于是也想给自己要一个孩子。小琴捡到孩子后,铁蛋曾跟小寡妇商量把这个孩子收养过来,小寡妇也愿意,奈何小琴和抗战坚决不同意,他们只好作罢了。

另外一户人家是憨面。憨面和秀秀结婚后秀秀的病已经治得差不多了,她后来很少出门,出来也和正常人差不多,只是不多说话。大家都不愿意勾起她的伤心事儿,所以绝口不提以前的事情。憨面知道秀秀一直喜欢孩子,但是秀秀的年龄已经不能再生育了,于是他们也决定抱养一个孩子。

憨面托人从医院里捡了一个女孩,然后又去民政局办了手续。孩子满月的时候他们决定大办一场,请全村的人前来吃喜酒。

憨面的酒席办得很气派。40多岁的人了,终于有了自己的孩子,寨子里的人也替他们高兴,所以全村的人几乎都去了。憨面家的院子坐不下,桌子都摆到门外边了。大家喝酒猜拳,好不热闹。憨面坐在轮椅上给大家敬酒,秀秀跟在后面,脸上带着笑容。她的头发已经花白了,脸上的皱纹与实际年龄很不相称,看上去有60岁。

那天晚上,二哥喝了很多的酒。回养殖场的路上摇摇晃晃,几次跌倒又爬了起来。借着月光,他来到了冯家窑子。大嫂见二哥喝醉了,于是就想把他扶到炕上去。二哥的身子东倒西歪,根本不听她的指挥。一番推搡之后,二哥倒在了大嫂的身上。

借着月光,二哥见大嫂的身上只穿了一件背心和裤衩,于是便想起那天在小河里的情景,身子不由得开始躁动,下身膨胀,心跳得很厉害。二哥翻过身便向大嫂进攻。大嫂压低嗓子说:你不要胡闹,小心妈回来了。二哥说这么晚了,妈肯定不来了,我今晚一定要和你睡在一起。大嫂说不行,我们不能这样做,人家笑话哩。二哥说我不怕笑话。说完后便扑了上去,一下子将大嫂压在身下。大嫂想叫,却没叫出声来,身子软塌塌的像粘在了炕上,眼看着二哥几下子就将她剥光了,然后喘着粗气把自己和她溶在了一起……

3

那天晚上,大嫂和二哥终于冲破了道德的底线,做了不该做的事儿。

二哥醒来后天已经亮了,他发现自己躺在大嫂的被窝里,赤条条的,就明白该发生的已经发生了。大嫂侧着头睡在一边,眼睛有些红肿,看样子好像哭过。

我咋睡在这里？二哥明知故问。

你做的好事。大嫂有些幽怨地说。

我……二哥想问，没好意思问出口。

你赶快穿好衣服起来吧，说不定一会妈就来了。大嫂说。

让我再亲一下。二哥把头埋在她的胸前，像个吃奶的孩子，样子很贪婪。

第二天，大嫂一整天脸都是红的，心跳得很厉害。眼前不断地出现昨天晚上的情景。大哥死后一年多了，她没有再亲近过男人，那方面的愿望似乎已经没有了。可是昨天晚上，二哥又重新唤醒了她的欲望，才知道自己一直在克制着自己。其实女人那方面的需求也很强烈啊。二哥的身体和大哥一样棒，让她享受到如醉如仙的感觉，那一刻她真的以为是大哥回来了。

第二天，两个人干活的时候都没有说话。晚上夜静的时候，二哥掀开帘子就过来了。大嫂推挡了两下放弃了，两个人干柴烈火，把想办的事办得很顺利，行云流水般的顺畅。

男女一旦有了性方面的接触，就会有第二次，第三次和第四次。柳叶和二哥也一样，两个人从那天开始一发而不可收，只要母亲不在，几乎每天晚上都要在一起才能睡着。

母亲在这件事情上很迟钝，事情发生了快一个月的时候她才察觉。母亲那天中午从塬上下来，走到窑院的时候听见里面有奇怪的声音。母亲很诧异，站在窗前听了一会，里面传来男欢女爱的声音。母亲很生气，断定是谁跟大嫂在一起。伤风败俗的媳妇啊，不走正道。让她招女婿她不招，让她嫁人她不干，原来背地里有人在鬼混呢！大媳妇平日里老老实实，黄萝卜蘸辣子，吃出看不出啊！

母亲咳嗽了一声，里面的人乱成一团。母亲说柳叶，你跟谁在窑里呢？中午睡哪门子觉？猪都让狼吃了！

柳叶颤抖着声音应了一声，窑里一阵慌乱的声音，大嫂衣衫不整地出来了，眼睛不敢与母亲对视，低着头往猪圈走。

母亲说让窑里那个人滚出去！我要进去寻东西哩。

窑里的人颤抖着伸出了头，母亲不见则已，见了一下子就跌倒在地，身子软成了一摊泥。

二哥见母亲倒在了地上，忙跑出来搀扶。母亲扬起手给了他一巴掌，顺手操起一棍子就撂了下去。

　　二哥惨叫一声趴在地上。母亲说你个畜生，我今天要打死你！柳叶见母亲真下手了，连滚带爬地扑了下来，跪在母亲的跟前。她泪流满面，浑身颤抖。二哥也挣扎着爬了过来，母亲一把就将他推开了。

　　——作孽啊，我上辈子亏欠谁了，生下你这个逆子，丢人败兴！——福才你给我马上滚，永远不要再回这个家了！母亲压抑的声音顺着山峁传得很远。

　　好事不出门，坏事传千里。没多久，这件事儿就满城风雨，传遍了整个交口塬。小叔子和嫂子通奸属乱伦，这种事人们非常愿意津津乐道。寨子里的人说有人看见他们大白天在沟里搂搂抱抱，真不像话。母亲办养殖场原来就是为了给这两个人提供方便，真是的！

第三十二章

1

大嫂和二哥的事情暴露后,成了交口镇的头条新闻。远在南窑科教书的柳老师也知道了。

母亲痛心疾首,气得病倒在炕上。看来去冯家沟办养殖场是个瞎瞎经,虽然把债还得差不多了,却发生了这样伤风败俗的事!这后来因为照顾家里,让两个年轻人住在沟里,想起来真是罪过!

养殖场不能办了,哪怕它再赚钱。再说大哥砖厂欠的债也还得差不多了。母亲原计划再弄两年,把地方(房子)修起来就罢手,现在看来不能再弄了。

母亲以很低的价格把养殖场转让给了铁蛋。铁蛋两口子感激不尽。三爸说你这样得赔多少钱啊?母亲说赔挣算个啥?钱没多少的。铁蛋家里没有现钱,母亲说不急,等把猪卖了再说。

其实母亲的心里也很矛盾。养殖场刚弄顺,该修缮的都已经修缮,周边荒地种的玉米猪都吃不完,一些关系也刚疏通开来,收土鸡、土鸡蛋的上门服务,各方面的基础都铺垫的不错,却要在这个时候退出来,真是没有办法啊。

柳叶的父亲知道了这件事儿,觉得难以置信,于是就跑来了解情况。作为人民教师的柳老师非常看重纲常礼教,女儿的行为使他羞辱难当,特别是当他知道柳叶已经怀孕,气得昏倒在地。他觉得自己再也没脸活在这个世界上了,于是拿起一根绳子,吊死在女儿的房前了。

父亲的暴死让柳叶无比震惊,她抱着父亲的尸体哭得肝肠寸断,死去活来。柳叶知道自己这下把事情闹大了,不可收拾了,于是也开始寻死觅活,最后却被二哥紧紧地抱住。

柳老师之死在交口塬掀起轩然大波,人们纷纷谴责柳叶和二哥的无耻行径,骂他们猪狗不如,败坏了交口塬的名声。柳老师死后,柳叶的母亲和娘家兄弟便来了。柳叶母亲哭得昏死过去,被人掐着人中救了过来。她说自己的男人死得冤枉,是二哥福才害死的,要我们家一定给个说法。母亲流着泪苦苦相劝,悲痛中的女人哪里能够听得进去,她奋力一扑,将母亲推倒在地。柳叶的娘家兄弟叫了几个人把我们家里能砸的东西都砸坏了,把柳叶父亲的灵堂设在女儿的门口,迟迟不肯下葬。

柳叶娘家的人把二哥告到了法院,说柳老师是二哥逼死的。法院调查后认为柳老师死得蹊跷,于是让公安局出面把二哥带走了。

一连串的事情让母亲几乎崩溃,母亲后来一遇事就头疼,疼起来满头大汗,在炕上打滚。父亲要带她去医院检查,母亲不让。二哥和柳叶的事情让她身心交瘁,母亲感觉自己快坚持不住了。大哥死后,母亲将近一年多时间才缓过神来,一年多的时间里,她不知流了多少眼泪,经常一个人偷偷地跑到大哥的坟地上哭泣。有时我们发现母亲不见了,就到坟地去找她。母亲一个人默默地坐在那里给大哥烧纸,嘴里自言自语地说着。夕阳映照在她的脸上,母亲的头发已经花白,人也很憔悴。我们一阵心酸,说妈你不能这样啊,人死不能复活,大哥走了,还有我们呢。母亲说我就是来看看,看看你大哥的陵地有没有被水冲开,没事的,咱们回吧。一阵风把黑色的纸灰卷了起来,纷纷扬扬,像一场黑雪从天而降。我们的心情也像那黑色的阴霾一样沉重,一路上谁也不说话。

现在,二哥被公安局关了起来。这个逆子虽然令她蒙羞受辱,但他毕竟是自己的儿子啊,母亲不能坐视不管。

母亲来到县公安局,人家说法院正在调查,你回去等消息吧。母亲等了一段时间没消息,于是又来到法院了解情况。法院的人说柳老师家里已经起诉,过一段时间我们会开庭审理的。

开庭的那天母亲去了。她咨询过几个律师,都说二哥没事。但法庭上的情况令她大吃一惊。

法官说根据验尸的结果,柳老师是被人勒死的。林福才与柳叶通奸,事情败露后丧心病狂地杀死了柳叶的父亲,证据确凿。

审判席一片哗然。母亲突然觉得这个法官很面熟,有点像三蛮。因为他全副武装,一时还不能确认。

法官退席的时候走到母亲跟前突然停了下来,一脸的横肉冲着她笑。

啊,真的是王三蛮!他怎么能成为法官?

很意外吧?咱们又见面了。这回是你儿子栽在我的手里,哈哈。

……你?你怎么会在这里?!母亲很诧异。

我咋就不能在这里呢?你都能来啊。三蛮狞笑着,冲着母亲挥了挥手,拂袖而去。

2

母亲从法院回来后感觉头晕目眩,周围的一切似乎都旋转起来,头疼得像要炸开,眼球乱蹦,身子一软就倒在地上,昏了过去。母亲的头疼病后来犯得越来越频繁了,大哥出事后她在家里输了几天液,头晕、呕吐、疼痛难忍。母亲说她的头里好像有一条蛇在大脑中乱窜,不敢动,不敢睁眼,那条蛇似乎随时都有可能窜出来。

母亲醒来的时候已经在医院,身边守着父亲、大姐、二姐,还有我和弟弟。

母亲经初步检查,发现脑内出现肿瘤状异常,于是立即去地区医院全面检查,确认脑内有个鸡蛋大小的动脉瘤。我们知道这个情况后如晴天霹雳。母亲的脑里怎么会长了肿瘤呢?

检查结果出来后,母亲询问是怎么回事?我们说没多大事儿,医生说里面的毛细血管堵塞了。

母亲头部CT显示,她的头颅里确实有一些毛细血管被堵塞,如不及时治疗,后果也是非常严重的。我们隐瞒了那个可怕的动脉瘤,那个瘤子像一颗炸弹埋藏在母亲的脑子里,随时都有爆炸的危险。

治疗脑肿瘤的风险相当大,但如果不及时治疗,则随时有生命危险。做手术要去省城的医院,需要花很多的钱。事不宜迟,一家人坐在一起商量对策。姐夫安学说他先回去凑钱,但估计一下子凑不齐那么多。我家里没多少钱,大哥不在了,二哥被关了起来,剩下我和弟弟无计可施。

两天后,姐夫回来了,他带的钱可以先去省城住院,于是我们便带着母亲出发了。到了医院了解情况后,发现这些钱连手术费都不够,手术前的观察期也得花钱。一家人于是又开始愁眉苦脸起来。

　　姐夫说不行了我回去再想想办法,找一下关系看看能不能贷些款。

　　母亲听说要贷款治病,坚决不干。她说自己这头疼的毛病已经很长时间了,扛一扛也就过去了,不用做手术了,买点药回去吧。

　　这怎么能行?大家都不同意。姐夫于是准备回家筹钱。

3

　　母亲带着所有人的祝福被推进了手术室。我被特许将母亲从担架上移到手术台上。母亲显得很平静,尽管脸色苍白,眼神和目光有些迟缓,但看得出母亲有决心战胜病魔。手术上午8点正式开始,我们在外面焦急地等待着。像母亲这样的手术正常需要全身麻醉,但由于手术难度大,医生冒着更高的风险实施了局部麻醉。时间在一分一秒地过去,手术仍在紧张进行中,而我和父亲却在焦急地等待着手术快点结束,因为和母亲一起接受其他手术的人都已成功地转入住院病房,惟独母亲的手术时间如此漫长。我们一家人相互安慰着,祈祷着奇迹的出现。

　　晚上8时30分,手术室的门终于打开了,我们的母亲身上插满了管子被推出来了。一家人的心情无法用语言表达,全家人都围拢过去,我们叫着妈,母亲微微睁开眼睛,说了一句话:我好冷。我的眼泪不由自主地流出来了。在手术室清理手术杂物的护士直夸母亲是最了不起的,在局部麻醉且身体十分虚弱的情况下,能一动不动躺在手术台上接受手术十几个小时,就是一个正常的年轻人也很难做到的,但是奇迹出现了,母亲得救了。我们把母亲推进病房加了两床被子,帮母亲搓手搓脚,给她取暖。

　　母亲手术后身体很虚弱,大姐、姐夫、我和弟弟几个人轮流照顾,每班两人值守。在我们的精心照顾下,母亲的病情一天比一天好,她与死神擦肩而过啊。值得一家人欣慰的是那一年我考上了大学,弟弟也被一所中专录取。这样的双喜临门让母亲非常激动。我们把录取通知书展开让她看,母亲说我娃真争气,眼泪便滴了下来,淌在通知书上。母亲赶紧用袖子揩了揩,把通知书紧紧地捂在胸前,眼泪流得更欢了……

冯家窑子在冯家沟的北坡上，一宇排的季阳先讨腰窑的。八孔土窑一字型排开，院子平展二的，与周边的山崖形成鲜明的对比。当年生产队的时候，这里是最耀眼的舞台，社员们在沟里干活的时候中午都要来这里吃饭，门前几口锅里熬着米汤，另一只锅里煮着野菜。——子阳

317

记忆中，这是母亲第二次住院。母亲第一次住院是在十多年前的一个夏天。那天她突然胃疼，疼得满炕打滚，头发像刚洗过一样。我们都慌了，大哥急忙拉着她去镇上的医院，医生说是胃炎，打几天吊针就好了。结果吊针打了一天，母亲疼得更厉害了，但是她自始至终一直表现得很坚强，嘴唇都咬出了血。父亲说要不咱去县城的医院吧？母亲咬着牙摇摇头，说县城医院花销太大，就在这里打吊针，两天就好了。到了第二天早晨，母亲疼得更厉害了，肚子胀得像一面鼓，大哥说不敢再拖了，于是就拉着母亲来到县城医院。到了医院，母亲已经昏迷不醒，肚子胀得更高了。我们都不明白为什么胃病肚子会胀，医生检查后把我们骂了一通，说病人胃穿孔，胃液已经流到了腹腔里，如果再拖延一会，就会没命的。他们都在惊叹母亲的忍耐力，因为胃穿孔是十分疼痛的，一般人怎么会忍耐这么长时间？母亲从手术室出来后表情很平静，医生说自始至终母亲都没有呻吟，母亲的坚强令我们十分感动。那次手术母亲的胃被切除了三分之一，从此吃东西都要十分注意。

除了这次住院外，母亲以前也曾病过，但都不是什么大病，扛一扛就过去了。记得有一次她的脖子上起了一个很大的疮，去镇上的医院做了手术。手术后医生嘱咐她一定要好好休息，母亲答应了。回到家里，母亲就闲不住了。当我路过灶房，看到脖子上缠着厚厚的白纱布的母亲，刚刚做完手术不到一天的母亲，竟然在给我们烧火做饭！我说妈你不要命啦？母亲淡淡地一笑，说没事，你妈没那么娇气的。我第一次仔细地打量母亲，发现她的头发有很多已经灰白，眼角上的皱纹已经很深了。岁月是无情的东西，母亲像一颗风干的枣正慢慢瘪去。后来大嫂回来了，硬是把她扶到炕上，她这才安安静静地吃了一顿饭。第二天，她就下地了。

一直以来，我很敬佩母亲的性格，刚毅不屈，乐观向上。母亲经常说的一句话是：天还没有塌下来呢。无论遇到多大的困难，这句话都可以很好地诠释。三十年代的战火，四十年代的饥荒，五十年代的劳改，六十年代的洗礼，母亲一步步都挺了过来，像村头的那棵老槐树，饱经沧桑，用她那巨大的树冠为我们遮阳挡雨，防霜避雪。母亲的一生历经坎坷，饱受磨难，为了我们这些儿女呕心沥血，几乎耗尽了自己的生命。母亲的坚强感染了我们，她像一颗崖畔上的酸枣树，无论土壤多么贫瘠，遭受多大的风雨，都经受得住考验，并且在秋天的时候结出红彤彤的果实。母亲告诉我一些重要的东西：爱、宽容、仁慈。她有一颗善良的心，对待别人也十分关怀。母亲对生活的执着和人生的热情影响着我们,让我们也学会了坚强,学会了面对困难不屈不挠地抗争。

母亲的病情稳定后,便闹着要出院。我们都知道她在为二哥的事情担忧。母亲说柳老师是自杀啊,福才是冤枉的,他被人陷害了!

第三十三章

第三十三章

1

　　小琴自从领养孩子之后，每天都笑嘻嘻的，把孩子喂养得胖乎乎的。抗战的脸上也多了笑容，但是每当夜深人静的时候，看着小琴搂着孩子睡得很香，他就心里难过。小琴到这个家已经5年了，来的时候还是个十七八岁的少女，现在已经20多了。自己不能给她幸福，可是也不能耽搁她一辈子啊。尽管小琴在这方面没有任何怨言，但随着岁月的流逝，抗战的心越来越觉得内疚，觉得对不住她了。

　　孩子一岁多了，每天都在依依呀呀地学说话，会喊爸爸妈妈。当孩子稚嫩的声音喊出爸爸的时候，抗战的眼泪都快下来了。自从残疾后，他做梦都没想到会有孩子，没想到啊！然而眼前的一切成了现实，孩子的妈妈虽然和自己不是夫妻，但胜似夫妻啊。小琴的无怨无悔在他看来是一种自我牺牲，他心里愈来愈感觉不安了。

　　给她找一个对象。抗战的脑子里突然浮现出这个愿望。这个愿望越来越强烈，最后几乎折磨得他睡不着觉。是啊，一辈子让这么个姑娘伺候自己，简直是浪费了大好生命，太不公平，也太残酷了啊。

　　抗战把自己的想法给小琴说了，小琴笑得前仰后合，以为他在开自己的玩笑。

　　小琴说咱们过得好好的，为啥还要给我找对象？

　　抗战说过得好也不行，我不能给你幸福的生活，这对你不公平。

小琴说啥叫幸福生活？两个人如果在一起觉得愉快，就是幸福的生活，何况咱们现在已经有了娃娃，咱娃多可爱啊，你难道不喜欢她吗？

抗战说我喜欢啊，咋会不喜欢呢，但是孩子会一天天地长大，我会越来越老了，那时候你该咋办？

小琴见抗战很认真，于是就郑重其事地告诉他，自己这辈子不准备结婚了。

小琴的态度令抗战很无奈，也很惶恐。她越是坦然，抗战的心里越是不安。于是他就托人给她开始寻找。媒人把人带了过来，小琴莫名其妙，当她知道是怎么回事后，勃然大怒，把媒人狠狠地骂了一通，赶出门去了。

抗战好心没得到好报，被小琴狠狠地奚落了一番，说他是嫌自己不好，赶着让她走。抗战无言以对，这件事只好被搁置起来，一段时间没有再被提起。

一天，小琴从外面回来，带来了一个人，她对这个人很热情，招呼他吃喝，临走的时候又送了很远。这个人是小琴的老乡，一个村的，到村里卖菜，小琴很久没有回家了，于是就问了一些家里的事情。得知父母都很好，她就放心了。这件事她没有告诉抗战，怕他胡思乱想。而抗战想的不同，这件事又勾起了给她寻找对象的念想。回想自己刚结婚的那段时间，两口子恩恩爱爱，白天一起下地，晚上卿卿我我，那才是人生啊！抗战觉得每个人都有享受这种幸福的资格，自己这辈子虽然失去了，可是不能让小琴也失去这个啊！

吸取了上次的经验教训，抗战准备单独行动，不准备让小琴知道。抗战准备给小琴招一个女婿，条件是必须上门，还要答应与小琴一起赡养自己，这个计划其实是为两个人着想，相信她会理解自己一片苦心的。

抗战打定主意后，坐着轮椅来到憨面家，请憨面为自己写一百张征婚启示。憨面听了抗战的叙述，觉得很有道理，于是就拿出毛笔在麻纸上写了一百张征婚启事。

启示的内容是这样的：

征 婚 启 示

张小琴，女，现年二十二岁，家住交口镇天瑶村。家里有一个抱养的孩子和残疾的叔叔，想招一个愿意上门的女婿一起过光景，要求老实本分，吃苦耐劳，有爱心，能接受残疾人与孩子。本人长得漂亮，勤劳善良,至今未婚。

有意者请与天瑶村吴抗战联系。

憨面的字写得很好,很端正,每年过年的时候村里的人都请他写对子,大家说憨面继承了他爷爷的衣钵,他爷爷当年就一笔好字,远近闻名的。

抗战让人把这些征婚启示贴在各个路口和镇子上的电线杆上。镇子的电线杆上贴着一张治疗阳痿早泄的广告:主治:包皮过长,包皮过多,包皮过旧,包皮过硬,包皮过老,包皮过脆,包皮过厚,包皮过涩,包皮过糙……

两个轮椅上的男人忍俊不禁,哈哈大笑起来。

几天后,就有应征者上门了。

第一个来应征的人是个40多岁的中年汉子,五大三粗,满脸的络腮胡。男人说他是庙村的,庙村在交口塬的最西边,是个很穷的山峁,广种薄收,光棍很多。看到这个启示后几个光棍汉都跃跃欲试,但不知是真是假,于是这个络腮胡便自告奋勇,说自己先来看看。

抗战没敢让人到家里来,而是把接待站放在憨面家的院子。等到有了自己满意的人再领回去。

络腮胡说话结结巴巴,口吃得很厉害。这个人年龄太大,很快就被抗战打发了。

第二个前来相亲的人是个瘸子。瘸子口齿伶俐,口若悬河。他说他的腿是小儿麻痹症害的,要不早就结婚了。抗战见他跛得厉害,说你能做什么?瘸子说我啥都能干,抗战说你能挑水吗?跛子摇摇头;抗战说你会种地么?跛子摇摇头;抗战说你最好还是回去把自己照看好,这里有我就够了,可不想再找个让人伺候的主。

第三个来的人是个睁眼瞎,一米外的东西都看不见,走路经常撞墙。抗战说你眼睛这个样子,能干活吗?瞎子说能,家里的活都是他在干呢。抗战说你家里还有啥人?瞎子说父母都在,不过他们的身体都不好,离开他就不行了。抗战说那你准备带他们一起来么?瞎子点点头。抗战考虑了一会,觉得不妥,于是还是让他走了。

第四个来的人比较年轻,而且看上去也没什么缺陷。抗战于是准备把他作为考核的重点。

来人先问抗战是什么人？抗战说我是她叔叔，咱们先谈谈。来人说我要见张小琴本人再说。抗战说等咱们谈得差不多了再去见她。男人说张小琴既然没结婚，为什么抱养小孩子？抗战说小孩是捡的，她看见可怜，就抱回来了。男人说那她能否把这个孩子送出去？我负责打问下家。抗战说这个可能不行，孩子是我们的心头肉，都会喊爸爸妈妈了，怎么能送人呢？男人说你刚才说孩子是捡的，怎么还有父亲？抗战说有啊，我就是她的爸爸。说到孩子，抗战的脸上就溢出一股深深的自豪感。孩子是他们的心头肉，也是他们共同的希望啊。

男人听完抗战的话皱起了眉头，他说你刚才说张小琴是你的侄女，怎么这个孩子把你叫爸爸呢？你们这种关系太混乱了，这样的家我可不想进！说完头也不回地走了。

一连几天，来的人都不合适。抗战的心情有些沉重。憨面说不要着急，好事多磨，说不定会有合适的呢。几天后，来了1个30岁左右的年轻人，看上去眉目清秀，身体也很健康。抗战心里一喜，心想功夫不负有心人，看来合适的人还是有啊。

年轻人说他跟妻子离了婚，家里因为有弟兄几个，人多地少，所以准备做上门女婿。只要张小琴真的没结过婚，他就觉得值。

抗战说这个你放心，她还是个黄花闺女呢。

年轻人狐疑地看了抗战一眼，似乎不太放心。他说我在乎的就是这个，当初媳妇骗了他，结过婚后他们俩就一直不顺，三天两头打架。如果到时候欺骗了他，他还会走的。

这个年轻人虽然有点古怪，但综合条件还是不错的。抗战于是准备成全这门婚事。他回去后跟小琴说了一下，小琴吃了一惊，不知他搞得什么鬼。抗战说这样做对我们俩个人都好。你想我年龄越来越大，万一哪天离开了，你带着孩子怎么生活？趁现在年轻，找个合适的人，咱们一起生活吧。

小琴生气了。小琴说抗战叔你太过分了！这么大的事你没跟我商量就擅自做主，我成啥了？是一件东西吗？不是。我是一个人，一个有自己想法的女人，我愿意按照自己的意愿去生活，不想被人随意摆弄！这件事拉倒吧，再好的相我也不见！

这……

抗战愣在了那里，半天说不出话来。

2

　　二哥的官司一审虽然没有宣判,但听法院的人说二哥会被判处死刑。母亲出院后的第二天便去了法院。她说她要见院长。办公室的人说院长很忙,你有啥事就对我说吧。这时院子里传来一个人的声音:你让她过来吧,我跟她谈。母亲扭头一看,原来是三蛮,今天他没带大盖帽,一脸的红斑在阳光下分外耀眼,折射出凹凸不平的曲线。母亲说我不跟你说,我找你们院长。办公室的人说他就是王院长啊!母亲的心里磕腾一声,鼓足了几天的勇气一下子泄了大半。老天爷真是瞎了眼,让这样的人来当院长,不知又要祸害多少人啊!

　　看来我们还是很有缘分的嘛!30年了,一直有机会见面。进了门,三蛮皮笑肉不笑地说。

　　是的,我亏了人,这辈子老遇上你这号货!老天真是瞎了眼,让你这样的流氓当院长。母亲克制着自己的愤怒,把头扭向了一边,尽量不看那张脸。

　　不要用这样的语言侮辱一个革命老同志嘛,搁在以前,你又该遭殃了。其实我们都是受害者。你在前面受批判,我在后面也遭了罪啊,被红卫兵小将整得半死不活,这个你晓得的。三蛮点燃一根烟,吐出一个肥胖的烟圈,翘起二郎腿晃了晃,示意母亲坐在床上。母亲后退了一步,站着不动。

　　想不到几十年了,还是这么倔,嘿嘿。犟人吃犟亏啊。三蛮苦笑了一声,把烟头在烟缸里狠狠地拧了一下。这个地方我说了算。你儿子犯的事可大可小,全凭我心情的好坏呢。

　　你想要啥?要多少钱我给你弄。母亲说。

　　钱嘛,我不缺。嘿嘿。三蛮瞪着一双色迷迷的眼斜视着母亲。母亲真想夺门而去,可是她知道这一走还得回来。

　　你让我了了心愿,我就把你儿子放回去,咱们几十年的恩怨也一笔勾销,怎么样?三蛮说着一只手便伸了过来。母亲用力一甩,躲开了。

　　说实话,其实我身边不缺女人,年轻漂亮的女娃多得是。可我不知道着得哪门子邪,看见你比十八岁的姑娘还来劲。人说妻不如妾,妾不如偷,偷不如偷不着——你让我惦记了几十年,是我多年未了的一个心愿啊。三蛮动情地说着,站起身向母亲靠过来。

别过来,否则你会后悔的。我的脾气你知道!母亲愤愤地说,脸憋得通红。她没有想到,30年过去了,这个人还是这么嚣张,这么无耻,这么赤裸裸地纵容自己的欲望。真不要脸。

男人都不要脸,嘻嘻。很多人还不如我呢。三蛮似乎已经洞穿了母亲的心思。这次我不强求你,随你自愿。再说我们都这么大年龄了,那样做也没有意思。

你痴心妄想,我不会让你得逞的!母亲愤怒地说,拉开门冲了出去。

你还会来找我的,我敢保证。三蛮并不恼,微笑着站在门前,直到母亲的背影消失在大门外,才一脚将椅子踢翻,骂了一句脏话,然后悻悻地点燃一根烟,对着窗子喷出一条乌龙。

三蛮说得没错。几天后,母亲又来了。

母亲这次带来了2 000元钱,是她让姐夫安学借的。

钱你拿回去吧,我说过,我不缺这个。三蛮不紧不慢地说着,显得很悠闲。

是不是还嫌少?嫌少我再想办法给你弄去。母亲强忍着怒火,忍气吞声地说。

呵呵,钱没多少。你一分不拿我也给你办啊!三蛮睥睨着眼,像欣赏自己捕获的一只猎物。他双手后背,围着母亲来回地转。

我娃是冤枉的,他犯了错误,但是没有杀人。天地良心,我敢对上天发誓。母亲说。

发誓有啥用?法庭讲究的是证据。人家那边有证据证明是你儿杀的人——那条上吊用的绳子是不是福才的?三蛮突然盯着母亲问。

绳子是我家的,但福才根本就没有动手啊。这娃胆小,杀个鸡都不敢。再说他为啥要将柳老师弄死?是他自己想不开吊死的啊!

哼哼,这只是你的一面之词。重要的是你儿子已经全招了!绳子上有他的指纹,铁证如山,想狡赖?没门!

这么说我娃是死定了?!

这个倒不一定,你儿的命运掌握在你的手心——我的话你明白吧?三蛮阴阳怪气地看着母亲,突然伸手在母亲的头上摸了一下。

趔远!母亲挖了他一眼,抹了一把自己的头发,手在前襟上用力地擦了擦。

你都有白头发了呀,看!三蛮手中拿着一根白发仔细端详。我们都老了,你看我也有白头发了呢。人生很短暂,一晃眼,我们都五十多岁了啊!

五十多岁了还老不正经!亏你现在还是院长呢,母亲没好气地说。

咋啦?院长也是人啊!是人就有七情六欲,这很正常嘛。听说你现在还是两个男人,比我辛苦多了,哈哈。三蛮很放肆地笑了起来。

你放屁!那个人瘫在炕上不能动,你说我不要管他?——这钱你要不要,不要我就走了!母亲说着眼泪就下来了。

嘿嘿,我又没欺负你,你看你哭啥哩?怪球的事情!你不愿意这件事就拉倒,我说过不强求你。三蛮有些恼,挥挥手让母亲离开。

母亲捂着脸离开了,眼泪顺着指缝流了下来,咸咸地渗进嘴角。

母亲去看守所见了二哥一面。二哥浑身是伤,哽咽得说不成话。母亲说你给人家说是你干的吗?二哥"哇"地一声哭了起来。看守的人说时间到了,赶快进去吧。二哥的一条腿好像不连贯,靠人搀着才能走。母亲潸然泪下,喊了一声二哥的名字,二哥没有应。

小琴和抗战一起生活了几年，彼此都感觉离不开对方了。小琴的家里从最初的反对到不管不问，其实一年多已经没有来往了。小琴之逢年过节也不回去，抗战总觉得这样不妥，劝她又不听。两个人平是还像以前那样过着，说夫妻不是夫妻，说主什又没有名分，村里的人都不理解小琴像妻子一样的他洗衣做饭。

第三十四章

1

　　法院放出话来,说二哥的案子马上就要报中院宣判了。中院宣判后的结果就不能更改了,只等着执行死刑了!
　　母亲知道这话是放出来给她听的。这段时间母亲一直在找关系,方方面面都找了,作用不大。母亲曾经让姐夫托人找过三蛮,三蛮说这件事得母亲自己来说。
　　母亲又一次来到法院,她想跟王三蛮好好谈谈。
　　母亲带着姐夫准备的5 000元钱来了。她想三蛮这次肯定会动心,因为这个人很贪婪。
　　三蛮说你的钱我不能收,这是犯法的事。本院长一向铁面无私,别败坏了我的好名声。还有,你今天的举动我都录像了,你已经触犯了法律,贿赂法官是犯罪行为,叫行贿罪。
　　母亲说那你把我抓起来吧。
　　三蛮说我现在还不想抓你,要抓早就抓起来了。你知道我这个人不记仇,30年前你那一壶开水差点要了我的命,你看我都没有找你的事儿。
　　母亲说我在劳改农场那么长时间,你眼睛就瞎了吗?还有"文革"期间的批斗要不是你,我们会那么惨吗?
　　三蛮说我说过,我也是受害者。那是一个特殊的年代,谁也不要去怪罪谁。你今天找我如果是为了叙旧,我乐意奉陪呢。

母亲说谁找你叙旧?恶心死了!

三蛮说恶心你还来?我又没请你啊。

母亲说你真无耻,软刀子杀人,想把人逼到绝路上吗?

三蛮说我可没有逼你,是你自己来求我的。

母亲说废话少说,钱你不要,究竟要怎么样才肯放人?

三蛮说那要看你配合的怎样。你行啊,生的儿子是好汉,杀人放火。

母亲说我儿子没杀人。

问题是你儿子已经承认了。

那是你们逼的,福才是屈打成招!

胡说!三蛮呼地从椅子上站了起来,一巴掌拍在桌子上。桌面上的玻璃被震碎了,三蛮的手上鲜血淋漓。

你滥用职权!我问过律师,我儿子的事情即使中院宣判死刑,还可以到高级法院申诉呢,不信就没有人为我做主。

哟嗬!这法院是你们家开的啊?你想找谁就找谁?!告诉你:只要我姓王的不死,你儿子就是故意杀人罪,上诉到哪里都没用。不信咱走着瞧!三蛮情绪激动,唾沫星子乱溅。

你真的准备把他枪毙了!?母亲的声音发颤,强忍着才没哭出声来。

咋不能枪毙?够得上死刑的条件就得枪毙!这个我说了算。三蛮知道母亲一个农村妇女,这方面懂得不多,想有意吓唬吓唬她。

看样子这人是铁了心想整治她了。母亲哀叹了一声,低下了头。

其实我也不想跟你过意不去,只是这些年一直贴记着你。你如果愿意配合,你娃的事我保你没事。三蛮见母亲软了下来,口气马上变得温和了许多。

你休想!这辈子我都不会让你得逞的。母亲斩钉截铁地说。

然而几天后的一个中午,母亲再次来到法院。母亲对王三蛮说你可说话算数?三蛮喜出望外,说我对天发誓,只要你同意了我的要求,我明天就把你小子放出去。

母亲低垂着头,眼泪刷刷地流了下来。

2

　　为了使二哥无罪释放,母亲想尽了她能想的办法。奈何王三蛮这里死不松口,一晃大半年过去了,事情没一点进展。母亲为此经常去公安局和县委闹事,去的次数多了,人家都厌她,说养了一个不知廉耻的儿子还整天来闹事,脑子肯定不正常。有一次母亲刚到县委大院就被抓了起来。母亲被送到精神病院,姐夫费了很大的神才把她弄出来。有了这一次的经验教训,母亲不敢轻易去政府闹事了,她知道问题的症结在王三蛮这里,于是就一趟趟地往那里跑。母亲每次从法院回到家里都会在炕上躺两天,与王三蛮的交锋令她非常痛苦。这个无赖的无耻要求使母亲怒火万丈,但除此之外却又没有一点办法。

　　这期间,母亲又去了一趟看守所,二哥在里面受人欺负,情况很不好。母亲担心再这样下去他就会没命了。母亲一晚上睡不着,想起二哥浑身的伤痕和哀怨的眼神,儿女的事真让人揪心啊!他还很年轻,还没有开始做人,大哥去了,这个孩子如果再有个三长两短,那活着还有啥意思呢?自己50多岁了,黄土已经埋了一多半了,还能活多少时候?这个无耻的人想要的就是自己的身子,只要他说话算数,不如就给他吧!想起三蛮母亲就觉得胃里难受,一阵恶心返了上来,想吐的感觉。但除此之外,她真的是走投无路了啊!

　　母亲在万般无奈的情况下依了三蛮。那天下午她来到洛河边,几次次想纵身一跳,让河水冲刷自己身上的耻辱。想起二哥还没有出来,自己的任务并没有完成,母亲又觉得自己不能死。万一姓王的说话不算数,她死了岂不是白死吗?

　　是啊,现在还不能死。很多事还没摆平,死容易,一了百了。可是母亲知道,有些事是不可能就此了结的。死了只能是暂时的逃避,事情还在那里摆着,什么问题都解决不了。

　　母亲不准备死了。第二天一大早她就来到看守所,等待二哥被释放出来。可是直到天黑,也没见二哥的身影。母亲赶紧去了法院,法院已经下班了。第三天一早她又来到看守所,等到中午不见放人,于是就来到法院。法院的人说王院长去地区开会去了,一周后才能回来。母亲想可能是他走的匆忙,没来得及安排,于是就耐心地又等了一周。一周后母亲又来到了法院,三蛮在办公室。母亲说你说话放屁,不是说第二天就放人吗?三蛮满脸堆笑,说你先坐下喝杯水,听我给你说。母亲说我不想听你啰嗦,你就说啥时候把人能放出来?三蛮说好我的姑奶奶哩,现在的事难办得很,你儿子的事牵涉到很多部门,公、检、法,哪个口都不好过。母亲说你说话放屁!不是说只要我答应你的要求,第二天就能放人吗?三蛮说我去了一趟公安局,人家说这事需要区上的领导同意才行,我这两天不是就去了区上吗?这才头脚进门,二脚你就进来了嘛!母亲说你骗鬼,谁知道你去区上干啥去了!这些我不管,你就说我儿子啥时候能放出来?事情啥时候有个结果吧,我等着哩!

三蛮说你累了,咱休息一会再说。说完把母亲就往床上按。母亲扬起手给了他一巴掌,三蛮并不恼,说又不是头一回,就不必再走这些过场了吧。这次我说话算数,如果有半句假话,天打五雷轰!

然而母亲再一次失望了。三蛮的赌咒发誓真的跟放屁一样,没半点诚信。母亲感觉自己被彻底地愚弄了。事情到了这样的地步,她已被逼到了悬崖峭壁,没有任何退路可逃了。

一个月很快过去,没有消息;两个月过去了,还是没有动静。三个月以后,二哥在看守所已经关了一年多了,事情却没有一点进展。

母亲又一次走进了王院长的办公室,她准备跟他好好谈谈……

3

母亲来到公安局,说我杀人了。

公安人员见她手拿凶器,浑身是血,很吃惊,说你把谁杀了?

母亲说我把姓王的给杀了。

公安问:是哪个姓王的?

母亲说是王三蛮,法院的王院长。我把这狗日的给杀了。

母羊每天摩了伺候孩子，还有很多子要做，空里家里的孩子情不算，那是她在张罗，又拿张少插手，也懒得插手。养殖场的事，那是她在张罗，父亲张少插手，也懒得插手。大嫂，债多愁了儿，那是事啊！

子鸿写圖

关于《血色高原》(后记)

写完《农民父亲》以后,一直想写一个关于母亲题材的小说,于是就想到了 2005 年写的一篇短篇小说,叫《外婆的爱情》。这篇小说当时发表在一个文学网站上,引起强烈反响,遗憾的是大家都觉得我没有把故事讲完,因为小说里面的主要人物刚刚展开就没了,网友们于是强烈要求我把故事讲完,网站为了激励我,把小说顶置在首页的最上方。我深受感动,于是硬着头皮答应把小说写下去,但写了一两千字后,发现自己实在写不下去了。写不下去就不能瞎编乱造,这样的后果会很糟糕,让大家更失望。我于是不顾他们的反对,就此罢工了。后来有好长一段时间,我都不好意思再去那个网站了。

《农民父亲》出版后,我开始着手准备《血色高原》的创作。小说刚开始构思的时候是以母亲为主线的,因此也想把名字起得跟母亲有关,比如《母亲》、《高原母亲》、《厚土》等等,后来觉得这样的名字太多,就放弃了。《外婆的爱情》是一个相对比较完整的故事,要想使其展开,必须调整重写。小说的开头我比较满意,选择了一个比较特殊的历史年代作为背景,引出外公和母亲来。母亲的命运因为一次悲惨的遭遇与外婆联系在一起,于是她们就开始了相依为命的生活。

故事的开头是很早以前听母亲讲的,可以说我基本上是忠于事实原型的,特别是那头牲畜一路狂奔回到家里,用头顶开石磨闯进家中,最后累得口吐白沫倒在地上。这个情节给我的印象很深,我似乎亲眼所见,随着岁月的流逝,画面越来越清晰。有所区别的是"外公"的那个女人戕害的不是一个孩子,而是两个男孩,所以受到了点天灯的极刑。母亲的故事到此为止,那个男人(小说中的外公)最后怎么了,不得而知。母亲也许也是听别人讲的,有些细节她也不甚清楚。

母亲是江苏人,经历过抗日战争的洗礼。我小时候听母亲讲日本人当时的情况,印象比较深的有两件事:一件是日本鬼子喜欢用水果糖哄小女孩到跟前,然后揪着她的小毛辫往铁丝网上缠,小女孩疼得"哇哇"叫,小鬼子高兴得哈哈笑;另一个情节是一个小鬼子喜欢上了村里的一个女人,时间长了,村里的人都不怕他,甚至跟他开玩笑。后来女人的男人把这个鬼子悄悄地弄死了,鬼子知道后血洗了村庄,把全村的人都杀光了。母亲说鬼子把人填进井里,井里的水都溢了出来。这两个故事对我印象很深。因为是小时候听的,所以经常会想起来,并增加了自己的一些想象,似乎亲历过一样,萦绕在我的脑海里久久徘徊。我知道,它在等待着我把它写出来。

母亲姊妹九个,她很小的时候被过继到河南,也就是小说中的外婆家。母亲的其余姐妹分布在徐州、上海等地,她们一辈子都没有再见面。曾经有徐州来陕北铸铧的人跟母亲是一个村的,说起家里的情况,这些人回去后,那边就把信写来了,要母亲回去一趟,可惜几十年过去,地址也丢了,母亲最终也没实现这个愿望。

记忆中的外婆经常念经,念什么我们听不懂,因为她去世的时候我还很小。母亲是如何跟随外婆来到陕北的?为什么要来陕北?我一直弄不明白。一开始我以为是逃荒来的,后来听母亲说不是。母亲说外婆的丈夫是个游击队员,外婆也参加过革命,并且会双手打枪,在当地曾赫赫有名。外婆的丈夫解放后失踪了,外婆听说他去了陕北,于是就到陕北到处寻找,结果最后也没找到。那时候母亲在当地已经成婚,跟丈夫关系不好,于是就跟外婆来到陕北,阴差阳错跟我的父亲结了婚。这段故事在《沉重的房子》里有所铺垫,但《沉重的房子》里的主人公茂生一家是老地主,跟这个故事出入较大,为了避免不必要的重复,我选择了另外一条线路,让奶奶走出来说事,村子是我们的村子(天牢),人却不是我熟悉的人。关于我们的那个村庄有很多传说,可惜现在莫衷一是,连年龄最大的老人都说不清楚了。这个村子在我的前几部篇小说里都没有描写过(《沉重的房子》里的黄泥村和《农民父亲》里的梁家河均为虚构),这部小说我如实地写了。那些城墙在我的记忆里刻下了深深的烙印,虽然它们早就不存在了,但我只要闭上眼睛就可以看见。我在记忆的深处寻找那些蛛丝马迹,收获了很多意外的东西,于是关于寨子的很多故事就变成了文字,变成了我小说中的重要内容。

外婆和母亲的形象更多来源于虚构,我的初衷是把这两个女性塑造成善良、勇敢、吃苦耐劳的女性,她们具有中国传统女性的所有美德,也有很多人所没有的包容大度。她们嫉恶如仇,却又大慈大爱。我想衡量一个优秀的女人不能仅仅以她一生的事业成败而论,更重要的还有美德,这种美德是我们中华民族几千年积淀下来的优良传统,我让外婆和母亲作为她们的代言人,因此小说里的外婆和母亲忍辱负重,任劳任怨,特别是外婆,我借助佛教的经典,让她拥有一些大智大爱的思想,并用这种思想影响周围的人。

小说写完的时候恰逢陕西省青创会召开,我作为十位重点点评作家,受到领导高度重视的情况下,也受到著名作家及评论家的批评。青创会后,我对这部作品重新审视,发现存在很多问题,于是在第二稿、第三稿的时候作了较大的修改。希望这部作品能够被读者认可。也希望大家一如既往地关注我的创作,谢谢。

2009年7月25日于咸阳